I0137447

MUSÉE LITTÉRAIRE CONTEMPORAIN A 10 CENTIMES LA LIVRAISON

ALEXANDRE DUMAS

AVENTURES
DE
JOHN DAVYS

Prix : 1 fr. 80 cent.

PARIS
MICHEL LÉVY FRÈRES, LIBRAIRES-ÉDITEURS
RUE VIVIENNE, 2 BIS, ET BOULEVARD DES ITALIENS, 15
A LA LIBRAIRIE NOUVELLE

1863

AVENTURES

DE

JOHN DAVYS

PAR

ALEXANDRE DUMAS

I

Il y a à peu près quarante ans, à l'heure où j'écris ces lignes, que mon père, le capitaine Édouard Davys, commandant la frégate anglaise *la Junon*, eut la jambe emportée par un des derniers boulets partis du vaisseau *le Vengeur*, au moment où il s'abîmait dans la mer plutôt que de se rendre.

Mon père, en rentrant à Portsmouth, où le bruit de la victoire remportée par l'amiral Howe l'avait précédé, y trouva son brevet de contre-amiral; malheureusement, ce titre lui était accordé à titre d'honorable retraite, les lords de l'amirauté ayant, sans doute, pensé que la perte d'une jambe rendrait moins actifs les services que le contre-amiral Édouard Davys, à peine arrivé à l'âge de quarante-cinq ans, pouvait rendre encore à la Grande-Bretagne, s'il n'avait point été victime de ce glorieux accident.

Mon père était un de ces dignes marins qui ne comprennent pas trop de quelle nécessité est la terre, si ce n'est pour se ravitailler d'eau fraîche et y faire sécher du poisson. Né à bord d'une frégate, les premiers objets qui avaient frappé ses yeux étaient le ciel et la mer. Midshipman à quinze ans, lieutenant à vingt-cinq ans, capitaine à trente, il avait passé la plus belle et la meilleure partie de sa vie sur un vaisseau, et, tout au contraire des autres hommes, ce n'était que par hasard, et presque à son corps défendant, qu'il avait parfois mis le pied sur la terre ferme;

si bien que le digne amiral, qui aurait retrouvé son chemin, les yeux fermés, dans le détroit de Behring ou dans la baie de Baffin, n'aurait pu, sans prendre un guide, se rendre de Saint-James à Piccadilly. Ce ne fut donc point sa blessure en elle-même qui l'affligea, ce furent les suites qu'elle entraînait après elle : c'est que, parmi toutes les chances qui attendent un marin, mon père avait souvent songé au naufrage, à l'incendie, au combat, mais jamais à la retraite, et la seule mort à laquelle il ne fût pas préparé était celle qui visite le vieillard dans son lit.

Aussi la convalescence du blessé fut-elle longue et tourmentée; sa bonne constitution finit cependant par l'emporter sur la douleur physique et les préoccupations morales. Il faut dire, au reste, qu'aucun soin ne lui manqua pendant son douloureux retour à la vie : sir Édouard avait près de lui un de ces êtres dévoués qui semblent appartenir à une autre race que la nôtre, et dont on ne trouve les types que sous l'uniforme du soldat ou la veste du marin. Ce digne matelot, âgé de quelques années de plus que mon père, avait constamment suivi sa fortune, depuis le jour où il était entré comme midshipman à bord de *la Reine Charlotte* jusqu'à celui où il l'avait relevé, avec une jambe de moins, sur le pont de *la Junon;* et, quoique rien ne forçât Tom Smith à quitter son bâtiment, quoique lui aussi eût rêvé la mort d'un soldat et la tombe d'un marin, son dévouement pour son capitaine l'emporta sur son amour pour sa frégate : aussi, en voyant arriver la retraite de son commandant, il sollicita immédiatement la sienne, qui, en faveur du motif qu'il faisait valoir, lui fut accordée, accompagnée d'une petite pension.

Les deux vieux amis — car, dans la vie privée, la distinction des grades disparaissait — se trouvèrent donc tout à coup appelés à un genre de vie auquel ils étaient loin d'être préparés, et dont la monotonie les effrayait d'avance; cependant il fallait en prendre son parti. Sir Édouard se rappela qu'il devait avoir, à quelques centaines de milles de Londres, une terre, vieil héritage de famille, et, dans la ville de Derby, un intendant avec lequel il n'avait jamais eu de relations que pour lui faire passer de temps en temps quelque argent dont il ne savait que faire, et qui provenait de ses gratifications ou de ses parts de prise. Il écrivit donc à cet intendant de le venir joindre à Londres, et de se préparer à lui donner, sur l'état de sa fortune, tous les renseignements dont, pour la première fois, les circonstances dans lesquelles il se trouvait lui faisaient sentir le besoin.

En vertu de cette invitation, M. Sanders arriva à Londres avec un registre sur lequel étaient inscrites, dans l'ordre le plus scrupuleux, les recettes et les dépenses de Williams-house, et cela depuis trente-deux ans, époque de la mort de sir Williams Davys, mon grand-père, lequel avait fait bâtir ce château et lui avait donné son nom. En outre, et par ordre de dates, étaient portées en marge les différentes sommes envoyées successivement par le possesseur actuel, ainsi que l'emploi qui en avait été fait; emploi qui, presque toujours, avait eu pour but d'arrondir la propriété territoriale, laquelle, grâce aux soins de M. Sanders, était dans l'état le plus florissant. Relevé fait de l'actif, il se trouva que sir Édouard, à son grand étonnement, jouissait de deux mille livres sterling de rente, qui, jointes à son traitement de retraite, pouvaient lui constituer soixante-cinq à soixante et dix mille francs de revenu annuel. Sir Édouard avait, par hasard, rencontré un intendant honnête homme.

Quelque philosophie que le contre-amiral eût reçue de la nature et surtout de l'éducation, cette découverte ne lui était pas indifférente. Certes, il eût donné cette fortune pour ravoir sa jambe et surtout son activité; mais, puisque force lui était de se retirer du service, mieux valait, à tout prendre, s'en retirer dans les conditions où il se trouvait, que réduit à sa simple retraite : il prit donc son parti en homme de résolution, et déclara à M. Sanders qu'il était décidé à aller habiter le château de ses pères. Il l'invita, en conséquence, à prendre les devants, afin que toutes choses fussent prêtes pour son arrivée à Williams-house, arrivée qui aurait lieu huit jours après celle du digne intendant.

Ces huit jours furent employés, par sir Édouard et par Tom, à réunir tous les livres de marine qu'ils purent trouver, depuis les *Aventures de Gulliver* jusqu'aux *Voyages du capitaine Cook.* A cet assortiment de récréations nautiques, sir Édouard joignit un globe gigantesque, un compas, un quart de cercle, une boussole, une longue-vue de jour et une longue-vue de nuit; puis, toutes ces choses emballées dans une excellente voiture de poste, les deux marins se mirent en route pour le voyage le plus long qu'ils eussent jamais fait à travers terres.

Si quelque chose avait pu consoler le capitaine de l'absence de la mer, c'était certes la vue du gracieux pays qu'il traversait : l'Angleterre est un vaste jardin tout parsemé de massifs d'arbres, tout émaillé de vertes prairies, tout baigné de tortueuses rivières; d'un bout à l'autre du royaume se croisent en tous sens de grandes routes sablées, ainsi que les allées d'un parc, et bordées de peupliers onduleux, qui se courbent comme pour souhaiter aux voyageurs la bienvenue sur les terres qu'ils ombragent. Mais, si ravissant que fût ce spectacle, il ne pouvait combattre, dans l'esprit du capitaine, cet horizon toujours le même, et cependant toujours nouveau, de vagues et de nuages qui se confondent, d'un ciel et d'une mer qui se touchent. L'émeraude de l'Océan lui paraissait bien autrement splendide que le tapis vert des prairies; et, si gracieux que fussent les peupliers, ils étaient loin d'avoir, en se courbant, la mollesse d'un mât chargé de toutes ses voiles; quant aux routes, si bien sablées qu'elles fussent, il n'y en avait pas qu'on pût comparer au pont et à la dunette de *la Junon*. Ce fut avec un désavantage marqué que le vieux sol des Bretons déroula aux yeux du capitaine tous ses enchantements; et c'est sans avoir fait une seule fois l'éloge des pays à travers lesquels il avait passé, pays qui sont cependant les plus beaux comtés de l'Angleterre, qu'il arriva au haut de la montagne du sommet de laquelle on découvrait, dans toute son étendue, l'héritage paternel dont il venait prendre possession.

Le château était bâti dans une situation charmante; une petite rivière, prenant sa source au pied des montagnes qui s'élèvent entre Manchester et Sheffield, coulait tortueusement au milieu de grasses prairies, et, formant un lac d'une lieue de tour, reprenait sa course pour aller se jeter dans la Trent, après avoir baigné les maisons de Derby. Tout ce paysage était d'un vert vivace et réjouissant; on eût dit une nature éclose de la veille et toute virginale encore, échappée à peine des mains de Dieu. Un air de tranquillité profonde et de bonheur parfait planait sur tout l'horizon, borné par cette chaîne de collines aux courbes gracieuses qui prend naissance dans le pays de Galles, traverse toute l'Angleterre, et va s'attacher aux flancs des monts Cheviots. Quant au château lui-même, il datait de l'expédition du Prétendant; il avait été élégamment meublé à cette époque, et les appartements, quoique déserts depuis vingt-cinq à trente ans, avaient été entretenus avec un tel soin par M. Sanders, que les dorures des meubles et les couleurs des tapisseries semblaient être sorties la veille des mains de l'ouvrier.

C'était, comme on le voit, une retraite très-confortable pour un homme qui, lassé des choses de ce monde, l'eût choisie volontairement; mais il n'en était pas ainsi de sir Édouard : aussi toute cette nature calme et gracieuse lui parut-elle quelque peu monotone, comparée à l'éternelle agitation de l'Océan, avec ses horizons immenses, ses îles grandes comme des continents et ses continents qui sont des mondes. Il parcourut en soupirant toutes ces vastes chambres, sur le parquet desquelles résonnait tristement sa jambe de bois, s'arrêtant aux fenêtres de chaque face, afin de faire connaissance avec les quatre points cardinaux de sa propriété, et, suivi de Tom, qui cachait son étonnement à la vue de tant de richesses inconnues à lui jusqu'alors sous un dédain superbe et affecté. Lorsque l'inspection, qui s'était faite dans le plus grand silence, fut terminée, sir Édouard se retourna vers son compagnon, et, appuyant ses deux mains sur sa canne :

— Eh bien, Tom, lui dit-il, que penses-tu de tout cela?

— Ma foi, mon commandant, répondit Tom pris à l'improviste, je pense que l'entre-pont est assez propre; reste à savoir maintenant si la cale est aussi bien tenue.

— Oh! M. Sanders ne me paraît pas homme à avoir négligé une partie aussi importante de la cargaison. Descends, Tom, descends, mon brave, et assure-toi de cela. Je vais t'attendre ici, moi.

— Diable! fit Tom, c'est que je ne sais pas où sont les écoutilles.

— Si monsieur veut que je le conduise? dit une voix qui partait de la chambre voisine.

— Et qui es-tu, toi? dit sir Édouard en se retournant.

— Je suis le valet de chambre de monsieur, répondit la voix.

— Alors, avance à l'ordre.

Un grand gaillard, vêtu d'une livrée simple mais de bon goût, parut aussitôt sur la porte.

— Qui t'a engagé à mon service? continua sir Édouard.

— M. Sanders.

— Ah! ah! Et que sais-tu faire?

— Je sais raser, coiffer, fourbir les armes, enfin tout ce qui concerne le service d'un honorable officier comme l'est Votre Seigneurie.

— Et où as-tu appris toutes ces belles choses?

— Auprès du capitaine Nelson.

— Tu t'es embarqué?

— Trois ans à bord du *Boreas*.

— Et où diable Sanders a-t-il été te déterrer?

— Lorsque *le Boreas* a été désarmé, le capitaine Nelson s'est retiré dans le comté de Norfolk, et, moi, je suis revenu à Nottingham, où je me suis marié.

— Et ta femme?

— Elle est au service de Votre Seigneurie.

— De quel département est-elle chargée?

— Elle a la surveillance de la lingerie et de la basse-cour.

— Et qui est à la tête de la cave?

— Avec la permission de Votre Seigneurie, M. Sanders a jugé le poste trop important pour en disposer en votre absence.

— Mais c'est un homme impayable, que M. Sanders! Entends-tu, Tom? la direction de la cave est vacante.

— J'espère, répondit Tom avec un léger mouvement d'inquiétude, que ce n'est pas parce qu'elle est vide?

— Monsieur peut s'en assurer, dit le valet de chambre.

— Et, avec la permission du commandant, s'écria Tom, c'est ce que je m'en vais faire.

Sir Édouard fit signe à Tom qu'il lui donnait congé pour cette importante mission, et le digne matelot suivit le valet de chambre.

II

C'est à tort que Tom avait conçu des craintes : la partie du château qui était en ce moment l'objet de son inquiète curiosité avait été approvisionnée par le même esprit prévoyant qui avait présidé à l'arrangement de toute la maison. Dès le premier caveau, Tom, qui était expert en pareille matière, reconnut, dans la disposition des récipients, une intelligence supérieure : selon que les qualités ou l'âge du vin l'exigeaient, les bouteilles étaient debout ou couchées; mais toutes étaient pleines, et des étiquettes, écrites sur des cartes et clouées au bout d'un petit bâton fiché en terre, indiquant l'année et le cru, servaient de bannières à ces différents corps d'armée, rangés dans un ordre qui faisait le plus grand honneur aux connaissances stratégiques du digne M. Sanders. Tom fit entendre un murmure d'approbation, qui prouvait qu'il était digne d'apprécier ces savantes dispositions; et, voyant qu'auprès de chaque tas une bouteille était placée comme échantillon, il fit main basse sur trois de ces sentinelles perdues, avec lesquelles il reparut devant son commandant.

Il le retrouva assis devant une fenêtre de l'apparment qu'il avait choisi pour le sien, et qui donnait sur le lac dont nous avons déjà parlé. L'aspect de cette pauvre petite étendue d'eau, qui brillait comme un miroir dans le vert encadrement de la prairie, avait rappelé au capitaine tous ses vieux souvenirs et tous ses regrets; mais, au bruit que fit Tom en ouvrant la porte, il se retourna, et, comme s'il eût été humilié d'être surpris ainsi pensif et les larmes aux yeux, il secoua vivement la tête en faisant entendre une espèce de toux qui lui était habituelle, lorsqu'il prenait le dessus sur ses pensées et qu'il leur ordonnait, en quelque sorte, de suivre un autre cours. Tom vit, au premier coup d'œil, quelles sensations préoccupaient son commandant; mais celui-ci, comme s'il eût été honteux d'être surpris, par son vieux camarade, dans des dispositions aussi mélancoliques, affecta, à sa vue, une liberté d'esprit dont il était bien éloigné.

— Eh bien, Tom, lui dit-il en essayant de donner à sa voix un accent de gaieté dont celui auquel il s'adressait ne fut pas dupe, il paraît, mon vieux camarade, que la campagne n'a pas été mauvaise, et que nous avons fait des prisonniers?

— Le fait est, mon commandant, répondit Tom, que les parages d'où je viens sont parfaitement habités, et vous avez là de quoi boire longtemps à l'honneur futur de la vieille Angleterre, après avoir si bien contribué à son honneur passé.

Sir Édouard tendit machinalement un verre, avala, sans y goûter, quelques gouttes d'un vin de Bordeaux digne d'être servi au roi Georges, siffla un petit air; puis, se levant tout à coup, fit le tour de la chambre, regardant sans les voir les tableaux qui la décoraient; enfin, revenant à la fenêtre :

— Le fait est, Tom, dit-il, que nous serons ici aussi bien, je crois, qu'il est permis d'être à terre.

— Quant à moi, répondit Tom voulant, par le ton de détachement qu'il affectait, consoler son commandant, je crois qu'avant qu'il soit huit jours, j'aurai tout à fait oublié *la Junon*.

— Ah ! *la Junon* était une belle frégate, mon ami, reprit en soupirant sir Édouard, légère à la course, obéissante à la manœuvre, brave au combat. Mais, n'en parlons plus, Tom, ou plutôt parlons-en toujours, mon ami. Oui, oui, je l'avais vue construire depuis sa quille jusqu'à ses mâts de perroquet; c'était mon enfant, ma fille... Maintenant, c'est comme si elle était mariée à un autre. Dieu veuille que son mari la gouverne bien; car, s'il lui arrivait malheur, je ne m'en consolerais jamais. Allons faire un tour, Tom.

Et le vieux commandant, ne cherchant plus cette fois à cacher son émotion, prit le bras de Tom et descendit le perron qui conduisait au jardin. C'était un de ces jolis parcs comme les Anglais en ont donné le modèle au reste du monde, avec ses corbeilles de fleurs, ses massifs de feuillage, ses allées nombreuses. Plusieurs fabriques, disposées avec goût, s'élevaient de place en place. Sur la porte de l'une d'elles, sir Édouard aperçut M. Sanders; il alla à lui; de son côté, l'intendant, voyant approcher son maître, lui épargna la moitié du chemin.

— Pardieu ! monsieur Sanders, lui cria le capitaine sans même lui donner le temps de le joindre, je suis bien aise de vous avoir rencontré pour vous faire tous mes remercîments; vous êtes un homme précieux, sur ma parole. (M. Sanders s'inclina.) Et, si j'avais su où vous trouver, je n'aurais pas attendu si longtemps.

— Je remercie le hasard qui a conduit Votre Seigneurie de ce côté, répondit M. Sanders visiblement très-réjoui du compliment qu'il recevait. Voici la maison que j'habite, en attendant qu'il plaise à Votre Seigneurie de me faire connaître sa volonté.

— Est-ce que vous ne vous trouvez pas bien dans votre logement?

— Au contraire, Votre Honneur; voilà quarante ans que j'y demeure; mon père y est mort, et j'y suis né; mais il se pourrait que Votre Seigneurie lui eût assigné une autre destination.

— Voyons la maison, dit sir Édouard.

M. Sanders, le chapeau à la main, précéda sir Édouard, et l'introduisit, avec Tom, dans le *cottage* qu'il habitait. Cette demeure se composait d'une petite cuisine, d'une salle à manger, d'une chambre à coucher et d'un cabinet de travail, dans lequel étaient rangés, avec un ordre parfait, les différents cartons renfermant les papiers relatifs à la propriété de Williams-house; le tout avait un air de propreté et de bonheur à faire envie à un intérieur hollandais.

— Combien touchez-vous d'appointements? demanda sir Édouard.

— Cent guinées, Votre Honneur. Cette somme avait été fixée par le père de Votre Seigneurie à mon père; mon père est mort, et, quoique je n'eusse alors que vingt-cinq ans, j'ai hérité de sa place et de son traitement; si Votre Honneur trouve que cette somme est trop considérable, je suis prêt à subir telle réduction qu'il lui conviendra.

— Au contraire, répondit sir Édouard, je la double, et vous donne au château le logement que vous choisirez vous-même.

— Je commence par remercier, comme je le dois, Votre Honneur, reprit M. Sanders en s'inclinant; cependant je lui ferai observer qu'une augmentation aussi considérable de traitement est inutile. Je dépense à peine la moitié de ce que je gagne, et, n'étant pas marié, je n'ai pas d'enfant à qui laisser mes économies. Quant au changement de demeure..., continua en hésitant M. Sanders.

— Eh bien? reprit le capitaine voyant qu'il n'achevait pas.

— Je me conformerai, pour cela comme pour tou le reste, aux volontés de Votre Seigneurie, et, si elle me donne l'ordre de quitter cette petite maison, je la quitterai; mais...

— Mais quoi? Voyons, achevez.

— Mais, avec la permission de Votre Honneur, je suis habitué à ce cottage, et lui est habitué à moi. Je sais où toute chose se trouve, je n'ai qu'à étendre le bras pour mettre la main sur ce que je cherche. C'est ici que ma jeunesse s'est passée; ces meubles sont à une certaine place où je les ai toujours vus; c'était à cette fenêtre que s'asseyait ma mère, dans ce grand fauteuil; ce fusil a été accroché au-dessus de cette cheminée par mon père; voilà le lit où le digne vieillard a rendu son âme à Dieu. Il est présent ici en esprit, j'en suis sûr; que Votre Honneur me pardonne, mais je regarderais presque comme un sacrilége de rien changer volontairement à tout ce qui m'entoure. Si Votre Honneur l'ordonne, c'est autre chose.

— Dieu m'en garde! s'écria sir Édouard; je connais trop, mon digne ami, la puissance des souvenirs, pour porter atteinte aux vôtres; gardez-les avec religion, monsieur Sanders. Quant à vos appointements, nous les doublerons comme nous avons dit, et vous vous arrangerez avec le pasteur pour que cette augmentation profite à quelques pauvres familles de votre connaissance... A quelle heure dînez-vous, monsieur Sanders?

— A midi, Votre Honneur.

— C'est mon heure aussi, monsieur, et vous saurez, une fois pour toutes, que vous avez votre couvert mis au château. Vous faites de temps en temps votre partie d'hombre, n'est-ce pas?

— Oui, Votre Honneur; quand M. Robinson a le temps, je vais chez lui, ou il vient chez moi, et alors c'est une distraction qu'après une journée bien remplie, nous croyons qu'il nous est permis de prendre.

— Eh bien, monsieur Sanders, les jours où il ne viendra pas, vous trouverez en moi un partenaire qui ne se laissera pas battre facilement, je vous en préviens, et, les jours où il viendra, vous l'amènerez avec vous, si cela peut lui être agréable; et nous changerons l'hombre en whist.

— Votre Seigneurie me fait honneur.

— Et vous, vous me ferez plaisir, monsieur Sanders. Ainsi, c'est chose convenue.

M. Sanders s'inclina jusqu'à terre; sir Édouard reprit le bras de Tom, et continua sa route.

A quelque distance de la maisonnette de son intendant, le capitaine trouva celle du garde-chasse, qui cumulait cette fonction avec celle de conservateur de la pêche. Ce dernier avait une femme et des enfants, et c'était une famille heureuse. Le bonheur s'était, comme on le voit, réfugié dans ce coin de terre, et tout ce petit monde, qui craignait que l'arrivée du capitaine ne changeât quelque chose à sa vie, fut bientôt rassuré par sa présence. Le fait est que mon père, qu'on citait dans la marine anglaise pour sa sévérité et son courage, était, dès qu'il ne s'agissait plus du service de Sa Majesté Britannique, l'homme le plus doux et le meilleur que j'eusse jamais connu.

Il rentra au château un peu fatigué de sa course, car c'était la plus longue qu'il eût encore faite depuis son amputation, mais aussi content qu'il pouvait l'être avec le regret éternel qu'il nourrissait au fond du cœur. Sa mission était changée: maître et arbitre encore du bonheur de ses semblables, il passait seulement du commandement au patriarcat, et il résolut, avec la promptitude et la régularité qui lui étaient familières, de soumettre dès ce jour l'emploi de son temps aux règles adoptées à bord de sa frégate. C'était un moyen de ne point amener de dérangement dans ses habitudes. Tom fut prévenu de cette décision; Georges s'y conforma d'autant plus facilement qu'il n'avait point encore oublié la discipline du *Boreas*; le cuisinier reçut ses ordres en conséquence, et, dès le lendemain, toutes choses furent établies sur le pied où elles étaient à bord de *la Junon*.

Au lever du soleil, la cloche, remplaçant le tambour, devait donner à tout le monde le signal du réveil: une demi-heure était laissée, depuis le moment où elle avait sonné jusqu'à celui où chacun devait se mettre au travail, pour faire un premier déjeuner, usage tout à fait en honneur sur les bâtiments de l'État, et fort approuvé par le capitaine, qui n'avait jamais souffert que ses matelots affrontassent, l'estomac vide, le brouillard morbifique du matin. Le déjeuner fini, au lieu de procéder au lavage du pont, on devait se mettre au frottage des appartements; du frottage, on passait au fourbissage: cette occupation, à bord des bâtiments, comprend le nettoyage de tout ce qui est cuivre. Or, les serrures, les boutons des portes, les anneaux des pelles et pincettes et les devants de feu nécessitaient, pour que le château de Williams-house fût confortablement tenu sous ce rapport, l'application d'une discipline aussi sévère que celle qui régnait à bord de *la Junon*. Aussi, à neuf heures, le capitaine devait-il passer l'inspection, suivi de tous les domestiques, et ceux-ci avaient été prévenus, avant de s'engager, qu'en cas de manquement au service, ils subiraient les peines militaires en usage sur les bâtiments de l'État. A midi, tout exercice devait être interrompu par le dîner; puis, de midi à quatre heures, tandis que le capitaine se promènerait dans le parc, comme il avait l'habitude de le faire sur sa dunette, on devait s'occuper des réparations à faire aux vitres, aux charpentes, aux meubles, au linge; à cinq heures précises, la cloche sonnait pour le souper. Enfin, la moitié des serviteurs, traités comme l'équipage en rade, devait aller se coucher à huit heures, abandonnant le service de la maison à la moitié qui était de quart.

Cependant cette vie n'était, si l'on peut le dire, que la parodie de celle à laquelle sir Édouard était habitué : c'était toute la monotonie de l'existence maritime, moins les accidents qui en font le charme et la poésie. Le roulis de la mer manquait au capitaine comme manque à l'enfant qui s'endort le mouvement maternel qui l'a bercé si longtemps. Les émotions de la tempête, pendant lesquelles l'homme, comme les géants antiques, lutte avec Dieu, laissaient par leur absence son cœur vide, et le souvenir de ces jeux terribles, où l'individu défend la cause d'une nation, où la gloire est la récompense du vainqueur, la honte la punition du vaincu, rendait à ses yeux toute autre occupation mesquine et frivole: le passé dévorait le présent.

Cependant le capitaine, avec cette force de caractère qu'il avait puisée dans une existence où sans cesse il était forcé de donner l'exemple, cachait ses sensations à ceux qui l'entouraient. Tom seul, chez lequel les mêmes sentiments, quoique portés à un degré moins vif, éveillaient les mêmes regrets, suivait avec inquiétude les progrès de cette mélancolie intérieure, dont toute l'expression était de temps en temps un regard jeté sur le membre mutilé, suivi d'un soupir douloureux, auquel succédait ordinairement autour de la chambre une évolution rapide, accompagnée d'un petit air que le capitaine avait l'habitude de siffloter pendant le combat ou la tempête. Cette douleur des âmes fortes, qui ne se répand pas au dehors, et qui s'alimente de son silence, est la plus dangereuse et la plus terrible : au lieu de filtrer goutte à goutte par la voie des larmes, elle s'amasse dans les profondeurs de la poitrine, et ce n'est que lorsque la poitrine se brise que l'on voit le ravage qu'elle a produit. Un soir, le capitaine dit à Tom qu'il se sentait malade, et, le lendemain, il s'évanouit lorsqu'il essaya de se lever.

III

L'alarme fut grande au château : l'intendant et le pasteur, qui, la veille encore, avaient fait leur partie de whist avec sir Édouard, ne comprenaient rien à cette indisposition subite, et la traitaient en conséquence; mais Tom les prit à part et rectifia sur ce point leur jugement, en assignant à la maladie le caractère et l'importance qu'elle devait avoir. Il fut donc convenu que l'on ferait prévenir le médecin, et que, pour ne pas donner au capitaine la mesure des inquiétudes que l'on avait conçues, le docteur viendrait le lendemain, comme par hasard et sous le prétexte de demander à dîner au maître du château.

La journée se passa ainsi que d'habitude. Avec le secours de son énergique volonté, le capitaine avait surmonté sa faiblesse; seulement, il mangea à peine, s'assit de vingt pas en vingt pas pendant sa promenade, s'assoupit au milieu de sa lecture, et deux ou trois fois compromit par des distractions incroyables les intérêts du digne M. Robinson, son partenaire au whist.

Le lendemain, le docteur arriva comme il était convenu : sa visite tira pour un moment, par une distraction inattendue, le capitaine de son marasme; mais bientôt il retomba dans une rêverie plus profonde que jamais. Le docteur reconnut les caractères du spleen, cette terrible maladie du cœur et de l'esprit contre laquelle tout l'art de la médecine est impuissant. Il n'en ordonna pas moins un traitement ou plutôt un régime, qui consistait en boissons toniques et en viandes rôties; le malade devait essayer, en outre, de prendre le plus de distractions possibles.

Les deux premières parties de la prescription étaient faciles à suivre : on trouve partout des jus d'herbes, du vin de Bordeaux et des biftecks ; mais la distraction était chose rare à Williams-house. Tom avait, sur ce point, épuisé toutes les ressources de son imagination; c'était toujours la lecture, la promenade et le whist, et le brave matelot avait beau retourner ces trois mots, comme la phrase du *Bourgeois gentilhomme*, il changeait la place et l'heure, voilà tout; mais il n'inventait rien qui pût tirer son commandant de la torpeur qui le gagnait de plus en plus. Il lui proposa bien, comme moyen désespéré, de le conduire à Londres; mais sir Édouard déclara qu'il ne se sentait pas la force d'entreprendre un si long voyage, et que, puisqu'il ne pouvait pas mourir dans un hamac, il aimait encore mieux accomplir cette dernière et solennelle action dans un lit que dans une voiture.

Ce qui inquiétait Tom, surtout, c'est que le capitaine, au lieu de continuer à rechercher, comme il l'avait fait jusqu'alors, la société de ses amis, commençait à s'éloigner d'eux. Tom lui-même semblait maintenant lui être à charge. Le capitaine se promenait bien encore, mais seul; et, le soir, au lieu de faire sa partie comme d'habitude, il se retirait dans sa chambre en défendant qu'on le suivît. Quant aux repas et, à la lecture, il ne mangeait plus que juste ce qu'il fallait pour vivre, et ne lisait plus du tout; il était, d'ailleurs, devenu intraitable sous le rapport des jus d'herbes, et, depuis que sa répugnance pour ces sortes de boissons avait été poussée au point qu'il avait jeté au nez de Georges une tasse de ce liquide que le pauvre valet de chambre voulait, dans une bonne intention, le forcer d'avaler, personne ne s'était plus hasardé à reparler d'infusions amères, et Tom les avait remplacées par du thé dans lequel il étendait, au lieu de crème, une cuillerée et demie de rhum.

Cependant toutes ces rébellions contre l'ordonnance du docteur laissaient prendre au mal une intensité chaque jour plus grande; sir Édouard n'était plus que l'ombre de lui-même : toujours solitaire et sombre, à peine si l'on pouvait tirer de lui une parole qui ne fût pas accompagnée d'un signe visible d'impatience. Il avait adopté, dans le parc, une allée écartée, au bout de laquelle était un berceau ou plutôt une véritable grotte de verdure formée par l'entrelacement des branches : c'était là qu'il se retirait et demeurait des heures entières, sans que personne osât le déranger; c'était inutilement que le fidèle Tom et le digne Sanders passaient et repassaient, avec intention, à portée de son regard; il semblait ne pas les voir, pour n'être pas obligé de leur adresser la parole. Ce qu'il y avait de pis dans tout cela, c'est que chaque jour ce besoin de solitude était plus grand, et que le temps que le capitaine passait hors de la compagnie des commensaux du château était plus considérable; de plus, on allait atteindre les mois nébuleux, qui sont, comme on le sait, aux malheureux attaqués du spleen, ce que la chute des feuilles est aux phthisiques, et tout faisait présager qu'à moins d'un miracle, sir Édouard ne supporterait pas cette époque fatale : ce miracle, Dieu le fit par l'intermédiaire d'un de ses anges.

Un jour que sir Édouard, dans sa retraite accoutumée, était en proie à une de ses rêveries mortelles, il entendit, sur le chemin qui conduisait à la grotte, le froissement des feuilles sèches sous un pas inconnu. Il leva la tête, et vit venir à lui une femme qu'à la blancheur de ses vêtements et à la légèreté de sa démarche, il pouvait, dans cette allée sombre, prendre pour une apparition; ses yeux se fixèrent avec étonnement sur la personne qui ne craignait pas de venir ainsi le troubler, et il attendit en silence.

C'était une femme qui paraissait âgée de vingt-cinq ans, mais qui devait avoir un peu plus que cela, belle encore, non de cette première et éclatante jeunesse, si vive mais si passagère, en Angleterre surtout, mais de cette seconde beauté, si l'on peut s'exprimer ainsi, qui se compose d'une fraîcheur mourante et d'un embonpoint naissant. Ses yeux bleus étaient ceux qu'un peintre eût donnés à la Charité; de longs cheveux noirs qui ondulaient naturellement s'échappaient d'un petit chapeau qui semblait trop étroit pour les contenir; son visage offrait les lignes calmes et pures particulières aux femmes qui habitent la partie septentrionale de la Grande-Bretagne; enfin son costume simple et sévère, mais plein de goût, tenait le milieu entre la mode du jour et le puritanisme du XVIIe siècle.

Elle venait solliciter la bonté bien connue de sir Édouard en faveur d'une pauvre famille, dont le père était mort la veille, après une longue et douloureuse maladie, laissant une femme et quatre enfants dans la misère. Le propriétaire de la maison qu'habitaient cette malheureuse veuve et ces pauvres orphelins voyageait en Italie, de sorte que, pendant son absence, l'intendant, strict observateur des intérêts de son maître, exigeait le payement de deux termes arriérés; on menaçait mère et enfants de les mettre à la porte. Cette menace était d'autant plus terrible que la mauvaise saison s'avançait : toute cette famille avait donc tourné ses regards vers le généreux capitaine, et avait choisi pour intermédiaire celle qui venait solliciter le bienfait.

Ce récit fut fait avec une telle simplicité de gestes et d'une voix si douce, que sir Édouard sentit ses yeux se mouiller de larmes; il porta la main à sa poche, en tira une bourse pleine d'or qu'il donna à la jolie ambassadrice sans dire un mot; car, ainsi que le Virgile de Dante, il avait désappris de parler à force de silence. De son côté, la jeune femme, dans un premier moment d'émotion dont elle ne fut pas maîtresse, en voyant sa mission si promptement et si dignement remplie, saisit la main de sir Édouard, la baisa, et disparut sans lui adresser d'autres remercîments, pressée qu'elle était d'aller rendre la sécurité à cette famille, qui était loin de penser que Dieu lui enverrait de si promptes consolations.

Resté seul, le capitaine crut qu'il avait fait un rêve. Il regarda autour de lui; la blanche vision avait disparu, et, n'eût été sa main, encore émue de la douce pression qu'elle venait d'éprouver, et la bourse absente de son gousset, il se serait cru le jouet d'une apparition fiévreuse. En ce moment, M. Sanders traversa par hasard l'allée, et, contre son habitude, le capitaine l'appela. M. Sanders se retourna étonné. Sir Édouard lui fit de la main un signe qui confirma par la vue le témoignage auriculaire auquel il avait peine à croire, et M. Sanders s'approcha du capitaine, qui lui demanda, avec une vivacité dont sa voix avait perdu depuis longtemps l'habitude, quelle était la personne qui venait de s'éloigner.

— C'est Anna-Mary, répondit l'intendant, comme s'il n'était pas permis d'ignorer quelle était la femme qu'il désignait par ces deux noms.

— Mais qu'est-ce que Anna-Mary? demanda le capitaine.

— Comment! Votre Seigneurie ne la connaît pas? répondit le digne M. Sanders.

— Eh! pardieu! non, répliqua le capitaine avec une impatience du meilleur augure; je ne la connais pas, puisque je vous demande qui elle est.

— Qui elle est, Votre Honneur? La Providence descendue sur la terre, l'ange des pauvres et des affligés. Elle venait solliciter Votre Seigneurie pour une bonne action, n'est-ce pas?

— Oui, je crois qu'elle m'a parlé de malheureux qu'il fallait sauver de la misère.

— C'est cela, Votre Honneur; elle n'en fait jamais d'autres. Toutes les fois qu'elle apparaît chez le riche, c'est au nom de la charité; toutes les fois qu'elle entre chez le pauvre, c'est au nom de la bienfaisance.

— Et qui est cette femme?

— Sauf le respect que je dois à Votre Seigneurie, elle est encore demoiselle; une digne et bonne demoiselle, Votre Honneur.

— Eh bien, femme ou fille, je vous demande qui elle est.

— Personne ne le sait précisément, Votre Honneur, quoique tout le monde s'en doute. Il y a une trentaine d'années, oui, c'était en 1764 ou 1766, son père et sa mère vinrent s'établir dans le Derbyshire; ils arrivaient de France, où, disait-on, ils avaient suivi la fortune du Prétendant; ce qui fait que leurs biens étaient confisqués, et qu'ils ne pouvaient s'approcher de soixante milles de Londres. La mère était enceinte, et, quatre mois après son établissement dans le pays, elle donna naissance à la petite Anna-Mary. A l'âge de quinze ans, la jeune fille perdit ses parents à quelque intervalle l'un de l'autre, et se trouva seule avec une petite rente de quarante livres sterling. C'était trop peu pour épouser un seigneur, c'était trop pour être la femme d'un paysan. D'ailleurs, le nom que probablement elle porte, et l'éducation qu'elle avait reçue, ne lui permettaient pas de se mésallier; elle resta donc fille, et résolut de consacrer sa vie à la charité. Depuis lors, elle n'a point failli à la mission qu'elle s'était imposée. Quelques études médicales lui ont ouvert les portes des pauvres malades, et, là où sa science ne peut plus rien, sa prière est, dit-on, toute-puissante; car Anna-Mary, Votre Honneur, est regardée par tout le monde comme une sainte devant Dieu. Il n'est donc pas étonnant qu'elle se soit permis de déranger Votre Seigneurie, ce que personne de nous n'aurait osé faire; mais Anna-Mary a ses privilèges, et un de ses privilèges est de pénétrer partout sans que les domestiques se permettent de l'arrêter.

— Et ils font bien, dit sir Édouard en se levant, car c'est une brave et digne créature. Donnez-moi le bras, monsieur Sanders; je crois qu'il est l'heure de dîner.

C'était la première fois, depuis plus d'un mois, que le capitaine s'apercevait que la cloche était en retard sur son appétit. Il rentra donc, et, comme, au moment où il l'avait arrêté, M. Sanders retournait chez lui pour se mettre à table, le capitaine le retint au château. Le digne intendant était trop heureux de ce retour à la sociabilité pour ne pas accepter à l'instant même; et, jugeant par les questions que sir Édouard lui avait adressées qu'il était, contre son habitude, en disposition de parler, il profita de l'occasion pour l'entretenir de plusieurs affaires d'intérêt que la maladie l'avait forcé de laisser en suspens. Mais, soit que l'esprit de loquacité du capitaine fût passé, soit que l'intendant touchât des sujets qu'il croyait indignes de son intérêt, le malade ne répondit mot; et, comme si les paroles qu'il entendait n'étaient qu'un vain bruit, il retomba dans sa taciturnité habituelle, dont, pendant tout le reste de la journée, aucune distraction ne put le tirer.

IV

La nuit se passa comme de coutume, et sans que Tom s'aperçût d'aucun changement dans l'état du malade; le jour se leva triste et nébuleux. Tom essaya de s'opposer à la promenade du capitaine, craignant l'effet pernicieux des brouillards de l'automne; mais sir Édouard se fâcha, et, sans écouter les représentations du digne matelot, s'achemina vers la grotte. Il y était depuis un quart d'heure à peu près, lorsqu'il vit apparaître au bout de l'allée Anna-Mary, accompagnée d'une femme et de trois enfants : c'étaient la veuve et les orphelins que le capitaine avait tirés de la misère, et qui venaient le remercier,

Sir Édouard, en apercevant Anna-Mary, se leva pour aller au-devant d'elle; mais, soit émotion, soit faiblesse, à peine eut-il fait quelques pas, qu'il fut forcé de s'appuyer contre un arbre : Anna vit qu'il chancelait, et accourut pour le soutenir; pendant ce temps, la bonne femme et les enfants se jetaient à ses pieds et se disputaient ses mains, qu'ils couvraient de baisers et de larmes. L'expression de cette reconnaissance si franche et si entière toucha le capitaine au point que lui-même se sentit pleurer. Un instant il voulut se contenir, car il regardait comme indigne d'un marin de s'attendrir ainsi; mais il lui sembla que ses larmes, en coulant, le soulageraient de cette oppression qui, depuis si longtemps, lui pesait sur la poitrine, et, sans force contre son cœur, resté si bon sous sa rude enveloppe, il se laissa aller à toute son émotion, prit dans ses bras les bambins qui se cramponnaient à ses genoux, et les embrassa les uns après les autres, en promettant à leur mère de ne pas les abandonner.

Pendant ce temps, les yeux d'Anna-Mary brillaient d'une joie céleste. On eût dit que l'envoyée d'en haut avait accompli sa mission de bienfaisance, et, comme le conducteur du jeune Tobie, s'apprêtait à remonter au ciel : tout ce bonheur était son ouvrage, et l'on voyait que c'était à de tels spectacles, souvent renouvelés, qu'elle devait la douce et impassible sérénité de son visage. Dans ce moment, Tom vint, cherchant son maître, décidé à lui faire une querelle s'il ne voulait pas rentrer au château. En voyant plusieurs personnes autour du capitaine, il sentit redoubler sa résolution, car il était certain qu'elle serait appuyée; aussi commença-t-il, moitié grondant, moitié priant, un long discours dans lequel il essaya de démontrer au malade la nécessité de le suivre; mais sir Édouard l'écoutait avec une telle distraction, qu'il était visible que l'éloquence de Tom était perdue. Cependant, si les paroles qu'il avait dites avaient été sans puissance sur le capitaine, elles n'avaient point été sans effet sur Anna : elle avait compris la gravité de la situation de sir Édouard, qu'elle avait cru jusque-là seulement indisposé; aussi, jugeant comme Tom que l'air humide qu'il respirait pouvait lui être nuisible, elle s'approcha de lui, et, lui adressant la parole avec sa douce voix :

— Votre Honneur a-t-il entendu? lui dit-elle.

— Quoi? répondit sir Édouard en tressaillant.

— Ce que lui a dit ce brave homme, reprit Anna.

— Et qu'a-t-il dit? demanda le capitaine.

Tom indiqua, par un mouvement, qu'il allait reprendre son discours; mais Anna lui fit signe de se taire.

— Il a dit, continua-t-elle, qu'il était dangereux pour vous de rester ainsi à cet air froid et pluvieux, et qu'il fallait rentrer au château.

— Me donnerez-vous le bras pour m'y reconduire? demanda le capitaine.

— Oui, sans doute, répondit Anna en souriant, si vous me faites l'honneur de me le demander...

En même temps, elle tendit son bras; le capitaine y appuya le sien, et, au grand étonnement de Tom, qui ne s'attendait pas à le trouver si docile, il reprit le chemin du château. Au bas du perron, Anna-Mary s'arrêta, renouvela ses remercîments, et, saluant sir Édouard avec une grâce parfaite, elle se retira, accompagnée de la pauvre famille. Le capitaine demeura immobile où elle l'avait laissé, la suivit des yeux tant qu'il put la voir; puis, lorsqu'elle eut disparu derrière l'angle du mur, il poussa un soupir, et se laissa conduire jusqu'à sa chambre, docile comme un enfant. Le soir, le docteur et le curé vinrent faire leur partie de whist, et le capitaine avait commencé à jouer avec assez d'attention, lorsque, tandis que Sanders battait les cartes, le docteur dit tout à coup :

— A propos, commandant, vous avez vu aujourd'hui Anna-Mary?

— Vous la connaissez? demanda le capitaine.

— Certainement, répondit le docteur; elle est mon confrère.

— Votre confrère?

— Sans doute, et confrère fort à craindre même : elle sauve plus de malades avec ses douces paroles et ses remèdes de bonne femme, que je n'en sauve avec toute ma science. N'allez pas me quitter pour elle, commandant; car elle serait capable de vous guérir.

— Et moi, dit le curé, elle me ramène plus d'âmes par son exemple que je n'en gagne par mes sermons; et je suis sûr, commandant, que, si endurci pécheur que vous soyez, si elle se le mettait en tête, elle vous conduirait tout droit en paradis.

A partir de ce moment, M. Sanders eut beau battre et distribuer les cartes, il ne fut plus question que d'Anna-Mary.

Ce soir-là, le capitaine non-seulement écouta, mais encore parla comme il ne l'avait pas fait depuis longtemps; il y avait un mieux sensible dans son état. Cette apathie profonde, de laquelle il semblait que rien désormais ne pût le tirer, disparut tant qu'Anna-Mary fut le sujet de la conversation. Il est vrai qu'aussitôt que M. Robinson eut changé de thème, pour raconter les nouvelles de France qu'il avait lues dans le journal du matin, quoique ces nouvelles fussent de la plus haute importance politique, le capitaine se leva et se retira incontinent dans sa chambre, laissant M. Sanders et le docteur chercher sans lui un moyen d'arrêter les progrès de la révolution française, recherche à laquelle ils se livrèrent une heure encore après la retraite du capitaine, sans que leurs savantes théories, on a pu le voir, aient d'une manière efficace traversé le détroit.

La nuit fut bonne; le capitaine se réveilla plus

préoccupé que sombre : il semblait attendre quelqu'un et se retournait à chaque bruit qu'il entendait. Enfin, comme on prenait le thé, Georges annonça miss Anna-Mary; elle venait demander des nouvelles du capitaine, et lui rendre compte de l'emploi de ses fonds.

A la manière dont sir Édouard reçut sa belle visiteuse, il fut clair pour Tom que c'était elle qu'il attendait, et sa docilité de la veille fut expliquée par le salut plein de vénération avec lequel il l'accueillit. Après quelques questions faites sur sa santé, que sir Édouard assura s'améliorer sensiblement depuis deux jours, Anna-Mary entama l'affaire de la pauvre veuve. La bourse que lui avait donnée le capitaine contenait trente guinées : dix avaient été consacrées à payer les deux termes en retard; cinq à acheter à la mère et aux enfants les objets de première nécessité, dont ils manquaient depuis bien longtemps; deux avaient payé pendant un an l'apprentissage du fils aîné chez un menuisier, qui, en échange de cette petite somme et de son temps, lui donnait le logement et la nourriture; la petite fille était entrée, moyennant deux autres guinées, dans une école où elle devait apprendre à lire et à écrire; quant au dernier enfant, qui était un garçon, il était demeuré près de sa mère, étant trop jeune encore pour qu'elle pensât à s'en séparer. Restait donc à la pauvre femme onze guinées avec lesquelles, à la vérité, elle pouvait vivre quelque temps, mais qui, une fois épuisées, si elle ne trouvait pas quelque place pour utiliser sa bonne volonté, la laisseraient dans la même misère qu'auparavant. Cette place, le capitaine l'avait justement disponible : il fallait à la femme de Georges une aide dans son double service. Sir Édouard offrit de prendre chez lui mistress Denison, et il demeura convenu que, le lendemain, elle et le petit Jack seraient installés au château.

Soit reconnaissance pour sa protégée, soit instinct que sa présence était agréable, Anna-Mary resta près de deux heures avec le capitaine, et ces deux heures passèrent pour lui comme une minute. Au bout de ce temps, elle se leva et prit congé de lui, sans que sir Édouard osât la retenir, quoiqu'il eût donné tout au monde pour que la belle visiteuse ne le privât pas si tôt de sa compagnie. En sortant, elle trouva Tom qui l'attendait pour lui demander une recette; Tom s'était informé dans le village, il avait été édifié sur les connaissances médicales d'Anna-Mary, et, d'après ce qu'il avait vu la veille et le jour même, il ne doutait pas qu'elle ne réussît merveilleusement, pour peu qu'elle voulût bien entreprendre cette cure, que, trois jours auparavant, il regardait comme désespérée. Anna-Mary elle-même ne se dissimulait pas la gravité de la situation de sir Édouard : les maladies chroniques, du genre de celle dont était attaqué le capitaine, pardonnent rarement, et, à moins d'une diversion violente et soutenue, s'acheminent avec obstination vers un résultat mortel. Le docteur et le curé ne lui avaient point caché l'influence qu'avait eue sa visite et l'attention inaccoutumée avec laquelle le malade avait écouté ce qu'on disait pendant tout le temps qu'il avait été question d'elle. Anna-Mary ne s'en était point étonnée; elle avait, comme le racontait la veille le docteur, guéri plus d'une fois par sa présence; et, dans ce genre de maladie surtout, dont la distraction est le seul remède, elle comprenait parfaitement l'influence que peut avoir l'apparition d'une femme : elle était donc revenue, était restée deux heures près du capitaine, et avait pu juger par elle-même de l'effet que sa présence avait produit sur le malade; cette présence, elle était disposée à l'accorder au pauvre capitaine, sans y mettre d'autre importance que celle qu'il plairait à Dieu d'y attacher pour sa guérison. Aussi, comme la recette qu'elle donna à Tom était exactement pareille à l'ordonnance du docteur, auquel Anna-Mary avait servi plus d'une fois de pieux complice, et que le digne matelot manifestait quelque crainte au sujet du jus d'herbes, Anna-Mary promit de revenir le lendemain pour présenter elle-même le remède à sir Édouard.

Ce jour-là, ce fut le capitaine qui parla le premier, et à tout le monde, de la visite qu'il avait reçue. A peine eut-il appris que mistress Denison était installée au château, qu'il la fit monter, sous prétexte de lui donner ses instructions, mais, en effet, pour avoir occasion d'entendre parler d'Anna-Mary. Il ne pouvait pas mieux s'adresser : mistress Denison, outre sa disposition naturelle à utiliser le don que Dieu lui avait fait de la parole, était, cette fois, poussée par un sentiment profond de reconnaissance; elle ne tarit donc point en éloges sur la *sainte*, car c'est ainsi que, dans ce village, on appelait, par anticipation, Anna-Mary. Ce bavardage conduisit, sans qu'il s'en aperçût, le capitaine jusqu'à l'heure du dîner. En passant à la salle à manger, il y trouva le docteur.

L'effet que ce dernier avait attendu était visiblement produit : sir Édouard commençait à dérider sa sévère physionomie; aussi, voyant qu'il entrait dans la bonne voie, le docteur donna au capitaine le conseil de faire mettre les chevaux à la voiture et de sortir, en sa compagnie, après le dîner. Il avait quelques malades à visiter au petit village qu'habitait Anna, et, si le capitaine consentait à diriger sa promenade de ce côté, il serait enchanté qu'il voulût bien l'y conduire, le poney sur lequel il faisait habituellement ses courses étant gravement indisposé.

Aux premiers mots de cette offre, sir Édouard commençait à froncer le sourcil; mais il n'eut pas plus tôt entendu que la promenade proposée devait avoir pour but le village où demeurait Anna, qu'il fit donner au cocher l'ordre de se tenir prêt, et qu'à partir de ce moment, ce fut lui qui pressa le docteur;

il en résulta que celui-ci, qui aimait à dîner tranquillement, se promit, à l'avenir, de ne plus donner de pareilles ordonnances qu'au dessert.

La distance qui séparait le château du village était de quatre milles : les chevaux la franchirent en vingt minutes; et cependant le capitaine se plaignit, pendant tout ce temps, de la lenteur avec laquelle ils avançaient. Enfin, ils arrivèrent, et la voiture s'arrêta devant la maison dans laquelle le docteur avait affaire; par hasard, c'était juste en face de cette maison qu'était située celle d'Anna, et, en descendant de voiture, le docteur la fit remarquer au capitaine.

C'était une jolie maisonnette anglaise, à laquelle des contrevents verts et des tuiles rouges donnaient un air de propreté et de joie charmant à voir. Pendant tout le temps que le docteur consacra à sa visite, sir Édouard ne détourna point les yeux de la porte par laquelle il espérait toujours voir sortir Anna; mais son attente fut trompée, et le docteur, après sa visite faite, le retrouva en contemplation.

Le docteur monta sur le premier pliant du marchepied; puis, s'arrêtant là, il proposa à sir Édouard, comme une chose toute simple, de rendre à Anna-Mary la visite qu'elle avait faite au château. Le capitaine accepta avec un empressement qui dénotait un progrès toujours croissant dans le retour des sensations, et tous deux s'acheminèrent vers la petite porte. Le capitaine avoua, depuis, que, pendant ce court trajet, il avait senti son cœur battre plus fort qu'au premier branle-bas qu'il avait entendu.

Le docteur frappa à la porte, et une vieille gouvernante, que les parents d'Anna avaient ramenée de France, et qui avait été son institutrice, vint ouvrir. Anna n'était point à la maison; on l'avait envoyé chercher pour un enfant atteint de la petite vérole, et qui demeurait dans une chaumière isolée, à un mille du village; mais, comme le docteur était un ami de mademoiselle de Villevieille, il n'en proposa pas moins au capitaine d'entrer pour visiter l'intérieur du petit cottage, dont la gouvernante s'offrit complaisamment à faire les honneurs. Il était impossible de voir quelque chose de plus frais et de plus charmant que cet intérieur : le jardin semblait une corbeille, et les appartements, quoique d'une simplicité extrême, étaient cependant décorés avec un goût exquis; un petit atelier de peinture, d'où étaient sortis tous les paysages qui ornaient les murailles, un cabinet d'étude, dans lequel on voyait un piano tout ouvert, et une bibliothèque choisie de livres français et italiens, indiquaient que les rares moments que la charité laissait à la maîtresse de cette demeure étaient employés à des distractions artistiques ou à des lectures instructives. Cette petite maison était la propriété d'Anna, ses parents l'ayant achetée et la lui ayant laissée avec les quarante livres sterling de rente qui, ainsi que nous l'avons dit, formaient toute sa fortune. Le capitaine, pris d'une curiosité qui fit grand plaisir au docteur, la visita depuis l'office jusqu'au grenier, à l'exception cependant de la chambre à coucher, ce *sanctum sanctorum* des maisons anglaises.

Mademoiselle de Villevieille, sans rien comprendre à cette investigation, sentit cependant que ceux qui l'avaient faite, et surtout le capitaine, devaient avoir besoin de se reposer. Arrivée au salon, elle offrit donc aux visiteurs de s'asseoir, et sortit pour préparer le thé. Resté seul avec le docteur, sir Édouard retomba dans le silence qu'il avait interrompu pour faire à mademoiselle de Villevieille une foule de questions relatives à Anna ou à ses parents. Mais, cette fois, le docteur fut sans inquiétude, car ce silence était de la rêverie et non du mutisme. Le capitaine était plongé au plus profond de ses réflexions, lorsque la porte par laquelle était sortie mademoiselle de Villevieille se rouvrit; mais, au lieu de la gouvernante, ce fut Anna qui entra, portant d'une main une théière, et de l'autre une assiette de sandwichs; elle était revenue à l'instant, et, ayant appris qu'elle avait des hôtes sur lesquels elle était loin de compter, elle avait voulu leur faire elle-même les honneurs de la maison.

En l'apercevant, le capitaine se leva avec un mouvement visible de plaisir et de respect, et salua la bien arrivée. Celle-ci commença par déposer sur la table à thé ce qu'elle apportait, puis rendit au capitaine, en échange de son salut, une révérence française et un bonjour anglais. Anna-Mary était charmante en ce moment : la course qu'elle venait de faire lui avait donné ces vives couleurs de la santé qui succèdent, par moments et dans certaines occasions, à cette première fraîcheur de la jeunesse qui disparaît si vite. Ajoutez à cela un certain embarras de trouver chez elle deux personnes étrangères, joint à une volonté grande de leur rendre cette courte visite agréable, et l'on comprendra qu'en face d'elle le capitaine eut une loquacité que, depuis bien longtemps, le digne docteur ne lui avait pas vue. Il est vrai que cette loquacité ne fut peut-être pas strictement renfermée dans les règles des convenances, et qu'un rigide observateur des formes eût peut-être trouvé que les éloges tenaient dans la conversation de sir Édouard une trop grande place. Mais le capitaine ne savait dire que ce qu'il pensait, et il pensait beaucoup de bien d'Anna-Mary. Cependant sa préoccupation ne fut pas si grande qu'il ne s'aperçût que la théière et l'argenterie portaient des armoiries surmontées d'un tortil de baron. Sans qu'il se rendît compte de la cause, cela fit plaisir à son vieil orgueil aristocratique. Sir Édouard aurait été humilié de trouver une telle supériorité chez une fille du peuple ou de la bourgeoisie.

Ce fut le docteur qui se vit forcé de rappeler au

capitaine que sa visite durait depuis deux heures. Sir Édouard eut quelque peine à reconnaître la vérité de cette assertion; mais à peine lui fut-elle démontrée par un coup d'œil jeté sur sa montre, à laquelle il en appelait, qu'il comprit toute l'inconvenance d'une plus longue station. En conséquence, il prit congé d'Anna en lui faisant promettre de venir, le lendemain, avec mademoiselle de Villevieille, prendre, à son tour, le thé au château. Anna promit en son nom et au nom de sa gouvernante, et le capitaine remonta en voiture.

— Pardieu! docteur, dit le capitaine en rentrant au château, vous avez parfois d'excellentes idées, et je ne sais pourquoi nous ne faisons pas tous les jours une pareille promenade, au lieu de laisser engorger les jambes de mes chevaux.

V

Le lendemain, le capitaine se leva une heure plus tôt que d'habitude, et parcourut le château, donnant lui-même les instructions qu'il croyait nécessaires à la grande solennité qui s'apprêtait. L'ordre et la propreté avec lesquels était tenue la petite maison d'Anna-Mary avaient séduit sir Édouard, et il avait résolu que désormais Williams-house serait mis sur le même pied; en conséquence, outre le cirage des parquets et le frottage des meubles, il ordonna, par extraordinaire, le débarbouillage des tableaux. Il en résulta que les ancêtres du capitaine, qui étaient couverts d'une véritable couche de poussière, semblèrent reprendre une nouvelle vie, et regarder d'un œil plus vif ce qui allait se passer dans ces vieux appartements où, depuis vingt-cinq ans, si peu de choses se passaient. Quant au docteur, il suivait le capitaine, qui semblait avoir retrouvé, pour ces préparatifs, tout le feu de ses belles années, en se frottant les mains avec un air de parfaite satisfaction. M. Sanders arriva sur ces entrefaites, et, voyant tout le monde à l'œuvre avec tant d'empressement, demanda si c'était que le roi Georges allait visiter le Derbyshire; et son étonnement ne fut pas médiocre, lorsqu'il apprit que tout ce remue-ménage se faisait à l'occasion d'une tasse de thé qu'Anna-Mary devait venir prendre au château. Quant à Tom, il était tombé, depuis trois jours, dans la stupéfaction la plus profonde, et, à mesure que ses craintes s'évanouissaient au sujet du spleen, elles se tournaient du côté de la folie; le docteur seul paraissait marcher hardiment dans cette voie obscure pour tous et suivre un plan arrêté dans son esprit. Quant au digne M. Robinson, il voyait l'état de sir Édouard amélioré, et c'était tout ce qu'il demandait, habitué qu'il était à s'en remettre à la Providence des moyens, et à rendre grâces à Dieu des résultats.

A l'heure dite, Anna-Mary et mademoiselle de Villevieille arrivèrent, sans se douter que leur visite avait occasionné tant de préparatifs. Ce fut, à son tour, le capitaine qui fit les honneurs de son château. A le voir si alerte et si affairé, quoique encore pâle et faible, il était impossible de croire que ce fût le même homme qui, huit jours auparavant, se traînait dans ces mêmes appartements, lent et muet comme une ombre. Pendant qu'on prenait le thé, le temps, ordinairement si brumeux au mois d'octobre, dans les contrées septentrionales de l'Angleterre, s'éclaircit tout à coup, et un rayon de soleil glissa entre deux nuages comme un dernier sourire du ciel. Le docteur en profita pour proposer une promenade dans le parc; les visiteuses acceptèrent. Le docteur offrit son bras à mademoiselle de Villevieille, et le capitaine le sien à miss Anna; il fut d'abord un peu embarrassé de ce qu'il allait dire dans cette espèce de tête-à-tête; mais Anna-Mary était en même temps si simple et si gracieuse, que cet embarras disparut au premier mot qu'elle prononça. Anna avait beaucoup lu, le capitaine avait beaucoup vu; entre gens pareils, la conversation ne peut tomber: le capitaine raconta ses campagnes et ses voyages, comment deux fois il avait manqué de périr enfermé dans les glaces polaires, et comment il avait fait naufrage dans les mers de l'Inde; puis vint l'histoire de ses onze combats, et du dernier, le plus terrible de tous, où, une cuisse emportée, il s'était relevé sur le pont pour battre des mains en voyant s'abîmer un vaisseau dont l'équipage tout entier avait mieux aimé périr que de se rendre, et s'était enfoncé dans la mer, son pavillon cloué à son grand mât, et aux cris de: «Vive la France! vive la République!» Anna avait commencé à écouter par complaisance; puis, peu à peu, l'intérêt était venu, tant il est vrai que, si inexpérimenté que soit le narrateur, il y a toujours une éloquence puissante dans le récit des grandes choses, fait par celui qui les a vues. Le capitaine avait cessé de parler, qu'Anna écoutait encore, et la promenade avait duré deux heures sans que le capitaine eût éprouvé la moindre fatigue ni Anna le moindre ennui. Ce fut mademoiselle de Villevieille, que la conversation du docteur préoccupait le moins, à ce qu'il paraît, qui vint rappeler à sa jeune maîtresse qu'il était temps de retourner au village.

L'absence d'Anna-Mary ne se fit pas sentir immédiatement après son départ, son apparition avait rempli toute la journée de sir Édouard; mais, lorsque, le lendemain, il pensa qu'il n'y avait aucune raison pour qu'elle vînt au château, et que lui n'avait aucun prétexte pour aller au village, il lui sembla que la matinée dans laquelle il entrait n'aurait pas de fin, et Tom le trouva aussi triste et aussi abattu qu'il l'avait vu, la veille, alerte et joyeux.

Le capitaine était arrivé jusqu'à l'âge de quarante-cinq ans avec un cœur vierge de tout amour. Entré au service de Sa Majesté Georges III, au moment où il sortait à peine de l'enfance, la seule femme qu'il eût connue était sa mère. Son âme s'était ouverte d'abord aux grands spectacles de la nature; les instincts tendres y avaient été étouffés par les habitudes sévères, et, tant qu'il avait été à bord de son bâtiment, il avait considéré une moitié de la création comme une chose de luxe que Dieu avait semée sur la terre, ainsi qu'il a fait des fleurs qui brillent et des oiseaux qui chantent. Il faut convenir aussi que celles de ces fleurs ou ceux de ces oiseaux qu'il avait rencontrés n'avaient rien de séduisant. C'étaient quelques maîtresses de cabaret, tenant les hôtels les plus achalandés des différents ports où il avait relâché, des négresses de la côte de Guinée ou de Zanguebar, des Hottentotes du Cap ou des Patagones de la Terre de Feu. L'idée que sa race s'éteindrait avec lui n'était jamais venue au capitaine, ou, dans le cas contraire, ne lui avait pas causé, sans doute, une inquiétude bien grande. Grâce à cette indifférence passée, il était probable que la première femme un peu jeune, un peu jolie, un peu spirituelle qui croiserait le chemin du capitaine, le ferait changer de route; à bien plus forte raison surtout si cette femme, comme Anna-Mary, était remarquable sous tous les rapports. Or, comme on l'a vu, ce qui devait arriver arriva. Le capitaine, qui ne pensait pas à être attaqué, ne s'était pas occupé de la défense, si bien qu'il avait été mis hors de combat et fait prisonnier à la première escarmouche.

Le capitaine passa la journée comme un enfant qui a égaré son plus beau jouet et qui refuse de se distraire avec les autres. Il bouda Tom, tourna le dos à M. Sanders, et ne parut reprendre quelque bonne humeur qu'en apercevant le docteur, qui, à l'heure accoutumée, venait faire sa partie. Mais ce n'était pas l'affaire du capitaine; il laissa Tom, M. Sanders et le curé chercher un quatrième partenaire, et emmena le docteur dans sa chambre, sous un prétexte aussi maladroit que s'il n'eût eu que dix-huit ans. Là, il lui parla de tout, hors de ce qu'il avait véritablement à lui dire, lui demanda des nouvelles du malade qu'il avait au village, lui offrit de l'y conduire le lendemain : malheureusement, le malade était guéri. Sir Édouard chercha alors une querelle au digne Esculape qui guérissait tout le monde, excepté lui, qui, ce jour-là, s'était mortellement ennuyé. Il ajouta qu'il se sentait plus malade que jamais, et déclara qu'il était perdu s'il passait seulement encore trois jours comme celui qui venait de s'écouler. Le docteur ordonna au capitaine les jus d'herbes, les biftecks et la distraction. Le capitaine envoya promener le docteur, et se coucha plus maussade qu'il ne l'avait jamais été, mais sans avoir osé prononcer une seule fois le nom d'Anna-Mary. Le docteur se retira en se frottant les mains : c'était un drôle d'homme que le docteur.

Le lendemain, ce fut bien autre chose; sir Édouard n'était pas abordable. Une seule pensée vivait dans son esprit, un seul désir animait son cœur : voir Anna-Mary... Mais comment la voir? Le hasard les avait rapprochés la première fois; la reconnaissance avait ramené Anna le lendemain; le capitaine avait fait une visite de convenance; miss Anna avait rendu sa visite au capitaine : tout s'arrêtait là; et il aurait fallu une imagination plus féconde en expédients que ne l'était celle de sir Édouard, pour le tirer de la situation perplexe où il se trouvait. Le capitaine n'avait plus d'espoir que dans les veuves et les orphelins; mais il ne meurt pas un pauvre diable tous les jours, et ce pauvre diable fût-il mort, peut-être Anna-Mary n'eût-elle pas osé venir renouveler sa demande au capitaine. C'eût été un tort : sir Édouard était, à cette heure, en disposition de placer toutes les veuves et d'adopter tous les orphelins du monde.

Le temps était pluvieux, ce qui ne permettait pas au capitaine d'espérer qu'Anna-Mary viendrait au château; en conséquence, il ordonna de mettre les chevaux à la voiture, résolu qu'il était de sortir lui-même. Tom demanda s'il devait accompagner le capitaine; mais le capitaine répondit brusquement à Tom qu'il n'avait pas besoin de lui, et, lorsque le cocher, voyant son maître installé dans le carrosse, vint lui demander respectueusement où il fallait le conduire, celui-ci, à qui toute route était indifférente parce qu'il n'osait pas indiquer la seule qu'il désirait prendre, lui répondit :

— Où tu voudras.

Le cocher réfléchit un instant; puis, remontant sur son siége, il partit au galop. La pluie tombait par torrents, et il était évident qu'il était pressé lui-même d'arriver quelque part. En effet, au bout d'un quart d'heure, il s'arrêta. Le capitaine, qui jusque-là, plongé dans ses réflexions, était resté couché au fond de sa voiture, mit le nez à la portière : il était à la porte de l'ex-malade du docteur, et, par conséquent, en face de la maison d'Anna-Mary. Le cocher s'était rappelé que, la dernière fois qu'il était venu au même endroit, son maître était resté deux heures en visite, et il espérait que, si le capitaine faisait cette fois ainsi que l'autre, la pluie passerait pendant ces deux heures, et qu'il aurait du beau temps pour le retour. Le capitaine tira le cordon attaché au bras du cocher; celui-ci descendit et ouvrit la portière.

— Que diable fais-tu? dit le capitaine.

— Eh bien, je m'arrête, Votre Honneur.

— Et où t'arrêtes-tu?

— Ici.

— Et pourquoi ici?

— Est-ce que ce n'est pas ici que Votre Seigneurie voulait venir?

Hélas! le pauvre diable avait deviné juste sans s'en douter. En effet, c'était bien là que sir Édouard voulait venir; aussi ne trouva-t-il rien à dire à cette réponse.

— Tu as raison, dit le capitaine; aide-moi à descendre.

Le capitaine descendit et frappa à la porte de l'ex-malade, dont il ne savait pas même le nom. Ce fut le convalescent lui-même qui vint lui ouvrir. Le capitaine prétexta l'intérêt que lui avait inspiré le cas grave où se trouvait le malade lorsqu'il avait lui-même, quatre jours auparavant, amené le docteur, et ajouta qu'il était venu en personne pour prendre de ses nouvelles. L'ex-malade, qui était un gros brasseur qu'une indigestion, prise au dîner des noces de sa fille, avait forcé de recourir à la science du docteur, fut très-sensible à la visite du capitaine, le fit entrer dans sa plus belle chambre, le supplia de lui faire l'honneur de s'asseoir, et apporta devant lui tous ses échantillons de bière.

Le capitaine plaça sa chaise de manière à pouvoir, tout en causant, regarder dans la rue, et se versa un verre de porter pour avoir le droit de rester tant que le verre ne serait pas bu. Quant au brasseur, il entra, pour satisfaire à l'intérêt que lui avait témoigné le capitaine, dans tous les détails de l'indisposition dont il venait d'être victime, et qui n'était aucunement due à l'intempérance, mais à l'imprudence qu'il avait faite de boire deux doigts de vin, liqueur pernicieuse s'il en fut jamais. Le brasseur profita de cette occasion pour faire ses offres au capitaine, et le capitaine fit prix pour deux tonneaux de bière. Puis, comme ce marché avait établi une certaine familiarité entre le brasseur et le capitaine, le brasseur se hasarda à lui demander ce qu'il regardait dans la rue.

— Je regarde, reprit le capitaine, cette petite maison à contrevents verts qui est en face de la vôtre.

— Ah! fit le brasseur, la maison de la *sainte*.

Nous avons déjà dit que c'était sous ce nom que l'on désignait généralement Anna-Mary.

— Elle est jolie, dit le capitaine.

— Oui, oui, c'est un beau brin de fille, répondit le brasseur, qui croyait que le capitaine parlait de sa voisine, mais surtout c'est une brave créature ; tenez, aujourd'hui, malgré le temps qu'il fait, elle est allée, à cinq milles d'ici, soigner une pauvre mère qui avait déjà six enfants de trop et qui vient d'accoucher de deux autres. Elle allait partir à pied, parce que rien ne l'arrête quand il s'agit d'une bonne action; mais je lui ai dit : « Prenez ma carriole, miss Anna, prenez ma carriole. » Elle ne le voulait pas; je lui ai dit : « Prenez-la! » Et elle l'a prise.

— Tenez, j'y pense, dit sir Édouard, vous m'enverrez quatre tonneaux de bière au lieu de deux.

— Que Votre Seigneurie songe bien, pendant qu'elle y est, s'il ne lui en faut pas davantage, répondit le brasseur.

— Non, non, dit en souriant le capitaine. Mais je ne parlais pas de miss Anna; je parlais de la maison : je disais que la maison est jolie.

— Oui, oui, pas mal; mais c'est tout ce qu'elle possède avec une petite rente de rien, dont les mendiants lui enlèvent encore la moitié; ce qui fait qu'elle ne peut pas même boire de bière, pauvre fille! et qu'elle boit de l'eau.

— Vous savez que c'est l'habitude des Françaises, dit le capitaine, et miss Anna a été élevée par mademoiselle de Villevieille, qui est Française.

— Écoutez, Votre Honneur, reprit le brasseur en secouant la tête, il n'est pas naturel de boire de l'eau quand on peut boire de la bière. Oui, je sais bien que c'est l'habitude des Françaises de boire de l'eau et de manger des sauterelles; mais miss Anna est Anglaise, et de la vieille Angleterre même, fille du baron Lampton, un brave homme, que mon père a connu du temps du Prétendant, et qui s'est battu comme un diable à Preston-Pans, ce qui fit qu'il perdit toute sa fortune et fut longtemps exilé en France. Oh! voyez-vous, Votre Honneur, non! non! ce n'est pas par goût, c'est par nécessité, qu'elle boit de l'eau; et cependant, si elle avait voulu, elle aurait pu boire de la bière, et de la fameuse, tout le reste de sa vie.

— Et comment cela?

— Parce que mon fils aîné avait fait la folie de s'amouracher d'elle et qu'il voulait absolument l'épouser.

— Et vous vous y êtes opposé?

— Tant que j'ai pu, mon Dieu! Comment! un garçon qui aura dix mille bonnes livres sterling en mariage, et qui pouvait trouver le double et le triple, épouser une fille qui n'a rien! Mais il n'y a pas eu moyen de lui faire entendre raison, et il m'a fallu consentir.

— Et alors? dit le capitaine d'une voix tremblante.

— Alors, c'est elle qui a refusé.

Le capitaine respira.

— Et cela, voyez-vous, par orgueil et parce qu'elle est de noblesse. Ah! tous ces nobles, Votre Honneur, je voudrais que le diable...

— Un instant, dit le capitaine en se levant, j'en suis, moi.

— Oh! Votre Honneur, répondit le brasseur, je ne parle que de ceux qui ne boivent que de l'eau ou du vin; je ne peux pas dire cela pour Votre Honneur, qui m'a demandé quatre tonneaux de bière.

— Six, répondit le capitaine.

— Oui, six! s'écria le brasseur; c'est moi qui me trompais. C'est tout ce qu'il faut à Votre Seigneurie? continua le brasseur en suivant sir Édouard le chapeau à la main.

— C'est tout. Adieu, mon brave homme.

— Adieu, Votre Honneur.

Le capitaine remonta en voiture.

— Au château? dit le cocher.

— Non, chez le docteur, répondit le capitaine.

Il pleuvait à verse. Le cocher reprit en grommelant place sur son siége, et mena le capitaine ventre à terre. Au bout de dix minutes, il était arrivé. Le docteur n'était pas chez lui.

— Où faut-il conduire Votre Honneur? dit le cocher.

— Où tu voudras, répondit le capitaine.

Cette fois, le cocher profita de la permission et rentra au château; quant au capitaine, il remonta dans sa chambre sans parler à personne.

— Il est fou! dit le cocher à Tom, qu'il rencontra sous le vestibule.

— Eh bien, veux-tu que je te dise, mon pauvre Patrice, répondit Tom, j'en ai peur!

En effet, une si grande agitation avait succédé à l'apathie du capitaine, et cela d'une manière si subite et si inattendue, qu'il était permis aux deux braves serviteurs, qui en ignoraient la cause véritable, d'avoir conçu l'opinion un peu hasardée qu'ils venaient d'exprimer à demi-voix; aussi fut-ce celle qu'ils transmirent, le soir même, au docteur, lorsqu'il arriva à son heure accoutumée.

Le docteur les écouta avec la plus grande attention, les interrompant de temps en temps par des « tant mieux! » plus ou moins accentués; puis, lorsqu'ils eurent fini, il monta à la chambre de sir Édouard en se frottant les mains. Tom et Patrice le regardèrent en secouant la tête.

— Ah! dit le capitaine du plus loin qu'il aperçut le docteur, venez, mon pauvre ami; je suis bien malade, allez!

— Vraiment? répondit le docteur. Eh bien, mais c'est déjà quelque chose que de vous en apercevoir.

— Je crois que, depuis huit jours, j'ai le spleen, continua le capitaine.

— Et moi, je crois que, depuis huit jours, vous ne l'avez plus, reprit le docteur.

— Je m'ennuie de tout.

— De presque tout.

— Je m'ennuie partout.

— Presque partout.

— Tom m'est insupportable.

— Je comprends cela.

— M. Robinson m'assomme.

— Dame, ce n'est pas son état d'être amusant.

— M. Sanders me crispe.

— Je le crois bien, un intendant honnête homme!

— Eh! tenez, vous-même, docteur, il y a des moments...

— Oui; mais il y en a d'autres...

— Que voulez-vous dire?

— Je m'entends.

— Docteur, nous nous brouillerons!

— Je chargerai Anna-Mary de nous raccommoder.

Sir Édouard devint rouge comme un enfant pris en faute.

— Parlons franchement, capitaine, continua le docteur.

— Je ne demande pas mieux, répondit sir Édouard.

— Vous êtes-vous ennuyé le jour où vous êtes allé prendre le thé chez Anna-Mary?

— Pas une minute.

— Vous êtes-vous ennuyé le jour où Anna-Mary est venue prendre le thé chez vous?

— Pas une seconde.

— Vous ennuieriez-vous, si vous aviez, chaque matin, la certitude de la voir?

— Jamais.

— Et, alors, Tom vous serait-il insupportable?

— Tom! mais je l'aimerais de toute mon âme.

— M. Robinson vous assommerait-il encore?

— Il me semble que je le chérirais.

— M. Sanders vous crisperait-il toujours?

— Je le porterais dans mon cœur.

— Et seriez-vous tenté de vous brouiller avec moi?

— Avec vous, docteur, ce serait à la vie et à la mort.

— Vous ne vous sentiriez plus malade?

— J'aurais vingt ans, docteur.

— Vous ne vous croiriez plus attaqué du spleen?

— Je serais gai comme un marsouin.

— Eh bien, rien n'est plus facile que de voir Anna-Mary tous les jours.

— Que faut-il faire, docteur? Dites, dites.

— Il faut l'épouser.

— L'épouser? s'écria le capitaine.

— Eh! pardieu! oui, l'épouser : vous savez bien qu'elle n'entrera pas chez vous comme fille de compagnie.

— Mais, docteur, elle ne veut pas se marier.

— Chanson de jeune fille.

— Elle a refusé des partis très-riches.

— Des marchands de bière. La fille du baron Lampton faisant les honneurs d'un comptoir, c'eût été joli!

— Mais, docteur, je suis vieux.

— Vous avez quarante-cinq ans, et elle en a trente.

— Mais il me manque une jambe.

— Elle vous a toujours vu comme cela, elle doit y être habituée.

— Mais, docteur, je suis d'un caractère insupportable.

— Vous êtes le meilleur homme du monde.

— Vous croyez? dit le capitaine avec un doute d'une naïveté parfaite.

— J'en suis sûr, répondit le docteur.

— Il n'y a, dans tout cela, qu'une difficulté.

— Laquelle?

— C'est que jamais je n'oserai lui dire que je l'aime.

— Eh! où est la nécessité que ce soit vous qui le lui disiez?

— Qui s'en chargera à ma place?

— Moi, pardieu!

— Docteur, vous me sauvez la vie.

— C'est mon état.

— Et quand irez-vous?

— Demain, si vous voulez.

— Pourquoi pas aujourd'hui?

— Mais, aujourd'hui, elle n'est pas chez elle.

— Vous attendrez qu'elle y rentre.

— Je vais faire seller mon poney.

— Prenez ma voiture, plutôt.

— Faites atteler, alors.

Le capitaine sonna à casser la sonnette. Patrice accourut tout effrayé.

— Mettez les chevaux, dit le capitaine.

Patrice sortit plus convaincu que jamais que le capitaine avait perdu la tête. Derrière Patrice, entra Tom; le capitaine lui sauta au cou. Tom poussa un gros soupir; il n'y avait pas de doute, le capitaine était complétement fou. Un quart d'heure après, le docteur partait, muni de ses pleins pouvoirs.

La visite eut le résultat le plus satisfaisant pour sir Edouard et pour moi : pour sir Édouard, en ce que, six semaines après, il épousa Anna-Mary; pour moi, en ce que, dix mois après qu'il l'eût épousée, je vins heureusement au monde.

VI

Je ne me rappelle rien autre chose des trois premières années de ma vie, si ce n'est que ma mère m'a toujours dit que j'étais un enfant charmant.

Au plus loin que mes regards puissent se reporter en arrière, je me vois roulant sur une vaste pelouse de gazon qui s'étendait en face du perron, et au milieu de laquelle s'élevait un massif de lilas et de chèvrefeuilles, tandis que ma mère, assise sur un banc peint en vert, levait de temps en temps les yeux de dessus son livre ou de dessus sa tapisserie pour me sourire et m'envoyer des baisers. Vers les dix heures du matin, après avoir lu les journaux, mon père paraissait sur le perron; ma mère courait à lui; je la suivais sur mes petites jambes, et j'arrivais au bas des marches en même temps qu'elle les redescendait avec lui. Alors nous faisions une petite promenade, qui avait presque toujours pour but l'endroit qu'on appelait la grotte du Capitaine; nous nous asseyions sur le banc où sir Édouard était assis la première fois qu'il aperçut Anna-Mary. Georges venait nous dire que les chevaux étaient à la voiture; nous allions faire une course de deux ou trois heures, une visite, soit à mademoiselle de Villevieille, qui avait hérité des quarante livres sterling de rente et de la petite maison de ma mère, soit à quelque famille malade ou pauvre, à laquelle la *sainte* apparaissait toujours comme un ange gardien et consolateur; puis, du meilleur appétit du monde, nous revenions dîner au château. Au dessert, je devenais la propriété de Tom, et c'était mon heure de joie : il m'emportait sur son épaule, et m'emmenait voir les chiens et les chevaux, me dénichait des nids au plus haut des arbres, tandis que je lui tendais les mains d'en bas en criant : «Prends garde de tomber, mon ami Tom.» Enfin, il me ramenait écrasé de fatigue et les yeux à demi fermés par le sommeil; ce qui ne m'empêchait pas de faire très-mauvaise mine à M. Robinson, dont l'arrivée était presque toujours le signal de ma retraite. En cas de trop grande résistance de ma part, c'était encore à Tom qu'on avait recours; alors il entrait dans le salon, et avait l'air de m'emporter malgré tout le monde; je sortais en grommelant, et Tom me couchait dans un hamac qu'il balançait en me contant toutes sortes d'histoires qui m'endormaient ordinairement à la première syllabe; puis ma bonne mère venait et me transportait du hamac dans mon lit. Qu'on me pardonne tous ces détails : à l'heure où j'écris ces lignes, mon père, ma mère, ni Tom, n'existent plus, et je me retrouve seul, à l'âge où mon père y est revenu, en ce vieux château, dans le voisinage duquel il ne reste plus d'Anna-Mary.

Je me rappelle le premier hiver qui vint, parce qu'il fut pour moi la source de nouveaux plaisirs; il tomba beaucoup de neige, et Tom inventa mille moyens, fourchettes, trappes, filets, etc., pour prendre les oiseaux qui, manquant de nourriture dans les champs, se rapprochaient des maisons pour en trouver. Mon père nous avait abandonné un grand hangar que Tom avait fait fermer par un treillage assez fin pour que les plus petits oiseaux ne pussent point passer au travers : c'est dans ce hangar que nous enfermions tous nos prisonniers, qui y trouvaient ample nourriture et bon abri dans trois ou quatre sapins en caisse que Tom y avait fait transporter. Je me rappelle qu'à la fin de l'hiver le nombre des captifs était incalculable. Tout mon temps se passait à les regarder; je ne voulais plus pour rien au monde rentrer au château; à peine pouvait-on m'avoir aux heures des repas. Ma mère s'inquiétait d'abord pour ma santé; mais, lorsque mon père lui montrait, en les pinçant entre ses doigts, mes grosses joues rouges, elle se rassurait et me laissait retourner à ma volière. Au printemps, Tom m'annonça que nous allions lâcher tous nos pensionnaires. Je jetai d'abord les hauts cris; mais ma mère me démontra, avec cette logique du cœur qui lui était si naturelle, que je n'avais pas le droit de garder de force de pauvres oiseaux que j'avais pris par surprise. Elle m'expliqua que c'était injuste de profiter de la détresse du faible pour le réduire en esclavage; elle me montra les oiseaux, aux premiers bourgeons qui reparurent, essayant de passer à travers le treillage pour se répandre au milieu de cette nature qui revenait à la vie, et ensanglantant leurs petites têtes aux barreaux de fil de fer qui les retenaient captifs. Pendant une nuit, un d'eux mourut : ma mère me dit que c'était le chagrin de ne pas être libre. Le même jour, j'ouvris la cage, et tous mes prisonniers s'envolèrent en chantant dans le parc.

Le soir, Tom vint me prendre, et, sans me rien dire, me conduisit à ma volière : ma joie fut grande, lorsque je la vis presque aussi peuplée que le matin; les trois quarts de mes petits commensaux s'étaient aperçus que le feuillage du parc n'était pas encore assez touffu pour les garantir du vent de la nuit, et ils étaient revenus chercher l'abri de leurs sapins, où ils chantaient leurs plus doux chants, comme pour me remercier de l'hospitalité que je leur donnais. Je revins tout joyeux raconter cet événement à ma mère, et ma mère m'expliqua ce que c'était que la reconnaissance.

Le lendemain, lorsque je me réveillai, je courus à ma volière, et trouvai tous mes locataires déménagés, à l'exception de quelques moineaux francs, qui, plus familiers que les autres, faisaient, au contraire, toutes leurs dispositions pour profiter du local que leur abandonnaient leurs camarades. Tom me les montra transportant à leur bec de la paille et de la laine, et m'expliqua que c'était pour faire leurs nids. Je sautai de joie en pensant que j'allais avoir des petits oiseaux que je pourrais regarder grossir sans prendre la peine de grimper au haut d'un arbre, comme je l'avais vu faire à Tom.

Les beaux jours arrivèrent, les moineaux pondirent, et les œufs devinrent des moineaux. Je les suivis dans leur développement avec un bonheur que je me rappelle encore aujourd'hui, lorsque, après quarante ans passés, je me retrouve en face de cette volière toute brisée. Il y a pour l'homme un si grand charme dans tous ces premiers souvenirs, que je ne crains pas de fatiguer mes lecteurs en m'appesantissant un peu sur les miens, tant je suis sûr qu'ils se trouveront en contact avec quelques-uns des leurs. D'ailleurs, il est permis, lorsqu'on a un long voyage à faire à travers des volcans enflammés, des plaines sanglantes et des déserts glacés, de s'arrêter un instant au milieu des vertes et douces prairies que l'on rencontre presque toujours au commencement du chemin.

L'été vint, et nos promenades s'agrandirent. Un jour, Tom me mit, comme d'habitude, sur son épaule; ma mère m'embrassa plus tendrement que de coutume; mon père prit sa canne et vint avec nous. Nous traversâmes le parc, nous suivîmes les bords de la petite rivière, et nous arrivâmes au lac. Il faisait très-chaud. Tom ôta sa veste et sa chemise; puis, s'approchant du bord, il éleva les mains au-dessus de sa tête, fit un bond pareil à celui que j'avais vu faire parfois aux grenouilles que mon approche faisait fuir, et disparut dans le lac. Je poussai un grand cri et voulus courir au bord, je ne sais dans quelle intention, mais peut-être pour m'élancer après lui : mon père me retint. Je criais du plus profond de mon cœur, en trépignant de désespoir : «Tom! mon ami Tom!» lorsque je le vis reparaître. Alors je le rappelai à moi avec de telles instances, qu'il revint aussitôt; je ne fus rassuré que lorsque je le vis dehors.

Alors mon père me montra les cygnes qui glissaient à la surface de l'eau, les poissons qui nageaient à quelques pieds au-dessous d'elle, et m'apprit qu'en combinant ses mouvements d'une certaine manière l'homme était parvenu, malgré son peu de dispositions naturelles pour cet exercice, à rester plusieurs heures dans l'élément des poissons et des cygnes. Joignant alors le précepte à la démonstration, Tom redescendit tout doucement dans le lac, et, cette fois, sans disparaître; il nagea sous mes yeux, me tendant les bras de temps en temps, et me demandant si je voulais venir avec lui. J'étais combattu entre la crainte et le désir, lorsque mon père, voyant ce qui se passait en moi, dit à Tom :

— Ne le tourmente pas davantage, il a peur.

Ce mot était un talisman avec lequel on me faisait faire tout ce qu'on voulait. J'avais toujours entendu parler, à Tom et à mon père, de la peur comme d'un sentiment si méprisable, que, tout enfant que j'étais, je rougis à l'idée qu'on pouvait supposer que je l'éprouvais.

— Non, je n'ai pas peur, dis-je, et je veux aller avec Tom.

Tom revint à terre. Mon père me déshabilla, me mit sur le dos de Tom, autour du cou duquel j'enlaçai mes bras; Tom se remit à l'eau en me recommandant de ne pas le lâcher. Je n'avais garde!

Tom dut sentir, à la pression de mes bras, que mon courage n'était pas si grand que je voulais le faire croire. Au premier moment, le froid de l'eau m'étouffa; peu à peu, cependant, je m'y habituai : le lendemain, Tom m'attacha sur une botte de joncs et nagea près de moi en m'indiquant les mouvements; huit jours après, je me soutenais seul; à l'automne, je savais nager.

Ma mère s'était réservé le reste de mon éducation;

mais elle savait entourer les leçons qu'elle me donnait de tant d'amour, et ses ordres d'une si douce raison, que je confondais mes heures de récréation avec mes heures d'étude, et que l'on n'avait aucune peine à me faire quitter les unes pour les autres. Nous étions à l'automne, le temps commençait à se refroidir; les promenades au lac me furent interdites, et cela me fit d'autant plus de chagrin, que j'eus bientôt lieu de soupçonner qu'il se passait de ce côté quelque chose d'extraordinaire.

En effet, j'avais vu arriver à Williams-house des figures inconnues; mon père s'était longtemps entretenu avec ces étrangers; enfin, ils avaient paru tomber d'accord. Tom était sorti avec eux par la porte du parc qui donnait sur la prairie; mon père était allé les rejoindre, et, à son retour, il avait dit à ma mère : « Tout sera prêt pour le printemps prochain. » Ma mère avait souri comme d'habitude, ce n'était donc pas une chose inquiétante; mais, quel qu'il fût, ce mystère n'en piquait pas moins ma curiosité. Chaque soir, ces hommes revenaient souper et coucher au château et il ne se passait pas de jour que, de son côté, mon père n'allât leur faire une visite.

L'hiver vint, et avec lui la neige. Cette fois, nous n'eûmes pas besoin de tendre des trappes et des filets pour attraper les oiseaux; nous n'eûmes qu'à ouvrir les portes de la volière : tous nos pensionnaires de l'année précédente revinrent, et avec eux beaucoup d'autres à qui, sans doute, ils avaient vanté, dans leur langage, la bonne hospitalité qu'ils avaient reçue. Ils furent les bienvenus tous tant qu'ils étaient, et retrouvèrent leur chènevis, leur millet et leurs sapins.

Pendant les longues heures de cet hiver, ma mère avait achevé de m'apprendre à lire et à écrire, et mon père avait commencé à me donner les premiers éléments de géographie et de marine. J'étais très-ardent amateur de tous les récits de voyages. Je savais par cœur les *Aventures de Gulliver*, et je suivais sur un globe les entreprises de Cook et de Lapérouse. Mon père avait sous verre, sur la cheminée de sa chambre, un modèle de frégate qu'il me donna, et bientôt je sus le nom de toutes les pièces qui composent un bâtiment. Au printemps suivant, j'étais un théoricien fort remarquable, auquel il ne fallait plus que de la pratique; et Tom prétendait que, comme sir Édouard, je ne pouvais manquer d'arriver au grade de contre-amiral; opinion qu'il n'avançait jamais, du reste, sans que ma mère portât aussitôt les yeux sur la jambe de bois de son mari, et n'essuyât une larme qui venait mouiller le coin de sa paupière.

L'anniversaire de la naissance de ma mère arrivait; elle était née au mois de mai, et, chaque année, cette fête revenait, à ma grande joie, avec le beau temps et les fleurs. Ce jour-là, je trouvai, au lieu de mes habits ordinaires, un costume complet de midshipman. Ma joie fut grande, comme on peut le penser, et je descendis au salon, où je trouvai mon père en uniforme. Toutes nos connaissances étaient venues, comme d'habitude, passer la journée au château. Je cherchai Tom : lui seul était absent.

Après le déjeuner, on parla de faire une promenade au lac : la proposition fut adoptée à l'unanimité. Nous partîmes, mais sans suivre la route accoutumée ; celle de la prairie était plus courte, mais celle du bois plus jolie ; je ne m'étonnai donc point de ce changement dans notre itinéraire habituel. Je me rappelle encore ce jour comme si c'était hier. Ainsi que tous les enfants, je ne pouvais m'astreindre au pas grave et mesuré du reste de la compagnie, et je courais devant, cueillant des pâquerettes et des muguets, quand tout à coup, en arrivant à la lisière du bois, je restai comme pétrifié, les yeux fixés sur le lac, sans avoir la force de dire autre chose que :

— Père, un brick !...

— Il l'a, pardieu, distingué d'une frégate et d'une goëlette ! s'écria mon père au comble de la joie. Viens ici, John, que je t'embrasse !

En effet, un charmant petit brick, pavoisé aux armes d'Angleterre, se balançait gracieusement sur le lac. A sa proue était écrit : *l'Anna-Mary,* en lettres d'or. Les ouvriers inconnus, qui, depuis cinq mois, habitaient le château, étaient des charpentiers venus de Portsmouth pour le construire. Il avait été achevé le mois d'auparavant, lancé à l'eau et gréé sans que j'en susse rien. En nous apercevant, il fit feu de toute son artillerie, qui se composait de quatre pièces. J'étais au comble de la joie.

A l'anse du lac la plus proche du petit bois par où nous devions sortir, était la yole, montée par Tom et par six matelots : toute la compagnie y descendit. Tom se plaça au gouvernail, les rameurs se courbèrent sur leurs avirons, et nous glissâmes légèrement sur le lac. Six autres matelots, commandés par Georges, attendaient le capitaine à bord, pour lui rendre les honneurs dus à son rang, honneurs qu'il reçut avec toute la gravité que comportaient les circonstances. A peine sir Édouard fut-il sur le pont, qu'il prit le commandement. Nous virâmes sur l'ancre jusqu'à être à pic, on déferla les huniers, puis toutes les voiles s'abaissèrent successivement, et le brick commença de marcher.

Je ne puis exprimer le ravissement que j'éprouvais à voir ainsi, de près et en grand, cette machine merveilleuse que l'on nomme un bâtiment. Quand je le sentis se mouvoir sous mes pieds, je battis des mains, et des larmes de joie coulèrent de mes yeux. Ma mère aussi se mit à pleurer; mais ce fut en pensant, elle, qu'un jour je monterais sur un véritable navire, et qu'alors ses songes, jusqu'alors si doux et si paisibles, seraient pleins de tempêtes et de combats. Au reste, chacun acceptait franchement le plaisir que mon père avait eu l'intention de nous donner. Le temps était superbe, et *l'Anna-Mary* obéissait à la manœuvre comme un cheval dressé. Nous fîmes d'abord le tour du lac, puis nous le traversâmes dans toute sa longueur; enfin, à mon grand regret, on jeta l'ancre, on cargua les voiles. Nous descendîmes dans la yole, qui nous reconduisit à terre; puis, au moment où nous disparaissions pour nous acheminer vers le château, où le dîner nous attendait, une seconde salve d'artillerie salua notre départ comme elle avait salué notre arrivée.

A compter de ce jour, je n'eus plus qu'une pensée, qu'une récréation, qu'un bonheur : c'était le brick. Mon pauvre père était ravi de me voir une vocation aussi prononcée pour la marine; et, comme les ouvriers constructeurs, qui nous avaient jusqu'alors servi d'équipage, nous quittaient pour retourner à Portsmouth, il engagea six matelots de Liverpool, afin de les remplacer. Quant à ma mère, elle souriait mélancoliquement à cet apprentissage maritime, et se consolait en songeant que j'avais encore sept ou huit ans à passer auprès d'elle avant de m'embarquer réellement. Ma pauvre mère oubliait le collége, cette première séparation si pénible, mais qui a l'avantage de préparer doucement à une seconde séparation plus sérieuse, qui la suit presque toujours.

Comme on l'a vu, je connaissais déjà le nom des différentes pièces qui composent un bâtiment; peu à peu j'en appris l'usage. A la fin de l'année, je commençais à exécuter moi-même de petites manœuvres; Tom et mon père se relayaient tour à tour pour être mes instructeurs. L'autre partie de mon éducation s'en ressentait; mais on l'avait renvoyée à l'hiver.

Depuis que j'étais monté à bord du brick, et que j'avais revêtu un uniforme, je ne me croyais plus un enfant; je ne rêvais que manœuvres, tempêtes et combats. Un coin du jardin fut destiné à une cible; mon père me fit venir de Londres une petite carabine et deux pistolets de tir. Sir Édouard, avant de permettre que je touchasse à ces instruments de destruction, voulut que j'en connusse parfaitement tout le mécanisme. Un armurier de Derby vint, deux fois par semaine, au château, m'apprendre à monter et à démonter chaque pièce de la batterie; puis, lorsque je pus, quoique séparées les unes des autres, les désigner toutes par leur nom, il consentit enfin à ce que j'en fisse usage. Tout l'automne fut employé à cet amusement, et, lorsque vint l'hiver, je commençais à me servir assez habilement de mon arsenal.

Le mauvais temps n'interrompit pas nos manœuvres nautiques; il vint, au contraire, en aide à mon père pour compléter mon éducation. Notre lac se permettait d'avoir des tempêtes comme une véritable mer, et, lorsque les vents du nord soufflaient, ils soulevaient sur sa surface, ordinairement si calme et si pure, des vagues qui ne laissaient pas que de donner au bâtiment un roulis très-convenable. Alors je montais avec Tom prendre des ris aux plus hautes voiles, et ces jours-là étaient mes jours de fête; car, rentré au château, j'entendais raconter à tout le monde, par mon père et par Tom, les prouesses de la journée, et mon amour-propre me grandissait presque à la hauteur d'un homme.

Trois ans se passèrent ainsi dans ces travaux, dont on avait su faire pour moi des amusements. Non-seulement j'étais, au bout de ce temps, un excellent marin, habile et hardi à la manœuvre, mais je connaissais la manœuvre au point de la commander. Quelquefois mon père me remettait un petit porte-voix, et, de matelot, je devenais capitaine; à mon commandement alors, l'équipage exécutait sous mes yeux les mouvements que je venais d'exécuter avec lui, et je pouvais juger les fautes que j'avais commises, en voyant de plus savants que moi parfois les commettre. Le reste de mon éducation avait, il est vrai, suivi un progrès plus lent; cependant j'étais aussi fort en géographie que peut l'être un enfant de dix ans: je savais un peu de mathématiques, mais pas du tout de latin. Quant à mes exercices du tir, j'y faisais merveille, à la grande satisfaction de tout le monde, excepté de ma pauvre mère, qui ne voyait dans cela qu'une étude de destruction.

Le jour fixé pour mon départ de Williams-house arriva. Mon père avait choisi, pour m'y faire faire mes études, le collége d'Harrow-sur-la-Colline, rendez-vous scolastique de toute la jeune noblesse de Londres. C'était ma première séparation d'avec mes bons parents; elle fut douloureuse, quoique chacun de nous fît ce qu'il put pour cacher son chagrin aux autres. Tom seul devait m'accompagner; il reçut de mon père une lettre pour le docteur Butler, dans laquelle étaient indiquées les parties d'éducation dont il désirait que l'on prît un soin particulier : la gymnastique, l'escrime et la boxe y étaient soulignés. Quant au latin et au grec, sir Édouard en faisait assez peu de cas; cependant il ne défendit point qu'on m'apprît ces langues.

Je partis avec Tom, dans la voiture de voyage de mon père, non sans avoir fait des adieux presque aussi tendres à mon brick et à mon équipage qu'à mes bons parents. La jeunesse est égoïste; elle ne distingue pas les affections des plaisirs.

Tout sur la route était nouveau et extraordinaire pour moi. Malheureusement, Tom, qui n'avait jamais fait un pas dans l'intérieur des terres jusqu'au moment où il était venu à Williams-house, et qui, depuis qu'il était venu à Williams-house, n'avait pas quitté le château un instant, se trouvait fort peu en mesure de satisfaire ma curiosité. A chaque ville un peu grande que nous rencontrions sur notre route, je demandais si c'était Londres. Enfin, il était impossible d'être plus naïf que moi sur tous les points où je n'étais pas fort instruit.

Nous arrivâmes enfin au collége d'Harrow. Tom me conduisit aussitôt chez le docteur Butler; il venait de succéder au docteur Dury, qui était fort aimé, et son avénement au professorat avait amené dans le collége une émeute, qui était à peine calmée. Cette circonstance donna une solennité plus grande à ma présentation. Le docteur me reçut, assis dans un grand fauteuil, lut la lettre de mon père, fit un signe de tête pour m'annoncer qu'il consentait à me recevoir au nombre de ses élèves, et, indiquant du doigt une chaise à Tom, il commença à me faire subir un interrogatoire en me demandant ce que je savais. Je lui répondis que je savais manœuvrer un vaisseau, prendre hauteur, monter à cheval, nager et tirer à la carabine. Le docteur Butler me crut fou, et renouvela sa question en fronçant le sourcil. Mais Tom vint à mon secours en assurant que c'était la vérité, et que je savais tout cela.

— Ne sait-il rien autre chose? demanda le docteur avec un air de dédain qu'il ne se donna même pas la peine de dissimuler.

Tom resta tout ébahi; il croyait mon éducation fort avancée, et avait toujours regardé comme chose fort inutile que l'on m'envoyât au collége, où, selon lui, je n'avais plus rien à apprendre.

— Pardonnez-moi, repris-je : je sais très-bien le français, passablement la géographie, un peu de mathématiques, et pas mal l'histoire.

J'oubliais le patois irlandais, que, grâce à mistress Denison, je parlais comme un véritable fils de l'antique Érin.

— C'est quelque chose, murmura le professeur, étonné de voir un enfant de douze ans qui paraissait ne rien savoir de ce que les autres enfants savent à cet âge, et qui connaissait beaucoup de choses qu'ils n'apprennent ordinairement que dans un âge plus avancé; mais n'avez-vous pas reçu les premiers éléments du latin et du grec? continua-t-il.

Je fus forcé d'avouer que j'étais parfaitement ignorant sur ces deux langues. Alors le professeur Butler prit un grand registre et écrivit dessus :

« John Davys, arrivé au collége d'Harrow-sur-la-Colline, le 7 du mois d'octobre 1806, entré dans la dernière classe. »

Et, comme il répéta cette inscription tout haut après qu'il l'eut écrite, j'entendis parfaitement la phrase humiliante qui la terminait. J'allais me retirer, la rougeur sur le front, lorsque la porte s'ouvrit et donna passage à un élève. C'était un jeune homme de seize à dix-sept ans, au visage pâle, aux traits fins et aristocratiques et au regard hautain; il portait des cheveux noirs et bouclés, rejetés d'un côté de sa tête avec beaucoup plus de soin que n'en prend ordinairement de cette partie de sa toilette un enfant de cet âge; il avait, en outre, et contre les habitudes des collégiens, les mains blanches et potelées comme des mains de femme; à l'une d'elles était une bague de prix.

— Vous m'avez fait appeler, monsieur Butler? dit-il de la porte avec un accent de hauteur qui perçait jusque dans ses paroles les plus indifférentes.

— Oui, milord, répondit le professeur.

— Et pourrais-je, sans indiscrétion, savoir ce qui me procure cet honneur?

Il prononça ces deux derniers mots avec un sourire qui n'échappa à aucun de nous.

— Je voudrais savoir, milord, pourquoi, à l'expiration du terme, qui a eu lieu hier, vous n'êtes point, malgré mon invitation, — et à son tour le professeur appuya sur ces mots, — venu dîner chez moi avec les autres élèves?

— Dispensez-moi de vous répondre, monsieur.

— Malheureusement, milord, je ne le puis : vous avez commis hier une infraction à toutes les habitudes du collége, et je vous répète que je désire en connaître la cause, si toutefois cependant vous en avez une, murmura le professeur en haussant les épaules.

— J'en ai une, monsieur.

— Laquelle?

— Eh bien, docteur Butler, dit le jeune homme avec la plus impertinente tranquillité, si vous passiez dans mon voisinage, lorsque je prends mes vacances en mon château de Newstead, je ne vous inviterais certes pas à dîner; je ne dois donc pas recevoir de vous une politesse que je ne suis en aucune façon disposé à vous rendre.

— Je dois vous prévenir, milord, reprit le professeur, la flamme de la colère sur le front, que, si vous persistez dans ces manières de faire, vous ne pouvez rester au collége d'Harrow.

— Et moi, monsieur, je viens vous prévenir que je le quitte demain pour le collége de la Trinité, de Cambridge, et voici la lettre de ma mère qui vous donne connaissance de cette détermination.

A ces mots, il tendit la lettre, mais sans approcher.

— Eh! mon Dieu! dit le professeur Butler, venez donc, milord; on sait bien que vous boitez.

Ce fut le tour du jeune homme d'être profondément blessé; mais, au lieu de rougir comme avait fait le professeur, il devint affreusement pâle.

— Tout boiteux que je suis, monsieur, répondit le jeune pair en froissant la lettre qu'il tenait à la main, tâchez de me suivre où j'irai : c'est ce que je vous souhaite. James, dit-il en se retournant vers un domestique en livrée, qui, sans doute, avait apporté la lettre, faites seller mes chevaux, nous partons.

Et il ferma la porte sans prendre autrement congé du professeur Butler.

— Allez à votre classe, monsieur Davys, me dit celui-ci après un moment de silence, et prenez exemple de cet impertinent jeune homme pour ne pas lui ressembler.

En traversant la cour, nous vîmes celui dont on m'avait recommandé de ne pas suivre les traces au milieu de ses compagnons, qui prenaient congé de lui. Un domestique, déjà monté sur son cheval, en tenait un autre en bride. Le jeune lord sauta légèrement en selle, salua de la main, partit au galop, se retourna une fois encore pour envoyer un dernier adieu à ses amis, et disparut à l'angle d'un mur.

— Voilà un lascar qui ne me paraît pas honteux, murmura Tom en le regardant s'éloigner.

— Demande donc son nom, dis-je à Tom, pressé de la plus vive curiosité.

Tom alla à un écolier, lui parla et revint.

— Il s'appelle Georges Gordon Byron, me dit-il.

J'entrai donc au collége d'Harrow-sur-la-Colline le jour où lord Byron en sortit.

VII

Le lendemain, Tom repartit pour Williams-house après avoir recommandé surtout qu'on soignât les parties essentielles de mon éducation, c'est-à-dire la gymnastique, l'escrime et la boxe. Je me trouvai seul pour la première fois de ma vie, perdu au milieu de mes jeunes compagnons, comme je l'aurais été dans une forêt dont je n'eusse connu ni les fleurs ni les fruits, et n'osant goûter à rien de ce qui m'entourait, de peur de mordre dans l'amertume. Il en résulta qu'en classe je ne levai pas la tête de dessus mon papier, et qu'aux heures des récréations, pendant deux ou trois jours, je restai caché dans un coin de l'escalier, au lieu de descendre dans la cour avec les autres. Ce fut dans ces quelques heures de méditation forcée que la douce vie de Williams-house, entourée de l'affection de mes bons parents et de Tom, m'apparut dans tout son charme et toute sa sainteté : mon lac, mon brick, mon tir, mes lectures de voyage, mes courses avec ma mère chez les pauvres ou chez les souffrants, tout cela repassa tour à tour dans ma mémoire et devant mes yeux, et je me sentis pris d'un découragement profond; car, d'un côté de ma vie, tout était lumière et joie, tandis que, de l'autre, je ne voyais encore que ténèbres. Ces pensées, qui pesaient sur moi d'un poids d'autant plus lourd qu'elles étaient d'un autre âge, m'accablèrent au point que, le troisième jour, je m'assis dans le coin du palier et me mis à pleurer. J'étais plongé au plus profond de ma douleur, mes deux mains sur mes yeux et revoyant tout mon Derbyshire à travers mes larmes, lorsque je sentis qu'on me posait la main sur l'épaule; je fis, sans lever la tête et sans changer de position, un de ces mouvements d'impatience familiers aux écoliers qui boudent; mais celui qui s'était arrêté près de moi ne se tint pas pour battu, et, d'une voix grave en même temps qu'affectueuse :

— Comment se fait-il, John, me dit-il, que le fils d'un brave marin comme sir Édouard Davys pleure ainsi qu'un enfant?

Je tressaillis, et, comprenant que pleurer était une faiblesse, je relevai la tête, des larmes sur les joues, mais les yeux secs.

— Je ne pleure plus, dis-je.

Celui qui m'adressait la parole était un garçon de quinze ans, à peu près, qui, sans être encore dans les *seniors*, n'était déjà plus dans les *fags*. Il avait l'air plus calme et plus sérieux qu'on ne pouvait l'attendre de son âge, et je n'eus besoin de jeter qu'un seul coup d'œil sur lui pour sentir qu'il m'était entièrement sympathique.

— Bien! me dit-il; tu seras un homme. Maintenant, si quelqu'un te cherche dispute et que tu aies besoin de moi, je m'appelle Robert Peel.

— Merci, lui dis-je.

Robert Peel me tendit la main et remonta dans sa chambre. Je n'osai pas le suivre; mais, comme j'eus honte de rester où j'étais, je descendis dans la cour; les écoliers mettaient à profit la récréation et jouaient à tous les jeux en honneur dans les colléges. Un grand jeune homme de seize à dix-sept ans s'approcha de moi.

— Personne ne t'a encore pris pour *fag*? me dit-il.

— Je ne sais pas ce que vous voulez dire, répondis-je.

— Eh! je te prends, moi, continua-t-il. A compter de cette heure, tu m'appartiens; je m'appelle Paul Wingfild. N'oublie pas le nom de ton maître... Allons...

Je le suivis sans résistance; car je ne comprenais rien à ce que j'entendais, et cependant je voulais avoir l'air de comprendre pour ne point paraître ridicule; d'ailleurs, je croyais que c'était un jeu. Paul Wingfild alla reprendre sa partie de balle interrompue; quant à moi, pensant que j'étais son partenaire, je me plaçai près de lui.

— Derrière, me dit-il, derrière.

Je crus qu'il me réservait le fond, et je me reculai. En ce moment, la balle, renvoyée vigoureusement par son adversaire, força Paul. J'allais la reprendre et la renvoyer, lorsque je l'entendis me crier :

— Ne touche pas à cette balle, petit drôle, je te le défends!

La balle était à lui, il avait le droit de m'empêcher d'y toucher, et mes notions du juste et de l'injuste étaient d'accord avec sa défense. Cependant, comme il me sembla qu'il aurait pu m'exposer son droit de propriété d'une manière plus polie, je me retirai.

— Eh bien, où vas-tu? me dit Paul.

— Je m'en vais, répondis-je

— Mais où cela?

— Où il me plaît.

— Comment, où il te plaît?

— Sans doute; puisque je ne suis pas de votre jeu, je puis aller où il me convient. Je croyais que vous m'aviez invité à jouer avec vous; il paraît que je m'étais trompé. Adieu.

— Va me chercher cette balle, dit Paul en montrant du doigt l'objet qu'il me demandait et qui avait été rouler au fond de la cour.

— Allez-y vous-même, répondis-je; je ne suis le valet de personne.

— Attends, dit Paul, je vais te faire obéir, moi.

Je me retournai, et je l'attendis. Sans doute, il comptait que j'allais prendre la fuite; aussi fut-il un peu déconcerté de mon attitude. Il hésita, ses camarades se mirent à rire; aussitôt le rouge de la honte lui monta à la figure, et il vint à moi.

— Va me chercher cette balle, me dit-il une seconde fois.

— Et, si je n'y vais pas, qu'arrivera-t-il?

— Il arrivera que je te battrai jusqu'à ce que tu y ailles.

— Mon père m'a toujours dit, répondis-je tranquillement, que quiconque battait un plus faible que lui était un lâche. Il paraît que vous êtes un lâche, monsieur Wingfild.

A ces mots, Paul ne se posséda plus, et me donna de toute sa force un coup de poing au milieu du visage. Je fus près de tomber, tant le choc avait été violent. Je mis la main sur mon couteau; mais il me sembla que la voix de ma mère me criait à l'oreille : « Assassin! » Je retirai donc ma main de ma poche, et, comprenant, à la taille de mon adversaire, que je chercherais inutilement une vengeance, si je me bornais à repousser la force par la force, je lui répétai :

— Vous êtes un lâche, monsieur Wingfild!

Ces mots allaient peut-être me valoir une seconde gourmade plus violente encore que la première; mais deux des amis de Paul, nommés Hunzer et Dorset, l'arrêtèrent. Quant à moi, je me retirai.

J'étais, comme on a pu le voir par le récit que je viens de faire de mon entrée dans le monde, un singulier enfant. Cela tenait à ce que j'avais toujours vécu avec des hommes. Il en résultait que mon caractère avait, si je puis le dire, le double de mon âge. Paul avait donc frappé, sans s'en douter, un jeune homme, quand il n'avait cru battre qu'un enfant. Aussi, à peine eus-je reçu le coup, que je me rappelai mille histoires racontées par mon père et par Tom, où, dans une circonstance semblable, l'offensé avait été demander à l'offenseur satisfaction les armes à la main. C'était, dans ce cas, avait souvent dit mon père, une exigence de l'honneur; et quiconque recevait un soufflet sans en tirer vengeance était déshonoré. Or, comme il n'était jamais venu dans l'idée, à mon père et à Tom, de faire devant moi une ligne de démarcation entre l'homme et l'enfant, ni de me dire à quel âge cette susceptibilité devait naître, je pensai que, si je ne demandais pas raison à Paul, j'étais déshonoré.

Je montai donc lentement à mon dortoir, et, comme, en partant de Williams-house, j'avais eu soin de mettre mes petits pistolets de tir au fond de ma malle, croyant que les récréations qui m'attendaient étaient pareilles à celles que je venais de quitter, je tirai ma malle de dessous mon lit, je mis mes pistolets sous ma veste, de la poudre et des balles dans mes poches, et je me dirigeai vers la chambre de Robert Peel. Lorsque j'entrai, il était occupé à lire; mais, entendant le bruit que faisait la porte en s'ouvrant, il leva la tête.

— Grand Dieu! me dit-il, John, mon enfant, qu'avez-vous? Vous êtes tout en sang!

— J'ai, lui répondis-je, que Paul Wingfild m'a frappé au milieu du visage; et, comme vous m'avez dit que, si quelqu'un me cherchait dispute, je devais venir à vous, me voilà.

— C'est bien, me dit Peel en se levant; sois tranquille, John, il va avoir affaire à moi.

— Comment, affaire à vous?

— Sans doute; ne viens-tu pas me prier de te venger?

— Je viens vous prier de m'aider à me venger moi-même, répondis-je en posant mes petits pistolets sur la table.

Peel me regarda avec étonnement.

— Quel âge as-tu donc? me dit-il.

— J'ai bientôt treize ans, répondis-je.

— Et à qui sont ces armes?

— Elles sont à moi.

— Depuis quand t'en sers-tu?

— Depuis deux ans.

— Qui t'a montré à t'en servir?

— Mon père.

— Pour quelles occasions?

— Pour les occasions pareilles à celle où je me trouve.

— Toucherais-tu cette girouette? continua Peel en ouvrant la fenêtre de sa chambre et en me montrant une tête de dragon qui tournait, en grinçant, à la distance de vingt-cinq pas, à peu près.

— Je le crois, répondis-je.

— Voyons un peu, reprit Peel.

Je chargeai un des pistolets, je visai avec attention le but qui m'était offert, et je mis une balle dans la tête du dragon, à côté de l'œil.

— Bravo! s'écria Peel; son bras n'a pas tremblé; il y a du courage dans ce petit cœur.

A ces mots, il prit les pistolets, les déposa dans le tiroir de sa commode et en mit la clef dans sa poche.

— Et maintenant, dit-il, viens avec moi, John.

J'avais une telle confiance dans Robert, que je le suivis sans faire d'observations. Il descendit dans la cour. Les écoliers étaient réunis en groupe; ils avaient entendu le coup de pistolet et cherchaient de quel côté venait le bruit. Robert alla droit à Paul.

— Paul, lui dit-il, savez-vous d'où est parti ce coup de pistolet que vous avez entendu?

— Non, répondit Paul.

— De ma chambre. Maintenant, savez-vous qui l'a tiré?

— Non.

— John Davys. Enfin, savez-vous où est allée la balle?

— Non.

— Dans cette girouette; regardez.

Tous les yeux se tournèrent vers la girouette, et chacun put se convaincre que Robert disait la vérité.

— Eh bien, après? demanda Paul.

— Après? dit Robert. Après, vous avez frappé John; John est venu me trouver, parce qu'il voulait se battre avec vous; et, pour me prouver que, tout petit qu'il est, il pouvait vous mettre une balle au milieu de la poitrine, il a mis une balle au milieu de cette girouette.

Paul devint très-pâle.

— Paul, continua Robert, vous êtes plus fort que John, mais John est plus adroit que vous. Vous avez frappé un enfant qui a le cœur d'un homme; c'est une erreur dont vous porterez la peine. Ou vous vous battrez avec lui, ou vous lui ferez des excuses.

— Des excuses à un enfant! s'écria Paul.

— Écoutez, dit Robert en se rapprochant de lui et en lui parlant à demi-voix, aimez-vous mieux autre chose? Je suis du même âge que vous; je suis, à l'épée, de la même force que vous; nous mettrons chacun notre compas au bout d'une canne, et nous irons faire ensemble un tour derrière le mur du collége. Vous avez jusqu'à ce soir pour adopter l'un de ces trois partis.

En ce moment, l'heure sonna et nous rentrâmes en classe.

— A cinq heures, me dit Robert Peel en me quittant.

Je travaillai avec une tranquillité qui surprit tous mes camarades, et qui ne permit pas aux maîtres de rien soupçonner de ce qui s'était passé. La récréation du soir arriva; nous sortîmes de nouveau dans la cour. Robert vint à moi.

— Tenez, me dit-il en me donnant une lettre, Paul vous écrit qu'il est fâché de vous avoir frappé; vous ne pouvez lui en demander davantage.

Je pris la lettre; elle était telle que me le disait Robert.

— Maintenant, continua celui-ci en me prenant par-dessous le bras, John, il faut que tu saches une chose. J'ai fait ce que tu as désiré, parce que Paul est un mauvais camarade, et que je n'étais pas fâché qu'il reçût une leçon d'un plus jeune que lui. Mais nous ne sommes point des hommes, nous sommes des enfants. Nos actions n'ont aucun poids, nos paroles aucune valeur: il se passera encore pour moi cinq ou six ans, et pour toi neuf ou dix, avant que nous prenions réellement place dans la société; nous ne devons pas devancer notre âge, John. Ce qui est un déshonneur pour un citoyen ou pour un soldat n'a pas d'importance pour un écolier. Dans le monde, on se bat; mais, au collége, on se tape. Sais-tu boxer?

— Non.

— Eh bien, je te l'apprendrai, moi; et, si quelqu'un t'attaque avant que tu sois en état de te défendre, je le rosserai, moi.

— Merci, Robert; et quand me donnerez-vous ma première leçon?

— Demain, pendant la récréation de onze heures.

Robert me tint parole. Le lendemain, au lieu de descendre dans la cour, je montai à sa chambre, et, le même jour, mon éducation commença. Un mois après, grâce à mes dispositions naturelles, secondées d'une force de beaucoup supérieure à celle des enfants de mon âge, je pouvais tenir tête aux plus grands de l'école. Au reste, mon affaire avec Paul avait fait du bruit, et personne ne s'y frotta. J'ai raconté cette aventure dans tous ses détails, parce qu'elle doit donner une idée exacte de la différence qu'il y avait entre moi et les autres enfants. Mon éducation avait été tellement exceptionnelle, qu'il n'était point étonnant que mon caractère s'en ressentît; si jeune que je fusse, j'avais toujours entendu mon père et Tom faire, en toute occasion, un si grand mépris du danger, que, dans tout le cours de ma vie, je ne le regardai jamais comme un obstacle. Ce n'est pas chez moi une faveur de la nature, c'est le produit de l'enseignement. Mon père et Tom m'ont appris à être brave, comme ma mère m'a appris à lire et à écrire.

Au reste, les instructions transmises au docteur Butler, par la lettre paternelle, furent exactement suivies; on me donna un maître d'escrime, comme à plusieurs autres écoliers plus grands que moi, et je fis des progrès très-rapides en cet art; quant à la gymnastique, ses exercices les plus difficiles n'étaient rien en comparaison des manœuvres que j'avais exécutées cent fois sur mon brick. Aussi, dès le premier jour, je fis toutes les choses que les autres faisaient, et, le second jour, beaucoup de choses qu'ils ne pouvaient faire.

Le temps s'écoula donc pour moi plus rapidement que je ne m'y étais attendu. J'étais laborieux et intelligent, et, à part mon caractère roide et entier, on n'avait rien à me reprocher; aussi voyais-je bien, par les lettres de ma bonne mère, que les renseignements que l'on recevait sur moi, à Williams-house, étaient d'une nature on ne peut plus satisfaisante. Cependant ce fut avec un grand bonheur que je vis arriver le temps des vacances. A mesure que l'époque de quitter Harrow approchait, mes souvenirs de Williams-house reprenaient toute leur force. De jour en jour, j'attendais Tom. Un matin, pendant la récréation, je vis s'arrêter notre voiture de voyage; je courus à elle : Tom n'en descendit que le troisième. Mon père et ma mère avaient voulu l'accompagner.

Ce fut un instant de délicieux bonheur pour moi, que de les revoir. Il y a, comme cela, dans l'existence, trois ou quatre moments où l'homme est parfaitement heureux; et, si courts qu'ils soient, ces moments suffisent pour lui faire regretter la vie. Mon père et ma mère me conduisirent faire, avec eux, une visite chez le docteur Butler. Là, comme j'étais présent, on ne me loua pas trop, mais on donna parfaitement à entendre à ma mère que l'on était satisfait de moi. Mes bons parents étaient dans la joie de leur âme.

En sortant de chez le docteur Butler, je trouvai Robert, qui causait avec Tom. Tom semblait radieux de ce que lui racontait Robert. Ce dernier venait prendre congé de moi, et, de son côté, allait passer le mois des vacances chez ses parents. Au reste, son amitié pour moi ne s'était pas démentie depuis le jour de mon aventure avec Paul. A la première occasion, Tom prit à son tour mon père à part; en revenant à moi, mon père m'embrassa, en marmottant entre ses dents : « Oui, oui, ce sera un homme. » Ma mère, de son côté, voulut savoir ce que c'était; sir Édouard lui fit un signe de l'œil pour lui dire de prendre patience, et qu'elle saurait la chose en temps convenable; effectivement, à ses embrassements du soir, je vis parfaitement que la journée ne s'était point passée sans qu'il lui tînt parole.

Mon père et ma mère m'offrirent d'aller passer huit jours à Londres; mais j'avais un tel besoin de revoir Williams-house, que je préférai partir à l'instant pour le Derbyshire. Mon désir fut accompli. Dès le lendemain matin, nous nous mîmes en route.

Je ne puis exprimer l'effet que me produisit, après cette première absence, l'aspect des objets qui étaient familiers à ma jeunesse : la chaîne des collines qui sépare Chester de Liverpool; l'allée de peupliers qui conduisait au château, et dont chaque arbre semblait, en s'inclinant sous le vent, prendre une voix pour me saluer; le chien de garde qui s'élançait hors de sa niche, à briser sa chaîne, pour venir me caresser; mistress Denison, qui me demanda, en irlandais, si je ne l'avais pas oubliée; ma volière, toujours pleine de prisonniers volontaires; le bon M. Sanders, qui vint, comme c'était son devoir, dit-il, saluer son jeune maître; enfin, il n'y eut pas jusqu'au docteur et à M. Robinson que je ne revisse avec joie, malgré mes anciens griefs contre eux, basés, on se le rappelle, sur ce que l'heure de leur arrivée était, sans miséricorde, celle de ma retraite.

Rien n'était changé au château. Chaque meuble était à sa place habituelle : le fauteuil de mon père près de la cheminée, celui de ma mère près de la fenêtre, la table de jeu dans l'angle à droite de la porte. Chacun avait continué, en mon absence, cette vie heureuse et tranquille qui devait ainsi le conduire, par une route droite, unie et facile, jusqu'au tombeau. Il n'y avait que moi qui avais changé de chemin, et qui, d'un regard confiant et joyeux, commençais à découvrir d'autres horizons.

Ma première visite fut pour le lac. Je laissai Tom et mon père en arrière, et je pris ma course, de toute la force de mes jambes pour revoir mon brick un instant plus tôt. Il se balançait toujours gracieusement à la même place; sa banderole élégante se déroulait au vent; le canot était amarré dans son anse. Je me couchai dans la grande herbe, toute pleine de boutons d'or et de marguerites, et je me mis à pleurer de joie et de bonheur. Mon père et Tom me rejoignirent; nous montâmes dans le canot et nous nous rendîmes à bord. Le pont était frotté et ciré de la veille : on voyait que j'étais attendu sur mon palais naval. Tom chargea un canon et y mit le feu. C'était le signal d'appel à tout l'équipage. Dix minutes après, nos six hommes étaient à bord.

Je n'avais rien oublié de la théorie, et mes exercices gymnastiques m'avaient singulièrement renforcé sur la pratique. Il n'y avait pas une manœuvre que je ne pusse exécuter avec plus de rapidité et d'assurance que le plus habile matelot. Mon père était heureux et tremblant à la fois, en voyant mon adresse et mon agilité; Tom battait des mains; ma mère, qui était venue nous rejoindre, et qui nous regardait du bord, détournait à chaque instant la tête. La cloche du dîner nous rappela. Il y avait convocation au château pour célébrer mon retour. Le docteur et M. Robinson nous attendaient sur le perron. Tous deux m'interrogèrent sur mes classes, et tous deux parurent fort satisfaits de ce que j'avais appris dans le cours d'une année. Aussitôt après le dîner, Tom et moi, nous allâmes au tir; le soir, je redevins, comme autrefois, la propriété exclusive de ma mère.

Dès les premiers jours, ma vie avait repris toutes ses anciennes habitudes; j'avais retrouvé ma place partout, et, au bout de trois jours, cette année de collége, à son tour, me semblait presque un songe. Oh!

les belles et fraîches années! comme elles passent vite, et cependant comme elles emplissent de souvenirs tout le reste de la vie! Que de choses importantes j'ai oubliées, tandis que ma mémoire me retrace encore, dans leurs moindres détails, ces jours de vacances et de collége! jours pleins de travail, d'amitié, de plaisirs et d'amour, et pendant lesquels on ne comprend pas pourquoi toute une existence ne s'écoule pas ainsi.

Quant à moi, les cinq ans qui suivirent mon entrée au collége passèrent comme un jour; et cependant, lorsque je regarde en arrière, ils me semblent illuminés par un autre soleil que celui qui éclaira le reste de ma vie. Quelques malheurs qui me soient arrivés depuis, je bénis Dieu pour ma jeunesse, car je fus un enfant heureux. Nous parvînmes ainsi à la fin de l'année 1810. J'avais seize ans passés. Mon père et ma mère vinrent me chercher, comme d'habitude, vers la fin du mois d'août; mais, cette fois, ils m'annoncèrent que c'était pour ne plus revenir. Je trouvai à mon père un air grave et à ma mère un air triste que je ne leur avais jamais vu. Quant à moi, cette nouvelle, que j'avais tant de fois souhaité d'apprendre, me serra le cœur.

Je pris congé du docteur Butler et de tous mes camarades, avec lesquels, au reste, je n'avais jamais contracté de grandes amitiés. Ma seule liaison intime était celle que j'avais formée avec Robert, et, depuis un an, il avait quitté le collége d'Harrow pour l'université d'Oxford. En arrivant à Williams-house, je repris mes exercices habituels; mais, cette fois, mon père et ma mère semblaient s'en éloigner, et Tom, lui-même, tout en s'y livrant avec moi, avait perdu un peu de sa joyeuse humeur. Je n'y comprenais rien, et moi-même, sans savoir pourquoi, je me sentais sous l'influence de cette tristesse générale. Enfin, un matin, pendant que nous prenions le thé, Georges apporta une lettre scellée d'un grand cachet rouge aux armes de la couronne. Ma mère reposa sur la table la tasse qu'elle portait à ses lèvres. Mon père prit la dépêche en faisant un *ah! ah!* qui lui était habituel dans toutes les circonstances où deux sentiments opposés se combattaient en lui; puis, après l'avoir tournée et retournée sans l'ouvrir :

— Tiens, dit-il en me la passant, cela te concerne.

Je brisai le cachet, et je trouvai ma commission de midshipman à bord du vaisseau *le Trident*, capitaine Stanbow, en rade à Plymouth.

Le moment si désiré par moi était venu; mais, quand je vis ma mère détourner la tête pour cacher ses larmes, quand j'entendis mon père siffloter le *Rule Britannia*, quand Tom, lui-même, me dit d'une voix qu'il ne pouvait rendre ferme malgré tous ses efforts : « Eh bien, mon officier, cette fois-ci, c'est pour tout de bon? » il se fit en moi un bouleversement si grand, que je laissai tomber la lettre, et que, me jetant aux genoux de ma mère, je saisis sa main, que j'embrassai en pleurant.

Mon père ramassa la dépêche, la lut et la relut trois ou quatre fois, afin de laisser cette première expansion suivre son cours; puis, pensant que nous nous étions assez livrés tous aux sentiments tendres qu'il subissait tout bas en les taxant tout haut de faiblesse, il se leva en toussant, secoua la tête, et, après avoir fait trois ou quatre tours dans le salon :

— Allons, John, dit-il en s'arrêtant devant moi, sois un homme!

A ces mots, je sentis les bras de ma mère m'enlacer, comme pour s'opposer tacitement à cette séparation, et je restai courbé devant elle.

Il y eut un moment de silence; puis la douce chaîne qui me retenait se dénoua lentement et je me relevai.

— Et quand doit-il partir? dit ma mère.

— Il faut qu'il soit le 30 septembre à bord, et nous sommes le 18; c'est encore six jours à passer ici : le 24, nous partirons.

— Le conduirai-je avec vous? demanda timidement ma mère.

— Oh! oui, oui, sans doute, m'écriai-je. Oh! je ne veux vous quitter que le plus tard possible.

— Merci, mon enfant, me dit ma mère avec une expression de reconnaissance impossible à exprimer; merci, mon John; car tu m'as récompensée, par une seule parole, de tout ce que j'ai souffert pour toi.

Au jour fixé, nous partîmes, mon père, ma mère, Tom et moi.

VIII

Comme mon père, afin de ne partir de Williams-house qu'au dernier moment, ne s'était réservé que six jours pour notre route, nous laissâmes Londres à notre gauche, et nous traversâmes, pour nous rendre directement à notre destination, les comtés de Warwick, de Glocester et de Sommerset; au matin du cinquième jour, nous entrâmes dans le Devonshire, et, le même soir, vers les cinq heures, nous nous trouvâmes au pied du mont Edgecombe, situé à l'ouest de la baie de Plymouth : nous touchions au terme de notre voyage. Mon père nous invita à mettre pied à terre, indiqua au cocher l'auberge à laquelle il comptait descendre, et la voiture continua de s'avancer sur la grande route, tandis que nous gravissions un sentier qui devait nous conduire sur la plate-forme de la montagne. Je donnais le bras à ma mère, et mon père nous suivait, appuyé sur celui de Tom. Je montais lentement, tout plein de pensées tristes qui semblaient passer, par le contact, du cœur de ma pauvre mère dans le mien; mes yeux étaient fixés sur le haut d'une tour en ruine, qui semblait grandir à mesure que nous avancions, quand tout à coup, en abaissant mes regards de son sommet à sa base, je jetai un cri de surprise et d'admiration. La mer était devant moi.

La mer, c'est-à-dire l'image de l'immensité et de l'infini; la mer, miroir éternel que rien ne peut ni ternir ni briser; surface indélébile qui, depuis la création, reste la même, tandis que la terre, vieillissant comme un homme, se couvre tour à tour de rumeurs et de silence, de moissons et de déserts, de villes et de ruines; la mer, enfin, que je voyais pour la première fois, et qui, pareille à une coquette, se montrait à moi à son heure la plus favorable, c'est-à-dire au moment où, toute frémissante d'amour, elle semble envoyer ses flots d'or au-devant du soleil qui se couche. Je restai un moment dans une contemplation muette et profonde; puis, de l'ensemble, qui avait absorbé toutes mes facultés, je passai aux détails. Quoique, de l'endroit où nous étions, la mer parût calme et unie comme une glace, une large frange d'écume, qui bordait l'extrémité de la nappe étendue sur le rivage, trahissait, en avançant et en se retirant, la respiration éternelle et puissante du vieil Océan; devant nous était la baie, formée par ses deux promontoires; un peu à gauche, la petite île de Saint-Nicolas; enfin, à nos pieds, la ville de Plymouth, avec ses milliers de mâts tremblants qui semblaient une forêt sans feuillage, ses nombreux vaisseaux qui rentraient ou sortaient en saluant la terre, sa vie bruyante, son mouvement animé et ses rumeurs confuses composées de coups de maillet et de chants de matelots, que la brise nous apportait tout imprégnés de l'air parfumé de la mer.

Chacun de nous s'était arrêté, laissant se refléter sur son visage les impressions différentes qui agitaient son cœur : mon père et Tom, joyeux de revoir une ancienne maîtresse; moi, étonné de la nouvelle connaissance que je venais de faire : ma mère, effrayée comme en face d'une ennemie. Puis, après quelques minutes données à la contemplation, mon père chercha, au milieu du port, que nous dominions de toute la hauteur de la montagne, le bâtiment qui devait m'emporter loin de lui, et, avec l'œil exercé d'un marin qui reconnaît un navire au milieu de mille autres, comme le berger un mouton dans un troupeau, il distingua *le Trident*, beau vaisseau de soixante et quatorze, qui se balançait sur son ancre, tout fier de son pavillon royal et de son triple rang de canons. Le maître de ce bâtiment était, comme nous l'avons dit, le capitaine Stanbow, vieux et excellent marin, ancien compagnon d'armes de mon père; aussi, lorsque, le lendemain, jour fixé pour mon installation, nous nous présentâmes à bord du *Trident*, sir Édouard y fut accueilli, non-seulement comme un ami, mais encore comme un supérieur. On se rappelle que sir Édouard, en se retirant, avait, en effet, reçu le grade et obtenu la retraite de contre-amiral; le capitaine Stanbow exigea donc que mon père, ma mère et moi restions à dîner avec lui, tandis que Tom, qui avait demandé à manger avec les matelots, valut à l'équipage, qui le festoyait de son côté, une double ration de vin et une distribution de rhum. Mon arrivée à bord du *Trident* fut ainsi l'occasion d'une espèce de fête, dont le souvenir resta dans tous les cœurs. J'étais entré, comme un vieux Romain, sous des auspices heureux.

Le soir, le capitaine voyant les larmes qui roulaient dans les yeux de ma mère, quelque effort qu'elle fît pour les cacher, me permit de passer encore cette nuit avec ma famille, à la condition expresse, cependant, que je serais à bord le lendemain matin à dix heures. Quelques instants, en pareille circonstance, semblent une éternité : ma mère remercia le capitaine avec autant de reconnaissance que si chaque minute qu'il lui donnait eût été une pierre précieuse.

Le lendemain, à neuf heures, nous nous rendîmes au port. Le canot du *Trident* m'attendait; car, pendant la nuit, le nouveau gouverneur que nous devions conduire à Gibraltar était arrivé, porteur de dépêches qui ordonnaient de mettre à la voile le 1er octobre. Le moment terrible était venu, et cependant ma mère le supporta mieux que nous ne nous y étions attendus. Quant à mon père et à Tom, ils essayèrent d'abord de faire de l'héroïsme; mais, à l'instant de nous séparer, ils ne purent y tenir, et ces hommes, qui n'avaient jamais pleuré peut-être, versèrent de véritables larmes de femme. Je vis que c'était à moi de terminer cette scène, et, pressant une dernière fois ma bonne mère contre mon cœur, je sautai dans le canot, qui, au même instant, et comme s'il n'eût attendu, pour s'éloigner de la terre, que l'impulsion que je lui donnais, glissa légèrement sur la mer et s'avança vers le vaisseau. Le groupe que je quittais n'en resta pas moins immobile à me suivre des yeux jusqu'à ce que je fusse monté à bord. Arrivé là, je saluai une dernière fois de la main; ma mère me répondit avec son mouchoir, et je descendis chez le capitaine, qui avait recommandé qu'aussitôt mon arrivée on me prévînt qu'il avait quelque chose à me dire. Je le trouvai dans sa cabine avec le premier lieutenant, ayant sous les yeux une carte des environs de Plymouth, sur laquelle les villages, les chemins, les petits bois et jusqu'aux buissons étaient indiqués avec une exactitude remarquable. Au bruit que je fis en entrant, il leva la tête et me reconnut.

— Ah! c'est vous? me dit-il avec un sourire d'amitié. Je vous attendais.

— Serais-je assez heureux, capitaine, pour vous être utile à quelque chose le jour même de mon arrivée? C'est une bonne fortune à laquelle j'étais loin de m'attendre, et dont je remercie le ciel.

— Peut-être, dit le capitaine; venez ici, et regardez.

Je m'approchai et fixai mes yeux sur la carte.

— Voyez-vous ce village? continua-t-il.

— Walsmouth? répondis-je.

— Oui. A combien de distance le croyez-vous dans l'intérieur des terres?

— Mais à huit milles, à peu près, si j'en crois l'échelle de proportion.

— C'est cela. Vous ne connaissez pas ce village?

— Je ne savais pas même qu'il existât.

— Cependant, avec les renseignements topographiques que vous avez sous les yeux, vous iriez de la ville à ce village sans vous égarer?

— Certainement.

— Eh bien, c'est tout ce qu'il faut; tenez-vous prêt pour six heures; au moment de partir, M. Burke vous dira le reste.

— Il suffit, capitaine.

Je saluai M. Stanbow ainsi que le lieutenant, et remontai sur le pont. Mon premier regard fut pour la partie du port où j'avais laissé tout ce que j'aimais au monde. Cette partie du port était toujours animée et vivante; mais ceux que j'y cherchais n'y étaient plus. C'en était donc fait, je venais de laisser derrière moi une partie de mon existence. Cette partie, que j'apercevais encore comme à travers une porte entr'ouverte sur le passé, était le doux voyage de ma jeunesse, que j'avais accompli au milieu de fraîches prairies, sous un beau soleil de printemps et appuyé sur l'amour de tout ce qui m'entourait. Cette porte fermée, une autre s'ouvrait, et celle-là donnait sur l'âpre et rude chemin de l'avenir.

J'étais plongé au plus profond de ces pensées, les yeux fixés sur la terre et appuyé tristement contre le mât de misaine, lorsque je sentis qu'on me frappait sur l'épaule. C'était un de mes futurs camarades, jeune homme de seize à dix-sept ans, à peu près, et qui, depuis trois ans déjà, était au service de Sa Majesté Britannique. Je lui fis un salut qu'il me rendit avec la politesse ordinaire des officiers de la marine anglaise; puis, avec un sourire demi-railleur :

— Monsieur John, me dit-il, je suis chargé, par le capitaine, de vous faire les honneurs du vaisseau, depuis le perroquet du grand mât jusqu'à la soute aux poudres. Comme vous avez, selon toutes les probabilités, quelques années à passer à bord du *Trident*, peut-être ne serez-vous pas fâché de faire connaissance avec lui.

— Quoique *le Trident* soit, monsieur, je le présume, comme tous les vaisseaux de soixante et quatorze, et que son arrimage n'ait sans doute rien de particulier, je ferai avec grand plaisir cette visite en votre compagnie, que je conserverai, je l'espère, aussi longtemps que celle du bâtiment. Vous connaissez mon nom; puis-je vous demander le vôtre, afin que je sache à qui je devrai ma première leçon?

— Je me nomme James Bulwer; je suis sorti, il y a trois ans, de l'école de marine de Londres, et, depuis ce temps, j'ai fait deux voyages, l'un au cap Nord, l'autre à Calcutta. Sans doute, vous sortez aussi de quelque école préparatoire?

— Non, monsieur, répondis-je; je sors du collége d'Harrow-sur-la-Colline, et avant-hier, pour la première fois, j'ai vu la mer.

James ne put dissimuler un sourire.

— Alors, continua-t-il, je crains moins de vous ennuyer; les objets que vous allez voir seront, sans doute, pour vous, aussi curieux que nouveaux.

Je m'inclinai en signe d'assentiment et je m'apprêtai à suivre mon cicerone, qui, me faisant descendre par l'escalier du mât d'artimon, me conduisit d'abord dans le second pont. Là, il me fit entrer dans la salle à manger, qui était de vingt à vingt-deux pieds de longueur, et me montra qu'elle était terminée par une cloison qui pouvait se démonter au moment du combat; puis, dans la grande pièce qui joignait cette cloison, il me fit voir six cabinets en toile, destinés à disparaître aussi dans un moment d'urgence : c'étaient nos chambres à coucher. En avant de cette grande chambre, nous rencontrâmes le poste des gardes de la marine, l'office, la boucherie; et, en passant sous le gaillard d'avant, les cuisines, les potagers, le petit four réservé à la table du capitaine, et, de chaque côté, à bâbord et à tribord, une magnifique batterie de trente canons de dix-huit.

De ce second pont, nous descendîmes dans le premier, que nous visitâmes dans le même détail et avec la même attention. C'est ce pont qui renferme la sainte-barbe, les chambres de l'écrivain, du maître-canonnier, du chirurgien, de l'aumônier, et tous les hamacs des matelots suspendus au-dessous des poutres. Il était armé de vingt-huit canons de trente-huit, montés sur leurs affûts, avec tous les palans et ustensiles nécessaires. De là, nous descendîmes dans le faux pont, dont nous fîmes d'abord le tour par les galeries, pratiquées afin qu'on puisse voir, pendant le combat, si un boulet perce le bâtiment à fleur d'eau, et, dans ce cas, boucher le trou avec des tapons de calibre; puis nous entrâmes dans les soutes à pain, à vin et à légumes; de là, nous passâmes dans celles du chirurgien, du pilote et du charpentier, et, de ces dernières, dans la fosse aux câbles et aux lions. Enfin, vint le tour de la cale, que nous visitâmes avec la même religion que le reste du bâtiment.

James avait raison : quoique tous ces différents objets ne fussent pas aussi nouveaux pour moi qu'il le pensait, il n'en étaient pas moins curieux. A part la différence qu'il y a d'un brick à un vaisseau, c'était bien là l'aménagement qui m'était familier; mais, relativement à ce que j'avais vu jusqu'alors, le tout se présentait à moi sur une échelle si colossale, que j'éprouvais la même sensation que si, comme Gulliver, j'avais été transporté tout à coup dans le pays des Géants. Nous remontâmes sur le pont, et James s'apprêtait à me faire faire, dans la mâture, un voyage pareil à celui que nous venions d'exécuter dans la carène, lorsque la cloche du dîner sonna. Elle nous appelait à une opération trop importante pour que nous pussions la retarder d'une seconde; aussi nous rendîmes-nous à l'instant même à la cabine, où quatre autres jeunes gens de notre âge nous attendaient.

Quiconque a mis le pied à bord d'un bâtiment de guerre anglais sait ce que c'est que le dîner d'un midshipman. Un morceau de bœuf à demi rôti, des pommes de terre cuites à l'eau et revêtues de leur robe grise, une liqueur noirâtre baptisée du nom usurpé de porter, le tout dressé sur une table boiteuse, couverte du torchon qui sert à la fois de nappe et de serviette, et qu'on renouvelle tous les huit jours, forment l'ordinaire des Howes futurs et des Nelsons à venir. Heureusement, je sortais du collége et mon apprentissage était fait. Je pris donc ma part du repas en homme qui ne veut pas quitter le morceau pour l'ombre, et je tirai si bien à moi, que je finis par en avoir à peu près autant que les autres, au grand désappointement de mes camarades, qui avaient, sans doute, compté augmenter leurs cinq portions de la sixième.

Après le dîner, James, qui probablement aimait les digestions tranquilles, au lieu de me reparler de notre promenade aérienne, proposa une partie de cartes : c'était justement jour de paye; chacun avait de l'argent dans le gousset, de sorte que chacun accepta sans conteste. Quant à moi, dès cette époque, je ressentais pour le jeu une sainte horreur, qui n'a fait qu'augmenter avec l'âge; je m'excusai donc de ne pouvoir répondre dignement à l'honneur qu'on voulait bien me faire, et je remontai sur le pont. Le temps était beau, le vent soufflait ouest-nord-ouest; cette direction était la plus favorable qu'il pût adopter relativement à nous : aussi tous les préparatifs d'un départ prochain, préparatifs invisibles peut-être à tout autre œil que celui d'un marin, s'exécutaient-ils sur tous les points du bâtiment. Le capitaine se promenait à tribord du gaillard d'arrière, s'arrêtant de temps en temps pour donner un coup d'œil à chaque chose; puis il reprenait sa marche, mesurée comme celle d'une sentinelle, tandis qu'à bâbord le second se mêlait à ces préparatifs d'une manière plus active, sans cependant y prendre part autrement que par un geste impérieux ou une parole brève.

Il ne fallait que voir ces deux hommes, pour apprécier la différence de leurs caractères. M. Stanbow était un vieillard de soixante à soixante-cinq ans : appartenant à l'aristocratie anglaise, il avait conservé la tradition des formes élégantes et des manières polies, et s'était même fortifié dans le culte de cette tradition par un séjour de trois ou quatre années en France. D'un naturel un peu paresseux, c'était surtout lorsqu'il s'agissait de punir que sa lenteur devenait visible, et ce n'était jamais qu'à regret, et après avoir longtemps tourné et retourné entre ses doigts sa prise de tabac d'Espagne, qu'il se décidait à prononcer le châtiment. Cette faiblesse donnait alors à son jugement un caractère d'hésitation qui lui ôtait son apparence de justice; de sorte que, quoiqu'il ne frappât jamais à tort, rarement il frappait à temps. Tous ses efforts n'avaient pu lui faire vaincre cette bonté facile de caractère, si agréable dans le monde, si dangereuse sur un vaisseau. Cette prison flottante, où quelques planches seulement séparent la vie de la mort et le temps de l'éternité, a ses mœurs spéciales, sa population particulière : il lui faut des lois spéciales et un code particulier. Un matelot est à la fois au-dessus et au-dessous de l'homme civilisé; il est plus généreux, plus hardi, plus grand, plus redoutable; mais, toujours en face de la mort, le danger, qui exalte ses bonnes qualités, développe aussi les mauvaises. Le marin est comme le lion qui, lorsqu'il ne caresse plus son maître, le déchire. Il faut donc d'autres ressorts pour exciter ou retenir les rudes fils de l'Océan que pour dominer les débiles enfants de la terre ferme. Eh bien, c'étaient ces ressorts violents que notre doux et vénérable capitaine n'avait jamais su employer. Il est juste de dire cependant qu'au moment du combat ou de la tempête cette hésitation disparaissait sans laisser de trace. Alors la grande taille de M. Stanbow se redressait de toute sa hauteur, sa voix devenait ferme et vibrante, et son œil, qui retrouvait toute la vivacité de la jeunesse, lançait de véritables éclairs; puis, le moment du danger passé, il retombait dans cette apathique douceur, seul défaut que ses ennemis mêmes pussent lui reprocher.

M. Burke offrait avec le portrait que nous venons de tracer un contraste si remarquable, qu'on eût dit que la Providence, en réunissant ces deux hommes sur le même vaisseau, avait voulu corriger l'un par l'autre et combattre la faiblesse par la sévérité. M. Burke était un homme de trente-six à quarante ans : né à Manchester, dans les classes inférieures de la société, son père et sa mère, qui avaient voulu lui donner une éducation plus élevée que celle qu'ils avaient reçue eux-mêmes, avaient commencé à faire quelques sacrifices pour lui, lorsque tous deux moururent à six mois de distance. L'enfant, qui n'était soutenu dans sa pension que par le prix de leur travail, se trouva sans personne au monde pour l'aider à poursuivre ses études, et, trop jeune pour exercer un métier, il s'embarqua, avec une demi-éducation, sur un vaisseau de l'État. Là, toutes les lois de la discipline, appliquées rudement au jeune marin, l'avaient rendu, à mesure qu'il était passé des grades inférieurs au grade qu'il occupait, impitoyable pour les autres. Tout au contraire du capitaine Stanbow, la justice exercée par M. Burke prenait le caractère de la vengeance. On aurait dit qu'il voulait rendre aux malheureux qu'il punissait, à bon droit, sans doute, tous les mauvais traitements dont il avait été, peut-être injustement, frappé. Une autre différence plus remarquable existait encore entre lui et son digne commandant : c'était au moment de la tempête et du combat qu'on pouvait remarquer en M. Burke une certaine hésitation. On eût dit alors qu'il sentait que sa position sociale ne lui avait pas donné, en naissant, le droit de commander aux hommes ni la force de lutter avec les éléments. Néanmoins, comme, tant que durait le feu ou le vent, il était le premier aux coups et à la manœuvre, nul ne l'avait jamais accusé de ne pas faire alors strictement son devoir. Il n'en était pas moins vrai que, dans ces deux cas, une certaine pâleur de visage, une légère altération de voix, laissaient percer une émotion intérieure dont il n'était jamais parvenu à se rendre maître au point de la cacher à ses subordonnés; et cela aurait pu faire croire que le courage, chez lui, était non pas un don de la nature, mais un résultat de l'éducation.

Au reste, ces deux hommes, qui tenaient chacun sur le gaillard d'arrière, la place que la hiérarchie maritime assignait à leur rang, paraissaient plutôt encore séparés par une antipathie naturelle que par l'étiquette de leur grade. Quoique les formes du capitaine fussent pour son premier lieutenant ce qu'elles étaient pour tout le monde, c'est-à-dire décentes et polies, on ne pouvait pas se dissimuler que sa voix ne conservait pas, en lui parlant, cet accent de bienveillance qui le faisait chérir de ses subordonnés. Aussi M. Burke recevait-il d'une manière toute particulière les ordres du capitaine, et sa soumission, quoique entière, avait quelque chose de sombre et de contraint, qui contrastait avec l'obéissance joyeuse et rapide du reste de l'équipage.

Cependant un événement de quelque importance les avait momentanément réunis, comme on l'a vu, au moment où je mettais le pied sur le vaisseau. On s'était aperçu, la veille, qu'il manquait sept hommes à l'appel du soir.

La première idée qui vint au capitaine fut que les sept drôles, dont quelques-uns étaient connus pour ne pas détester le gin, s'étaient attardés seulement autour de la table d'un cabaret, et qu'ils en seraient quittes pour passer trois ou quatre heures en pénitence sur les haubans du grand mât. Mais, à cette espèce d'excuse suggérée au capitaine Stanbow par sa bonté naturelle, M. Burke secoua la tête en signe de doute; et, comme la nuit s'écoula sans que le vent qui venait de terre apportât la moindre nouvelle des absents, il fallut bien que, le lendemain, le digne capitaine, si porté qu'il fût à l'indulgence, reconnût que le cas, ainsi que l'avait prévu M. Burke, était d'une certaine gravité.

En effet, ces désertions sont assez fréquentes à bord des vaisseaux de Sa Majesté Britannique, attendu qu'il arrive souvent que les matelots de la marine militaire trouvent sur les bâtiments de la Compagnie des Indes un meilleur engagement que celui que leur ont fait MM. les lords de l'amirauté, qui, en général, ne les consultent pas sur les conditions. Cependant, une fois l'ordre donné de se mettre en mer, comme le bâtiment doit obéir au premier vent favorable, il n'y aurait pas moyen d'attendre leur retour volontaire ou forcé. C'est dans ce cas que l'on a ordinairement recours au moyen ingénieux de la presse, moyen qui consiste à descendre dans la première taverne venue, et à enlever un nombre d'hommes égal à celui qui fait défaut. Mais comme, dans ces sortes d'expéditions, on ne peut prendre que ce que l'on trouve, et que, parmi les sept hommes qui nous manquaient, il y en avait trois ou quatre qui, une fois à l'œuvre, faisaient parfaitement leur office de matelot, il avait été décidé, par le capitaine, qu'on tenterait d'abord tous les moyens possibles de les ramener à bord du bâtiment.

Il y a, dans tous les ports d'Angleterre, soit dans la ville même, soit dans quelque village des environs, une ou deux maisons portant enseigne et titre de taverne, et dont la véritable industrie est de recéler les déserteurs. Comme ces maisons sont connues de tous les équipages, c'est d'abord sur elles que se portent les soupçons, lorsqu'un déficit quelconque est reconnu sur un navire, et presque toujours les premières expéditions sont dirigées de leur côté; mais aussi, plus les honorables propriétaires de ces maisons sont exposés à ce genre de visite militaire, plus ils prennent de précautions pour en contrarier le résultat : c'est une affaire de contrebande, dans laquelle, le plus souvent, les douaniers sont dupes. Au reste, M. Burke était si convaincu de cette vérité, que, quoique le commandement d'une semblable entreprise fût fort au-dessous de son rang, il n'avait voulu en céder la direction à personne, et c'était lui qui en avait réglé tous les détails, que le capitaine avait approuvés.

En conséquence, dès le matin, les quinze plus vieux matelots du *Trident* avaient été convoqués, et, en présence du capitaine et du second, un conseil avait été tenu, dans lequel, au rebours des autres réunions de ce genre, les opinions inférieures devaient être celles qui auraient le plus de poids.

Dans le cas dont il s'agissait, les matelots étaient, en effet, beaucoup plus experts que les officiers ; et, si la direction devait toujours rester à ceux-ci, les renseignements ne pouvaient venir que de ceux-là. Le résultat de la délibération fut que les coupables, selon toutes les probabilités, étaient réfugiés dans la taverne de *la Verte Erin*, honnête maison tenue par un Irlandais nommé Jemmy, et qui faisait partie du petit village de Walsmouth, situé à huit milles, à peu près, dans l'intérieur des terres. Il avait donc été décidé que l'expédition se dirigerait sur ce point.

Cette décision prise, une proposition qui devait en assurer le succès avait été faite : c'était d'envoyer d'avance un éclaireur qui, sous un prétexte quelconque, pénétrerait dans la taverne de maître Jemmy et parviendrait à savoir dans quelle partie de son établissement se tenaient les réfractaires ; car les précautions, de la part de ces derniers, étaient probablement prises avec d'autant plus de soin, que, le moment du départ du *Trident* était arrivé, ils devaient bien penser que l'on était en quête de leurs respectables personnes.

Mais là s'était présentée une difficulté sérieuse : c'est que le matelot qui aurait joué le rôle d'éclaireur courrait grand risque, après la réussite de l'expédition, de payer cher la part qu'il y aurait prise ; d'un autre côté un officier, si bien déguisé qu'il fût, ne pouvait manquer d'être reconnu ou par M. Jemmy, ou par les déserteurs. Le conseil tout entier était donc dans une grande perplexité, lorsqu'il vint à l'idée de M. Burke de me charger de cette mission ; arrivé le jour même, et, par conséquent, inconnu de tout le monde, je ne devais éveiller les soupçons de personne, et, si j'avais le quart de l'intelligence que m'avait d'avance accordée le bon capitaine, je ne pouvais manquer de conduire la chose à un heureux résultat. Ce préambule explique les questions que m'avait faites M. Stanhow, et la recommandation, qui les avait suivies, d'aller prendre les ordres de M. Burke.

On vint donc me dire, vers les cinq heures, que le lieutenant m'attendait dans sa cabine. Je m'empressai de me rendre à son invitation, et, là, après m'avoir mis brièvement au courant de ce qu'on attendait de moi, il tira d'un coffre une chemise, des pantalons et une jaquette de matelot, qu'il m'invita à revêtir en échange de mon costume de midshipman. Quoique j'éprouvasse, au fond du cœur, quelque répugnance pour le rôle qui m'était réservé dans cette tragi-comédie, force me fut d'obéir. M. Burke parlait au nom de la discipline, et l'on sait combien, à bord des vaisseaux anglais, la discipline est une maîtresse sévère ; d'ailleurs, le lieutenant, je l'ai dit, n'était pas un homme à souffrir une réplique, quelque respectueuse qu'elle fût. Je ne perdis donc pas mon temps en observations inutiles, je mis bas mon costume de midshipman, et, grâce à mon large pantalon, à ma chemise de flanelle rouge, à mon bonnet bleu et à mes dispositions naturelles, j'eus bientôt acquis cet air de vaurien qui forme le caractère distinctif du personnage que j'étais appelé à représenter.

Mon déguisement achevé, nous descendîmes dans la chaloupe, M. Burke, moi et les quinze matelots qui avaient formé le conseil du matin. Dix minutes après, nous étions à Plymouth ; comme nous ne pouvions traverser ainsi la ville en masse sans être remarqués, et que, dans ce cas, l'alarme, sans aucun doute, devait être portée à Walsmouth, nous nous séparâmes sur le port, nous donnant rendez-vous, dix minutes après notre séparation, sous un arbre isolé que l'on voit de la rade, et qui s'élève sur une petite colline au delà de la ville. Au bout d'un quart d'heure, nous fîmes l'appel ; tout le monde était à son poste.

Le plan de la campagne était d'avance arrêté dans la tête de M. Burke, et, arrivé au moment de l'exécuter, il me fit l'honneur de me l'expliquer dans tous ses détails : il avait décidé que je me dirigerais aussi vite que me le permettrait mes jambes, dont, à cette occasion, chacun me fit l'honneur d'exagérer la vélocité, vers le village de Walsmouth, tandis que le reste de la troupe me suivrait au pas ordinaire. Comme, en vertu de cette disposition, je devais gagner près d'une heure sur mes compagnons, il était convenu qu'ils m'attendraient jusqu'à minuit dans une masure située à une portée de fusil en avant du village. Si, à minuit, je n'étais pas de retour, c'est que j'étais prisonnier ou tué, et, dans ce cas, on devait marcher immédiatement sur *la Verte Érin*, pour me délivrer ou venger ma mort.

Il ne fallait pas moins que l'aspect d'un danger comme celui qu'on me faisait entrevoir, pour rehausser, à mes propres yeux, la singulière mission dont j'étais chargé. L'œuvre que j'accomplissais était une tâche de chacal, et non une besogne de lion ; je le sentais au fond du cœur, et cela m'avait jusqu'alors donné un certain malaise dont je n'étais pas le maître de triompher ; mais, du moment que ma vie courait quelque chance, du moment qu'il y avait lutte, enfin, il pouvait y avoir victoire, et la victoire justifie tout : c'est le talisman qui change le plomb en or.

En ce moment, sept heures sonnèrent à Plymouth ; il fallait, à moi une heure et demie, et à mes compagnons deux heures au moins pour arriver à Walsmouth. Je pris donc congé de mes compagnons. M. Burke adoucit sa voix rude pour me souhaiter une chance heureuse, et je partis.

Nous entrions dans les mois brumeux de l'automne, le temps était sombre et bas, des nuages, pareils à des vagues silencieuses, roulaient à quelques pieds au-dessus de ma tête, et, de temps en temps, des rafales de vent, qui arrivaient tout à coup et passaient de même, courbaient les arbres de la route, leur arrachant, à chaque bouffée, quelques-unes de leurs dernières feuilles qui venaient me fouetter le visage. La lune, sans paraître cependant, jetait, à travers les voiles qui la couvraient, assez de lumière pour éclairer tous les objets d'une teinte grisâtre et maladive; par intervalles, de larges ondées tombaient, qui dégénéraient en pluie fine, jusqu'à ce qu'une nouvelle cataracte s'ouvrît; au bout de deux milles, j'étais à la fois glacé et couvert de sueur. Je continuai de marcher ou plutôt de courir, au milieu de ce morne silence qui n'était interrompu que par les plaintes de la terre et les larmes du ciel. Je ne me rappelle pas avoir jamais vu une nuit plus triste que cette triste nuit.

Après une heure et demie de cette course, que je n'avais pas ralentie un instant, et pendant laquelle je n'avais point éprouvé la moindre fatigue, tant cette nuit sombre et la préoccupation de ce qui allait se passer séparaient mon esprit de mon corps, j'aperçus les premières lumières de Walsmouth. Je m'arrêtai un instant pour m'orienter; car il me fallait aller droit à la taverne de maître Jemmy, sans demander ma route. Cette demande n'aurait pas manqué d'exciter les soupçons, vu que c'était une des choses qu'il n'était pas permis à un matelot d'ignorer. Mais, comme, du lieu où j'étais, je ne voyais qu'un amas de maisons, je résolus d'entrer dans le village, espérant que quelque indice extérieur me guiderait. En effet, d'un bout d'une rue à l'autre, j'aperçus bientôt la lanterne que mes camarades m'avaient indiquée comme le fanal qui devait me conduire, et je m'approchai, résolu, puisque j'en étais là, à payer bravement de ma personne.

Le cabaret de maître Jemmy n'avait du moins pas la prétention de tromper les yeux par une fausse apparence; c'était un véritable repaire : la porte, qui semblait celle d'un cachot, tant elle était basse et étroite, avait, à hauteur d'homme, cette petite ouverture grillée, appelée généralement *le trou de l'espion*, en argot de taverne, parce que c'est à travers ce vasistas que le maître de la maison s'assure de la nature des visites qu'il reçoit. J'en approchai mon œil, et je regardai à travers le grillage; mais cette ouverture donnait sur une espèce de caveau sombre où je ne pus rien apercevoir, que des filets de lumière qui, se glissant à travers les fentes d'une porte, indiquaient, au moins, que la chambre attenante était éclairée.

— Holà, quelqu'un ! criai-je alors, en frappant et en appelant en même temps.

Si fermement qu'ils eussent été dits, et quoiqu'un vigoureux coup de poing les eût accompagnés, ces mots restèrent sans réponse. J'attendis un instant, puis je les répétai une seconde fois, mais sans plus de succès. Je m'éloignai alors à reculons de cette maison étrange, afin de regarder si, à défaut de la porte, qui n'était peut-être placée là que pour ne pas détruire la symétrie de l'architecture, il n'y avait pas quelque autre entrée plus praticable; mais les fenêtres étaient barricadées avec un soin tout particulier; force me fut donc d'en revenir au moyen d'introduction ordinaire. Je rapprochai une troisième fois ma tête de l'ouverture; mais, cette fois, je m'arrêtai à quelques pouces du grillage : une autre tête, collée contre les barreaux, me regardait de l'autre côté.

— Enfin! dis-je, ce n'est pas malheureux.

— Qui êtes-vous? que demandez-vous? dit une voix douce à laquelle j'étais loin de m'attendre en pareille circonstance, et que je reconnus pour celle d'une jeune fille.

— Qui je suis, la belle enfant? répondis-je en tâchant de mettre mon fausset au diapason du sien. Je suis un pauvre diable de matelot qui ira probablement coucher en prison, si vous lui refusez la porte.

— A quel équipage appartenez-vous?

— Au *Boreas*, qui fait voile demain matin.

— Entrez, dit la jeune fille en entr'ouvrant la porte dans une largeur qui semblait si bien calculée d'après celle de mon corps, qu'elle n'eût pas permis à un oiseau-mouche de pénétrer en même temps que moi. Et aussitôt elle referma la porte, dont deux énormes verrous et une barre de bois assuraient la solidité.

Au bruit que firent en glissant derrière moi ces garants de la sûreté intérieure, je sentis, je l'avoue, l'eau et la sueur se glacer sur mon front; mais il n'y avait pas à reculer : d'ailleurs, au même moment, la jeune fille ouvrit la porte, et je me trouvai dans la lumière. Aussitôt mes regards parcoururent la chambre et s'arrêtèrent avant tout, je dois l'avouer, sur maître Jemmy, dont l'aspect formidable n'était pas de nature à rassurer un homme qui eût été moins résolu que je ne l'étais. C'était un grand gaillard de près de six pieds, aux membres robustes, aux cheveux et aux sourcils roux; sa figure disparaissait de temps en temps derrière la fumée de sa pipe, qui, en s'évanouissant, laissait briller deux yeux qui semblaient habitués à aller chercher au fond de l'âme la pensée de celui qu'ils regardaient.

— Mon père, dit la jeune fille, c'est un pauvre garçon en faute qui vient vous demander l'hospitalité pour cette nuit.

— Qui es-tu? demanda Jemmy en laissant écouler quelques secondes entre les paroles de sa fille et les siennes, et avec un accent si prononcé, qu'il dénonçait un Irlandais à la première syllabe.

— Qui je suis? répondis-je dans le patois de Munster, que je parlais comme ma propre langue, ma mère étant de Limerick. Pardieu! maître Jemmy, il me semble qu'à vous, moins qu'à tout autre, j'ai besoin de le dire.

— C'est ma foi vrai! s'écria l'hôte de *la Verte Erin* en se levant de sa chaise par un premier mouvement dont il n'avait pas été le maître, en entendant l'idiome chéri de son île : un Irlandais!

— Et pur sang, répondis-je.

— Alors, sois le bienvenu, me dit-il en me tendant la main.

Je m'avançai aussitôt pour répondre à l'honneur que me faisait maître Jemmy; mais, comme si une réflexion soudaine le faisait repentir de son trop de confiance :

— Si tu es Irlandais, dit-il en remettant ses deux mains derrière son dos, et en me regardant de nouveau avec ses petits yeux de démon, tu dois être catholique?

— Comme saint Patrick, répondis-je.

— C'est ce que nous allons voir, dit maître Jemmy.

A ces mots, qui ne laissaient pas de m'inquiéter, il s'avança vers une armoire, et, tirant un livre, il l'ouvrit.

— *In nomine Patris et Filii et Spiritûs sancti*, dit-il.

Je le regardais avec la plus profonde surprise.

— Réponds, dit-il, réponds; si tu es véritablement catholique, tu dois savoir la messe.

Je compris aussitôt, et, comme, étant enfant, j'avais joué souvent avec le missel de mistress Denison, orné de figures saintes, j'essayai de rappeler tous mes souvenirs.

— *Amen*, répondis-je.

— *Introïbo ad altare Dei*, continua mon interrogateur.

— *Dei qui lætificat juventutem meam*, répondis-je avec le même aplomb.

— *Dominus vobiscum*, dit maître Jemmy en levant les mains et en se retournant comme un prêtre qui a fini son office.

Mais j'étais au bout de mon latin; et, comme je ne répondais rien, maître Jemmy resta la main sur la clef de l'armoire, attendant cette dernière réponse, qui devait le convaincre.

— *Et cum spiritu tuo*, me souffla tout bas la jeune fille.

— *Et cum spiritu tuo*, m'écriai-je de toute la force de mes poumons.

— Bravo! dit Jemmy en se retournant, tu es un frère. Maintenant, que désires-tu? que veux-tu? Demande, et tu seras servi, pourvu que tu aies de l'argent, toutefois.

— Oh! l'argent ne manque pas, répondis-je en faisant sonner quelques écus que j'avais dans mon gousset.

— Alors, vivent Dieu et saint Patrick! mon enfant, s'écria le digne hôte de *la Verte Érin*, tu arrives à merveille pour être de la noce.

— De la noce? repris-je étonné.

— Sans doute; connais-tu Bob?

— Bob? Certainement que je le connais.

— Eh bien, il se marie.

— Ah! il se marie?

— En ce moment même.

— Mais il n'est pas seul du *Trident*? demandai-je.

— Sept, mon ami; ils sont sept, autant qu'il y a de péchés capitaux.

— Et, sans indiscrétion, où pourrai-je les rejoindre?

— A l'église, mon fils, et je vais t'y conduire.

— Oh! répondis-je vivement, ne vous dérangez pas, maître Jemmy; j'irai bien tout seul.

— Oui-da, en tournant par la rue, n'est-ce pas, pour que les espions de Sa Majesté Britannique te mettent la main dessus? Non pas. Viens par ici, viens, mon enfant.

— Vous avez donc une communication avec l'église?

— Oui, oui; nous sommes machinés ni plus ni moins que le théâtre de Drury-Lane, où l'on fait vingt-cinq changements à vue dans une pantomime. Viens par ici, viens.

Et maître Jemmy me saisit par le bras et m'entraîna de l'air le plus amical du monde, mais, en même temps, avec une telle force, que, si même l'envie m'en fût venue, je me fusse trouvé dans l'impossibilité de faire la moindre résistance. Cependant ce n'était point là mon affaire : je n'avais pas le moindre désir d'être mis en face de nos déserteurs. Par un mouvement instinctif, je glissai la main jusqu'au manche de mon poignard de midshipman, que j'avais eu la précaution de cacher sous ma chemise rouge, et, ne pouvant résister au bras de fer qui m'entraînait, je suivis mon terrible guide, décidé à prendre conseil des circonstances, mais à ne reculer devant rien; car toute ma carrière maritime dépendait probablement de la manière dont je mènerais à bout cette dangereuse entreprise.

Nous traversâmes deux ou trois pièces, dans l'une desquelles étaient dressés sur une table tous les préparatifs d'un souper plus copieux que recherché; puis nous descendîmes dans une espèce de cave sombre, où, sans me lâcher, Jemmy continua de s'avancer à tâtons. Enfin, après un moment d'hésitation, il ouvrit une porte. Je sentis la fraîcheur de l'air arriver jusqu'à nous; je heurtai les marches d'un escalier; à peine eus-je monté quelques degrés, que les gouttes d'une pluie fine vinrent me picoter le visage. Je levai les yeux; je vis le ciel au-dessus de ma tête. Je regardai autour de moi : nous étions dans un cimetière, au bout duquel s'élevait l'église, masse sombre et informe, dans laquelle se découpaient deux fenêtres éclairées, qui semblaient nous regarder comme des yeux ardents. Le moment du danger approchait; je tirai à demi mon poignard, et je m'apprêtai à continuer ma route ; mais alors ce fut Jemmy qui s'arrêta.

— Maintenant, me dit-il, tu peux aller droit devant toi, mon enfant, et sans craindre de te perdre : moi, je retourne à mon souper ; tu reviendras avec les mariés et tu trouveras ton couvert à table.

En même temps, je sentis se desserrer l'étau dans lequel mon bras était enfermé, et, sans me donner le temps de répondre, maître Jemmy reprit seul le chemin par lequel nous étions venus tous les deux, et disparut sous la voûte avec une rapidité qui prouvait l'habitude que le digne propriétaire de *la Verte Érin* avait de ce passage. A peine fus-je seul, qu'au lieu de continuer mon chemin vers l'église, je m'arrêtai en remerciant Dieu de ce que maître Jemmy n'avait pas eu l'idée de m'accompagner plus loin; puis, comme mes regards commençaient à s'habituer à l'obscurité, je m'aperçus que la clôture était assez peu élevée; cela me permettait de sortir de l'enclos où j'étais enfermé sans passer par l'église. Je courus aussitôt vers le mur le plus proche de moi, et, grâce à ses aspérités, dont je me fis des échelons, je fus bientôt à cheval sur le faîte. Une fois arrivé là, je n'eus plus qu'à me laisser glisser de l'autre côté, et je tombai sans accident au milieu d'une petite ruelle déserte.

Il m'était impossible de savoir précisément où j'étais ; mais je m'orientai sur le vent : pendant tout le chemin, je l'avais eu en face ; je n'avais donc qu'à lui tourner le dos, et j'étais à peu près sûr de ne pas faire fausse route. J'exécutai à l'instant cette manœuvre, et je marchai vent arrière jusqu'à ce que je me trouvasse hors du village. Arrivé là, j'aperçus à ma gauche, pareils à de grands fantômes noirs, les arbres qui bordent la route de Plymouth à Walsmouth. Je me dirigeai aussitôt de ce côté. A vingt-cinq pas du grand chemin était la masure : je piquai droit dessus; nos hommes étaient à leur poste. Il n'y avait pas un instant à perdre. Je leur racontai ce qui venait de se passer. Vous divisâmes nos troupes en deux pelotons, et nous entrâmes dans Walsmouth au pas de course, mais en gardant un tel silence, que nous ressemblions plutôt à une troupe de spectres qu'à une bande d'hommes vivants. Arrivés au bout de la rue qui conduisait à la taverne de Jemmy, je montrai d'une main au lieutenant Burke la lanterne qui indiquait l'entrée de *la Verte Érin*, de l'autre, le clocher de l'église, qui, grâce à une éclaircie, dessinait dans le ciel sa flèche noire et aiguë, et je lui demandai lequel des deux détachements il voulait que je dirigeasse. A cause de la connaissance que j'avais des localités, il m'abandonna celui qui devait s'emparer de la taverne et qui se composait de six hommes; puis, à la tête des neuf autres, il se dirigea vers l'église. Comme l'église et la taverne étaient à une distance à peu près égale, il était évident qu'en marchant du même pas notre double attaque devait être simultanée, ce qui était chose importante; car nos déserteurs étant surpris à la fois par devant et par derrière, il leur devenait impossible de nous échapper.

En arrivant devant la porte, je voulus recourir à la même manœuvre qui m'avait déjà réussi, et, ordonnant à mes hommes de se coller le long du mur, j'appelai par le grillage : j'espérais que, de cette manière, nous pourrions entrer chez maître Jemmy sans effraction ; mais je ne tardai pas à m'apercevoir, au silence profond qui régnait dans la maison, malgré l'appel que je faisais à ses habitants, qu'il fallait renoncer aux voies de douceur. En conséquence, j'ordonnai à deux de nos hommes, qui par précaution s'étaient munis de haches, de jeter la porte en dedans : en un tour de main, malgré les verrous et la barre, la chose fut faite, et nous nous précipitâmes sous la première voûte.

La seconde porte était fermée, et, ainsi que la première, il fallut la briser. Comme elle était un peu moins forte, cette besogne nous prit un peu moins de temps, et nous nous trouvâmes dans la chambre où Jemmy m'avait fait servir la messe. Elle était sans lumière. J'allai au poêle; on venait de l'éteindre avec de l'eau. Un de nos hommes battit le briquet; mais nous cherchâmes en vain une lampe ou une chandelle. Je me souvins de la lanterne, et courus à la porte pour la décrocher; elle était éteinte. Décidément, la garnison était prévenue et opposait une force d'inertie qui présageait, selon toute probabilité, une résistance plus sérieuse. Quand je rentrai, la chambre était éclairée; un de nos hommes, canonnier de la troisième batterie de bâbord, avait par hasard sur lui une mèche, et venait de l'allumer; mais il n'y avait pas de temps à perdre : la lumière qu'elle donnait ne devait durer que quelques secondes; je pris la mèche et m'élançai dans la chambre voisine en criant :

— Suivez-moi !

Nous traversâmes cette seconde chambre, puis celle du souper, sur lequel nos hommes, en passant, jetèrent de côté un coup d'œil plein d'une expression intraduisible; puis enfin, au moment où la mèche s'éteignait, j'arrivai à la porte du caveau. Elle était refermée; mais on n'avait, sans doute, pas eu le temps de la barricader comme les autres, car, en étendant la main, je sentis la clef. Comme je me rappelais à peu près le chemin qu'une demi-heure auparavant j'avais fait à tâtons, j'y passai le premier, tâtant chaque marche avec le pied, étendant les bras en avant et retenant mon haleine. J'avais, en suivant Jemmy, compté les marches de l'escalier : il y en avait dix. Je les comptai de nouveau, et, quand je fus arrivé à la dernière, je tournai à droite; mais à peine eus-je fait quelques pas dans l'espèce de souterrain, que j'entendis une voix qui murmurait à mon oreille le mot *renégat*. En même temps, il me sembla qu'une pierre, se détachant de la voûte, me tombait d'aplomb sur la tête. Je vis des millions d'étincelles, je jetai un cri, et je tombai sans connaissance.

Lorsque je revins à moi, je me retrouvai dans mon hamac, et sentis, au mouvement du vaisseau, que nous devions être en train d'appareiller. Mon accident, causé par un simple coup de poing de mon ami, l'hôte de *la Verte Érin*, n'avait en rien entravé le succès de l'expédition. Le lieutenant Burke était entré dans la sacristie au moment même où les fiancés, les garçons de noce y étaient réunis; nos hommes avaient donc été pris comme dans une souricière, et, à l'exception de Bob, qui avait trouvé le moyen de s'échapper par une fenêtre, ils avaient tous été arrêtés. L'absence du fugitif était même compensée, si l'on avait voulu admettre le proverbe français: « Un homme en vaut un autre; » car le lieutenant, qui était, comme nous l'avons dit, à cheval sur les règles de la discipline et qui voulait son nombre avant tout, avait jeté le grappin sur un des assistants et l'avait, malgré ses cris et sa résistance, ramené à bord du *Trident* avec les autres prisonniers. Ce pauvre diable, qui se trouvait d'une manière si inattendue enrôlé dans la marine britannique, était un perruquier du village de Walsmouth, qui se nommait David.

IX

Quoique l'accident sous lequel j'avais succombé m'eût empêché de prendre un part active au dénoûment de l'entreprise, il n'en est pas moins vrai que l'on devait, en grande partie, l'heureux résultat de l'expédition à la manière dont je l'avais conduite.

Aussi, lorsque je rouvris les yeux, ce que je ne pus faire que quelques moments après que le sentiment de mon existence me fût revenu, tant le coup que j'avais reçu était bien appliqué, je trouvai près de moi notre brave capitaine, qui venait en personne s'informer de mon état. Comme, à part une certaine lourdeur dans la région cérébrale, je me sentais, du reste, parfaitement bien, je lui répondis que, dans un quart d'heure, je serais sur le pont, et que, le jour même, j'espérais reprendre mon service. En effet, à peine le capitaine fut-il sorti, que je sautai à bas de mon hamac, et que je procédai à ma toilette. La seule trace visible qui me restât du coup de poing de maître Jemmy était une injection sanglante dans les yeux. Sans aucun doute, si je n'avais pas eu le crâne aussi solide, j'étais assommé comme un bœuf.

Comme je l'avais jugé au mouvement de la frégate, nous étions en train d'appareiller. L'ancre dérapait du fond, et le navire commençait son abatée à tribord. Le capitaine lui aidait de son mieux en faisant appareiller les focs; puis, cette manœuvre accomplie, comme nous faisions trop d'arrivée, nous bordâmes l'artimon et restâmes en panne jusqu'à ce que l'ancre fût haute. Ces précautions prises, le capitaine abandonna au lieutenant la conduite du bâtiment, et descendit dans sa chambre prendre connaissance de ses dépêches, qu'il ne devait ouvrir qu'au moment où le vaisseau mettrait à la voile.

Il y eut alors sur le navire un moment d'inaction, dont tous mes camarades profitèrent pour me féliciter de mon expédition et me demander de mes nouvelles. J'étais en train de leur raconter mon accident dans tous ses détails, lorsque nous aperçûmes une barque venant de terre, à force de rames, et nous faisant toutes sortes de signaux; un des midshipmen, qui avait une lunette, la braqua vers elle :

— Dieu me damne! dit-il au bout d'un instant d'examen, si ce n'est pas Bob le souffleur qui nous arrive.

— Voilà un farceur! dit un matelot; il se sauve quand on court après lui, et il court après nous quand nous nous retournons.

— Il est peut-être déjà brouillé avec son épouse, dit un autre.

— En tous cas, je ne voudrais pas être dans sa peau, murmura un troisième.

— Silence! dit une voix qui avait l'habitude de nous faire trembler tous; chacun à son poste! Le gouvernail à tribord! orientez la misaine! Ne voyez-vous pas que le navire cule?

L'ordre fut aussitôt exécuté que donné, et le navire, cessant son mouvement rétrograde, demeura quelques moments immobile; puis enfin il commença à marcher. En ce moment, une voix cria :

— Une barque à bâbord!

— Voyez ce qu'elle veut, dit le lieutenant, que rien ne pouvait faire déroger à l'ordre établi.

— Ohé! de la barque, reprit la même voix, que demandez-vous?

Puis, se retournant après avoir entendu la réponse:

— Mon lieutenant, continua le matelot, c'est Bob le souffleur qui vient de faire un petit tour à terre, et qui désire remonter à bord.

— Jetez une corde à ce drôle, dit le lieutenant sans même regarder de son côté, et conduisez-le avec les autres, dans la fosse aux lions.

L'ordre fut ponctuellement executé, et, au bout d'un instant, on aperçut, au-dessus des bordages de bâbord, la tête de Bob, qui, justifiant l'épithète que ses camarades lui avaient donnée, soufflait de toute la force de ses poumons.

— Allons, allons, mon vieux cachalot, lui dis-je en m'approchant de lui, mieux vaut tard que jamais;

huit jours à fond de cale au pain et à l'eau, et tout sera dit.

— C'est juste, c'est juste, je le mérite; et, si j'en suis quitte pour cela, je n'aurai pas encore trop à me plaindre. Mais, auparavant, avec votre permission, monsieur le midshipman, je voudrais parler au lieutenant.

— Conduisez cet homme au lieutenant, dis-je aux deux matelots qui s'étaient déjà emparés de leur camarade.

M. Burke se promenait sur le gaillard d'arrière, son porte-voix à la main, et continuait de donner ses ordres pour la manœuvre, lorsqu'il vit s'approcher de lui le coupable. Il s'arrêta, et, le regardant de cet œil sévère que les matelots connaissaient si bien pour être l'expression d'une volonté irrévocable :

— Que veux-tu? lui dit-il.

— Sauf votre respect, mon lieutenant, dit Bob en tournant son bonnet bleu entre ses mains, je sais que je suis fautif, et, quant à moi, je n'ai rien à dire.

— C'est bien heureux! murmura M. Burke avec un sourire qui n'exprimait rien moins que la gaieté.

— Aussi, mon lieutenant, vous ne m'auriez probablement jamais revu, si je n'avais pas su qu'il y en avait un autre qui payait ici l'écot de Bob. Alors je me suis dit : « Ça ne peut pas se passer comme ça, Bob, mon ami; il faut retourner à bord du *Trident*, ou tu serais une canaille; » et me voilà.

— Après?

— Après? Eh bien, puisque me voilà pour recevoir les coups, faire mon service et tenir ma place, vous n'avez pas besoin d'un autre, et vous allez renvoyer David à sa femme et à ses enfants, qui sont là-bas à terre qui se désolent... Tenez, mon lieutenant, les voyez-vous là-bas?

Et il lui montra du doigt un groupe de plusieurs personnes sur la pointe la plus avancée du rivage.

— Qui a permis à ce drôle-là de venir me parler?

— C'est moi, monsieur Burke, répondis-je.

— Vous garderez les arrêts un jour, monsieur, me dit le lieutenant, pour vous apprendre à vous mêler de ce qui ne vous regarde pas.

Je saluai et je fis un pas en arrière.

— Mon lieutenant, dit Bob d'une voix ferme, ce que vous faites là n'est pas juste, et, s'il arrive malheur à David, c'est vous qui en répondrez devant Dieu.

— Jetez-moi ce drôle à fond de cale avec les fers aux mains et aux pieds! cria le lieutenant.

On emmena Bob. J'étais descendu par un escalier et lui par l'autre; cependant nous nous rencontrâmes dans le faux pont.

— C'est ma faute si vous êtes puni, me dit-il, et je vous en demande pardon; mais je vous revaudrai cela, je l'espère.

— Ce n'est rien, mon brave, lui répondis-je; mais, au nom de votre pauvre peau, ayez patience.

— Ce n'est pas pour moi que j'en manque, mon officier, c'est pour ce pauvre David.

Les matelots entraînèrent Bob à fond de cale, et moi, je me retirai dans ma chambre. Le lendemain, le matelot qui me servait, après avoir fermé la porte avec précaution, s'approcha de moi, et, avec un air mystérieux :

— Avec la permission de Votre Honneur, me dit-il, est-ce que je pourrais vous répéter deux mots de la part de Bob?

— Répète, mon ami, lui dis-je.

— Eh bien, mon officier, voilà la chose : Bob dit que c'est juste que lui et les déserteurs soient punis; mais que ce n'est pas juste que David, qui n'est en rien coupable, bien au contraire, soit puni comme eux.

— Et il a raison.

— Eh bien, puisque c'est votre avis, mon officier, continua le matelot, il demande que vous en disiez deux mots au capitaine, qui est un brave homme et qui ne souffrira pas qu'une injustice soit faite.

— Cela sera fait aujourd'hui, mon ami; tu peux le dire, de ma part, à Bob.

— Merci, mon officier.

En effet, il était sept heures du matin, et, comme mes arrêts expiraient à onze, j'allai immédiatement trouver le capitaine. Sans lui dire que je parlais au nom de Bob, et comme si la chose venait de moi, je lui parlai du pauvre diable de perruquier, et de l'injustice qu'il y avait à le retenir dans la fosse aux lions avec les autres. La chose était trop juste pour que le capitaine ne la comprît pas : aussi donna-t-il des ordres en conséquence. Je voulais me retirer; mais il me retint pour prendre le thé avec lui. Le brave homme avait su que je venais d'être victime d'une boutade de son lieutenant, et voulait me faire comprendre que, laissant leur cours aux règles de la discipline, il n'avait pas dû s'y opposer, mais que cependant il ne les approuvait pas.

Le thé pris, je remontai sur le pont. Les matelots étaient réunis en cercle autour d'un homme que je ne connaissais pas : c'était David.

Le malheureux était debout, se tenant d'une main à un cordage, tandis que l'autre retombait le long de son corps; ses regards étaient fixés sur la terre, qui n'apparaissait plus à l'horizon que comme un léger brouillard, et de grosses larmes silencieuses coulaient de ses yeux. Telle est la puissance d'une douleur profonde et réelle, que tous ces durs loups de mer, habitués au danger, au sang et à la mort, et dont pas un peut-être ne se serait retourné, dans un naufrage ou un combat, au cri d'agonie de leur meilleur camarade, étaient réunis, tristes et compatissants, autour de cet homme qui pleurait sa famille et sa patrie. Quant à David, il ne voyait rien que cette terre qui, à chaque instant, devenait moins distincte, et, à mesure qu'elle disparaissait, son visage, se contractant de plus en plus, prenait une expression de douleur qu'on ne peut décrire; enfin, quand la terre eut disparu tout à fait, il s'essuya les yeux, comme s'il eût pensé que c'étaient ses larmes qui l'empêchaient de voir; puis, étendant le bras vers le dernier point du rivage qui avait cessé d'être visible, il poussa un long sanglot, se renversa en arrière et tomba évanoui.

— Qu'est-ce? demanda le lieutenant Burke en passant.

Les matelots s'écartèrent en silence et lui laissèrent voir David étendu sans connaissance.

— Est-il mort? continua-t-il avec un peu plus d'indifférence que s'il se fût agi de Fox, le chien du cuisinier.

— Non, mon lieutenant, dit une voix; il n'est qu'évanoui.

— Jetez un seau d'eau à la figure de ce drôle, et il reviendra.

Heureusement, le chirurgien arriva en ce moment et révoqua l'ordonnance du lieutenant; car déjà, rigide observateur des ordres reçus, un matelot s'approchait avec l'objet demandé. Le chirurgien fit transporter David dans son hamac, et, comme il demeurait toujours évanoui, il pratiqua une saignée qui le fit revenir.

Pendant ce temps, le navire marchait vent arrière, et, laissant à sa gauche les îles d'Aurigny et de Guernesey, avait doublé l'île d'Ouessant et était entré à pleines voiles dans l'océan Atlantique; de sorte qu'au bout de deux jours, lorsque David, parfaitement remis, quant au physique, de son indisposition, remonta sur le pont, il ne vit plus que le ciel et l'eau. Cependant l'affaire de nos fugitifs avait pris, grâce à la bonté du capitaine, une marche moins terrible que celle qu'elle paraissait devoir suivre : tous avaient affirmé qu'ils étaient dans l'intention de revenir, la nuit même, à bord du vaisseau, mais que le désir d'assister à la noce d'un camarade l'avait emporté, chez eux, sur la crainte d'une punition. La preuve qu'ils alléguèrent à l'appui de cette assertion, fut qu'ils s'étaient laissé prendre sans résistance, et que Bob, qui s'était sauvé afin de ne pas être privé des bénéfices de sa position conjugale, était de lui-même revenu le lendemain matin : en conséquence, ils devaient en être quittes pour huit jours de fosse aux lions au pain et à l'eau, et vingt coups de fouet. Cette fois, on ne pouvait trop se plaindre, et le châtiment, loin d'être exagéré, était resté au-dessous de la faute; il en était, au reste, ainsi dans toutes les choses de haute juridiction qui relevaient directement du capitaine.

Le jeudi arriva; le jeudi, jour redouté par tous les mauvais matelots de la marine britannique, car c'est le jour des exécutions disciplinaires. A huit heures du matin, moment fixé pour le règlement des comptes de toute la semaine, les soldats de marine prirent leurs armes, les officiers à leur tête, et, après un exercice préparatoire, se rangèrent à bâbord et à tribord; puis parurent les patients accompagnés du capitaine d'armes et de ses deux aides, et, au grand étonnement de la plupart de ceux qui assistaient à cette triste cérémonie, au nombre des patients se trouvait David.

— Monsieur Burke, dit le capitaine Stanbow aussitôt qu'il eut reconnu le pauvre perruquier, cet homme ne saurait être traité comme déserteur, puisque, lorsqu'on l'a pris à terre, il ne faisait point partie de notre équipage.

— Aussi n'est-ce point comme déserteur que je le fais punir, capitaine, répondit le lieutenant; c'est comme ivrogne; hier, il est monté sur le pont ivre à ne pouvoir se tenir.

— Capitaine, dit David, croyez bien que peu m'importe de recevoir ou de ne pas recevoir une douzaine de coups de fouet, car j'ai dans l'âme, soyez-en sûr, une douleur plus vive que celle qu'on pourra jamais infliger à mon corps; mais, pour l'honneur de la vérité, je dois dire, et cela, capitaine, je le jure sur mon salut, que, depuis que j'ai mis le pied sur le vaisseau, je n'ai pas bu une seule goutte de gin, de vin, ni de rhum : j'en appelle à mes camarades, à qui, à chaque repas, j'ai donné ma portion.

— C'est vrai, c'est vrai, dirent plusieurs voix.

— Silence! cria le lieutenant.

Puis, se retournant vers David :

— Si cela était, continua-t-il, comment, en montant hier sur le pont, ne pouviez-vous pas vous tenir?

— Il y avait beaucoup de roulis, répondit David, et j'avais le mal de mer.

— Le mal de mer! répondit en haussant les épaules le lieutenant; vous étiez ivre; et ce qui le prouve, c'est que j'ai bien voulu vous soumettre à l'épreuve usitée en pareil cas, et que vous n'avez pu faire trois pas sur le bordage sans tomber.

— Suis-je habitué à marcher sur un vaisseau? répondit David.

— Vous étiez ivre, cria le lieutenant d'une voix qui n'admettait pas de réplique.

Puis, s'adressant au capitaine :

— Au reste, continua-t-il, M. Stanbow peut vous remettre la peine que vous avez méritée; seulement, il songera aux conséquences qu'une indulgence pareille peut avoir pour la discipline.

— Que justice soit faite, dit le capitaine, qui, dans le doute, ne pouvait gracier David qu'en donnant tort au lieutenant.

Personne n'osa plus ajouter un mot, et le capitaine d'armes ayant lu à haute voix la sentence, que chacun écouta tête nue, l'exécution commença. Les matelots, habitués à cette sorte de punition, la supportèrent avec plus ou moins de courage; quand vint le tour de Bob, qui était l'avant-dernier, il ouvrit la bouche comme s'il avait quelque chose à dire; mais, après un moment d'indécision, il monta sur le petit échafaud en faisant signe que ce serait pour plus tard.

Ce n'était pas à tort que les camarades de Bob l'avaient surnommé le souffleur : à mesure que les coups tombaient sur lui, sa respiration devenait si bruyante, qu'on eût dit que quelque cachalot naviguait bord à bord avec le navire. Il est juste d'ajouter que ce fut la seule expression de douleur qu'il laissa entendre; aussi, vers la fin, ressemblait-elle plus au rugissement d'un lion qu'à la respiration d'un homme. Au vingtième coup, Bob se releva; sa rude peau, bronzée par le soleil, endurcie par l'eau salée, était toute meurtrie. Cependant, comme si l'on eût frappé sur un cuir trop épais pour pouvoir être entamé, pas une goutte de sang n'était sortie. On vit qu'il voulait parler et on fit silence.

— Voici ce que j'avais à demander au capitaine, dit Bob en se retournant vers M. Stanbow, et en faisant passer sa chique d'une joue à l'autre : c'est que, pendant que je suis là, on me donne tout de suite les douze coups de David.

— Que demandes-tu là, Bob? s'écria le perruquier.

— Laisse-moi donc dire, fit Bob avec un geste d'impatience et en reprenant sa respiration comme s'il l'eût tirée de ses talons. Ce n'est pas à moi de décider, capitaine, s'il est fautif ou non; seulement, je sais une chose : c'est que, s'il reçoit douze coups de fouet comme ceux qu'on vient de me donner, il en mourra; que sa femme sera veuve et que ses enfants seront orphelins; tandis que, moi, j'en ai reçu, un jour, trente-deux, ce qui est juste le compte que je réclame, et quoique j'en aie été un peu malade, me voilà.

— Descendez, Bob, dit M. Stanbow les larmes aux yeux.

Bob obéit sans répondre un seul mot, et David lui succéda. Lorsqu'il fut monté sur l'échafaud, les deux aides du capitaine d'armes lui enlevèrent sa veste et sa chemise, et, en voyant ce corps blanc et grêle, chacun fut de l'avis de Bob. Quant à moi, qui avais à me reprocher d'avoir pris bien innocemment part à l'arrestation de ce malheureux, je fis un mouvement vers le capitaine. M. Stanbow le vit, et, comprenant, sans doute, ce que j'avais à lui dire, il m'indiqua, par un geste de la main, qu'il désirait que je demeurasse à ma place. Puis, se retournant vers les aides :

— Faites votre devoir, dit-il.

Un profond silence succéda à ces paroles. Le martinet se leva, et, en retombant, imprima ses neuf lanières en sillons bleuâtres sur les épaules du patient; le second coup tomba à son tour, et neuf autres sillons se croisèrent en réseaux avec les premiers; au troisième coup, le sang s'échappa par gouttes; au quatrième, il jaillit et éclaboussa les plus voisins de l'échafaud !

— Assez ! dit le capitaine.

Chacun respira; car toutes les poitrines étaient oppressées, et, au milieu de ces respirations, on entendait le souffle plus bruyant de Bob; puis on détacha les mains de David : quoiqu'il n'eût pas jeté un seul cri, il était pâle comme s'il allait mourir; malgré sa pâleur, il descendit d'un pas ferme l'échelle de l'échafaud, et, se retournant vers le capitaine :

— Merci, monsieur Stanbow, lui dit-il; je me souviendrai de la miséricorde comme de la vengeance.

— Il ne faut vous souvenir que de vos devoirs, mon ami, dit le capitaine.

— Je ne suis pas matelot, dit David d'une voix sourde, je suis mari, je suis père; et Dieu me pardonnera de ne pas accomplir à cette heure mes devoirs de père et de mari, car ce n'est pas ma faute.

— Reconduisez les coupables dans le faux pont, et que le chirurgien les visite.

Bob offrit son bras à David.

— Merci, mon brave ami, lui dit David, merci, je descendrai bien seul.

Et David descendit, en effet, l'escalier de la première batterie d'un pas aussi ferme qu'il avait descendu celui de l'échafaud.

— Tout cela finira mal, dis-je à demi-voix à M. Stanbow.

— J'en ai peur, me répondit-il.

Puis il ajouta :

— Voyez ce pauvre diable, monsieur Davys, et tâchez de le calmer.

X

Deux heures après, je descendis dans le faux pont; David était sur son hamac avec une fièvre ardente. Je m'approchai de lui.

— Eh bien, David, mon ami, lui demandai-je, comment cela va-t-il?

— Bien, me dit-il d'une voix brève et sans regarder de mon côté.

— Vous répondez sans savoir qui vous parle ! Je suis M. Davys.

David se retourna vivement.

— M. Davys!... dit-il en se soulevant sur un bras et en me regardant avec des yeux pleins de fièvre; M. Davys!... Si vous vous appelez véritablement M. Davys, j'ai à vous remercier. Bob m'a dit que c'était vous qui aviez demandé au capitaine qu'on me tirât de la fosse aux lions. Sans vous, je n'en serais sorti qu'avec les autres, et je n'aurais pas revu une dernière fois l'Angleterre... Merci, monsieur Davys, merci !

— Détrompez-vous, mon cher David, vous reverrez votre pays, et pour ne plus le quitter. Le capitaine est un excellent homme, et il m'a promis qu'à son retour il vous laisserait libre de quitter le bâtiment.

— Oui, le capitaine est un excellent homme ! dit David avec un accent amer; cependant il m'a laissé battre et fouetter comme un chien par cet infâme lieutenant... et cependant le capitaine savait bien que je n'étais pas coupable.

— Il ne pouvait pas vous faire grâce entière, David; la première loi de la discipline est qu'un supérieur ne doit jamais avoir tort. Mais vous avez bien vu qu'au quatrième coup, il a ordonné de cesser l'exécution.

— Oui, oui, murmura David; c'est-à-dire que, s'il avait plu à M. Burke de me faire pendre, au lieu de me faire fouetter, le capitaine m'aurait fait grâce de huit brasses de corde sur douze.

— David, répondis-je, on ne pend que pour vol ou pour assassinat, et vous ne serez jamais ni un voleur ni un assassin.

— Qui sait? me répondit David.

Je vis que mes paroles, au lieu de l'adoucir, l'irritaient encore davantage. Faisant donc signe à Bob, qui, assis dans un coin sur un tas de câbles roulés, buvait l'eau-de-vie qu'on lui avait donnée pour faire des compresses, et l'invitant à venir auprès du hamac de son camarade, je remontai sur le pont. Tout y était aussi tranquille que si rien d'extraordinaire ne s'y fût passé un instant auparavant : le souvenir de la scène que nous avons racontée semblait déjà effacé de tous les esprits comme, à cent pas de nous, était effacé le sillage de notre vaisseau. Le temps était beau ; il ventait bon frais, et nous filions nos huit nœuds à l'heure. Le capitaine se promenait sur l'arrière, d'un pas mesuré et machinal, qui indiquait la préoccupation de son esprit. Je m'arrêtai à une distance respectueuse de lui ; deux ou trois fois, dans la ligne qu'il parcourait, il s'approcha et s'éloigna de moi ; enfin il leva la tête et m'aperçut.

— Eh bien? me dit-il.

— Il a le délire, répondis-je, préférant, si David faisait quelques menaces, qu'elles fussent attribuées à la fièvre plutôt qu'à la vengeance.

Le capitaine secoua la tête et fit entendre un petit claquement de langue; puis, s'appuyant sur mon bras :

— Monsieur Davys, me dit-il, c'est, pour tout homme aux mains duquel un pouvoir quelconque est remis, une chose bien difficile que d'être juste, et, s'il faut que je vous le dise, j'ai bien peur de ne pas avoir été juste envers ce malheureux.

— Vous avez été plus que juste, monsieur, répondis-je, vous avez été miséricordieux; et, si quelqu'un a des reproches à se faire, ce n'est pas vous.

— Pensez-vous donc que M. Burke n'était pas convaincu que David fût coupable?

— Je ne dis pas cela, capitaine; mais il passe pour être d'une sévérité qui touche à la barbarie. Quant à moi, je vous l'avoue, il a une manière de commander qui, dès le premier moment, m'a inspiré l'envie de lui désobéir.

— Ne faites jamais cela, monsieur, me dit le capitaine en essayant de donner à ses traits une expression sévère, car je serais forcé de vous punir. Davys, mon cher enfant, ajouta-t-il en répétant presque les mêmes paroles, mais avec une expression de voix si différente, qu'il semblait passer de la menace à la prière, au nom de votre père, mon vieil ami, ne faites jamais cela ; j'en aurais trop de douleur.

Nous nous promenâmes un instant côte à côte et sans nous regarder; puis, après quelques minutes de silence :

— A quelle hauteur estimez-vous que nous soyons, monsieur Davys? reprit le capitaine passant avec intention d'un sujet à un autre.

— Mais à la hauteur du cap Mondégo, à peu près, je pense.

— Vous ne vous trompez pas, monsieur, me dit-il, et c'est à merveille pour un débutant. Demain, nous doublerons le cap Saint-Vincent; et, si ce nuage noir que nous voyons là-bas, et qui ressemble à un lion accroupi, ne nous joue pas quelque mauvais tour, après-demain au soir nous serons à Gibraltar.

Je tournai les yeux vers le point de l'horizon que me désignait le capitaine. Le nuage indiqué par lui faisait une tache livide dans le ciel; mais j'étais, à cette époque, encore trop novice pour tirer par moi-même aucune conséquence de ce présage. Ma seule inquiétude, pour le moment, était donc de savoir où nous irions, notre première mission accomplie. J'avais vaguement entendu dire que nous étions destinés à faire échelle dans le Levant, et cet espoir n'avait pas peu contribué à adoucir la douleur que j'avais de me séparer de mes dignes parents. Renouant donc la conversation où elle avait été interrompue :

— Est-ce, dis-je, une indiscrétion, monsieur Stanbow, que de vous demander si vous comptez rester longtemps à Gibraltar?

— Je ne le sais pas moi-même, monsieur Davys. J'y attendrai les ordres des lords de l'amirauté, me répondit le capitaine en tournant de nouveau la tête vers le nuage, qui paraissait lui donner d'instant en instant plus d'inquiétude.

J'attendis quelques instants pour voir s'il reprendrait la conversation; mais, comme il continuait de garder le silence, je le saluai et me retirai. Il me laissa faire quelques pas; puis, me rappelant d'un signe de tête :

— A propos, monsieur Davys, me dit-il, faites-vous monter, par le sommelier, quelques bouteilles de bon vin de Bordeaux, de ma cave, que vous donnerez, comme venant de vous, à ce pauvre diable de David.

Je pris la main du capitaine entre les miennes, et je voulus la porter à mes lèvres, tant j'étais attendri. Il la dégagea en souriant.

— Allez, allez, me dit-il, je vous recommande ce malheureux. Tout ce que vous ferez sera bien fait.

Lorsque je remontai sur le pont, mon premier coup d'œil, je l'avoue, fut pour le nuage; il avait perdu sa forme et semblait, comme une décoration de l'Opéra, occupé à faire son changement à vue. Peu à peu, il prit la forme d'un aigle gigantesque, aux ailes éployées; puis une de ses ailes s'étendit démesurément du sud à l'ouest, et couvrit tout l'horizon d'une bande sombre. Rien cependant ne paraissait changé à bord. Les matelots jouaient ou causaient sur l'avant avec leur insouciance ordinaire. Le capitaine se promenait toujours sur le gaillard d'arrière; le premier lieutenant était assis ou plutôt couché sur l'affût d'une caronade; la vigie perchait à sa barre de perroquet, et Bob, appuyé sur les bastingages de tribord, semblait profondément occupé à suivre des yeux les flocons d'écume qui couraient au flanc de notre vaisseau. J'allai m'asseoir près de lui, et, voyant qu'il paraissait de plus en plus plongé dans l'intéressante occupation qui absorbait toutes ses pensées, je me mis à siffler un vieil air irlandais avec lequel mistress Denison m'avait bercé dans mon enfance. Bob m'écouta un instant sans rien dire; mais bientôt, se retournant de mon côté, il ôta son bonnet, le roula dans ses mains, et, quoiqu'il lui en coûtât visiblement de me faire une observation aussi inconvenante :

— Sauf votre respect, monsieur Davys, me dit-il, j'ai entendu dire par de plus vieux que moi qu'il était dangereux d'appeler le vent, quand il y en avait à l'horizon un chargement aussi considérable que celui que le grand amiral des nuages tient, en ce moment, à notre disposition.

— Cela veut dire, mon vieux souffleur, répondis-je en riant, que ma musique te déplaît, n'est-ce pas, et que tu désires que je me taise?

— Je n'ai pas d'ordres à donner à Votre Honneur, et, bien au contraire, c'est moi qui suis tout prêt à obéir aux siens, d'autant plus que je n'ai pas oublié ce que vous avez fait pour ce pauvre David; mais, pour le moment, monsieur John, comme je me permettais de vous le dire, je crois que ce qu'il y a de mieux à faire, c'est de ne pas réveiller le vent. Nous avons une jolie brise nord-nord-est, et c'est tout ce qu'il faut à un honnête bâtiment qui marche sous sa voile de grand perroquet, ses deux huniers et sa misaine.

— Mais, mon cher Bob, repris-je dans l'intention de faire causer le bonhomme, qui vous fait présumer que le temps doive changer? J'ai beau regarder de tous côtés, à l'exception de cette raie sombre, je vois partout le ciel pur et brillant.

— Monsieur John, me dit Bob en me posant sa large main sur le bras, il faut huit jours pour apprendre à un mousse à nouer le point de ris ou à passer une garcette; il faut toute la vie d'un marin pour apprendre à lire l'écriture de Dieu dans les nuages.

— Oui, oui, répondis-je en portant de nouveau les yeux vers l'horizon, je vois bien quelque chose qui se brasse là-bas comme une survente; mais cela ne me paraît pas bien dangereux.

— Monsieur John, dit Bob avec une gravité qui ne laissa pas que de produire sur moi une certaine impression, celui qui achètera ce nuage-là pour un grain ou une rafale gagnera cent pour cent dessus. C'est une tempête, monsieur John, une véritable tempête.

— Cependant, mon vieux prophète, continuai-je, enchanté de trouver une occasion de m'éclairer moi-même aux leçons de son expérience, j'aurais parié que nous n'avons pas, pour le moment, à craindre autre chose qu'un grain blanc.

— Parce que vous ne regardez qu'un côté du ciel et que vous vous faites une opinion qui est aussi fausse que celle d'un juge qui n'entendrait qu'une déposition; mais tournez-vous vers l'est, monsieur John, et, quoique je n'y aie pas encore jeté l'œil, aussi vrai que je m'appelle Bob, je suis sûr qu'il s'y passe quelque chose.

Je me retournai, ainsi que m'y invitait Bob, et je vis effectivement une ligne de nuages qui, sortant de la mer comme un archipel d'îles, montraient leurs têtes blafardes à l'horizon opposé. Dès lors, il était évident, comme l'avait prévu Bob, que nous allions nous trouver pris entre deux orages. Cependant, attendu qu'il n'y avait rien à faire tant que la tempête n'aurait pas pris un cours, chacun demeurait tranquille à sa place, et continuait son jeu, sa conversation ou sa promenade. Peu à peu la brise, grâce à laquelle marchait le vaisseau, souffla incertaine et hatelante; le jour se rembrunit; la mer, de verdâtre qu'elle était, devint couleur de cendre, et l'on entendit dans le lointain le roulement sourd du tonnerre. C'est un bruit qui commande le silence sur la terre et sur l'Océan; aussi toutes les conversations s'arrêtèrent-elles à l'instant même, et l'on entendit le bruit de la voile du perroquet qui commençait à fasier.

— Holà! de la barre de cacatois! cria le capitaine au matelot en vigie, avez-vous des nouvelles de la brise?

— Elle n'est pas encore morte tout à fait, capitaine, répondit celui à qui cette question était adressée; mais elle n'arrive plus que par bouffées, et chaque bouffée est moins forte et plus chaude que celle qui l'a précédée.

— Descendez! cria le capitaine.

Le matelot obéit avec un empressement qui prouvait qu'il n'était pas fâché de voir abréger le temps de sa faction, et, se laissant glisser le long des étais, il prit place parmi ses camarades. Le capitaine continua sa promenade, et tout rentra dans le silence.

— Mais, dis-je à Bob, il me semble que votre camarade s'est trompé; voilà nos voiles qui se gonflent de nouveau, et le navire qui marche. Voyez.

— C'est le râle de la brise, murmura Bob. Nous aurons encore deux ou trois soupirs comme celui-là, et tout sera dit.

Effectivement, comme venait de le prophétiser Bob, le vaisseau, poussé par un dernier souffle, fit encore un quart de mille à peu près; puis, cessant de recevoir l'impulsion de la brise, il roula lourdement, n'ayant plus d'autre mouvement que celui que lui communiquait la houle.

— Tout le monde sur le pont! cria le capitaine.

A l'instant même, on vit sortir, par toutes les ouvertures du vaisseau, le reste de l'équipage, et chacun se tint prêt à obéir aux ordres qui lui seraient donnés.

— Oh! oh! dit Bob, notre capitaine prend ses précautions à l'avance. Il me semble que nous avons encore une bonne demi-heure devant nous avant que le vent nous fasse savoir de quel côté il est décidé à souffler.

— Tenez, dis-je à Bob, voyez, il a réveillé jusqu'à M. Burke, et le voilà qui se lève.

— M. Burke ne dormait pas plus que vous, monsieur John, murmura Bob.

— Bah! regardez-le, il bâille comme un lévrier.

— On ne bâille pas toujours de sommeil, murmura Bob; demandez plutôt au chirurgien.

— Eh! quel signe est-ce donc encore?

— Le signe que le cœur se gonfle, monsieur John. Regardez le capitaine, il ne bâillera pas, lui, allez... Tenez, voilà monsieur Burke qui s'essuie le front avec son mouchoir. Que ne prend-il une canne pour marcher... lui qui a le pied si sûr!

— Que voulez-vous dire par là, Bob?

— Rien; je m'entends.

M. Burke s'approcha du capitaine, et tous deux échangèrent quelques paroles.

— Attention! cria le capitaine.

Et ce mot, prononcé d'une voix forte au milieu du silence, fit tressaillir tout l'équipage. Puis, après un instant qu'il employa à regarder d'un œil ferme et assuré si tout le monde était à son poste :

— La chaîne du paratonnerre à l'eau! continua-t-il; faites remplir les seaux et la pompe à incendie! retirez les amorces des canons! bouchez les lumières! fermez les sabords, les hublots et les fenêtres! qu'il n'y ait pas un seul courant d'air dans tout le vaisseau!

En ce moment, un roulement de tonnerre plus rapproché se fit entendre, menaçant, comme si la foudre eût compris les précautions que l'on prenait contre elle et s'en fût irritée. Au bout de dix minutes, l'ordre donné était accompli, et chacun avait repris sa place sur le pont.

Pendant ce temps, la mer avait encore calmi, et semblait un immense lac d'huile. Pas un souffle d'air ne se faisait sentir; les voiles pendaient tristement le long de leurs supports, le jour devenait de plus en plus sombre, la chaleur était étouffante; un ciel cuivré s'appesantissait lentement et semblait peser sur l'extrémité de nos mâts. Nos moindres mouvements retentissaient, avec un bruit sinistre, au milieu d'un silence de mort, qui n'était interrompu que par le roulement de la foudre, et cependant rien n'indiquait encore de quel côté le coup devait venir. On eût dit que la tempête, semblable à un malfaiteur, hésitait avant de commencer son œuvre de destruction. Enfin, de légers frissonnements, appelés par les matelots des pattes de chat, égratignèrent, de place en place, la mer, s'avançant d'orient en occident; de faibles résolins frémirent dans les voiles. Une raie de lumière se montra à l'est, entre la mer et les nuages, comme si un rideau se fût levé pour laisser passer le vent; un bruit violent et terrible se fit entendre, montant des profondeurs de l'Océan; sa surface se rida et se couvrit d'écume, comme si une herse de bronze l'eût labourée; puis une espèce de brouillard transparent accourut de l'horizon oriental. C'était enfin la tempête.

— Courage, enfants! cria le capitaine; le vent nous vient de la terre, et nous avons de l'espace à franchir avant de trouver un rocher... La barre au vent!... Nous marcherons devant la tempête jusqu'à ce qu'elle se lasse de courir après nous.

Le vaisseau, qui était resté quelque temps immobile, était heureusement bien placé pour obéir à la manœuvre commandée par le capitaine. L'ordre fut aussitôt exécuté que donné; la barre fut mise au vent. Le vaisseau, de son côté, sensible à la manœuvre comme un cheval bien dressé l'est au frein, se prêta aux efforts du timonier. Deux fois ses grands mâts se baissèrent vers l'horizon, au point que le bout des vergues trempa dans la mer, et deux fois ils se relevèrent gracieusement. Enfin les voiles prirent le vent perpendiculairement ou à angle droit, et le vaisseau bondit sur les flots comme une toupie chassée par le fouet d'un écolier, devançant les vagues qui semblaient le poursuivre, mais qui se brisaient derrière lui sans l'atteindre.

— Oui, oui, murmura Bob comme se parlant à lui-même, *le Trident* est un fin voilier qu'il n'est pas facile d'acculer, et le capitaine le connaît comme une nourrice son enfant. C'est une belle leçon que vous prenez là, monsieur John, ajouta-t-il en se tournant de mon côté; mais profitez-en vite, car elle ne sera pas longue; ou je ne m'y connais plus, ou nous ne sommes pas au fort de la tempête. Que croyez-vous que le vent file de pieds par seconde, monsieur John?

— Mais de vingt-cinq à trente pieds.

— Bien répondu, s'écria Bob en frappant ses larges mains l'une contre l'autre, bien répondu pour un homme qui n'a fait connaissance avec la mer que depuis deux semaines; mais, à chaque instant, le vent file quelques pieds de plus, et il finira par aller plus vite que nous.

— Eh bien, nous augmenterons les voiles.

— Hum! monsieur John, nous portons tout ce que nous pouvons porter; voyez plutôt, là-haut, ce mât de perroquet qui plie comme une baguette de saule; c'est tenter Dieu que de laisser à du bois, qui n'a pas de raison, une pareille responsabilité.

— Hissez le petit foc et déployez la bonnette de misaine, cria M. Stanbow d'une voix qui se fit entendre au-dessus du sifflement de la tempête.

La manœuvre ordonnée fut exécutée à l'instant même avec autant de précision que si le vaisseau eût filé tranquillement ses dix nœuds à l'heure, et la vélocité du *Trident* s'en augmenta encore. Cependant, comme ces nouvelles voiles faisaient porter le vaisseau en avant, il y eut un moment où il enfonça tellement sa proue dans les montagnes qu'il fendait comme Léviathan, que tous les hommes qui étaient à l'avant se trouvèrent, pendant quelques secondes, dans l'eau jusqu'à la ceinture. Mais aussitôt le vaisseau se redressa et, comme un cheval généreux qui, après une faute, se relève et secoue sa crinière, il continua sa course, plus rapide qu'auparavant.

Malgré les prédictions sinistres de Bob, le vaisseau continua de marcher ainsi une heure, à peu près, sans qu'il se brisât, dans toute sa voilure, un seul fil de caret; la tempête, ainsi qu'il l'avait prévu, continuait cependant d'augmenter de violence; enfin elle arriva à un tel point, que la vitesse des lames dépassa celle du bâtiment, et qu'une vague, menaçante comme une montagne, passant par-dessus la poupe, vint rouler sur le pont. En même temps, les nuages, qui semblaient soutenus par le bout des mâts, s'ouvrirent, laissant voir le ciel, béant et enflammé comme le cratère d'un volcan; un bruit pareil à celui d'un coup de canon se fit entendre, un serpent de feu tourna un instant autour du contre-cacatois, glissa le long du grand perroquet, et, s'enroulant au conducteur, alla s'éteindre dans la mer.

Il s'était fait, après cette explosion, un moment de silence terrible, et la tempête elle-même, comme épuisée de cet effort, avait paru se calmer. Le capitaine profita de ce moment de répit, pendant lequel la flamme d'une torche serait montée perpendiculairement vers le ciel, et, au milieu de la torpeur générale, on entendit sa voix :

— A la cape, enfants! carguez toutes les voiles jusqu'au dernier lambeau, depuis la proue jusqu'à la poupe! Du monde aux cargues-points de huniers! Monsieur Burke, qu'on mette les huniers sur les cargues; à l'œuvre partout; coupez ce que vous ne pourrez pas dénouer!

Il est impossible de rendre l'impression que produisit sur l'équipage, un instant abattu, cette voix frémissante, qui semblait celle du roi de la mer : nous nous élançâmes tous à la manœuvre, montant dans cette atmosphère encore ensoufrée du passage de la foudre. En un instant, cinq des six voiles déployées au vent s'abaissèrent comme des nuages qui seraient descendus du ciel. James et moi, nous nous trouvâmes ensemble dans la grande hune.

— Ah! ah! c'est vous, me dit-il, monsieur John? J'espérais que nous continuerions notre visite par un plus beau temps.

— Voulez-vous qu'à mon tour je vous fasse les honneurs de la mâture, comme vous m'avez fait ceux de la carène? répondis-je en riant; il y a là-haut une voile de perroquet qui a oublié de descendre avec les autres, et qu'il n'y aurait pas de mal à ferler, je crois.

— La tempête qui arrive s'en chargera bien toute seule; croyez-moi, monsieur John, faites comme moi, descendez vite.

— Tous sur le pont! cria le capitaine, excepté un seul homme pour couper cette voile de perroquet : descendez tous, descendez!

Les matelots ne se le firent pas répéter deux fois : tous se laissèrent glisser le long des agrès, de sorte que je me trouvai seul dans la grande hune; je m'élançai aux haubans pour gagner la barre de perroquet; mais, avant que j'y fusse arrivé, la bourrasque nous avait atteints. Je voyais au-dessus de ma tête la voile, dont on avait laissé flotter les rides, gonflée comme un ballon, et menaçant d'arracher le mât de sa base; je m'élançai aussi rapidement qu'il était possible au milieu d'une pareille tourmente; me cramponnant d'une main à la barre de perroquet, et tirant de l'autre mon poignard, je me mis à scier la large corde qui attachait à la vergue un des coins de la voile : la besogne eût été longue, si la violence du vent elle-même ne me fût venue en aide. A peine la corde eut-elle été sciée au tiers, qu'elle se brisa tout à fait; un des liens rompu, l'autre éclata : la voile, retenue seulement alors par les vergues de cacatois, flotta un instant au-dessus de ma tête, pareille à un immense linceul; puis un craquement se fit entendre, et je la vis disparaître, emportée, comme un nuage, dans les profondeurs du ciel. Au même instant, le vaisseau éprouva une secousse furieuse; je crus entendre, par-dessus le mugissement de la tempête, la voix du capitaine Stanbow qui prononçait mon nom. Une vague énorme venait de prendre le vaisseau par la hanche; je le sentis qui se couchait sur le flanc comme un animal blessé, je me cramponnai de toutes mes forces aux haubans; aussitôt les mâts s'inclinèrent vers la mer, que je voyais bouillonner au-dessous de moi. J'eus un instant de vertige, il me sembla que ces abîmes mouvants hurlaient mon nom; je sentis que ce n'était pas assez de mes pieds et de mes mains pour me retenir, je saisis la corde avec mes dents, et je fermai les yeux, m'attendant à chaque seconde à sentir la fraîcheur mortelle de l'eau. Je me trompais, *le Trident* était un trop brave vaisseau pour s'engager ainsi du premier coup; je le sentis qui se relevait, je rouvris les yeux, et vis, au-dessous de moi, comme à travers un brouillard, le pont et les matelots. C'était tout ce qu'il me fallait; je saisis un cordage, et, me laissant glisser, je tombai sur le gaillard d'arrière, entre M. Stanbow et M. Burke, au moment où tout le monde me croyait perdu. Le capitaine me serra la main, et le danger que je venais de courir fut oublié. Quant à M. Burke, il se contenta de me saluer, mais sans m'adresser la parole.

La nouvelle manœuvre que M. Stanbow venait d'adopter, forcé qu'il était d'y recourir par la rapidité de l'ouragan, consistait à *capeyer* au lieu de fuir devant la terre; elle nécessitait un virement de bord, puisque, dans ce cas, au lieu de présenter la poupe à la tempête, on défie le vent et la mer avec son avant. C'était pendant ce virement de bord qu'une vague nous avait pris par le travers, et m'avait fait décrire la courbe gracieuse qui m'avait valu le serrement de main du capitaine.

Alors M. Stanbow n'avait pas perdu son temps. Au lieu de grandes voiles, qui, un instant auparavant, couvraient le vaisseau, il avait fait déployer seulement le petit foc et le foc d'artimon, et hisser à la tête du mât de misaine une voile latine qui, assurée au pistolet de misaine, se bordait sur le gaillard d'avant. Sous ces voiles, et pourvu que nous présentassions, le moins possible, notre travers au vent, nous ne risquions pas d'embarquer les vagues; aussi cette manœuvre avait-elle obtenu l'assentiment complet de Bob, qui, après m'avoir fait son compliment sur la manière dont je m'étais tiré de mon voyage aérien, voulut bien me montrer l'excellence de cette disposition, et m'en expliquer la cause. Selon lui, le plus fort de l'orage était passé, et le vent du sud-est ne pouvait manquer, d'un moment à l'autre, de passer brusquement au nord-est en brise carabinée. Dans le cas où cette saute de vent aurait lieu, nous n'avions qu'à hisser la misaine ou la grande voile, et nous nous retrouvions en mesure, à l'instant même, de rattraper le temps perdu.

Ce qu'avait prévu Bob arriva. Le fort de la tempête était passé, en effet, quoique les vagues restassent toujours furieuses, et, vers le soir, le vent souffla d'ouest-nord-ouest; nous le reçûmes bravement par tribord, et, le lendemain matin, nous avions regagné la ligne dont la tempête de la veille nous avait fait dévier.

Le même soir, nous eûmes connaissance de Lisbonne, et, le surlendemain, en nous réveillant, nous nous trouvâmes en vue des côtes d'Afrique et d'Europe. L'aspect de ces deux rives, ainsi rapprochées, est d'une ravissante beauté : de chaque côté s'élèvent de hautes montagnes couronnées de neige, et, sur la rive espagnole, s'éparpillent, de distance en distance, des villes moresques qui appartiennent bien plutôt à l'Afrique qu'à l'Europe, et qui semblent, un jour, avoir capricieusement passé le détroit, laissant presque déserte la côte opposée. Tout l'équipage monta sur le pont pour jouir de ce magnifique spectacle. Je cherchai, parmi les matelots, mon pauvre David, que j'avais, depuis quatre jours, complétement oublié; lui seul, insensible à tout, était resté dans le premier pont. Trois heures après, nous mouillâmes sous les batteries du fort, que nous saluâmes de vingt et un coups de canon, et qui nous rendit courtoisement notre salut.

XI

Gibraltar n'est point une ville, c'est une forteresse, dont la discipline sévère s'étend jusqu'aux citoyens : aussi n'a-t-elle d'importance que comme position militaire; tout le monde, sous ce rapport, connaît sa valeur, et je n'en parlerai pas.

Nous devions, après avoir déposé le nouveau gouverneur, attendre en rade les ordres du gouvernement. Le capitaine Stanbow, avec sa bonté ordinaire, pour nous rendre l'attente moins fastidieuse, permettait tous les jours, à la moitié de l'équipage, de descendre à terre; nous eûmes bientôt fait connaissance avec quelques officiers de la garnison, qui nous présentèrent dans les maisons où ils étaient reçus. Cette distraction, une très-belle bibliothèque appartenant à la forteresse, et des promenades à cheval dans les environs de la ville, formaient tous nos amusements. Je m'étais lié d'une véritable amitié avec James; nous goûtions ensemble le peu de plaisir que l'on peut prendre à Gibraltar, et, comme, pour toute fortune, il n'avait que sa paye d'officier, j'avais soin que la plus forte portion des dépenses faites dans toutes nos parties retombât sur moi, sans que cependant sa délicatesse pût être froissée. Ainsi, j'avais loué deux beaux chevaux arabes pour tout le temps que je resterais en rade, et tout naturellement James, profitant de cette prodigalité factice, en montait un.

Un jour, dans une de nos courses, nous vîmes un aigle qui s'était abattu sur un cheval mort, et qui, n'en déplaise aux poétiques historiens de ce noble oiseau, dévorait avec une telle voracité cette proie infecte, qu'il me laissa approcher de lui à une distance de cent pas. J'avais souvent vu nos paysans, quand ils aperçoivent un lièvre au gîte, user d'un moyen bien simple pour s'en emparer; ce moyen consiste à tourner autour de l'animal, en resserrant toujours le cercle, au point de s'en approcher assez pour lui casser la tête d'un coup de bâton. L'immobilité du roi de l'air me donna l'idée de tenter sur lui la même épreuve. J'avais, dans mes fontes, d'excellents pistolets de tir de Menton; j'en armai un et je tournai autour de l'aigle avec toute la rapidité dont était capable mon cheval, que j'avais mis au galop, tandis que James, immobile à l'endroit où je l'avais quitté, regardait l'épreuve et secouait la tête. Soit qu'effectivement ce procédé renferme une fascination qui enchaîne l'animal à sa place, soit que l'oiseau, dans son accès de gastronomie, eût tant mangé, qu'il éprouvât de la difficulté à s'envoler, il me laissa approcher ainsi jusqu'à la distance de vingt-cinq pas : arrivé là, j'arrêtai mon cheval tout à coup, m'apprêtant à tirer; voyant alors que sa vie était sérieusement compromise, l'aigle tenta de s'envoler; mais, avant qu'il eût quitté la terre, le coup était parti, et je lui avais cassé une aile.

Nous jetâmes un cri de joie, James et moi, et nous nous précipitâmes à bas de nos chevaux, pour nous emparer de notre capture; malheureusement, le plus fort de la besogne restait à faire; le blessé s'était mis en défense et ne paraissait pas disposé à se rendre sans combat. J'aurais pu le tuer; mais nous avions la prétention de le prendre vivant, et de le conduire au vaisseau; nous commençâmes donc une attaque en règle. Je n'ai jamais rien vu de plus beau et de plus fier que l'attitude du royal oiseau, suivant de son œil puissant toutes nos dispositions d'attaque. Notre première intention avait d'abord été de le saisir par le milieu du corps, de lui mettre la tête sous l'aile, et de l'emporter comme une poule qu'on endort; mais deux ou trois coups de bec, dont l'un fit à James une blessure assez grave à la main, nous forcèrent de recourir à d'autres moyens. Nos deux mouchoirs firent l'affaire : je coiffai l'aigle avec l'un, tandis que James lui liait les serres avec l'autre. Ces deux opérations terminées, nous lui bandâmes l'aile autour du corps avec ma cravate; je l'attachai à l'arçon de ma selle, couvert de bandelettes comme une momie d'ibis, et nous revînmes à Gibraltar, tout glorieux de la capture que nous avions faite. Notre canot nous attendait dans le port, et nous conduisit en triomphe au vaisseau.

Comme nous avions fait des signaux indiquant que nous étions porteurs de quelque chose d'extraordinaire, nous trouvâmes tout ce qu'il y avait de l'équipage à bord nous attendant au haut de l'échelle. Notre premier soin fut de réclamer l'aide du chirurgien pour pratiquer l'amputation. Nous détachâmes donc le bandeau qui retenait l'aile du blessé; mais comme il était assez difficile de distinguer notre aigle, affublé comme il était, d'un poulet d'Inde, l'apprenti docteur déclara que la fonction pour laquelle nous l'appelions était du ressort du maître *cook*, et non du sien. Nous fîmes, en conséquence, venir celui-ci, qui, moins fier que le carabin, fit en un tour de main ce qu'on demandait.

L'opération terminée, nous déliâmes les serres de l'oiseau, puis nous dégageâmes la tête, et tout l'équipage salua par un cri d'admiration le noble prisonnier que nous avions fait. Dès ce moment, avec la permission du capitaine, il fut installé à bord; huit jours après, Nick était apprivoisé comme un perroquet.

A Plymouth, j'avais donné une preuve d'habileté en dirigeant l'expédition de Walsmouth; pendant la tempête, j'avais donné une preuve de courage en coupant la voile du grand perroquet; je venais d'en donner une d'adresse en cassant d'un coup de pistolet l'aile d'un aigle, c'était tout ce qu'il fallait pour n'être plus regardé, à bord du *Trident*, comme un enfant, ni comme un novice. Aussi, à compter de ce jour, fus-je considéré comme un homme et comme un marin.

M. Stanbow continuait à avoir pour moi toute l'amitié qu'il pouvait me témoigner sans blesser mes camarades, tandis qu'au contraire je paraissais faire des progrès en sens inverse dans les sentiments de M. Burke. Au reste, c'était un malheur que je partageais avec tous ceux de mes jeunes camarades et des officiers qui appartenaient, comme moi, à l'aristocratie. Il fallut bien faire comme ils faisaient eux-mêmes, c'est-à-dire m'en consoler. Je redoublai d'activité dans mes devoirs; et, comme je ne donnai pas, pendant toute notre station dans la rade, une seule occasion à M. Burke de me punir, il fallut bien qu'il réservât pour un meilleur temps la bonne volonté qu'il en avait.

Nous étions ainsi, depuis près d'un mois, dans le port de Gibraltar, attendant toujours les instructions qui devaient nous arriver d'Angleterre, lorsque, le vingt-neuvième jour, on signala un bâtiment qui manœuvrait pour entrer dans le port. Nous reconnûmes *la Salsette*, frégate de quarante-six canons, au service de Sa Majesté Britannique, et nous ne doutâmes pas que les instructions attendues ne fussent à bord. Ce fut un sujet de joie pour tout l'équipage; matelots et officiers commençaient à être las de la vie que nous menions sur notre rocher. Nous ne nous étions pas trompés dans nos conjectures : le soir même, les dépêches tant désirées furent apportées à bord du *Trident* par le capitaine de *la Salsette*. Outre les ordres du gouvernement, il y avait plusieurs lettres particulières; une de ces lettres était adressée à David. M. Stanbow, qui avait fait le dépouillement lui-même, me la donna, afin que je la remisse à son adresse.

Pendant les vingt-neuf jours que nous étions restés en rade, David n'avait pas profité une seule fois de la permission accordée à l'équipage de descendre à terre; malgré les sollicitations de Bob et de ses camarades, il s'était constamment tenu à bord, sombre et muet, et cependant s'acquittant de son service avec une intelligence et une exactitude qui eussent fait honneur à un matelot de profession. Je le trouvai dans la soute au voilier, occupé à faire quelques réparations à la misaine, qui avait souffert dans le dernier coup de vent, et je lui remis la lettre; à peine eut-il reconnu l'écriture, qu'il la décacheta avec un empressement qui indiquait l'importance qu'il y attachait. Dès les premières lignes, je le vis pâlir : ses lèvres tremblantes devinrent pâles comme le papier qu'il tenait à la main; puis, de la racine de ses cheveux de grosses gouttes de sueur roulèrent sur son visage; la lettre achevée, il la replia et la mit dans sa poitrine.

— Que contient cette lettre, David? lui demandai-je.

— Rien à quoi je ne dusse m'attendre, me répondit-il.

— Et cependant elle vous a affecté vivement

— Pour y être préparé, on n'en reçoit pas moins le coup.

— David, lui dis-je, confiez-vous à un ami.

— Il n'y a point d'ami qui puisse maintenant quelque chose pour moi; je ne vous en remercie pas moins, monsieur John, et je n'oublierai jamais ce que vous et le capitaine avez fait pour moi.

— Allons, David, du courage!

— Vous voyez bien que j'en ai, répondit-il en reprenant la voile déchirée et en se remettant à la couture qu'il était occupé à y faire.

Oui, certes, il avait du courage, mais c'était celui du désespoir et non celui de la résignation. Je remontai près du capitaine avec une tristesse dont je ne pouvais me rendre maître, et qui s'emparait de moi chaque fois que je me retrouvais en contact avec ce malheureux; j'allais lui faire part de mes craintes sur David, lorsque, sans me laisser le temps de lui parler :

— Monsieur Davys, me dit-il, je vais vous rendre bien content; nous partirons demain pour Constantinople, où nous allons appuyer de notre présence les remontrances que M. Adair, notre ambassadeur, est chargé de faire, de la part de notre gouvernement, à la Sublime Porte. Vous allez voir l'Orient, cette terre des *Mille et une Nuits* qui était votre rêve, et vous allez la voir peut-être à travers la fumée du canon, ce qui ne lui ôtera rien de sa poésie à vos yeux, je le suppose. Faites savoir cette décision à l'équipage, et que chacun se tienne prêt à appareiller au point du jour.

Le capitaine avait deviné juste; rien ne pouvait m'être plus agréable que la nouvelle qu'il m'annonçait; aussi fit-elle rapidement diversion à toutes les autres pensées que j'avais dans l'esprit, et je ne m'occupai plus que de transmettre au premier lieutenant les ordres relatifs au départ. Depuis l'aventure de David, le capitaine ne s'adressait presque plus directement à lui, et m'avait choisi pour son intermédiaire; M. Burke, de son côté, s'était aperçu de cette affectation que mettait M. Stanbow à éviter avec lui tous rapports, et cela ne le rendait pas, à beaucoup près, plus aimable avec moi. Cependant, dans cette circonstance comme dans toutes les autres, comme j'affectais, en lui parlant, les formes respectueuses de la plus sévère discipline, il y répondit, ainsi que d'habitude, par une politesse froide et contrainte, et tout fut dit.

Le même soir, nous appareillâmes, et comme le vent était bon, pendant la nuit nous mîmes à la voile, et, le lendemain, à quatre heures de l'après-midi, nous avions entièrement perdu de vue la terre. On venait de relever le premier quart du soir, dont je faisais partie, et je m'apprêtais à me déshabiller, lorsque tout à coup une grande rumeur qui partait du gaillard d'arrière se fit entendre, et le cri terrible *à l'assassin!* parvint jusqu'à moi. Je m'élançai sur le pont, et, là, un terrible spectacle, auquel j'étais loin de m'attendre, frappa mes yeux. David, tenant à la main un couteau ensanglanté, était contenu par quatre vigoureux matelots, tandis que le premier lieutenant, jetant bas son habit, découvrait une large blessure qu'il venait de recevoir dans le haut du bras gauche. De quelque étonnement que je fusse frappé à cette vue, le fait était trop positif pour que je doutasse un instant; David venait de frapper M. Burke; heureusement, averti par le cri d'un matelot qui avait vu briller le fer, le premier lieutenant avait paré avec le bras, et le coup destiné à sa poitrine lui avait traversé seulement les chairs de l'épaule. David avait voulu redoubler; mais M. Burke lui avait saisi le poignet, et, les matelots étant arrivés à son secours, David avait été arrêté. Presque en même temps que moi, M. Stanbow était monté sur le pont et avait pu être témoin du même spectacle; on ne saurait se faire une idée de l'expression de douleur qui se peignit sur la figure vénérable de ce digne vieillard à la vue de ce qui venait de se passer. Il avait toujours, dans son cœur, pris le parti de David contre M. Burke; mais, cette fois, il n'y avait pas de raisons qui pussent excuser une pareille violence; c'était un assassinat, un véritable assassinat, avec préméditation et guet-apens : le capitaine ordonna, en conséquence, de mettre les fers à David et de le jeter à fond de cale; puis le conseil militaire fut convoqué pour le surlendemain.

Pendant la nuit qui précéda la réunion de la commission militaire, M. Stanbow me fit appeler pour me demander si je ne connaissais pas quelques détails particuliers sur cette malheureuse affaire, et si j'avais appris que David eût été de nouveau victime de quelque mauvais traitement de la part de M. Burke. Je ne savais de tout cela que ce que le capitaine en savait lui-même, je ne pus donc lui donner aucun renseignement. J'essayai de rappeler toutes les injustices que le coupable avait souffertes ; mais M. Stanbow secoua la tête tristement. Je lui offris de descendre dans la cale pour tâcher de tirer de David lui-même quelques éclaircissements ; mais ce que je proposais était contre lés lois disciplinaires : David devait rester au secret jusqu'au moment où il paraîtrait devant le conseil. Le capitaine fut donc forcé d'attendre ce moment.

Le lendemain, après le fourbissage, c'est-à-dire vers les dix heures du matin, le conseil s'assembla dans la grande cabine ; une table, couverte d'un tapis vert et sur laquelle on avait posé une grosse Bible, était placée au milieu. Les juges prirent place devant la partie qui faisait face à la porte : c'étaient le capitaine Stanbow, les deux lieutenants en second, le contre-maître, et James, qui, comme le plus ancien des midshipmen, se trouvait appelé à la délibération. Aux deux côtés, se tenaient le prévôt d'armes et l'officier chargé de soutenir l'accusation, tous deux tête découverte, et le premier l'épée nue. Quand les juges furent placés, les deux battants de la porte s'ouvrirent et donnèrent passage aux matelots, qui se rangèrent dans l'espèce d'hémicycle qu'on leur avait réservé. Quant au premier lieutenant, il était resté dans sa cabine.

On amena le prisonnier : il était pâle, mais parfaitement calme; chacun de nous frémit en voyant cet homme, qu'on avait été heurter violemment, dans la vie obscure, mais heureuse, qu'il menait, et qui, déplacé de son centre d'affections, était venu comme un aveugle et un insensé, se briser contre un crime. Quoique la loi fût, en ce cas, pour le pouvoir, ceux-là mêmes qui l'avaient exercée sentaient, au fond de leur âme, que la loi n'est pas toujours le droit; et cependant, malgré ce sentiment de l'équitable qui vibrait à l'unisson dans tous les cœurs, cet homme, dont le crime était à lui, mais dont le malheur venait de nous, était là, un pied dans la tombe, sans que nous pussions faire autre chose, quelque pitié que nous ressentissions pour lui, que de l'y pousser tout à fait. Il se fit, même avant qu'il fût entré, un moment de silence, pendant lequel ces pensées se présentèrent, sans doute, à l'esprit de tous ceux qui étaient présents à cette scène imposante; car tous les visages exprimaient un même sentiment de triste et sévère pitié. Enfin la voix du capitaine se fit entendre :

— Vos noms? demanda-t-il.

— David Munson, répondit le coupable d'une voix plus ferme que celle qui l'avait interrogé.

— Quel âge avez-vous?

— Trente-neuf ans et trois mois.

— Où êtes-vous né?

— Au village de Saltash.

— David Munson, vous êtes accusé d'avoir tenté, dans la nuit du 4 au 5 décembre dernier, d'assassiner M. Burke?

— L'accusation est vraie, monsieur.

— Quels sont les motifs qui vous ont porté à ce crime?

— Vous en connaissez une partie, monsieur Stanbow, répondit David; ceux-là, je n'ai pas besoin de vous les rappeler. Maintenant, voici les autres.

A ces mots, l'accusé tira un papier de sa poitrine, et le déposa sur la table. Je reconnus la lettre que je lui avais remise, trois jours auparavant, à Gibraltar. Le capitaine la prit et la lut avec une émotion visible; puis il la remit à son voisin, qui la parcourut à son tour; elle passa ainsi, de main en main, jusqu'au dernier, qui la rejeta sur la table.

— Qu'y a-t-il dans cette lettre? demanda l'officier accusateur.

— Il y a, monsieur, dit David, que ma femme, restée veuve, moi vivant, avec cinq enfants, a d'abord vendu tout ce que nous possédions pour les nourrir; puis elle a mendié ! Enfin, un jour que la pitié publique était sourde pour elle, entendant ses malheureux enfants qui pleuraient en proie aux tourments de la faim, elle a volé un pain chez un boulanger, et, par grâce spéciale, vu les circonstances atténuantes, au lieu d'être pendue, elle a été condamnée à une reclusion perpétuelle, et mes enfants ont été enfermés dans un hôpital comme vagabonds. Voilà ce que contient cette lettre !... Oh ! mes enfants, mes pauvres enfants ! s'écria David avec un sanglot si déchirant et si inattendu, qu'il nous fit jaillir à tous les larmes des yeux ! Oh ! continua David, après un moment de silence, je lui aurais tout pardonné, comme doit le faire un chrétien, je le jure sur la Bible que vous avez là devant vous, messieurs; je lui aurais pardonné de m'avoir enlevé à ma patrie, à mon pays, à ma famille; je lui aurais pardonné de m'avoir fait battre comme un chien !... je lui aurais pardonné tout ce qu'il aurait pu amener de tortures sur moi-même; mais le déshonneur de ma femme et de mes enfants !... mais ma femme dans une prison, mes enfants dans un hôpital ! Oh ! quand j'ai reçu cette lettre, ç'a été comme si tous les démons de l'enfer étaient entrés dans mon cœur, me criant tous à la fois : « Vengeance ! » Et maintenant, oui, messieurs, oui, en face de la mort, je n'ai qu'un regret, c'est de l'avoir manqué.

— Avez-vous autre chose à dire? demanda le capitaine.

— Rien, monsieur Stanbow, si ce n'est que je vous prie de ne pas me faire languir longtemps. Tant que je vivrai, j'aurai devant les yeux ma malheureuse femme et mes pauvres enfants; vous voyez donc bien que mieux vaut que je meure, et que le plus tôt sera le mieux.

— Reconduisez le prisonnier, dit le capitaine d'une voix dont il essayait en vain de dissimuler l'émotion.

Deux soldats de marine emmenèrent aussitôt David. On nous fit sortir derrière lui, car le conseil allait entrer en délibération; mais nous restâmes tous à la porte pour attendre le résultat du jugement. Au bout de trois quarts d'heure, le prévôt d'armes sortit, tenant à la main un papier revêtu de cinq signatures : c'était la condamnation à mort de David Munson.

Quoique tout le monde s'y attendît, la sensation fut douloureuse et profonde. Quant à moi, je sentais au fond du cœur renaître, plus violent que jamais, ce mouvement de remords que j'avais déjà éprouvé plus d'une fois. En effet, quoique je n'eusse pas à me reprocher d'avoir arrêté David, j'avais pris part à cette expédition. Je détournai la tête pour cacher mon émotion, et je vis, derrière moi, Bob, appuyé à la muraille du bâtiment, et qui, plus naïf que moi dans sa douleur, n'essayait pas de dissimuler deux grosses larmes qui roulaient de ses paupières sur ses joues.

— Monsieur John, me dit-il, vous avez toujours été la providence du pauvre David; est-ce que vous l'abandonnerez dans un pareil moment?

— Eh ! que puis-je faire pour lui, Bob? Dites, connaissez-vous un moyen de le sauver? Dût-il compromettre ma vie, je le tenterai.

— Oui, oui, murmura Bob en soufflant de toute la force de ses poumons; oui, je sais que vous êtes un brave jeune homme. Eh bien, ne pourriez-vous pas proposer à tout l'équipage d'aller, en masse, demander sa grâce au capitaine? Vous savez, monsieur John, comme il est bon et miséricordieux.

— Triste espérance, Bob, si vous n'avez que celle-là. N'importe ! vous avez raison, il faut tout tenter. Parlez-en à l'équipage, Bob ; nous ne pouvons pas, nous, comme officiers, faire une pareille ouverture.

— Mais vous pouvez vous charger, n'est-ce pas, de transmettre au commandant la prière de ses vieux matelots? vous pouvez lui dire que la demande que vous lui adresserez est faite par des hommes qui sont prêts à mourir sur un mot de lui?

— Tout ce que vous voudrez sous ce rapport, Bob. Arrangez cela avec vos camarades.

Un cri de joie accueillit la proposition de Bob. James et moi, nous fûmes chargés de porter au capitaine la demande en grâce de l'équipage.

— Maintenant, mes amis, leur dis-je, croyez-vous que nous ne devrions pas prier M. Burke de nous accompagner chez le capitaine? C'est sur lui, qui est cause de tous les malheurs de David, que l'attentat a été commis : ou ce n'est pas un homme, ou, dans cette circonstance, il sera plus éloquent que nous.

Un sombre silence accueillit cette proposition. Cependant elle était si naturelle, que personne ne la repoussa. Seulement, quelques murmures de doute se firent entendre. Bob hocha la tête et respira bruyamment. Nous n'en résolûmes pas moins, James et moi, de faire la démarche de miséricorde auprès du premier lieutenant.

Nous le trouvâmes marchant à grands pas dans sa chambre, la manche de sa veste ouverte, et portant le bras soutenu à son cou par une cravate noire. Il ne me fallut qu'un coup d'œil pour juger qu'il était en proie à une grande agitation. Cependant, à peine nous eût-il aperçus, que sa figure reprit à l'instant le calme sombre et sévère qui était l'expression habituelle de sa physionomie. Il y eut un instant de silence ; car nous le saluâmes sans lui adresser les paroles d'usage, et lui nous regarda comme s'il eût voulu lire jusqu'au fond de notre cœur. Enfin, il prit le premier la parole :

— Puis-je savoir, messieurs, ce qui me vaut l'honneur de votre visite?

— Une grande et bonne action à vous proposer, monsieur Burke.

Il sourit amèrement. Je vis ce sourire et je le compris; mais je n'en continuai pas moins :

— Vous savez que David a été condamné à mort?

— Oui, monsieur, à l'unanimité.

— Et la condamnation est juste, monsieur; car il n'y avait qu'un seul homme sur tout le bâtiment qui pût élever la voix en faveur de l'assassin, et cet homme ne devait pas assister au conseil. Mais, maintenant que le jugement est rendu, monsieur, maintenant que la justice a fait son œuvre, ne croyez-vous pas que c'est à la miséricorde de commencer la sienne?

— Je vous écoute, monsieur; vous parlez comme notre saint ministre. Achevez.

— L'équipage a donc décidé qu'une députation serait envoyée au capitaine, pour obtenir de lui la grâce de David; il nous a désignés, M. James et moi, pour cette bonne œuvre; mais nous avons pensé, monsieur Burke, que nous n'avions pas le droit d'usurper une mission que vous vous étiez peut-être réservée à vous-même.

Le premier lieutenant laissa apparaître, sur ses lèvres pâles et minces, un de ces sourires dédaigneux qui n'appartenaient qu'à lui.

— Et vous avez eu raison, messieurs, répondit-il en faisant un léger signe de tête. Si le crime avait été commis sur la personne du dernier contre-maître, et que j'eusse été désintéressé dans la question, vous me trouveriez inflexible, comme il serait de mon devoir de l'être. Mais l'assassinat a été commis sur moi, c'est autre chose; je puis donc, dans la position exceptionnelle où m'a placé le couteau de votre protégé, faire quelque chose selon mon cœur. Suivez-moi, messieurs, je vais vous introduire chez le capitaine.

Nous nous regardâmes, James et moi, sans échanger une parole. Dans tout ce qu'il nous avait dit, M. Burke avait bien été ce qu'il était toujours, l'homme qui se commande à lui-même avec la même sécheresse qu'il commande aux autres, et dont le visage, au lieu d'être le miroir du cœur, n'est que la porte de la prison dans laquelle il est enfermé.

Nous entrâmes chez le capitaine; il était assis ou plutôt couché sur l'affût du canon du bâbord de sa cabine, et semblait plongé dans une tristesse profonde. En nous apercevant, il se leva et fit un pas vers nous. M. Burke prit alors la parole, et lui exposa la cause de notre visite. Je dois l'avouer, ce qu'il dit au capitaine était bien la même chose que ce qu'eût dit un avocat; mais il fit ce qu'eût fait strictement un avocat, c'est-à-dire un discours et non une prière. Pas un mot du cœur ne vint rafraîchir les paroles sèches qui sortaient une à une de ses lèvres; et je compris, en écoutant une pareille demande, que, quelque fût la disposition favorable du capitaine, il lui était impossible de l'accorder. La réponse fut telle que nous l'attendions; seulement, comme si l'intervention du premier lieutenant eût tari jusqu'au fond du cœur de M. Stanbow les sources de la sensibilité, sa voix avait un accent de sécheresse que je ne lui avais jamais connu. Quant à ses paroles, elles avaient le caractère officiel que leur eût donné un homme qui aurait su que sa réponse devait être mise sous les yeux des lords de l'amirauté.

— C'eût été de bon cœur, dit-il, si j'y avais vu la moindre possibilité, que j'eusse accédé aux vœux de l'équipage, surtout présentés par vous, monsieur Burke; mais vous n'ignorez pas qu'un devoir supérieur m'ordonne de fermer l'oreille à votre appel. Les intérêts du service exigent qu'un crime aussi grave soit puni de toute la rigueur des lois militaires; l'utilité publique ne peut céder à l'influence des sentiments privés; et vous savez aussi bien que personne, monsieur Burke, que je me compromettrais gravement si je montrais la moindre indulgence dans une affaire qui intéresse d'aussi près le maintien de la discipline militaire.

— Mais, monsieur Stanbow, m'écriai-je, songez donc à la position exceptionnelle du malheureux David, à la violence, légale peut-être, mais injuste, certainement, qui l'a fait matelot. Songez à tout ce qu'il a souffert, et, au nom de la miséricorde divine, pardonnez comme Dieu pardonnerait.

— Dieu ne doit compte de ses arrêts à personne, monsieur, et, comme il est la toute-puissance, il peut être la suprême miséricorde; mais, moi, j'ai reçu des lois toutes faites, dont je ne suis que l'exécuteur, et les lois seront exécutées, monsieur.

James voulut ouvrir la bouche; mais le capitaine étendit la main comme pour lui commander le silence.

— Alors nous n'avons plus qu'à vous demander pardon, capitaine, murmura James, le cœur serré et la voix tremblante.

— Et je vous l'accorde, messieurs, répondit le capitaine d'une voix qui avait complétement changé d'expression; car je ne vous en veux pas d'avoir tenté près de moi une démarche selon votre cœur, et, malgré mon refus, je puis dire selon le mien; ainsi retirez-vous, messieurs, et laissez-moi avec M. Burke. Exprimez à l'équipage tout mon regret de ne pouvoir lui accorder ce qu'il demande d'une voix unanime, et annoncez-lui que l'exécution aura lieu demain à midi.

Nous saluâmes et nous sortîmes, laissant le capitaine et le premier lieutenant ensemble.

— Eh bien? s'écrièrent toutes les voix en nous voyant reparaître.

Nous secouâmes tristement la tête; car nous n'avions pas le courage de parler.

— Ainsi, dit Bob, vous n'avez rien obtenu, monsieur John?

— Non, mon pauvre Bob. David n'a plus qu'une chose à faire, c'est de se préparer à mourir.

— Et c'est ce qu'il fera en homme et en chrétien, monsieur John.

— Je l'espère, Bob.

— Et à quand l'exécution, monsieur?

— A demain midi, mon brave.

— Pourra-t-on le voir d'ici là?

— J'en demanderai, pour vous, la permission au capitaine.

— Merci, monsieur John, merci! s'écria Bob en se jetant sur ma main et en essayant de la porter à ses lèvres.

Je la retirai.

— Et maintenant, mes amis, chacun à sa besogne, et du courage!

Les matelots obéirent avec la soumission passive et prompte qui leur est habituelle; cinq minutes après, moins la tristesse et le silence qui régnaient à bord, et qui faisaient ressembler le bâtiment à un vaisseau fantôme, on eût dit qu'il ne s'était rien passé.

Quant à moi, j'avais une espèce de devoir de conscience à acquitter; j'avais pris part à l'expédition qui avait amené le malheureux David à bord du *Trident*, et, depuis le moment où j'avais vu vers quelle douloureuse fin les choses marchaient, j'avais constamment éprouvé une sorte de remords. Je descendis donc dans le faux pont, et me fis ouvrir la prison où David était renfermé. Il était assis sur un escabeau de bois, le front appuyé sur ses genoux, et avait les fers aux pieds et aux mains. En entendant le bruit de la porte qui s'ouvrait et se refermait, il releva la tête; mais, comme la lampe était disposée de manière à laisser ma figure dans l'obscurité, il ne me reconnut pas d'abord.

— C'est moi, David, lui dis-je, moi qui, quoique l'une des causes les plus innocentes de votre malheur, ai voulu vous voir encore une fois, pour vous dire combien du fond de mon cœur j'y prenais part.

— Oui, je le sais, monsieur John, me dit David en se levant, oui, vous avez toujours été bon pour moi : c'est vous qui m'avez fait sortir de cette même prison assez à temps pour voir une dernière fois les côtes d'Angleterre; c'est vous qui, le jour où M. Burke, Dieu lui pardonne comme je lui pardonne moi-même! m'a fait battre de verges, avez intercédé en ma faveur; c'est vous enfin qui, tout à l'heure encore, avez été, au nom de l'équipage, demander ma grâce au capitaine. Soyez béni pour votre miséricorde, monsieur Davys; c'est une sainte vertu qui, je l'espère, vous précédera là-haut pour vous ouvrir les portes du ciel.

— Vous savez donc déjà le jugement qui a été rendu, David?

— Oui, monsieur John, le greffier vient de me le lire; c'est pour demain; à midi, n'est-ce pas?

— Asseyez-vous donc, David, lui répondis-je pour éluder la question; vous devez avoir besoin de repos.

— Oui, monsieur John, oui, j'en ai besoin; et, grâce au ciel, Dieu va me l'accorder, profond et éternel. Ah! monsieur John, vous qui êtes un homme instruit et qui savez beaucoup de choses, croyez-vous qu'il existe une autre vie où l'on est récompensé selon les souffrances que l'on a endurées en celle-ci?

— David, lui dis-je, ceci n'est point une affaire de science, mais de foi; ce ne sont point les livres qui apprennent à croire, c'est le cœur qui a besoin d'espérer. Oui, David, oui, il est une autre vie où vous retrouverez, un jour, votre femme et vos enfants; et, cette fois, vous serez réunis sans qu'aucune force humaine puisse jamais vous séparer.

— Cependant, monsieur John, me dit David avec crainte, cependant j'ai commis un crime.

— Vous en repentez-vous, David?

— Je tâcherai de m'en repentir, monsieur, je tâcherai; cependant je ne suis pas assez près de la mort pour être tout à coup détaché de mes amours et de mes haines. Mais, dites-moi, monsieur John, si je n'en avais pas la force, et j'espère qu'il n'en sera pas ainsi, je vous le répète, la mort que je vais subir ne serait-elle pas une expiation?

— Oui, devant les hommes, David, mais pas devant Dieu.

— Eh bien, je tâcherai, monsieur John, je tâcherai de lui pardonner, non pas ma mort, Dieu sait que je la lui pardonne, mais la honte de ma femme, la misère de mes enfants. Oui, je tâcherai de lui pardonner tout cela, je vous le promets.

En ce moment, la clef tourna dans la serrure, la porte s'ouvrit une seconde fois, et le capitaine parut, précédé du matelot qui servait de geôlier.

— Qui donc est ici? dit-il en cherchant à me reconnaître.

— Moi, monsieur Stanbow, m'écriai-je avec joie, espérant tout de cette visite inattendue; vous le voyez, j'étais venu dire un dernier adieu à ce pauvre David.

Il y eut un moment de silence, pendant lequel le capitaine porta ses yeux sur moi, puis sur le prisonnier, qui se tenait debout dans une attitude sombre mais respectueuse; enfin, parlant le premier :

— David, lui dit-il, je viens vous demander pardon, comme homme, de vous avoir condamné comme juge; mais la discipline militaire en a fait à ma position, sinon à ma conscience, un devoir rigoureux. Je ne pouvais pas faire autrement, croyez-moi.

— Je ne me suis point abusé sur le sort qui m'était réservé, capitaine : j'ai voulu donner la mort : donc, j'ai mérité la mort; seulement, tous les crimes pareils ne sont point frappés de la même punition.

— Croyez-moi, David, répondit le capitaine d'une voix triste et solennelle, un crime est un crime au compte de la justice céleste, et ceux qui, à l'aide d'un déguisement, se cachent à l'investigation des hommes, n'échappent point pour cela au regard de Dieu. Voilà pourquoi je suis descendu près de vous, David, car j'ai le cœur plein de doutes sur moi-même. Pendant le peu de temps que j'ai pu vous voir, j'ai reconnu que vous aviez un cœur au-dessus de votre position; d'ailleurs, le malheur agrandit l'intelligence et élève la pensée. Répondez-moi donc, David, comme vous répondriez à Dieu : croyez-vous que je pusse faire autrement que je n'ai fait?

— Oui! oui! s'écria David, oui! vous pouviez faire autrement; car vous pouviez être sans pitié pour moi, comme l'a été M. Burke, et vous pouviez me faire mourir au milieu du désespoir et des malédictions, quand j'aurais pensé qu'il n'y avait plus un cœur humain sur la terre; mais, au lieu de cela, capitaine, oui, je le déclare dans toute la reconnaissance de mon cœur, oui, vous avez fait tout ce que vous avez pu. Quand vous avez vu mon désespoir, vous m'avez fait dire, par M. John, qu'au retour de la campagne, vous me rendriez ma liberté; quand vous avez vu que vous deviez me punir, quoique je ne fusse pas coupable, vous avez, autant qu'il a été en votre pouvoir, adouci la punition; et quand, enfin, il vous a fallu me condamner à mort, vous êtes descendu dans ma prison, capitaine, pour me montrer vos yeux en larmes et votre cœur saignant. Oui, capitaine, oui, vous avez fait tout ce que vous avez dû, plus que vous ne deviez même pour un malheureux que tant de bonté retient et encourage à la fois de vous faire une dernière demande.

— Laquelle? Dites, dites! s'écria M. Stanbow en étendant les bras vers David.

— Mes enfants, capitaine, dit David en se jetant aux pieds du digne vieillard, mes enfants, qui, en sortant de l'hôpital, seront obligés de tendre leur main aux passants...

— A compter de cette heure, David, interrompit le capitaine, vos enfants seront les miens; ne craignez rien pour eux. Puissent-ils me pardonner de leur avoir enlevé leur père, comme vous me pardonnez de vous avoir enlevé à vos enfants! Quant à votre femme, le jour même de mon retour, je mettrai aux pieds de Sa Majesté quarante ans de bons et loyaux services, et il faudra bien, qu'en échange, il m'accorde la grâce que je lui demanderai.

— Merci, capitaine, merci! s'écria David éclatant en sanglots. Oh! maintenant, je vous le jure, maintenant, je ne crains plus la mort, je la bénis même, puisqu'elle donne à ma famille un aussi noble protecteur. Maintenant, capitaine, ah! je le sens, je suis revenu à des sentiments vraiment chrétiens; maintenant, mon amour s'est augmenté, ma haine s'est éteinte; maintenant, je voudrais voir M. Burke entre vous et M. John, et, dans mon humilité, capitaine, je baiserais la main qui m'a frappé.

—Assez, assez! voulez-vous m'ôter le courage? Mon pauvre martyr, embrassez-moi, et disons-nous adieu.

Un rayon de joie orgueilleuse éclaira la figure du condamné, et il embrassa le capitaine avec une dignité qui semblait appartenir à un autre rang que celui qu'il avait reçu du hasard.

— Maintenant, David, ne puis-je plus rien faire pour vous?

— Ces fers me gênent, monsieur Stanbow, et j'ai peur qu'ils ne m'empêchent de dormir; or, j'ai besoin de sommeil pour être fort demain. Je voudrais mourir avec fermeté devant des hommes et des soldats.

— On va vous les ôter David; est-ce tout?

— Il y a un ministre, à bord du bâtiment?

— Je vais vous l'envoyer.

— Bob sollicite la faveur de l'accompagner, capitaine, dis-je à mon tour, et de passer la nuit avec David?

— Bob sera libre d'entrer et de sortir tant qu'il voudra.

— C'est plus que je n'osais demander; vous me comblez de bontés, monsieur Stanbow. Aujourd'hui, je vous remercie sur la terre; demain, je prierai pour vous dans le ciel.

C'était tout ce que nous pouvions supporter, le capitaine et moi. Nous frappâmes à la porte, on l'ouvrit et nous sortîmes. M. Stanbow donna aussitôt des ordres pour que tout ce qu'avait désiré David fût ponctuellement exécuté. Dans la batterie de trente-six, je trouvai Bob, qui se tenait sur notre route pour savoir si sa demande lui était accordée. Je lui annonçai qu'il pouvait descendre près de David, et qu'on lui ferait porter dans la prison double souper, double part de vin et de grog. Cette fois, je ne pus empêcher Bob de me baiser les mains.

Je prenais le quart à quatre heures : je restai donc sur le pont jusqu'à deux heures du matin; pendant tout ce temps, je ne vis pas reparaître Bob, ce qui me prouva qu'il n'avait pas quitté son ami David. A deux heures, on me releva; mais, avant de regagner ma chambre, je voulus passer devant la prison pour m'informer si les ordres donnés à l'égard de David avaient été exécutés. Toutes les instructions du capitaine avaient été religieusement remplies : les fers avaient été détachés, le ministre était descendu pour offrir au condamné les consolations de l'Eglise; il était resté près de lui jusqu'à une heure, et ne l'avait quitté que sur la prière instante que celui-ci lui avait faite d'aller prendre quelque repos. David et Bob étaient donc demeurés seuls : j'approchai mon oreille de la porte pour savoir s'ils dormaient; mais tous deux veillaient encore, et Bob, succédant au ministre dans ses saintes fonctions, consolait de son mieux son ami David.

— Après tout, disait Bob, vois-tu, David, ce n'est qu'un instant; une cravate plus ou moins serrée, voilà tout. As-tu jamais avalé de travers? Eh bien, c'est cela. J'ai vu pendre trente hommes, à bord, dans un seul jour, des pirates brésiliens que nous avions pris, et leur affaire a été faite en une demi-heure, de bon compte; c'est donc une minute, l'un dans l'autre, pour chacun; et pour toi, David, ça ira encore plus vite, vois-tu, attendu que tout le monde sera réuni, tandis que, ce jour-là, l'équipage était disséminé.

— Ah! ce n'est pas précisément le moment de la mort qui m'effraye, dit David d'une voix assez ferme; ce sont les préparatifs.

— Les préparatifs, David, ça se passera entre amis; ainsi, il n'y a rien là dedans de désagréable : ça n'est pas comme si tu étais pendu pour vol et à terre, vois-tu; oh! alors, c'est autre chose; tu aurais affaire au bourreau et à ses aides, ce qui est toujours une chose désagréable; puis tu aurais des spectateurs qui te mépriseraient de ce que, étant un homme, tu n'a pas su vivre du travail de tes mains comme un homme. Ici, c'est autre chose : chacun te plaindra, David, et, s'il fallait que chaque matelot donnât un mois de sa vie pour te refaire un total d'existence, je suis bien sûr qu'il n'y en aurait pas un qui refuserait de mettre à la masse, sans compter les officiers, qui mettraient le double, j'en suis sûr, comme si, de ce côté-là aussi, ils avaient double paye : et quoique le capitaine, d'après son âge, est celui qui naturellement a le moins à vivre, eh bien, lui, je suis sûr qu'il ne lésinerait pas plus que les autres, et qu'il mettrait le trimestre.

— Tu me fais du bien, Bob, dit David en respirant, comme si une montagne venait de lui être enlevée de la poitrine; j'avais peur d'être méprisé, parce que ma mort était méprisable.

— Méprisé, toi, David? Jamais, jamais!

— Et pourtant, Bob, crois-tu qu'au moment de mourir, et, en face de tous, le dernier des officiers du bâtiment voudrait m'embrasser comme l'a fait aujourd'hui le digne M. Stanbow? car il m'a embrassé, Bob, comme si j'étais un homme de sa condition; mais aussi nous étions seuls.

— Quant à ce qui est de cela, David, j'ose dire que j'en connais un, moi, qui ne te refuserais pas cette petite satisfaction, s'il savait que cela pût te faire plaisir; et cet officier, c'est M. John.

— Oui, oui! M. John a été bon pour moi, et je ne l'oublierai pas, ni ici ni là-haut.

— Eh bien, David, veux-tu que je lui dise un mot de ton désir?

— Non, Bob, non; c'est un mouvement d'orgueil qui m'a dicté les paroles que j'ai dites, et l'orgueil ne convient pas au chrétien qui va mourir d'une pareille mort. Non, tout se passera ainsi que la chose a été réglée; mais, après, Bob, après, qui ensevelira mon pauvre corps?

— Qui, David, qui?... Moi, répondit Bob en soufflant comme une baleine, et personne ne te toucheras que moi, vois-tu, et tu pourras te vanter d'être cousu aussi proprement dans ton hamac, que si c'était la meilleure couturière de Piccadilly qui ait été chargée de la besogne. Après quoi, je te mettrai au pied un sac de sable, pour que tu descendes aussi lestement que possible au fond; et, là, David, là, tu seras couché dans la tombe d'un marin, une belle tombe, où tu ne seras pas gêné comme dans un misérable cercueil, et où je viendrai te rejoindre un jour où l'autre, entends-tu, David? car j'espère bien finir ma vie à bord d'un vaisseau, comme un brave marin que je suis, et non pas crever sur mon lit, comme un gueux dans un hôpital. De ce côté-là comme de l'autre, sois donc tranquille, David, et repose-toi sur un ami.

—Merci, Bob, répondit le condamné; maintenant, je suis tranquille, si tranquille, que je voudrais dormir.

— Bonne nuit, David ! dit Bob; je ne voulais pas t'en parler le premier, mais je ne serais pas fâché de faire un somme non plus.

Les deux amis firent leurs dispositions; puis, un instant après, j'entendis le ronflement sonore de Bob et la respiration plus douce du pauvre David. Alors je me retirai dans ma chambre, mais sans avoir l'espérance d'en faire autant qu'eux. Je ne pus fermer en effet l'œil de la nuit; le matin, au point du jour, j'étais sur le pont.

En passant de l'arrière à l'avant, comme le jour ne paraissait encore qu'à peine, je heurtai quelque chose qui se trouvait au pied du grand mât; je me baissai pour voir ce que c'était, et je reconnus une poulie bouclée sur le parquet.

— Que fait ici cette poulie? dis-je au matelot qui se trouvait le plus près de moi.

Celui-ci, sans me répondre, me montra du doigt une seconde poulie attachée à la grande vergue, et une troisième poulie de rappel que l'on était en train de clouer à la dunette. Alors je compris tout: les préparatifs de l'exécution étaient déjà faits. Je levai les yeux au haut du grand mât, et je vis deux matelots occupés à lier au contre-cacatois le pavillon de justice; il était encore enroulé autour de sa lance, retenu par un fil qui pendait sur le pont, et qui, tiré au moment de l'exécution, devait le laisser flotter en liberté.

Tous ces apprêts se faisaient dans un silence profond, interrompu seulement par Nick, qui, perché sur le bout de la grande vergue, semblait, avec ses plumes hérissées et son cri aigu et triste, un messager de mort. Le temps était gris et sombre, la mer houleuse et couleur de cendre, l'horizon étroit et brumeux; le jour était en deuil comme les cœurs.

A huit heures, on changea le quart. A mesure que les nouveaux appelés paraissaient sur le pont, ils jetaient un coup d'œil sur la poulie du plancher, puis sur celle de la vergue, puis enfin sur celle de la dunette, et, voyant que tout était prêt, ils se rendaient à leur poste en silence. A huit heures et demie, l'inspection eut lieu comme d'habitude; à neuf heures, le capitaine sortit de la chambre du conseil et monta sur la dunette par l'escalier de bâbord. Chacun jeta sur lui un regard à la dérobée, et tous demeurèrent convaincus, en voyant son visage, qui portait l'empreinte d'une ferme résignation, que, quoiqu'il souffrît intérieurement autant que personne, le jugement qu'il avait prononcé ne subirait aucune modification.

A onze heures et demie, le tambour appela tout le monde sur le pont. Les soldats de marine se rangèrent à bâbord et à tribord, à quelques pieds de la muraille formant retour à la hauteur du dôme et en avant du mât d'artimon, laissant ainsi la dunette aux officiers, et le passavant et l'avant aux matelots. A midi moins dix minutes, il ne manquait, parmi les officiers, que M. Burke, et, parmi les matelots, que maître Bob.

Ce fut alors seulement qu'on prépara la corde; elle passait sous la poulie du pont, allait tourner derrière la poulie de rappel attachée à la dunette; un bout pendait de la poulie de la vergue avec un nœud coulant; l'autre était aux mains de six vigoureux matelots.

A midi moins cinq minutes, David parut sur l'escalier de l'avant; il était accompagné d'un côté par Bob et de l'autre par le ministre; son visage était pâle comme le bonnet qui couvrait sa tête; sa démarche cependant était assurée; il jeta un coup d'œil sur les préparatifs de l'exécution; puis, voyant que les soldats qui le suivaient ne le poussaient pas en avant:

— Mon père, dit-il en se retournant, que me reste-t-il à faire?

— A recommander votre âme à Dieu, mon fils, répondit le ministre.

— Oui, oui, murmura Bob, c'est le moment. Du courage, David!

David sourit tristement, et s'avança jusqu'au pied du grand mât; puis, arrivé là, il regarda autour de lui comme pour adresser un dernier adieu à tout l'équipage; ses yeux s'arrêtèrent sur moi. Alors, je me rappelai le désir qu'il avait exprimé la veille. Traversant la haie de soldats, j'allai à lui.

— David, lui dis-je, avez-vous quelque dernière recommandation à me faire à l'égard de votre femme et de vos enfants?

— Non, monsieur John; vous avez entendu ce qu'a dit le capitaine; et je sais que, tant qu'il vivra, il tiendra parole.

— Embrassez-moi donc, et mourez tranquille.

Il fit un mouvement pour se jeter à mes pieds. Je le pris dans mes bras; en ce moment, l'horloge piqua midi.

— Merci, monsieur John, s'écria-t-il, merci; et maintenant, éloignez-vous; voici l'heure.

Effectivement, deux matelots s'approchaient de lui: l'un lui passa la corde au cou, l'autre lui rabattit son bonnet sur les yeux; puis il y eut un moment de silence solennel et terrible; tous les regards étaient fixés sur le malheureux. Le prévôt d'armes donna le signal, et les matelots qui tenaient la corde s'élancèrent d'un même élan.

— Seigneur, ayez pitié...

Ce fut tout ce que put dire le pauvre David; le nœud coulant étrangla le reste de sa prière. On vit son corps s'élever en l'air; au même instant, un coup de canon fendit l'espace, et le pavillon de justice, libre du lien qui le retenait roulé, se déploya au haut du grand mât. Tout était fini: David avait cessé d'exister.

A peine cette cérémonie funèbre fut-elle terminée, que chacun se retira par les escaliers et qu'il ne resta sur le pont que ceux que leur service y enchaînait et les deux soldats de marine qui devaient, pendant une heure, garder le cadavre du supplicié. Au bout d'une heure, ils détachèrent la corde et le descendirent. Pendant tout ce temps, Bob avait attendu au pied du grand mât.

Fidèle à sa parole, il prit le corps de son ami, comme il aurait pu faire d'un enfant, et l'emporta dans le faux pont, où il commença à l'ensevelir comme il le lui avait promis. Plusieurs matelots s'offrirent pour l'aider dans cette triste besogne; mais Bob refusa toute coopération. A quatre heures du soir, tous les préparatifs funéraires étaient achevés. Un roulement de tambour rappela tout le monde sur le pont. Cependant les matelots n'arrivèrent point avec cette précipitation bruyante qui leur était habituelle, mais les uns après les autres, sans bruit et comme des fantômes.

Le corps, selon l'habitude, avait été placé dans son hamac et cousu avec soin. A ses pieds, Bob avait placé un sac de sable double de celui que l'on met ordinairement, et dont le poids devait le précipiter au fond de la mer. Il le déposa sur le caillebotis, et le caillebotis sur le passavant. Puis le ministre s'avança. La justice humaine était satisfaite, c'était au tour de la religion d'accomplir son œuvre sainte. La mort avait expié le crime, le coupable avait disparu; il ne restait plus qu'un cadavre, sur lequel elle venait prier.

Cette cérémonie, déjà si triste et si solennelle en elle-même, l'était encore davantage par l'heure à laquelle elle s'accomplissait. Le soleil, qui s'était montré un instant à l'occident, se couchait dans la mer tout sillonné de larges bandes violâtres, et le crépuscule descendait avec cette rapidité qui lui est ordinaire dans les climats méridionaux. Tout l'équipage était debout et la tête découverte. Le ministre ouvrit le livre saint, et chacun écouta respectueusement et en silence l'office des morts, qu'il répéta entièrement, depuis ces paroles: « Je suis la résurrection et la vie, dit le Seigneur, » jusqu'à celles-ci: « Nous confions donc son corps aux profondeurs de la mer. »

A ces mots, auxquels tout l'équipage répondit: « Ainsi soit-il! » Bob poussa le caillebotis; le hamac glissa dans les vagues, qui se refermèrent sur lui, et le vaisseau s'éloigna majestueusement, effaçant, par son sillage, les cercles que le cadavre du pauvre David avait tracés en tombant dans la mer. Cet événement laissa une profonde tristesse dans l'équipage, et cette tristesse régnait encore dans tous les cœurs, lorsque nous arrivâmes, dix jours après, en vue de Malte.

XII

A peine le vaisseau fut-il entré dans le port de la cité victorieuse, appelé port des Anglais, qu'il se vit entouré de petites barques chargées de melons, d'oranges, de grenades, de raisins et de figues de Barbarie; ceux qui nous apportaient ces fruits nous apportaient leur marchandise avec des cris si variés et dans un patois si bizarre, que nous aurions pu nous croire au milieu des naturels de quelque île sauvage de la mer du Sud, si nous n'avions pas eu devant les yeux une des merveilles de la civilisation humaine, Malte, cet amas de briques calcinées qui semblent entassées sur les cendres d'un volcan.

Je ne parlerai pas des ouvrages merveilleux qui rendent Malte imprenable, et qui faisaient dire à Caffarelli, qui visitait les fortifications avec Bonaparte et les officiers français étonnés de leur facile victoire : « Savez-vous, général, que nous avons été bien heureux qu'il y ait eu une garnison ici pour nous ouvrir les portes? » Le moindre plan consulté par le lecteur lui en dira plus que toutes les descriptions possibles; mais, ce qu'aucun plan ne pourrait lui dire, et ce que je me sens moi-même parfaitement incapable de retracer, quelque confiance que j'aie en mon talent de narrateur, c'est le tableau exact que présente le débarcadère de la cité Valette. A peine si nos uniformes, si respectés partout, pouvaient là nous ouvrir un passage au milieu des marchands qui venaient nous brûler leur café jusque dans les jambes, des femmes qui nous poursuivaient avec leurs paniers pleins de fruits, des marchands d'eau à la glace qui nous assourdissaient de leurs cris d'*aqua para*, et, enfin, des mendiants couverts de haillons, dont les chapeaux, incessamment tendus vers nous, formaient une barrière qu'on ne pouvait franchir qu'à la manière de Jean Bart. Au reste, il paraît que le métier est bon, malgré la concurrence; chaque mendiant lègue à son fils la place qu'il occupe sur les degrés de la *strada* qui conduit du port à la ville, comme un lord lègue le siége qu'il remplit dans la chambre haute. Le terrain sur lequel se passent ces mutations héréditaires semble, par son nom même, l'apanage exclusif de ceux qui l'occupent : c'est le fameux *Nix mangare*, dont les savants seraient, sans doute, fort en peine de retrouver l'étymologie, si je n'allais au-devant de leurs recherches. Un vieux mendiant arabe, qui ne savait ni l'italien ni le maltais, s'avisa de formuler sa pétition aux passants de la manière suivante :

— *Nix padre, nix madre, nix mangare, nix bebere.*

Ce qui voulait dire : « Je n'ai ni père, ni mère, ni de quoi manger, ni de quoi boire. » Les matelots de tous les pays qui s'arrêtaient à Malte furent si frappés de l'expression douloureuse qu'il donnait aux deux mots *nix mangare*, qu'ils baptisèrent ainsi les degrés sur lesquels le mendiant avait coutume d'exercer son industrie.

Le costume des Maltais consiste en une petite veste garnie de trois ou quatre rangées de boutons de métal, dont la forme ressemble à celle d'une cloche. Ils portent sur la tête un mouchoir rouge, et, autour de la taille, une ceinture de la même couleur; ils ont, en général, des traits durs et heurtés, que n'adoucissent nullement leurs yeux noirs remplis d'audace brutale ou de basse perfidie. Les femmes joignent à ces défauts naturels une malpropreté révoltante. Les seules jolies figures que l'on rencontre çà et là appartiennent à des Siciliennes; on reconnaît, à la première vue, ces filles de la Grèce : elles ont le visage gracieux, le sourire plein de finesse, des yeux doux et caressants comme le velours, et dont les regards semblent se reposer de préférence sur les épaulettes des officiers et sur les aiguillettes et le poignard des midshipmen. Ce sont elles, en général, qui s'arrogent le droit d'exploiter la sensibilité des marins. Les Maltaises ont bien voulu leur disputer ce privilége, et quelquefois tentent de le disputer encore; mais il est inutile de dire que, presque toujours, la victoire reste à leurs jolies voisines.

Nous fûmes frappés, en entrant dans la cité Valette, du contraste qui existait entre la ville et le port; autant le port était gai et bruyant, autant la ville nous parut triste et morne. C'est qu'elle aussi venait d'avoir ses exécutions, qui, sans éveiller tout à fait les mêmes sympathies que chez nous le supplice du pauvre David, avaient cependant, par leur nombre, répandu la tristesse dans l'île; un régiment tout entier s'était révolté, et venait d'être détruit par la corde, le fer et le feu, jusqu'au dernier homme, et cela avec des circonstances si particulières, que ce récit, je l'espère, si en dehors qu'il soit de mes propres aventures, ne sera pas sans intérêt pour le lecteur.

La guerre, qui se prolongeait entre l'Angleterre et la France, commençait à rendre insuffisantes les recrues levées au sein de la population des îles Britanniques. Il fallut trouver de nouveaux expédients pour fournir à l'armée anglaise le contingent d'hommes qui lui était nécessaire; le gouvernement passa donc des marchés avec des spéculateurs qui, moyennant rémunération convenable, s'engagèrent à lui fournir des soldats recrutés en pays étranger. On pense bien que les regards de ces honnêtes fournisseurs se tournèrent d'abord sur les Albanais, ces Suisses de la Grèce, qui vendaient leur courage et leur sang aux puissances du midi de l'Europe, comme font les habitants des Alpes à l'égard des puissances de l'Occident. Un émigré français, resté fidèle aux Bourbons, et qui, par conséquent, n'avait point voulu rentrer en France, offrit au secrétaire d'État de la guerre de se rendre dans la Grèce continentale et dans l'Archipel, pour faire la traite; l'offre fut acceptée, et, grâce à l'activité de son caractère, stimulée encore par la haine qu'il portait au gouvernement de Napoléon, il réussit en peu de temps à former un corps considérable composé d'Allemands, d'Esclavons, de Grecs de l'Archipel et de Smyrniotes; ce régiment, formé de tant de matières indisciplinables, reçut, je ne sais pourquoi, le nom germanique de Frohberg. Quoi qu'il en soit, en vertu, sans doute, de ce nom tudesque, des officiers allemands, que M. de Méricourt avait amenés avec lui, soumirent immédiatement les soldats qu'il venait de de réunir aux pratiques disciplinaires de leur pays, et les hommes les plus libres du monde, après les Arabes du grand désert, commencèrent à faire, trois fois par jour, l'exercice à la prussienne. Cette disposition sévère sembla réussir d'abord à merveille, et, au bout de quelque temps, le régiment des volontaires de Frohberg fut assez bien exercé pour tenir son rang à une parade et faire le service dans une garnison. Il fut, en conséquence, envoyé à Malte et caserné dans le fort Ricasoli, situé sur la pointe de la portion de terre qui s'avance en saillie, pour commander, avec le fort Saint-Elme, auquel il correspond, l'entrée du grand port. C'est là que le sauvage régiment de Frohberg devait faire son apprentissage de discipline européenne. Afin d'en hâter les progrès, on adjoignit aux officiers instructeurs allemands quelques sous-officiers anglais; ceux-ci, habitués aux flegmes et apathiques natures du Nord, voulurent soumettre à la même règle ces organisations ardentes du Midi; les châtiments corporels furent appliqués aux moindres fautes; ces hommes, pour lesquels un signe, un geste, un mot, sont des affronts mortels qui ne se lavent que dans le sang, reçurent des coups de canne et des soufflets; ces ours du Magne, ces loups de l'Albanie, furent fouettés comme de misérables chiens; ils murmurèrent d'abord doucement, et comme pour prévenir leurs maîtres qu'ils avaient des griffes et des dents; ceux-ci n'en tinrent compte et redoublèrent de sévérité. Alors la révolte s'organisa avec toute la prudence et la dissimulation grecques, et, comme, un jour, on voulait arracher des rangs, pour lui imposer une punition infamante, un soldat qui avait commis une légère faute, tous s'élancèrent vers les portes, les fermèrent en dedans; puis, se ruant sur les officiers, dont la sévérité avait si longtemps tenté leur vengeance, ils les égorgèrent comme des lions eussent fait de gladiateurs jetés dans un cirque.

Le bruit de cette boucherie retentit bientôt dans la ville; des troupes s'avancèrent, sous les ordres du général Woog. Mais les révoltés étaient déjà en état de défense : par mer, le fort était imprenable; par terre, on ne pouvait penser à s'en emparer qu'au moyen de l'occupation successive des ouvrages avancés, qui n'eussent été enlevés qu'avec des pertes énormes. Le général établit un blocus.

Le fort, qui n'était pas disposé pour un siége, ne se trouvait approvisionné que pour quelques jours. Il fallut donc bientôt diminuer les rations, et recourir à ces expédients qui marquent les progrès d'un blocus par les différents degrés de privation qu'ils imposent à ceux qui le supportent. C'était mettre les malheureux à une seconde épreuve plus terrible que la première; ils étaient, comme on le pense bien, moins disposés encore à supporter une pareille pénurie que les rigueurs de la discipline allemande. Nulle autorité ne fut assez forte pour présider à une distribution parcimonieuse; des querelles éclatèrent parmi ces hommes, qui avaient si grand besoin d'être unis; chaque race se sépara pour former un corps à part; les partis différents s'aigrirent de plus en plus; chaque repas était le signal de quelque rixe particulière, qui menaçait de devenir générale : comme le cercle de l'enfer dont parle Dante, l'aire du fort Ricasoli était pleine de cris et de gémissements. On eût dit que les révoltés voulaient faire, les uns sur les autres, la besogne du bourreau; et c'est probablement ce qui serait arrivé, si une partie de la garnison ne s'était entendue pour ouvrir une porte et se livrer à discrétion aux troupes anglaises. Il ne demeura dans le fort que cent cinquante hommes; mais, comme on le pense bien, ils étaient déterminés à le défendre tant qu'il y resterait pierre sur pierre.

Au reste, leur situation s'était améliorée par la fuite de leurs camarades : comme ils étaient moins nombreux, la disette de vivres était moins grande; cela leur donnait du temps, et, prenant l'inaction de leurs ennemis pour de la crainte, ils espéraient toujours obtenir d'eux une honorable capitulation. Puis, comme ceux qui restaient étaient tous Grecs, sans aucun mélange d'Albanais ni d'Esclavons, ils étaient parvenus à établir entre eux une certaine discipline. Ils paraissaient donc moins disposés que jamais à se rendre, et, tous les jours, on les voyait reparaître au haut des murailles, silencieux, sévères et menaçants.

Cependant, une nuit, ils furent réveillés par le cri : « Aux armes ! » Habitués à un blocus inactif, ils s'étaient endormis dans une fausse sécurité. Las de tous ces retardements, le capitaine Collins, officier de la marine royale, avait obtenu, du général Woog, de tenter, pour son propre compte, avec des hommes de bonne volonté, un assaut de nuit. Cette tentative, menée avec autant d'audace que d'adresse, réussit en partie, et, malgré la défense acharnée et mortelle des assiégés, les Anglais, au point du jour, se trouvèrent maîtres de tous les ouvrages. Trente ou quarante rebelles avaient été tués, et le reste pris, à l'exception de sept soldats qui s'étaient réfugiés dans le magasin à poudre. Pour des hommes d'un courage éprouvé, et réduits à une extrémité semblable, le lieu même où ils avaient trouvé un abri était une arme formidable et désespérée. Aussi le capitaine Collins, au lieu de les poursuivre dans ce dernier retranchement, ordonna-t-il de cesser l'attaque, et, dispersant ses soldats dans tous les ouvrages environnants, il en revint au système du général Woog, c'est-à-dire à un blocus muet et rigoureux, blocus qui devint d'autant plus rigide, que ceux qu'il enfermait étaient moins nombreux et plus avant dans une position extrême. Au reste, toute voie de conciliation était interdite, et le général Woog avait défendu qu'on reçût aucun de ces malheureux à composition. Il ne leur restait donc, pour dernière ressource, que de se rendre à merci.

Pendant ce temps, on dressait le procès de ceux qui avaient été faits prisonniers pendant l'assaut. Tous furent condamnés à mort. C'était la première fois, depuis l'occupation anglaise, qu'une pareille condamnation était prononcée dans l'île de Malte; les peines les plus sévères, jusque-là, s'étaient bornées à des coups de canne pour les soldats, et aux arrêts pour les officiers. On comprend donc l'impression que dut produire, sur la population, cette condamnation en masse de plus de cent personnes. En vertu de la rapidité des commissions militaires, des gibets furent immédiatement dressés sur la place de la Conservatorerie, qui avait été désignée pour le lieu de l'exécution, et, le surlendemain du jugement, les condamnés furent conduits au supplice. Mais les échafauds se ressentaient de l'ignorance de ceux qui les avaient construits; les bourreaux, qui exerçaient pour la première fois, opéraient avec timidité. Sur les cinq condamnés qu'on essaya d'abord de pendre, on fut obligé d'achever, à coups de poignard, deux malheureux dont la corde s'était cassée. Un pareil spectacle commençait à émouvoir les esprits ardents des Maltais; des murmures se faisaient entendre parmi cette multitude, qui prend toujours parti contre le pouvoir. Une tentative de strangulation ayant de nouveau échoué, et le malheureux ayant crié au secours, ce cri retentit dans tous les cœurs. Les Anglais eux-mêmes, touchés sans doute de compassion, donnèrent ordre de cesser le supplice. On avait mis près de deux heures à pendre six hommes : à ce compte, les exécutions auraient duré plusieurs jours, et qui sait, alors, ce qui serait arrivé ! Les condamnés furent donc ramenés à la prison, et, pendant la nuit, transportés à la Floriana. Un instant, Malte espéra que c'était pour une commutation de peine; c'était une erreur; les malheureux n'avaient obtenu qu'un changement de mort : ils devaient être fusillés au lieu d'être pendus; comme on va le voir, c'était un surcroît de rigueur au lieu d'un adoucissement.

La place d'armes de la Floriana est un grand espace découvert, situé près des fortifications intérieures. D'un côté est le mur d'un jardin public, peu élévé, et qui tient toute la longueur de la place; en face se trouve un bastion qui commande ce jardin. Les deux autres côtés sont occupés, d'une part, par un rang de casernes, de l'autre, par les glacis.

Le lendemain du jour où ils avaient été transférés, de la ville haute dans la basse ville, les patients furent conduits sur cette espèce de plate-forme que nous venons de décrire; et, s'ils avaient pu concevoir quelque espérance, arrivés là, cette espérance dut s'évanouir, car rien n'avait été préparé pour leur cacher le sort qui les attendait. Il y a plus, on n'eut pas même pour eux cette pitié qui sauve au condamné la vue des apprêts de son supplice : il eût été trop long, sans doute, de bander les yeux à quatre-vingt-dix hommes. On se contenta de les placer au centre du carré, et, de là, ils virent leurs bourreaux reprendre les armes des faisceaux, les charger, faire l'exercice préparatoire, enfin les mettre en joue. Au mot «Feu ! » tout le régiment tira, et les deux tiers des condamnés tombèrent tués ou blessés.

La vue de leurs camarades mutilés, l'aspect du terrain, dont leurs yeux, restés libres, leur permettaient de juger la disposition favorable, donnèrent à ceux qui restaient debout une force et une agilité surhumaines. Profitant du désordre qui s'était mis parmi les soldats après cette première décharge, tous se lancèrent, comme des insensés, dans des directions différentes : les uns coururent se cacher dans les replis des fortifications; les autres sautèrent par-dessus le mur du jardin et gagnèrent la campagne, à travers laquelle on les vit fuir aussitôt. Mais cette circonstance avait été prévue; des piquets de soldats, placés aux portes des bastions de Saint-Luc, de Saint-Jacques et de Saint-Joseph, se mirent à leur poursuite. Une véritable chasse commença, dont des créatures humaines étaient le gibier. Tous furent atteints successivement, et tués, çà et là, dans la campagne; quant à ceux qui s'étaient sauvés dans les fortifications, il fut encore plus facile de les joindre, et ils furent égorgés les uns après les autres à coups de baïonnette.

Au milieu de cette scène de massacre, qui donna lieu, comme on doit le penser, à des épisodes variés et étranges, il y en eut un qui fixa l'attention générale : un des fuyards, au lieu de suivre ses camarades, s'élança vers un ancien puits, situé au milieu de la place, et recouvert de grosses pierres que les habitants écartent et replacent, quand ils viennent puiser de l'eau. Peut-être espérait-il une mort plus douce et plus rapide, en cherchant à se précipiter; peut-être n'était-il qu'insensé, et courait-il devant lui sans savoir où il allait. Quoi qu'il en soit, en arrivant à quelques pas du puits, il heurta une pierre et tomba; cette chute sembla avoir immédiatement changé sa résolution, car, se relevant et courant au glacis, il se précipita d'une hauteur de cinquante pieds, et tomba dans une espèce de marais, où il entra jusqu'à la ceinture, et d'où il ne put parvenir à se dégager. Loin de là, tous les efforts qu'il fit n'eurent d'autre résultat que de l'y enfoncer davantage. Les soldats, accourus sur le bastion, le virent s'engloutir insensiblement, battant de ses bras la boue liquide, qui allait lui servir de tombeau. Enfin, les bras s'enfoncèrent à leur tour, la tête seule parut à la surface. Ses cris se firent entendre encore pendant quelque temps, puis la boue gagna la bouche et la remplit; on vit alors ressortir les deux mains crispées de ce malheureux. Enfin, un soldat, qui en eut pitié, ajusta le crâne, qui ne paraissait plus que pareil à un point rond au milieu de cet étang de vase. La balle alla le frapper comme une cible, le sang jaillit, la boue s'agita; puis, au bout d'un instant, tout disparut, et il ne resta plus qu'une tache sanglante à la place où s'était englouti ce malheureux.

Cependant les sept hommes restés au fort Ricasoli continuaient à garder la poudrière, qui en était le centre; ils avaient entendu la fusillade, et ils avaient compris que c'étaient leurs camarades que l'on égorgeait; ils avaient conclu de là qu'ils n'avaient aucune grâce à attendre, s'ils étaient pris les armes à la main. Ils tentèrent donc des négociations avec le général Woog; mais toutes leurs propositions furent dédaigneusement repoussées et n'obtinrent qu'une réponse : « Rendez-vous à merci. » Se rendre à merci, c'était aller au-devant de la mort, et la mort venait déjà assez vite pour eux : car, si peu nombreux qu'ils fussent, et quelque sobriété qu'ils apportassent dans leurs repas, les provisions s'épuisaient avec une rapidité effrayante. Chaque jour, ils tentaient d'ouvrir des négociations nouvelles, et, chaque jour, ils étaient repoussés plus durement que la veille; des fortifications où les soldats les gardaient comme des animaux féroces enfermés dans une cage, le général Woog venait les examiner de temps en temps, et, chaque fois, il distinguait sur leurs visages sombres les progrès que la faim et la misère y imprimaient malgré eux. De leur côté, fidèles à l'instinct natal, il n'était pas de biais et de ruses qu'ils n'imaginassent pour nouer des négociations, toujours repoussées dédaigneusement : tantôt ils sollicitaient une trêve de quelques heures, tantôt ils promettaient de se rendre. si on voulait leur accorder quelques vivres qu'ils demandaient; mais toutes ces tentatives échouaient devant l'opiniâtreté du général. Une semaine se passa ainsi pendant laquelle, chaque jour, plus hâves et plus épuisés, on croyait à tout instant les voir tomber de faiblesse et mourir de faim. Enfin, le septième jour, l'un d'eux, qu'ils avaient élu pour commandant, et qui se nommait Anastase Iremachos, se présenta au lieu ordinaire des communications, pour exposer une nouvelle demande : c'était un Grec spirituel et artificieux comme ceux de sa nation, un Ulysse moderne, doué d'assez d'audace pour ne pas reculer devant une entreprise qui eût, sur vingt chances mauvaises, offert une seule chance de succès, mais aussi trop prudent pour ne pas éviter tout danger inutile. Il passa comme d'habitude sa tête pâle et amaigrie par une petite ouverture pratiquée pour la communication des assiégés avec les assiégeants, et sollicita une entrevue avec un agent du gouverneur : cette faveur lui fut accordée, et un officier se présenta devant le guichet. Iremachos lui exposa, d'une voix suppliante, sa détresse et celle de ses compagnons : depuis la veille, ils avaient à lutter contre un ennemi plus terrible qu'aucun de ceux auxquels il avaient résisté jusqu'à ce jour, la soif. Leurs outres étaient épuisées, ils en appelaient à la générosité du gouverneur, et demandaient un peu d'eau; ils savaient bien que se rendre, c'était mourir; ils voulaient vivre quelques jours encore. Si on leur refusait cette misérable grâce, leur détresse était telle, que, ne pouvant la supporter plus longtemps, ils étaient décidés à se faire sauter, le soir même, avec le magasin à poudre; quelques gouttes d'eau, qu'ils demandaient au nom de tous les saints du paradis, pouvaient prévenir cette catastrophe. Mais, si on leur refusait cette grâce, que les Turcs accordent au patient lui-même sur le pal, à neuf heures du soir, au premier coup de la cloche de la cathédrale de Saint-Jean, le magasin sauterait en l'air.

Soit que l'on n'ajoutât point foi aux menaces d'Iremachos, soit que le général Woog voulût rester fidèle au texte du code militaire, qui interdit toute composition avec des soldats en révolte, un refus pareil aux autres refus suivit cette nouvelle demande. Le guichet se referma, l'officier rejoignit son poste, et, comme les soldats avaient appris à connaître le caractère résolu de ceux à qui ils avaient affaire, tout le jour s'écoula dans la stupeur d'une horrible attente. De temps en temps, cependant, le guichet se rouvrait, Iremachos, avec un visage plus pâle et d'une voix plus affaiblie, demandait de l'eau, et, après chaque nouveau refus, renouvelait sa menace; si bien que l'effroi général augmentait à mesure que l'on approchait davantage de l'heure désignée.

La nuit vint à sept heures et demie, car on était dans le mois d'octobre : nuit sombre et silencieuse, sans une étoile au ciel, sans un seul autre bruit que le cri de détresse des assiégés, qui se renouvelait de dix en dix minutes. Une heure s'écoula encore ainsi; puis les sept Grecs parurent sur la plate-forme du magasin à poudre, tenant chacun une torche à la main, et demandant de l'eau. Aucune réponse ne fut faite à ce dernier appel du désespoir. Alors ils se mirent à secouer leurs flambeaux et à exécuter une danse mortuaire, entremêlée de cris et d'imprécations. Le capitaine Collins, voyant l'effet que produisait sur ses hommes cette espèce de sabbat fantastique, fit monter un peloton sur la plate-forme des fortifications, et, là, dans l'ombre et le silence, leur ayant ordonné d'ajuster de leur mieux, il commanda le feu. Mais, soit hasard, soit que les mains tremblassent, la décharge se fit entendre, et les balles sifflèrent autour de ceux qu'elles devaient atteindre sans que pas un en parût avoir été touché. Néanmoins ce fut un avertissement pour eux, et tous, éteignant leurs flambeaux, disparurent dans l'ombre, comme des spectres qui s'évanouissent, ou des démons qui rentrent dans l'enfer.

Dès lors, il n'y eut plus de doute sur leur intention, et le capitaine Collins ordonna aussitôt la retraite. Une telle crainte s'était emparée des soldats, qu'ils se précipitèrent vers les portes, et que ce fut une véritable déroute, tous s'éloignant par la voie la plus directe. Mais, au milieu de leur course précipitée, la cloche de l'église Saint-Jean sonna le premier coup de neuf heures; au même instant, la terre s'agita comme si elle eût tressailli elle-même d'épouvante; un bruit affreux se fit entendre, le port s'illumina comme en plein jour, toutes les fenêtres volèrent en morceaux; puis, quand l'île eut bondi comme si la dernière heure fût arrivée pour elle, tout rentra dans l'obscurité, et le silence ne fut plus troublé que par les cris des malheureux blessés, qui annonçaient que les auteurs de ce désastre, ainsi qu'ils l'avaient prédit, s'étaient fait de sanglantes funérailles.

Le jour, en se levant, montra toute l'étendue du ravage produit par l'explosion de la poudrière : le fort et les fossés ne présentaient plus qu'un monceau de ruines, toutes jonchées de débris de cadavres. Quant aux corps des assiégés, il n'en restait pas le moindre vestige.

Comme les soldats qui avaient péri appartenaient aux troupes anglaises et n'avaient dans l'île ni parents ni famille, la pitié fut tout entière pour les malheureux qu'une sévérité aussi cruelle avait poussés à une pareille extrémité. On ne s'étonna plus que des Kleftes, qui jusque-là avaient vécu libres comme les aigles de leurs montagnes, n'eussent pu supporter la discipline humiliante des soldats prussiens. Quoique les Grecs fussent la cause du dégât commis par toute l'île, ce fut donc sur les Anglais que la haine en retomba.

On commençait, non pas à oublier cet événement, car les débris étaient encore fumants et les cadavres à peine enterrés, mais à moins s'en occuper, lorsque le bruit se répandit que l'âme d'un des malheureux Grecs était apparue à un vieux prêtre qui retournait à son *cazal*, situé dans un district de l'intérieur. Le prêtre suivait, disait-on, la route, monté sur son âne, chargé, selon les règles de prévoyance ecclésiastique, de fruits, de viandes et de poisson, laissant pendre les jambes de côté, et charmant l'ennui du chemin en psalmodiant, d'une voix nasillarde, une chanson que sa nationalité pouvait seule recommander à un prêtre, et que tout Maltais reconnaîtra à ce premier vers :

Tĕn en hobhoc jaua calbi *.

La monture du prêtre fit soudain un écart si inaccoutumé, qu'il jugea qu'il se passait derrière son dos quelque chose d'extraordinaire. Il se retourna aussitôt, et aperçut un homme, ou plutôt un spectre, qui le couchait en joue, en lui criant d'arrêter. A cette vue et à ce cri, le bon curé, malgré son âge, retrouva toute la vigueur de sa jeunesse, et, se laissant glisser à bas de son âne, qui lui servait comme de rempart, placé qu'il était entre lui et le fantôme, il s'élança dans un petit bois, où il eut bientôt disparu, toujours courant, pour ne s'arrêter qu'au milieu de ses paroissiens et sur la place de son village.

On devine quel crédit dut obtenir une pareille histoire chez un peuple aussi superstitieux que les Maltais. Quoique cette manière de demander des prières ne fût pas celle qu'emploient habituellement les âmes en peine, on ne douta point que cette variante n'eût sa cause dans l'état qu'avait exercé le corps de son vivant. Le gouverneur anglais, peu crédule de sa nature, eut seul quelque peine à ajouter foi au récit du bon curé. Il ordonna des recherches actives, afin de calmer les craintes qu'inspirait cette apparition. Un régiment reçut l'ordre de battre l'île, et, dans le creux d'un rocher, on découvrit sept hommes, qu'à leur uniforme on reconnut pour les sept Grecs du magasin à poudre. Comment ils avaient échappé à l'explosion, c'est ce qui, peut-être, était plus miraculeux encore que l'apparition d'une ombre; aussi, à peine arrêtés, furent-ils interrogés sur ce point. Ils n'avaient aucun intérêt à rien taire; et Iremachos, qui avait conduit toute l'entreprise, n'hésita point à donner, sur ce fait extraordinaire, toutes les explications qu'on lui demanda.

Du moment où Iremachos, enfermé dans le magasin à poudre avec ses compagnons, avait été revêtu du commandement, il avait conçu un plan d'évasion qui avait été communiqué à ses camarades et approuvé par eux. Dès lors, ils s'étaient mis à l'œuvre avec un courage, une patience et une dissimulation qui n'appartiennent qu'à leur race. De ce moment, pas une de leurs actions ne fut fortuite ou irréfléchie, et chaque mouvement, au contraire, fut un pas vers l'exécution du projet arrêté. En visitant toutes les constructions placées sous leur dépendance, Ire-

* Voici, à peu près, le sens du premier couplet de cette chanson : « Je vous aime dans le fond de mon cœur; mais je vous hais en présence du monde. Il ne faut pas m'en demander la raison, car, ma chère, vous savez bien pourquoi. »

machos avait pensé que l'on pourrait, sans grande difficulté, pratiquer une issue sur la mer en perçant le mur qui bordait le rivage, et, en conséquence, ses compagnons et lui s'étaient mis à la besogne. Ils trouvèrent la pierre plus tendre, et, par conséquent, la tâche plus facile encore qu'ils ne l'avaient espéré; mais il était évident qu'en ne les voyant point paraître le matin, on se mettrait en quête de ce qu'ils étaient devenus; et, comme l'île n'avait point d'endroits couverts, les soldats, auxquels le trou du mur indiquerait leurs traces, les auraient bientôt retrouvés. Ce fut alors qu'Iremachos résolut de faire sauter la poudrière; la brèche de la muraille paraîtrait causée par l'explosion; puis, comme on supposerait qu'ils en avaient été victimes, on s'occuperait d'abord du désastre qu'elle aurait causé dans le fort et dans la ville. Pendant ce temps, les fugitifs gagneraient l'extrémité de l'île, et trouveraient bien, soit à l'ancre, soit en mer à quelque distance du rivage, une barque qui les conduirait en Sicile. Comme on l'a vu, ce plan avait été exécuté de point en point : les privations réelles avaient été exagérées, et ils avaient si bien joué leur rôle, que les assiégeants avaient été complétement dupes du stratagème. A l'heure fixée, ils descendirent de la plate-forme et se placèrent à l'extrémité du passage, après avoir établi une traînée de poudre qui correspondait au magasin. Dès que le premier coup de la cloche de Saint-Jean eut sonné, ils mirent le feu à la poudre, et s'élancèrent dans la campagne par l'issue qu'ils venaient de percer. Leurs prévisions ne les avaient pas trompés : l'ouverture disparut en même temps que le mur où elle était pratiquée, et chacun crut que ces malheureux Grecs avaient été dévorés par le volcan qu'ils avaient allumé eux-mêmes. Mais là s'arrêta leur fortune : ils furent trois jours sans apercevoir de barque; enfin, le troisième jour, ils virent un *speronare* tiré sur le rivage, et qu'ils essayèrent de mettre à la mer. Au milieu de leur besogne, le patron les surprit, et donna, par ses cris, l'alarme au village. Les fugitifs n'eurent que le temps de se jeter au milieu des rochers qui bordent la côte vers cette partie de l'île. Les jours suivants s'écoulèrent sans leur présenter aucun moyen d'évasion. Pendant toute une semaine, ils ne vécurent que de quelques coquillages ramassés au bord de la mer, de racines et de feuilles, et cependant ces privations, quelque dures qu'elles fussent, ne leur firent commettre aucune violence, jusqu'au moment où, pressé par la faim, l'un d'eux voulut partager avec le vieux prêtre les provisions qu'il rapportait du marché, tentative qui tourna si mal pour lui et ses compagnons.

Ces malheureux rentrèrent dans la ville, encore tout ensanglantée du meurtre de leurs camarades, trop certains du sort qui les attendait; et cependant, malgré leurs visages hâves et décharnés, qui accusaient tout ce qu'ils avaient souffert, leurs yeux brillaient encore de cette audace qui fait de l'homme le fils du ciel, en prouvant qu'il peut commander à tout, même à la mauvaise fortune. Livrés, en arrivant, à une cour martiale, ils furent condamnés, après une procédure de quelques heures, à cette mort qu'ils avaient si longtemps évitée par leur adresse, et ils la subirent avec le courage qu'ils avaient constamment montré depuis le jour de leur insurrection.

Les Maltais avaient donc vu, la veille de notre arrivée, périr le dernier reste du malheureux régiment de Frohberg, et, comme je l'ai dit, l'impression avait été si profonde, que nous en avions été frappés à notre entrée dans la ville. Au reste, comme nous n'avions mis pied à terre que pour renouveler l'eau, aussitôt notre provision faite, nous remontâmes sur *le Trident*, et, comme le vent était favorable, le soir même nous remîmes à la voile.

Nous continuâmes de marcher vent arrière toute la nuit et la journée du lendemain, sans qu'une seule fois M. Burke reparût sur le pont; le soir, on releva le quart et on l'envoya coucher, comme d'habitude, dans la batterie de trente-six. Chacun était, depuis une heure à peu près, bercé dans son hamac par le roulis des vagues ioniennes, lorsqu'une balle siffla dans nos cordages et troua la voile du petit foc; elle fut suivie immédiatement d'une autre balle, qui se fit jour à travers notre voile de misaine. L'homme de garde s'était endormi, sans doute, et nous avions rencontré un bâtiment qui nous mettait sa carte; était-ce un vaisseau, une frégate, une chaloupe canonnière? C'est ce que l'on ignorait complétement, vu l'obscurité de la nuit. Au moment où je m'élançais sur le pont, une troisième balle frappait le cabestan. La première personne que je heurtai fut M. Burke, qui donnait quelques ordres contradictoires; surpris à l'improviste, sa voix n'avait pas sa fermeté accoutumée, et, pour la seconde fois, l'idée me vint que cet homme n'était pas réellement brave, et que ce n'était que par un effet moral qu'il parvenait à se commander à lui-même. Je fus encore confirmé dans cette opinion en entendant, sur le gaillard d'arrière, la voix ferme et précise du capitaine.

— Vite, à la manœuvre! criait le vieux loup de mer, qui, dans ces circonstances, retrouvait une énergie étrange. Sous les armes! chacun à son poste! Accrochez les hamacs! Où est le gardien des signaux? où est tout le monde?

Il y eut un instant de tumulte que je renonce à décrire; puis cette confusion s'organisa, et, en moins de dix minutes, tout le monde se trouva à son poste.

Pendant ce temps, nous avions fait une manœuvre qui nous avait mis hors de la vue de l'ennemi; mais, comme nous étions prêts à lui répondre, le capitaine ordonna de laisser porter droit sur lui. Au bout d'un instant, nous vîmes poindre dans la nuit ses voiles blanches, qui semblaient de légers nuages courant dans le ciel; au même instant, il s'illumina d'une ceinture de flamme; nous entendîmes craquer nos agrès, et quelques débris des vergues tombèrent sur le pont.

— C'est un brick! cria le capitaine. Ah! mon petit monsieur, je te tiens... Silence, avant et arrière! Holà! brick, continua-t-il avec son porte-voix, qui êtes-vous? Nous sommes *le Trident*, vaisseau de soixante-quatorze, de Sa Majesté Britannique.

Une voix, qui semblait être celle d'un esprit de la mer, traversa, un instant après, l'espace à son tour.

— Et nous, *le Singe*, sloop de Sa Majesté.

— Diable! dit le capitaine.

— Diable! répéta tout l'équipage.

Et chacun se mit à rire; car, dans tout cela, il n'y avait eu personne de blessé.

Nous allions tirer sur les nôtres, comme ils avaient tiré sur nous, sans la sage précaution du capitaine; et, probablement, nous ne nous serions reconnus qu'à l'abordage, en criant *hourra*! dans la même langue. Le capitaine du *Singe* vint à bord, et nous fit ses excuses, qui furent acceptées autour d'une table à thé. Pendant ce temps, les hamacs redescendirent, les signaux disparurent, les canons retournèrent à leur place, et la partie de l'équipage qui n'était pas de quart reprit tranquillement son sommeil interrompu.

XIII

A peine étions-nous dans le port de Smyrne et avions-nous fait nos signaux de reconnaissance, que notre consul nous fit remettre une lettre par un canot. Cette lettre nous prévenait que, si notre destination était pour Constantinople, nous étions invités à y transporter un Anglais de distinction, porteur d'une invitation des lords de l'amirauté à tout vaisseau anglais en station dans le Levant de le prendre à son bord, lui et sa suite. Le capitaine fit répondre qu'il était prêt à recevoir son noble passager, mais que celui-ci eût à se dépêcher, attendu qu'il n'avait jeté l'ancre que pour savoir s'il y avait quelque ordre du gouvernement qui le concernât, et qu'il comptait partir le même soir.

Vers les quatre heures, une barque se détacha du rivage et rama dans la direction du *Trident;* elle nous amenait notre passager, deux de ses amis et un domestique albanais. En mer, le moindre événement est un sujet de curiosité et de distraction; aussi tout l'équipage était-il sur les passavants pour recevoir nos hôtes. Celui qui monta le premier, comme si cette distinction eût été chez lui un droit, était un beau jeune homme de vingt-cinq à vingt-six ans, au front hautain, aux cheveux noirs et bouclés, aux mains de femme. Il était vêtu d'un uniforme rouge, orné de broderies et d'épaulettes de fantaisie, et portait un pantalon de peau collant avec des bottes par-dessus; tout en montant l'échelle, il donna, en grec moderne, qu'il parlait fort couramment, quelques ordres à son domestique. Dès le premier instant où je l'avais aperçu, mes yeux n'avaient pu se détacher de lui; je me souvenais vaguement d'avoir vu cette figure si remarquable, sans pouvoir cependant me rappeler où je l'avais vue, et le son de la voix ne fit que me confirmer dans cette conviction. En arrivant sur le pont, le passager salua les officiers en se félicitant de se retrouver, après un an d'absence, au milieu de ses compatriotes. M. Burke répondit avec sa froideur habituelle à cette politesse, et, comme il en avait reçu l'ordre, conduisit les nouveaux venus dans la cabine du capitaine. Un moment après, M. Stanbow monta avec eux sur la dunette, et trouvant là rassemblé le corps entier des officiers, il s'avança vers nous, tenant par la main le jeune homme vêtu d'un habit rouge.

— Messieurs, nous dit-il, j'ai l'honneur de vous présenter lord Georges Byron et ses deux amis, les honorables MM. Hobhouse et Ekenhead. Je n'ai pas besoin de vous recommander d'avoir pour lui tous les égards dus à son talent et à sa naissance.

Nous nous inclinâmes. Je ne m'étais pas trompé: le noble poëte était le jeune homme que j'avais vu sortir enfant du collége d'Harrow-sur-la-Colline, le jour où j'y entrais, et dont, depuis ce temps, j'avais souvent entendu parler, parfois d'une manière étrange, et presque toujours d'une manière diverse.

Au reste, lord Byron était, à cette époque, plus connu par ses bizarreries que par son talent; on citait de lui vingt traits plus singuliers les uns que les autres, qui pouvaient aussi bien appartenir à un fou qu'à un homme de génie. Il se vantait de n'avoir jamais eu que deux amis, Mathew et Long, qui tous deux s'étaient noyés. Cela ne l'avait pas empêché de continuer à se livrer avec fureur à l'exercice de la natation; au reste, il passait une partie de son temps à faire des armes et à monter à cheval. Ses orgies du château de Newstead étaient célèbres dans toute l'Angleterre, et par elles-mêmes et par la société que lui et son ours y recevaient, et qui se composait de jockeys, de boxeurs, de ministres et de poëtes, qui, vêtus de robes de moines, avaient pris l'habitude de passer toutes les nuits à boire du bordeaux et du champagne dans le crâne d'un vieil abbé monté en coupe. Quant à ses vers, il n'en avait encore publié que le volume intitulé *Heures d'oisiveté*, dont les meilleures pièces, déjà remarquables par leur grâce et leur forme, étaient bien loin d'annoncer cependant les éblouissantes merveilles de poésie que depuis il versa sur le monde. Aussi ce volume avait-il été cruellement critiqué par la *Revue d'Édimbourg*, et cette critique avait d'abord abattu le noble poëte au point de faire croire à un de ses amis, qui entrait chez lui au moment où il achevait de la lire, qu'il était malade ou qu'il venait de lui arriver quelque grand malheur. Mais presque aussitôt la réaction s'opéra; l'auteur blessé par la critique résolut de se venger par la satire. Sa fameuse *Épître aux critiques écossais* parut, et le poëte fut soulagé; puis, sa vengeance accomplie, lassé de tout, après avoir attendu inutilement que ceux qu'il avait cruellement insultés vinssent lui demander raison, il avait quitté l'Angleterre, avait visité le Portugal, l'Espagne, Malte, où il avait pris querelle avec un officier de l'état-major du général Oakes, qui, au moment où il l'attendait sur la plage avec ses deux témoins, lui avait fait faire des excuses; de là, il était remonté aussitôt sur son vaisseau, et était parti pour l'Albanie, où il était arrivé après huit jours de traversée, disant adieu à la vieille Europe et aux langues chrétiennes; il avait fait cent cinquante milles pour aller saluer, à Tebelin, le fameux Ali-Pacha, qui, sachant d'avance qu'un Anglais de distinction devait le venir visiter, avait laissé des ordres pour qu'on lui préparât un palais, et pour qu'on mît à sa disposition des armes et des chevaux.

A son retour, Ali s'était empressé de le recevoir avec des honneurs tout particuliers et une affection extrême. Peut-être le terrible pacha, qui reconnaissait l'homme de race à ses cheveux frisés, à ses oreilles petites et à ses mains blanches, avait-il aussi des signes pour reconnaître l'homme de génie. Quoi qu'il en soit, son amitié pour lord Byron, qu'il avait prié de le considérer comme un père, et qu'il appelait son fils, était si grande, qu'il lui envoyait vingt fois par jour des sorbets, des fruits et des confitures. Enfin, après un mois de séjour à Tebelin, Byron était parti pour Athènes; arrivé dans la capitale de l'Attique, il avait pris un logement chez la veuve du vice-consul, mistress Theodora Macri, à la fille aînée de laquelle il adressa, en quittant la ville de Minerve, le chant qui commence par ces mots : « Vierge d'Athènes, avant de nous séparer, rends-moi, oh! rends-moi mon cœur. » Enfin, il était parti pour Smyrne et y avait achevé, dans la maison du consul général, où nous l'avions pris, les deux premiers chants de *Childe-Harold*, commencés cinq mois auparavant à Janina.

Dès le jour de son arrivée à bord, j'avais rappelé à lord Byron la circonstance de sa sortie du collége d'Harrow, et, comme un des caractères de son esprit était la religion des premiers souvenirs, il avait longtemps causé avec moi des maîtres, de Wingfild, qu'il avait connu, et de Robert Peel, qui était son ami. Ce fut, du reste, pendant les premiers jours de notre connaissance, le seul sujet de nos conversations. Nous parlâmes ensuite de sujets généraux, et je lui racontai l'aventure du malheureux David et la révolte du régiment de Frohberg, qu'il connaissait en masse, mais dont aucun détail ne lui était parvenu; enfin nous en arrivâmes aux conversations intimes, et, comme je n'avais pas grand'chose à lui dire de moi, elles roulaient le plus ordinairement sur lui.

Autant que j'en pus juger dans ces heures d'abandon, le caractère du noble poëte était un mélange de sentiments opposés et souvent extrêmes : orgueilleux de sa naissance, de sa beauté tout aristocratique, de son adresse aux exercices du corps, il parlait presque toujours de ses prouesses de boxeur ou de maître d'armes, rarement de son génie. Dès cette époque, quoiqu'il fût fort maigre, la crainte d'engraisser le tourmentait; peut-être voulait-il avoir ce trait de ressemblance avec Napoléon, dont il était fort enthousiaste à cette époque, et dont il imitait la signature par les deux initiales de son nom de baptême et de son nom de famille, N. B., Noël Byron. Il avait conservé, de ses lectures d'Young, un amour des impressions funèbres qui, appliqué à la vie antipoétique des sociétés modernes, avait quelquefois son côté ridicule; il le sentait lui-même et parlait quelquefois, en haussant les épaules, de ces fameuses nuits de Newstead, où lui et ses amis avaient essayé de ressusciter à la fois les compagnons de Henri V et les brigands de Schiller. Comme, au fond du cœur cependant, il avait besoin de ce merveilleux que lui refusait la civilisation, il l'était venu chercher sur cette terre des vieux souvenirs, au milieu de ces populations errantes, au pied de ces montagnes aux noms sublimes qui s'appellent l'Athos, le Pinde et l'Olympe. Là, il semblait à son aise, l'air qu'il respirait était celui qui convenait à sa poitrine; il avait semé sur son chemin juste assez de dangers pour tenir constamment éveillés la curiosité et le courage. Aussi, depuis son départ d'Angleterre, il vivait, disait-il, comme marchait notre vaisseau, toutes voiles dehors.

Après moi, l'être vivant de tout l'équipage qu'il avait pris le plus en affection était l'aigle que j'avais blessé à Gibraltar, et qui se tenait presque toujours perché sur le bord de la chaloupe amarrée au pied du grand mât. Depuis l'arrivée de lord Byron à bord du *Trident*, il s'était fait un grand changement dans l'ordinaire de Nick; c'était le noble lord qui s'était chargé de fournir aux besoins de son appétit et de lui servir lui-même ses repas, qui se composaient maintenant de pigeons et de poules, tués d'abord par le cuisinier et loin des yeux de lord Byron, qui ne pouvait souffrir voir égorger un animal quelconque. Il me raconta qu'en allant à la fontaine de Delphes, il avait vu, ce qui est fort rare, une troupe de douze aigles prendre leur essor, et que ce présage, qui lui était accordé sur la montagne consacrée au dieu de la poésie, lui avait donné l'espérance que la postérité le saluerait poëte, comme avaient semblé le faire ces nobles oiseaux. Au bord du golfe de Lépante, près de Vostizza, il avait tiré aussi sur un aiglon qu'il avait blessé, mais qui, malgré ses soins, était mort quelques jours après. De son côté, Nick paraissait fort reconnaissant des attentions que lui prodiguait son pourvoyeur, et, dès qu'il l'apercevait, il jetait un cri de joie et battait de l'aile. Aussi lord Byron le touchait-il avec une confiance que ne partageait personne, et jamais Nick ne lui fit la moindre égratignure. Cette conduite, à ce que prétendait le noble poëte, était la plus sûre à tenir vis-à-vis des animaux sauvages ou féroces. Ce procédé lui avait réussi pour Ali-Pacha, pour son ours et pour son chien Boastwain, qui était mort de la rage sans qu'il eût cessé de le caresser et de lui essuyer avec ses mains nues la bave mortelle qui coulait de sa gueule.

L'homme auquel lord Byron me paraissait le plus ressembler de caractère était Jean-Jacques Rousseau. Je me hasardai un jour à le lui dire, et je vis, à l'empressement avec lequel il se mit à repousser cette prétendue ressemblance, que le parallèle ne lui était pas agréable. Au reste, me disait-il, je n'étais pas le premier qui lui eût fait un pareil compliment; et il appuya sur ce mot, sans donner cependant à son accent une signification précise. Comme je vis que la discussion allait probablement faire jaillir quelque trait de caractère, je persistai dans mon opinon.

— Au reste, me dit-il, mon jeune ami, vous voilà atteint d'une maladie que je communique, à ce qu'il paraît, à tout ce qui m'entoure. On ne m'a pas plus tôt vu, qu'on me compare; chose fort humiliante pour moi, puisque la première probabilité qui ressort de là est que je n'ai pas assez d'originalité pour être moi-même. Je suis l'homme du monde qu'on a le plus comparé. On m'a comparé à Young, à l'Arétin, à Timon d'Athènes, à Hopkins, à Chénier, à Mirabeau, à Diogène, à Pope, à Dryden, à Burns, à Savage, à Chatterton, à Churchill, à Kean, à Alfieri, à Brummel, à un vase d'albâtre éclairé en dedans, à une fantasmagorie et à un orage. Quant à Rousseau, c'est peut-être l'homme auquel je ressemble le moins. Il écrivait en prose, j'écris en vers; il était du peuple, je suis de l'aristocratie; il était philosophe, je déteste la philosophie; il publia son premier ouvrage à quarante ans, j'ai écrit le mien à dix-huit; son premier ouvrage lui valut des applaudissements de tout Paris, le mien m'a valu la critique de toute l'Angleterre; il s'imaginait que tout le monde conspirait contre lui, et, à la manière dont tout le monde me traite, ce serait à croire que le monde s'imagine que c'est moi qui conspire; il aimait la botanique par science, je n'aime les fleurs que par instinct; il avait une mauvaise mémoire, j'en ai une excellente; il composait avec peine, j'écris sans une rature; il ne sut jamais monter à cheval, ni faire des armes, ni nager: je suis un des meilleurs nageurs qui existent, assez fort sur l'escrime, surtout quand je manie la claymore; bon boxeur, et la preuve, c'est qu'un jour, chez Jackson, j'ai renversé Purling et lui ai démis la rotule; enfin je suis cavalier passable, quoique assez timide, ayant eu une côte enfoncée dans mon cours de voltige. Vous voyez bien que vous êtes fou, et que je ne ressemble en rien à Rousseau.

— Mais, lui répondis-je, Votre Seigneurie ne parle là que de contrastes extérieurs, non des rapprochements que l'on peut fonder sur des rapports d'âme et de talent.

— Ah! pardieu! s'écria-t-il, je serais curieux de connaître ceux-là, monsieur John.

— Puis-je vous les dire sans crainte de vous blesser?

— Dites, dites.

— Eh bien, la réserve habituelle de Rousseau, son peu de foi dans l'amitié, sa défiance des hommes, son dédain pour la justification intime et sa disposition à prendre le public en masse pour confident, ont certainement quelque rapport avec la marche de votre génie. Enfin Rousseau a écrit ses *Confessions*, espèce de statue de lui-même qu'il a exposée sur le piédestal de son orgueil, au grand jour de la publicité; et vous venez de me lire deux chants de *Childe-Harold* qui m'ont bien l'air d'être un buste ébauché de l'auteur des *Heures d'oisiveté* et de l'*Épître aux critiques écossais*.

Lord Byron réfléchit quelques minutes :

— Au fait, dit-il en souriant, vous pourriez bien être celui de tous mes juges qui s'est approché le plus de la vérité; et, dans ce cas, elle n'a rien que de flatteur. Rousseau était un grand homme, et je vous remercie, monsieur John. Vous devriez tâcher d'écrire dans une revue, cela me donnerait l'espoir d'être jugé, une fois par hasard, selon mes mérites.

Toute cette conversation, qui était pour moi d'un immense intérêt, se tenait au milieu du plus beau pays du monde, pendant que nous voguions à travers ces milliers d'îles jetées, comme des corbeilles de fleurs, sur la mer qui vit naître Vénus. Au bout de quelques jours, quoique nous eussions le vent contraire, nous avions côtoyé Scio, la terre des parfums, et doublé Mételin, l'ancienne Lesbos; enfin, une semaine après notre départ de Smyrne, nous découvrîmes la Troade, avec Ténédos, sa sentinelle avancée, et nous vîmes s'ouvrir le détroit auquel Dardanus a donné son nom. Nous étions en admiration devant le magnifique paysage qui se déployait sous nos yeux, lorsqu'un coup de canon parti du fort vint nous tirer de notre contemplation; une frégate turque nous héla, et deux canots montés par quelques soldats et un foficier s'approchèrent de notre bâtiment pour s'assurer si nous n'étions pas un vaisseau russe naviguant sous les couleurs d'Angleterre. Nous justifiâmes de notre commission; mais nous n'en reçûmes pas moins l'invitation d'attendre à l'entrée du détroit un firman de la Porte qui nous autorisât à approcher de la cité sacrée. Nous nous soumîmes à cette formalité, quelque désobligeante qu'elle nous parût; deux personnes, au reste, étaient enchantées de ce retard : c'étaient lord Byron et moi. Il sollicita la permission de descendre à terre; je réclamai le commandement de la barque qui devait l'y conduire, et, le consentement du capitaine ayant été facilement obtenu, nous résolûmes, dès le lendemain, de visiter les champs *où fut Troie.*

A peine lord Byron eut-il mis le pied sur la barque, qu'il me pria, dans son impatience, de faire prendre à la voile le plus de vent possible; je lui fis remarquer que, sur cette mer aux lames courtes et où se fait ressentir encore le courant du détroit, il nous exposait à chavirer. Il me demanda alors si je ne savais pas nager. Comme je vis dans cette demande une espèce de doute sur mon courage, j'invitai, pour toute réponse, le noble lord à ôter son habit pour être moins gêné en cas d'accident, et j'exposai au vent jusqu'au dernier pouce de toile. Contre mon attente, et grâce à l'adresse du timonier, la petite embarcation, voguant, se culbutant, soulevant sa proue, montrant sa quille, nous débarqua sains et saufs derrière le promontoire de Sigée, appelé aujourd'ui le cap Janissaire.

En un instant, nous fûmes tous au haut de la colline où la tradition place les restes d'Achille, et dont, par vénération, Alexandre, lors de son expédition dans l'Inde, fit trois fois le tour, le corps nu et la tête couronnée de fleurs. A quelques toises de cette prétendue tombe, on distinguait les ruines d'une ville, qu'un moine grec ne manqua pas de nous désigner comme les restes de Troie; mais, malheureusement pour lui, du lieu où nous étions, nous apercevions la vallée où cette ville devait être située entre le mont Ida et les montagnes de Kifkalasie. Au fond de cette vallée coule un ruisseau qui n'est autre que le fameux Scamandre, qu'Homère, sous le nom de Xanthus, place au rang des dieux; un peu au-dessus d'un village appelé Énai, le Simoïs vient le joindre, et alors seulement, grâce à cette réunion, il prend l'apparence d'un fleuve. Nous nous dirigeâmes vers cette vallée, où nous fûmes arrivés en moins d'une demi-heure; lord Byron s'assit sur un fragment de rocher, MM. Ekenhead et Hobhouse se mirent à chasser des bécassines, comme ils auraient pu faire dans les marais de Cornouailles, et moi, je m'amusai à mesurer le géant homérique en sautant par-dessus. Au bout d'une heure, lord Byron était plus incertain que jamais sur l'endroit positif où était située la ville de Priam, MM. Hobhouse et Ekenhead avaient tué une vingtaine de bécassines et trois façons de lièvres assez semblables à ceux d'Europe, et moi, j'étais tombé trois fois, non pas dans l'eau, mais dans cette vénérable vase qui servait autrefois de couche aux jeunes filles qui venaient offrir leurs premières faveurs au fleuve.

Nous nous réunîmes alors, et, comme lord Byron avait résolu de suivre les rives du Scamandre jusqu'à l'endroit où il se jette dans la mer, nous nous remîmes en route, après avoir pris toutefois la précaution de faire dire à la barque de suivre la côte et de nous attendre au cap Yénihisari. A Bornabachi, nous fîmes halte pour déjeuner; puis nous repartîmes, et, une heure après, nous étions au bord du détroit, à l'endroit même où il se resserre entre le nouveau château d'Asie et le cap Grec. Arrivé là, l'envie prit à lord Byron de renouveler l'exploit de Léandre, et de traverser à la nage le détroit, qui peut avoir en cet endroit à peu près une lieue de largeur. Nous essayâmes de le dissuader de cette folie; mais tout ce que nous pûmes dire ne servit qu'à le faire persister davantage dans sa résolution, qu'il aurait probablement abandonnée comme une plaisanterie, si nous ne l'avions pas contredite; car la force de volonté, chez lord Byron, avait quelque chose de l'entêtement d'un enfant ou d'une femme. Au reste, cette persévérance constituait une partie de son génie. On lui refusait le talent de versificateur, il s'obstina, et devint poëte; la nature l'avait créé estropié, il lutta contre cette difformité, et passa pour un des plus beaux hommes de son temps. Nous lui faisions observer qu'il avait chaud, qu'il venait de déjeuner et que le courant était rapide; peu s'en fallut qu'il ne se jetât à l'eau tout couvert de sueur et sans attendre une minute. Faire changer d'avis à lord Byron, c'était essayer de soulever une montagne et de la transporter d'Asie en Europe.

Cependant, à force de prières, j'obtins de lui qu'il attendrait que la barque fût arrivée : j'y trouvais un double avantage, celui de lui laisser le temps de se refroidir et de digérer, et celui de pouvoir l'accompagner à quelques pas, ce qui ôtait à l'entreprise tout danger réel. Je montai, en conséquence, sur le point le plus élevé de la côte, et, comme la barque était à son poste, je lui fis signe d'arriver. Lorsque je revins, lord Byron était déjà tout nu; dix minutes après, il était à la mer, et je le suivais à la distance de dix pas. Pendant trois quarts d'heure, à peu près, la chose alla à merveille, et il fit, sans trop dévier de son chemin, les deux tiers de la route; mais alors je m'aperçus, à la manière dont il élevait la poitrine presque entièrement au-dessus de l'eau, qu'il commençait à se fatiguer. Je le lui dis, et voulus ramer de son côté; mais il me fit signe de la tête de m'éloigner. J'obéis juste ce qu'il fallait pour le satisfaire, mais sans le perdre de vue un instant. Au bout d'une centaine de brasses, sa respiration devint bruyante, et, sans rien lui dire, je me rapprochai insensiblement de lui. Bientôt ses membres se roidirent, et il n'avança plus que par secousse; enfin, deux fois l'eau lui passa sur la tête, et, à la troisième, il appela au secours. Nous lui tendîmes un aviron qu'il saisit, et en un instant nous l'eûmes tiré dans la barque.

C'est alors que se montra toute la puérilité de son caractère : il était abattu comme d'un malheur, ou plutôt honteux comme d'une défaite. Sa lèvre supérieure se relevait avec une expression de bouderie étonnante, et il ne nous dit pas un mot pendant que nous le ramenions à bord.

Au reste, il ne se tint pas pour battu; il attribuait avec raison sa mésaventure à la rapidité du courant, et pensa que, s'il choisissait un endroit moins resserré, la distance serait plus grande, il est vrai, mais la difficulté moins forte. Il fut donc résolu que, le lendemain, nous irions à Abydos, et que lord Byron renouvellerait son entreprise, à l'endroit même où Léandre avait si souvent accompli la sienne. Cette résolution prise, nous revînmes au vaisseau.

Le lendemain, nous étions à terre au point du jour. Nous prîmes des chevaux au petit village de Renne-Keni, et, formant une cavalcade digne de figurer sur les boulevards de Paris, ou dans la rue du Corso, un jour de carnaval, nous laissâmes à notre gauche les moulins, les cabanes et les fontaines qui bordent la rive, pour remonter la côte d'Asie. Le temps était chaud, quoique nous fussions arrivés au commencement de l'hiver d'Europe; une poussière enflammée, qui semblait un tourbillon de cendre rouge, se levait sous les pieds de nos chevaux, et nous faisait ardemment désirer d'atteindre un bois de cyprès qui s'élevait près de la route, plein d'ombre et de verdure, lorsque, en arrivant à deux cents pas, à peu près, de ce bois, un détachement de cavaliers turcs en sortit tout à coup et se rangea en bataille. Des cris gutturaux, qu'il eut été difficile d'attribuer à des gosiers humains, si nous n'avions pas vu aussi distinctement ceux qui les poussaient, nous saluèrent d'un *qui vive?* que personne de nous ne put comprendre, et auquel, par conséquent, personne ne répondit. Nous nous regardions incertains sur ce que nous devions faire, lorsque lord Byron donna l'exemple, en mettant son cheval au galop et en s'avançant sur le bois, dont il paraissait tout à fait décidé à disputer la jouissance à ses possesseurs. A ce mouvement hostile, tous les sabres furent tirés du fourreau, et les pistolets des ceintures. Lord Byron venait d'en faire autant, lorsque notre guide se jeta au-devant de son cheval et l'arrêta; puis, courant à toutes jambes et seul vers les Turcs, il leur expliqua que nous étions des voyageurs anglais, et que nous visitions la Troade dans les intentions les plus pacifiques. Ces messieurs nous avaient pris pour des Russes, la Porte étant en guerre, en ce moment, avec la Russie. Comment nous étions venus des faubourgs de Moscou au détroit des Dardanelles, voilà ce qu'ils ne s'étaient pas donné la peine de se demander à eux-mêmes. Une pareille demande eût exigé quelques secondes de réflexion; et un Turc rêve toujours, mais ne réfléchit jamais.

C'était, au reste, une scène admirablement guerrière et poétique, que cet escadron turc se préparant à combattre. Comme les animaux féroces, ils semblaient respirer le sang; leurs épaisses moustaches se hérissaient; au lieu de rester silencieux, impassibles et froids, comme ces murailles humaines qui forment nos armées d'Occident, ils faisaient piaffer leurs chevaux et semblaient s'exciter, comme fait, dit-on, le lion en rugissant et en battant ses flancs avec sa queue. Au reste, ces vestes couvertes d'or, ces turbans mobiles, ces chevaux arabes avec leurs housses de velours, donnaient, sous le rapport de l'effet pittoresque, une merveilleuse supériorité à cette troupe sur les plus beaux régiments français ou anglais que nous eussions jamais vus. Pendant ce moment d'hésitation, dont nous ignorions encore quelle serait l'issue, je jetai les yeux sur lord Byron. Quoique ses joues fussent fort pâles, ses yeux étincelaient, et ses lèvres crispées laissaient apercevoir deux rangées de dents magnifiques. On voyait que le loup scandinave n'aurait pas été fâché d'en venir aux coups avec les tigres d'Orient. Heureusement, il n'en fut pas ainsi. Notre guide fit entendre raison à l'officier turc, les sabres se replongèrent dans le fourreau, les pistolets rentrèrent dans leur ceinture, et les moustaches hérissées et menaçantes se couchèrent insensiblement le long des lèvres. On nous fit signe d'avancer, et en un instant nous nous trouvâmes amicalement mêlés à ceux que, cinq minutes auparavant nous regardions comme des ennemis.

Lord Byron avait bien raison de tenir à se reposer dans le bois : il y régnait une fraîcheur délicieuse, entretenue par un petit ruisseau qui le traversait comme un filet d'argent. Nous nous assîmes au bord de ce fleuve sans nom, qui va orgueilleusement se jeter dans la mer, comme un Rhône ou un Danube, et nous tirâmes les provisions du panier. Elles consistaient en vins de Bordeaux et de Champagne, et en un pâté colossal, fait avec le gibier tué la veille. Je ne me rappelle pas avoir fait, dans un plus beau site et en meilleure compagnie, un plus merveilleux déjeuner. Lord Byron était d'une humeur charmante. Il nous raconta tout son séjour à Tebelin, ses relations avec Ali, commnet celui-ci l'avait pris dans une affection étrange; il finit par m'offrir, pour Ali, des lettres que j'acceptai à tout hasard, sans présumer qu'elles me seraient jamais utiles, et bien plutôt pour avoir un autographe de notre poëte qu'une recommandation pour le vieux pacha.

Aussitôt le repas terminé, nous nous remîmes en route, et, au bout de deux heures, nous étions dans un misérable village que son passé mythologique soutient seul, en y amenant de temps en temps quelques voyageurs curieux ou quelques amants intrépides. A notre grand étonnement, nous y trouvâmes un consul anglais. Ce consul anglais était un juif italien, marié à une Grecque épirote. Soit dénûment réel, ce qui est assez improbable, la Grande-Bretagne laissant rarement ses agents dans le besoin, soit saleté native, ce malheureux n'était vêtu que de haillons, et ces haillons étaient couverts eux-mêmes des insectes les plus immondes, qui paraissaient y vivre dans une tranquillité qui faisait le plus grand honneur à la religion pythagoricienne de leur hôte. Nous échappâmes aussi vite que possible aux civilités dont nous accablait notre représentant, et nous nous rendîmes au bord de la mer, où devait être faite la deuxième épreuve. Cette fois, M. Ekenhead tentait l'entreprise avec lord Byron. J'avais grande envie de me mettre aussi de la partie; la chose ne me paraissait pas très-difficile, vu que la distance n'est guère, d'Abydos à Sestos, que d'un mille et demi; mais je devais veiller, de la chaloupe, sur la vie de mes deux nobles compatriotes, et la responsabilité était trop grande pour me permettre d'agir légèrement.

Tous deux nageaient bien, et, quoique lord Byron fût réellement plus fort dans cet exercice que M. Ekenhead, celui-ci, au premier coup d'œil, semblait avoir la supériorité : cela tenait au défaut de conformation du pied de lord Byron, qui ne lui permettait pas de repousser l'eau d'une manière parfaitement égale, et le faisait à la longue légèrement dévier de sa route, même dans une eau calme, à plus forte raison dans un courant. Comme la veille, je le suivais à trois distances de rames; mais, cette fois, soit qu'il fût excité par l'émulation, soit qu'effectivement le courant fût moins rapide au-dessus des Dardanelles qu'au-dessous, il gagna l'autre rive en une heure dix-huit minutes; il est vrai qu'il dévia au point de n'aborder que trois milles au-dessous de l'endroit qu'il voulait atteindre. M. Ekenhead avait atteint le bord huit minutes avant lui. Quant à nous, comme nous ne pouvions toucher la terre d'Europe sans enfreindre les lois turques, nous nous tînmes à une portée de fusil de la côte.

Lord Byron, mal remis de sa tentative de la veille, était tellement harassé en touchant le bord, qu'il resta étendu sur le sable, presque sans connaissance. Un pauvre pêcheur qui raccommodait ses filets, et qui, de temps en temps, avait levé les yeux sur ces deux hommes, dont il ne pouvait comprendre l'intention, vint à lui quand il le vit ainsi haletant, et lui offrit de venir prendre quelque repos dans sa cabane. J'ai déjà dit que Byron parlait le romaïque : il comprit donc l'offre qui lui était faite, et répondit, dans la même langue, qu'il l'acceptait. M. Ekenhead désirait rester près de lui; mais Byron ne voulait pas renoncer à ce qu'offrait d'aventureux la situation : il exigea que son ami le laissât seul. Je fis un paquet de ses habits, que j'attachai sur ma tête, et, me mettant à l'eau à mon tour, j'allai les lui porter; puis, nous revînmes avec M. Ekenhead, qui, de son côté, était si fatigué, qu'à peine il put nager jusqu'à la barque, quoiqu'elle ne fût éloignée que de trois cents pas. Comme nous y remontions, lord Byron nous cria de ne pas être inquiets de lui, si nous ne le voyions pas revenir le lendemain.

Le Turc n'avait aucune idée du rang ni de l'importance de son hôte, ce qui ne l'empêcha point d'avoir pour lui tous les soins que lui commandait l'hospitalité, la seule déesse antique qui soit restée debout en Orient des six mille divinités de l'Olympe. Au reste, lui et sa femme firent si bien, qu'au bout de cinq jours, il fut complétement rétabli; alors il résolut de profiter d'une barque qui retournait à Ténédos, pour rejoindre le vaisseau. Au moment de partir, son hôte lui donna un grand pain, un fromage et une outre remplie de vin; il le força d'accepter quelques pièces de monnaie, dont chacune avait à peu près la valeur de vingt centimes, et lui souhaita un bon voyage. Byron reçut, comme un don sacré, tout ce que lui offrait le pauvre Turc, et se borna à lui faire un simple remercîment; mais à peine arrivé sur le vaisseau, où nous commencions à être fort inquiets de lui, il expédia son fidèle Stéfano, le serviteur même qui lui avait été donné par Ali-Pacha, pour aller, de sa part, porter au pêcheur un assortiment de filets, un fusil de chasse, une paire de pistolets, six livres de poudre et douze aunes d'étoffe de soie pour sa femme. Tout cela fut remis le jour même à ce brave homme, qui ne pouvait comprendre qu'on fît un aussi riche présent pour une aussi pauvre hospitalité. Aussi, le lendemain, le malheureux, ne voulant pas laisser son hôte sans remercîment pour toutes les belles choses qu'il lui avait envoyées, se détermina-t-il à traverser à son tour l'Hellespont; il lança donc sa barque et gagna le large; mais, comme il arrivait au milieu du canal, il s'éleva un coup de vent terrible qui le fit chavirer, et, comme il était moins bon nageur que lord Byron et M. Ekenhead, il se noya avant de gagner le bord.

Nous apprîmes cette triste nouvelle deux jours après, et lord Byron en éprouva une douleur profonde. Il envoya aussitôt cinquante dollars à la pauvre veuve, avec son adresse à Londres, le tout écrit en romaïque, en lui faisant dire, qu'en toute circonstance, elle pouvait compter sur lui. Il voulait aller, en personne, la visiter le lendemain; mais, le soir même, nous reçûmes le firman tant attendu, qui nous ouvrait enfin le passage des Dardanelles; comme il avait mis huit jours à venir, le capitaine était pressé de regagner le temps perdu. Nous appareillâmes donc à l'instant, et, le surlendemain, vers trois heures de l'après-midi, nous jetions l'ancre devant la pointe du Sérail.

XIV

Pendant ces deux jours de navigation, l'Asie, à notre droite, et l'Europe, à notre gauche, avaient déployé un si splendide tableau, que nous fûmes tentés de nous demander, en arrivant à la pointe du Sérail, où était cette magnifique Constantinople tant vantée par les voyageurs, et qui dispute au golfe de Naples la royauté pittoresque du monde. Mais, quand, pour conduire le capitaine à l'ambassade anglaise, située dans le faubourg de Galata, nous eûmes passé du vaisseau dans la yole, et, doublant la pointe du Sérail, longé la Corne d'or, la ville impériale se déroula enfin à nos yeux, sur le penchant de sa vaste colline, avec son amphithéâtre de maisons, ses palais aux dômes dorés, ses cimetières, dont un sombre bois de cyprès ombrage les sépultures, et nous reconnûmes alors la belle courtisane d'Orient, qui rendit Constantin infidèle à Rome, en l'enchaînant, comme eût fait une néréide, avec l'écharpe azurée de ses eaux.

Il n'eût point été prudent, à cette époque, de traverser les rues de Galata sans être accompagné d'une garde; aussi M. Adair, qui connaissait déjà notre arrivée, avait-il envoyé au-devant de nous un jannissaire, dont la présence indiquait que nous étions sous la protection du sultan. Dans ce pays, où tout le monde est armé, jusqu'aux enfants, les rixes sont fréquentes et se vident sur-le-champ; la justice intervient presque toujours trop tard, pour qu'elle puisse faire autre chose que venger la mort de la victime : il était donc important, dans le moment d'irritation où se trouvait Constantinople à l'égard des Grecs et des Russes, de nous désigner bien clairement comme appartenant à une nation amie.

Nos marins restèrent dans la chaloupe, sous la surveillance de James, et M. Stanbow, lord Byron et moi, nous nous acheminâmes vers l'ambassade. A moitié chemin, à peu près, nous trouvâmes la rue tellement encombrée, que nous n'aurions su comment nous ouvrir un passage, si notre janissaire, qui portait un bâton à la main, n'eût frappé sur cette muraille humaine avec tant de force et de persistance, qu'il parvint à y pratiquer une brèche. Cette agglomération était causée par un Grec que l'on conduisait au supplice, et qui traversait la grande rue entre deux bourreaux; nous arrivâmes juste pour le voir passer. C'était un beau vieillard à la barbe blanche, qui marchait d'un pas grave et assuré, regardant sans crainte et sans orgueil toute cette populace qui le poursuivait de ses cris et de ses malédictions. Cette vue nous impressionna tous fortement, mais surtout lord Byron, qui demanda aussitôt à notre interprète si, par l'intervention de l'ambassadeur, ou en payant une forte somme, on ne pourrait pas sauver ce malheureux; mais l'interprète, d'un air effrayé, mit un doigt sur sa bouche, en faisant signe au noble poëte de garder le silence. Cette recommandation, si pressante qu'elle fût, ne put empêcher lord Byron, lorsque le vieillard passa devant lui, de lui crier, en romaïque : *Courage, martyr!* A cette voix consolatrice, le Grec se retourna, et, à défaut des mains, levant les yeux au ciel, il indiqua qu'il était préparé à mourir. Au même moment, un autre cri se fit entendre derrière une jalousie en face de nous; des doigts passèrent à travers le treillage qu'ils ébranlèrent un instant. A ce cri, qui semblait poussé par une voix connue, le vieillard tressaillit et s'arrêta; mais un des bourreaux le poussa par derrière avec la pointe de son yatagan. En voyant le sang jaillir, lord Byron fit un mouvement, et, moi-même, je portai la main à mon poignard. Aussitôt M. Stanbow, qui comprit notre intention, nous saisit le bras à tous deux :

— Pas un mot, ou vous êtes morts, nous dit-il en anglais.

Et il nous montra le janissaire qui commençait à nous regarder de travers; puis, nous retenant ainsi, il attendit que le cortége fût passé.

Bientôt la rue se trouvant libre, nous continuâmes notre route vers l'ambassade, où nous arrivâmes au bout de dix minutes, encore tout pâles et tout émus. Le motif pour lequel nous étions venus à Constantinople n'existait plus, même avant notre arrivée. Les satisfactions que nous devions appuyer par notre présence étaient accordées, et notre ambassadeur avait obtenu, au nom du gouvernement britannique, toutes les excuses qu'il avait exigées. L'entretien politique de M. Stanbow et de M. Adair fut donc court, de sorte qu'au bout d'un instant nous fûmes introduits, et lord Byron fut présenté. Après les compliments d'usage, il s'empressa de demander à M. Adair quel crime avait commis le vieillard que nous venions de voir mener au supplice. M. Adair sourit tristement. Le vieillard avait commis trois crimes énormes, dont un seul, aux yeux des Turcs, méritait la mort : il était riche; il rêvait l'affranchissement de son pays; enfin, il se nommait Athanase Ducas, c'est-à-dire qu'il était l'un des derniers descendants de la race royale qui avait régné au XIIIe siècle. Vaincu par les sollicitations de ses amis, il avait d'abord quitté Constantinople; puis, au bout de quelques mois, ne pouvant résister au désir de revoir sa famille, il s'était hasardé à revenir; le soir même de son retour à Galata, il avait été arrêté; sa fille, que l'on citait comme un trésor de beauté, avait été enlevée et vendue, pour vingt mille piastres, à un riche Turc; et sa femme, chassée de son palais, qui avait été confisqué au profit du Grand Seigneur, n'avait pu obtenir de partager ni la captivité de sa fille, ni la mort de son mari : elle avait demandé asile à plusieurs maisons grecques, dont les portes s'étaient fermées à sa vue. Enfin, M. Adair lui avait fait dire que l'ambassade d'Angleterre lui offrait une hospitalité inviolable et sacrée ; la pauvre femme avait accepté avec reconnaissance cette offre généreuse ; mais, depuis la veille au soir, elle avait disparu, et l'on ignorait le lieu de sa retraite.

M. Adair invita lord Byron à demeurer à l'ambassade pour tout le temps qu'il resterait à Galata ; celui-ci, craignant de ne pas être assez libre, refusa constamment, et pria M. Adair de s'intéresser à ce qu'on lui trouvât une petite maison turque, dans laquelle il pût vivre tout à fait à la manière du pays. Il acceptait, au reste, le patronage diplomatique qui lui était offert, pour le cas où M. Adair aurait quelque audience du sultan, qu'il parviendrait ainsi à voir de près, comme attaché à l'ambassade : notre arrivée à Constantinople rendait cet événement plus que probable.

Nous quittâmes M. Adair au bout d'une heure d'une causerie aussi cordiale qu'attachante, et nous reprîmes notre chemin à travers les rues de Galata, toujours conduits par notre janissaire. Cependant nous reconnûmes bientôt qu'il prenait un autre chemin que celui par lequel nous étions venus ; nous allions en demander la cause à notre interprète, lorsque celui-ci, devinant notre intention, nous montra du doigt, au centre de la place où nous venions d'entrer, un groupe informe qui nous causa un frisson involontaire, sans que nous pussions deviner encore de quoi il se composait. A mesure que nous en approchions, l'objet prenait une forme humaine ; nous distinguâmes bientôt un cadavre agenouillé et décapité, ayant sa tête entre ses cuisses ; enfin, nous reconnûmes que cette tête était celle du vieillard que nous avions vu passer il y avait une heure ; près du corps, une femme était assise, le front appuyé dans ses deux mains, pareille à la statue de la Douleur. De temps en temps, elle quittait cette attitude pour étendre la main vers un bâton posé à côté d'elle, et chasser les chiens qui venaient lécher le sang ; cette femme, c'était la veuve du martyr, celle-là qui s'était sauvée, la veille même, de l'ambassade, et qu'on n'avait pas revue. Le changement de route qui nous avait étonnés était une attention de notre janissaire : il avait voulu, sans doute, nous donner une idée de la clémence de son gracieux maître, en nous faisant passer devant ce terrible spectacle.

Nous étions arrivés à Constantinople dans un bon moment, et nous y débutions comme des héros des *Mille et une Nuits*. Cette tête tranchée, cette fille esclave, cette femme veuve, tout cela me semblait un rêve, et la vue des costumes merveilleux qui nous entouraient entretenait mon illusion. A Constantinople, on n'aperçoit ni pauvres, ni haillons ; tous les vêtements semblent tissus pour un peuple de princes ; l'habit d'un paysan turc est aussi élégant que celui d'un officier de hussards français ; la femme du plus petit marchand a des fourrures d'hermine, et porte, pour rester chez elle, plus de bijoux que n'en étale, à Londres, la femme d'un membre des communes qui va en soirée chez un lord. Il y a dans chaque famille un costume héréditaire, qui se transmet de père en fils, comme les diamants en Allemagne, qu'on ne revêt que les jours de grande solennité, et qui se nomme le *cairam*. Après cette fête, on le plie, et il ne revoit le jour qu'à la fête prochaine. Ce costume est le même qu'on portait du temps de Mahomet II ou d'Orcan ; car, à Constantinople, la mode est immobile. Cependant, tout en partant d'un même principe et en respectant toujours le fond, elle a des variétés infinies dans ses détails. Un œil exercé reconnaît du premier coup, au milieu de la foule, le dandy turc, aux yeux duquel la toilette est une affaire aussi sérieuse qu'elle l'est à Londres pour le promeneur de Saint-James, et à Paris pour l'habitué du boulevard de Gand. La forme à donner à la barbe, les plis à imposer au turban, la courbe des babouches jaunes, les demi-tons du *guibeth*, les arabesques des pistolets et les ornements des canjiars, ne sont pas des affaires moins graves pour l'élégant osmanli que pour nos plus brillants merveilleux. Le turban surtout est la partie du costume la plus soumise à l'influence du caprice ; c'est, pour les Turcs, l'objet d'un travail aussi compliqué que la cravate pour un Parisien. Il y a des turbans à la candiote, à l'égyptienne, à la stambouline ; le Syrien se reconnaît à son turban rayé, l'émir d'Alep à son turban vert, le Mamelouk à son turban blanc. Constantinople, au reste, comme tous les grands centres de population, forme une mosaïque d'hommes, dont les Occidentaux, avec leurs habits pauvres et sévères, sont les pierres les moins précieuses.

Je ne sais l'effet que produisit sur mes compagnons cette vue étrange ; mais, quant à moi, je revins au bâtiment en proie à une espèce de fièvre. Lord Byron lui-même, malgré son affectation de froideur, paraissait fort ému, et je suis convaincu que, s'il n'avait pas, dès cette époque, joué au grand homme, il se serait laissé, comme moi, aller à ses impressions. Il est vrai que le noble voyageur était déjà depuis près d'un an hors de l'Angleterre, qu'il avait passé six mois de cette année en Grèce, et que ces six mois l'avaient préparé au spectacle qui se déroulait sous nos yeux. Mais il en était de moi tout autrement : absent depuis deux mois à peine, j'avais, presque sans transition, sauté de la vie ordinaire dans ce monde étrange, où j'étais toujours dans l'attente d'un événement imprévu et extraordinaire.

La journée se passa cependant sans autre événement que la visite à bord de quelques-uns des Turcs oisifs et désœuvés qui constituent, à Constantinople, cette partie honorable de la société qu'on désigne à Paris sous le nom significatif de gobe-mouches. Leurs longues pipes traînaient sur le pont; et, comme nous avions un chargement de poudre assez considérable, vu qu'en partant de Londres nous ne savions pas encore dans quelle disposition nous trouverions la Sublime Porte, on ne put qu'après une très-longue négociation leur faire comprendre qu'il était défendu de fumer à bord. Lorsqu'ils eurent compris ce que nous exigions d'eux, ils parurent fort surpris que nous prissions des précautions contre un malheur, puisque, si Mahomet avait décidé que ce malheur dût arriver, toutes les précautions du monde ne pourraient rien contre lui. Ayant pris notre invitation pour une impolitesse, ils allèrent donc s'asseoir, de mauvaise humeur et les jambes croisées, sur nos caronades. C'était contre la consigne; aussi le maître canonnier les fit-il prier de déloger au plus vite. Ce manque d'hospitalité acheva de les choquer, au point qu'ils ne voulurent point demeurer plus longtemps avec nous. Ils descendirent tous gravement dans la chaloupe qui les avait amenés, et le dernier, au moment de mettre le pied sur l'échelle, se retourna, et, avec une expression de mépris profond, cracha sur le pont. Cette dernière infraction pensa lui coûter cher. Bob, qui se trouvait près de lui, l'avait déjà empoigné par le bras et voulait lui faire essuyer le pont avec sa barbe, lorsque, par bonheur, j'arrivai à son aide. J'obtins à grand'peine de Bob qu'il voulût bien desserrer l'étau dans lequel le bras gauche du malheureux Turc était prisonnier; il est vrai qu'en même temps je fus forcé de mettre la main sur le bras droit que ce digne fils de Mahomet portait tout naïvement à son canjiar. Bob, qui avait vu le mouvement, chercha des yeux autour de lui, et aperçut un anspect, dont il s'empara. Je profitai de ce moment pour faire éloigner le Turc; les rameurs donnèrent en même temps une violente secousse, la barque se trouva à quelques toises du bâtiment, et les vaillants antagonistes furent séparés.

Il n'était resté sur le pont qu'un juif, nommé Jacob, qui était venu pour exercer son commerce; je n'ai jamais vu de type plus merveilleux du génie mercantile : ses poches étaient pleines d'échantillons; il y avait dans une boîte un assortiment des objets les plus disparates. Cet homme vendait de tout, depuis des cachemires jusqu'à des pipes, et encore, à la deuxième phrase qu'il me dit, je m'aperçus que son industrie ne se bornait pas là. Il avait, à Galata, un magasin dont il me donna l'adresse, et où, m'assura-t-il, je trouverais le meilleur tabac de tout Constantinople, sans excepter celui qu'on apportait directement de Latakié et du mont Sinaï pour le Grand Seigneur. Je pris l'adresse à tout hasard, et je promis de lui rendre bientôt visite. Jacob parlait assez l'anglais pour que je le comprisse parfaitement, et un pareil homme était une trouvaille pour un chercheur d'aventures comme lord Byron et un rêveur éveillé comme moi. En attendant, nous lui demandâmes s'il pouvait nous procurer un guide intelligent pour le lendemain; lord Byron avait résolu de faire le tour des murs de Constantinople, et avait demandé pour moi la permission de l'accompagner, permission que le capitaine m'avait aussitôt accordée avec sa bonté ordinaire. Notre juif s'offrit : il habitait Constantinople depuis vingt ans, il connaissait mieux la ville que les trois quarts des Turcs qui y étaient nés; et, comme il n'avait aucun préjugé social ni religieux, il s'engageait à nous raconter tout ce qu'il savait des hommes que nous pourrions rencontrer sur notre route, et des localités que nous allions visiter. Nous acceptâmes, quittes à prendre un autre cicerone, si nous étions, après une première course, mécontents de celui-ci.

Nous partîmes de grand matin, et, comme certaines parties des murailles plongent à pic dans les eaux du Bosphore, nous prîmes une barque qui nous conduisit au château des Sept-Tours, où nous descendîmes à terre. Là, notre juif nous attendait avec des chevaux qu'il avait loués pour nous, mais qu'il était autorisé à nous vendre pour peu qu'ils nous convinssent. En effet, telle est l'excellence de cette race arabe, que nos montures, qui devaient, dans l'ordre chevalin, occuper à Constantinople à peu près le même rang que les chevaux de fiacre occupent en France et en Angleterre, nous semblèrent pleines d'ardeur et de bonne volonté. Ces chevaux ne marchent qu'au pas et au galop; le trot, comme l'amble, est une allure bâtarde complétement inconnue en Orient. Nous choisîmes le pas, notre intention étant de visiter les choses en détail.

Constantinople offre, du côté de la terre, un aspect plus ravissant encore, s'il est possible, que celui sous lequel on la découvre, soit du Bosphore de Thrace, soit de la Corne d'or. Imaginez un espace de quatre milles d'étendue, depuis les Sept-Tours jusqu'au palais de Constantin, entouré d'immenses et triples créneaux couverts de lierre et surmontés de deux cent dix-huit tours; puis, de l'autre côté de la route, des cimetières turcs, tout remplis d'énormes cyprès pleins de tourterelles, de fauvettes et de rossignols. Tout cela se mire dans une mer d'azur, et se noie dans un ciel que les dieux de l'antiquité, c'est à-dire les dieux qui entendaient le mieux le confortable, avaient choisi pour leur Olympe.

A la pointe du palais de Constantin, espèce de ruine qui ressemble beaucoup plus à une caserne qu'à un palais, nous traversâmes, nous et nos chevaux, la Corne d'or, et nous nous retrouvâmes en Asie. Notre juif nous conduisit à une colline nommée Bourgoulou, à distance des murailles d'un mille environ, d'où l'on découvre à la fois la mer de Marmara, le mont Olympe, les plaines d'Asie, Constantinople et le Bosphore, qui serpente à travers des jardins couverts de la plus riche verdure et émaillés de kiosques et de palais peints de toutes couleurs. Ce fut à cette même place que Mahomet II, enchanté des merveilles qui se déroulaient à sa vue, planta son étendard, en jurant par le prophète qu'il prendrait Constantinople ou laisserait sa vie devant ses murailles. Après cinquante-cinq jours de siége, il tint sa parole avec la fidélité d'un vrai croyant.

Non loin de là est la porte de Tophana, par laquelle Constantin Dracosès fit sa dernière sortie. Blessé mortellement, il fut transporté sous un arbre, où il expira. Un spéculateur arménien eut l'excellente idée d'exploiter cette tradition historique en faisant bâtir un café à la place même où le dernier des Paléologues perdit la vie et l'empire. Épuisés de fatigue et de chaleur, nous mîmes pied à terre sous le platane qui ombrage la porte ; et, à peine entrés dans l'intérieur du café, nous fûmes forcés de mettre de côté l'amour-propre national et d'avouer que les Turcs seuls comprennent les félicités de la vie. Au lieu de nous entasser, comme on l'eût fait en France ou en Angleterre, dans quelque grande salle publique, ou de nous étouffer dans quelque cabinet particulier, notre hôte nous conduisit, par les détours d'un charmant jardin, jusqu'au bord d'une fontaine. Là, nous nous étendîmes voluptueusement sur un tapis de gazon qui eût fait honte à ceux de nos parcs; l'hôte nous apporta des pipes, des sorbets et du café, et nous laissa faire, à notre guise, un déjeuner tout oriental. Lord Byron était déjà blasé sur les délices qu'il avait éprouvées en Grèce; mais j'étais dans un ravissement réel, moi qui les goûtais pour la première fois.

Lorsque nous eûmes fumé chacun plusieurs pipes du meilleur tabac de notre juif, dans des narghilés parfumés à l'eau de rose, nous remontâmes à cheval pour continuer notre course, qui, au bout d'un quart d'heure, aboutit à une petite église grecque fort vénérée dans tout le pays. A peine y fûmes-nous entrés, qu'au lieu de nous faire voir l'intérieur, le frère qui remplissait l'office de cicerone nous conduisit vers un étang entouré d'une balustrade dorée. Arrivé là, il émietta dans l'eau un morceau de pain dont il s'était muni avant de partir, et quelques poissons, que je crus reconnaître pour des tanches, s'élancèrent aussitôt du fond, et vinrent prendre à la surface la nourriture que leur pourvoyeur leur jetait avec des égards et des salutations qui me parurent assez inusités; dans un cas pareil, j'avais toujours cru que la reconnaissance devait être du côté des poissons ; cette fois, j'étais dans l'erreur, les poissons étaient sacrés, et les moines ne faisaient que leur rendre, en mie de pain, une bien petite partie de ce qu'ils leur rapportaient en aumônes. L'événement qui leur valut les honneurs de la canonisation se rapporte à la prise de Constantinople, et je le transmets au lecteur dans toute la pureté traditionnelle.

Après la prise de Constantinople, Mahomet, qui comptait faire de cette ville le siége de son empire, voulut concilier la reconnaissance qu'il avait vouée à ses soldats avec les égards qu'il devait à sa future capitale : en conséquence, il prit un terme moyen, autorisa le pillage, et défendit le feu. Les soldats s'acquittèrent religieusement de la première de ces fonctions, et, comme ils n'avaient que trois jours à l'exercer, ils s'en donnaient à cœur joie, pénétrant dans les sanctuaires les plus inconnus et les plus retirés. Or, le mur auquel était adossée l'église du couvent passait pour inaccessible; et, se reposant sur cette croyance, le supérieur, au milieu de la crise générale, confiant en saint Dimitri, sous la protection duquel vivait sa communauté, s'occupait tranquillement à faire frire des poissons pour son dîner. Il était entièrement absorbé dans cette grave occupation, lorsqu'un des moines entra, criant que les Turcs avaient pratiqué une brèche dans la muraille, et pénétraient dans l'enceinte sacrée. Cette nouvelle, malgré l'air effaré de celui qui l'apportait, parut si peu croyable au bon prieur, qu'il leva les épaules, et, montrant aux frères les poissons près d'arriver à ce point de cuisson si estimé des amateurs, qu'il fait le désespoir des cuisiniers médiocres : «Je croirai plus volontiers, s'écria-t-il, que ces poissons vont sauter hors de la poêle et nager sur le plancher, que d'ajouter foi à un fait aussi impossible que celui dont vous me parlez. » Il n'avait pas achevé ces paroles, que les poissons étaient à terre et frétillaient de leur mieux sur les dalles. Épouvanté d'un pareil miracle, le révérend recueillit aussitôt les poissons dans les plis de sa robe, et sortit pour les reporter à toutes jambes dans l'étang où il les avait pêchés ; mais à peine avait-il mis le pied dans le jardin, qu'un Turc, qui allait entrer dans la maison, se méprenant sur son intention et croyant qu'il cherchait à fuir, lui porta un coup de poignard dans la poitrine. Quoique blessé mortellement, le digne prieur n'en continua pas moins sa route, et vint tomber au bord de l'eau. Les poissons, alors, sautèrent de la robe comme ils avaient sauté de la poêle, et se retrouvèrent dans leur élément, où ils vécurent sacrés, tandis que le révérend archimandrite mourait martyr.

C'était la postérité de ces vénérables poissons qui amenait autour de l'étang les pèlerins du pays et les curieux étrangers, lesquels ne sortaient jamais du couvent sans y laisser une aumône proportionnée à leur rang ou à leur croyance. Je me hâte de dire que, tout hérétiques que nous étions, le bon caloyer qui nous avait fait les honneurs de son miracle n'eut pas à se plaindre de notre offrande.

Du couvent, situé à moitié chemin de la colline de Péra, nous redescendîmes vers un cimetière dont nous avions aperçu de loin la sombre verdure. Comme les anciens Romains, les Turcs poussent au delà de la vie la recherche de la volupté. Une des plus grandes jouissances de ce climat brûlant est l'ombre et la fraîcheur; les musulmans ont voulu, après avoir cherché toute leur vie ces biens si rares en Orient, être certains, du moins, de les trouver après leur mort. Aussi les cimetières turcs sont-ils, non-seulement un délicieux champ de repos pour les trépassés, mais encore une charmante promenade pour les vivants. Les tombes, ornées d'une colonne peinte en rose ou en bleu, surmontées d'un turban et incrustées de lettres d'or, semblent bien plutôt de pittoresques et riants caprices que des monuments funéraires. C'est dans ces lieux, véritables rendez-vous d'amour, que les lovelaces de Constantinople attendent, mollement couchés sur des coussins, les messages de leurs belles, qui leur sont apportés par des esclaves grecs ou des femmes juives. Dès que l'ombre s'avance, on déserte, il est vrai, ces merveilleuses promenades; elles deviennent le domaine des voleurs ou le théâtre des vengeances, et, le matin, il n'est pas rare de trouver quelque cadavre, qui, séduit par la beauté du lieu, semble y être venu demander une tombe.

La journée s'avançait, et nous avions fait le tour des murailles, c'est-à-dire à peu près dix-huit milles; nous priâmes donc notre cicerone de nous faire voir rapidement ce qui restait de plus curieux à visiter dans la ville dont nous venions de faire le tour. Mais ceci nécessitait une nouvelle évolution : il nous fallut retourner à l'ambassade anglaise pour prendre un janissaire, de crainte d'être insultés ou même attaqués dans les rues de la ville sainte, dont les environs et les faubourgs ne sont déjà qu'à grand regret abandonnés aux giaours. Nous nous acheminâmes, en conséquence, vers le palais de M. Adair, qui nous fit faire chez lui une station d'un instant, pendant laquelle on nous apporta, selon la mode turque, des pipes, des sorbets et du café; puis nous nous remîmes en route pour traverser de nouveau la Corne d'or de la tour de Galata à la Validé; c'était le même chemin que nous avions déjà pris pour venir faire notre première visite à M. Adair. Je retrouvai la rue où nous avions rencontré le malheureux vieillard que l'on conduisait à la mort. Par un mouvement instinctif et rapide, je levai les regards vers la fenêtre d'où était parti un cri de femme : il me sembla, à travers la jalousie, si soigneusement close qu'elle fût, voir briller deux yeux de flamme. Je restai un peu en arrière de la troupe; un doigt mince et effilé passa à travers les barreaux, et, en se retirant, laissa tomber un objet que je ne pus distinguer. Je fis cinq ou six pas en avant, et, confiant mon cheval à un portefaix, je descendis comme si j'avais perdu moi-même quelque chose. Ce qu'avait laissé tomber la belle invisible était une bague d'émeraude du plus grand prix. Ne doutant pas que la chute de ce bijou précieux ne fût volontaire, je le ramassai et le passai à mon doigt, espérant que c'était le talisman qui devait me conduire, un jour ou l'autre, vers quelque aventure amoureuse. Au reste, pour un débutant, j'avais exécuté mon évolution d'une manière si adroite, que personne n'en avait pu connaître la cause, si ce n'est notre juif, qui jeta deux ou trois fois les yeux sur ma main ; mais ce fut en vain, car la bague était cachée sous mon gant.

J'avoue que dès lors mon esprit, entièrement occupé de folles rêveries, laissa mon corps visiter avec une complaisance toute machinale les merveilles qui nous restaient à voir; ces merveilles se composaient de l'extérieur de Sainte-Sophie, car l'intérieur n'est réservé qu'aux vrais croyants; de l'hippodrome et de l'obélisque, des citernes, de trois ou quatre lions maigres et galeux que Sa Hautesse conserve précieusement dans un hangar, de quelques ours noirs et d'un éléphant. A peine si la porte du sérail, avec ses vertèbres de baleine, ses têtes coupées et les chapelets d'oreilles qui lui servent de décoration, put me tirer de mes pensées, et je revins au vaisseau, rêvant toutes les aventures des *Mille et une Nuits*. Mon premier soin fut de descendre dans ma chambre, d'en fermer la porte, et d'examiner à loisir ma bague, pour voir si quelque inscription cachée ne mettrait pas un terme à mes doutes; mais j'eus beau chercher, c'était un simple anneau d'or, dans lequel était enchâssée une émeraude qui me parut d'un grand prix; et l'examen auquel je me livrai, si minutieux qu'il fût, au lieu de fixer mes conjectures, ne fit que leur ouvrir un champ plus vaste et plus ambitieux.

Je remontai sur le pont, afin de jouir des derniers rayons du soleil, qui n'allait point tarder à se coucher derrière les montagnes d'Europe, et qui nous donnait, chaque soir, le plus magnifique spectacle qui se puisse imaginer. Tout l'équipage, propre et endimanché, qui n'avait pas oublié comme moi la succession des jours, gardait religieusement l'étiquette et le silence du sabbat, si respectés des matelots. Les uns dormaient sur les écoutilles, les autres lisaient couchés sur des cordages, quelques-uns se promenaient avec gravité sur l'avant du vaisseau, lorsque tout à coup des cris partis du rivage, à la hauteur du grand sérail, firent tourner toutes les têtes de ce côté. Un Turc sortit par une des portes, apparut sur la plage, poursuivi par une multitude frénétique, et se jeta dans une barque qu'il démarra avec l'adresse et la force du désespoir. Quelque temps, le fugitif sembla indécis sur la route qu'il devait prendre; mais, la foule s'étant à son tour élancée dans les chaloupes qui bordaient le rivage, et toute cette flottille tumultueuse s'étant mise à sa poursuite, il dirigea le bec de fer de sa barque du côté du *Trident*, et, malgré la démonstration hostile de notre sentinelle, qui le couchait en joue, il saisit l'échelle de bâbord; puis, s'élançant sur le pont, il courut au cabestan, et, là, agenouillé et déchirant son turban, il fit le signe de la croix en prononçant des paroles que personne ne comprit. En ce moment, Jacob, attiré par le bruit, remonta avec lord Byron, qui venait de lui payer les émoluments de sa journée, et nous expliqua que cet homme, qui, sans doute, avait commis quelque crime, abjurait le mahométisme afin de rendre notre protection plus sympathique, et indiquait, par ses signes et ses paroles, qu'il voulait se faire chrétien. Notre interprète ne se trompait pas : presque au même moment, de grands cris partirent de la mer, redemandant le meurtrier, et *le Trident* se trouva littéralement assiégé par plus de cinquante barques contenant au moins quinze cents hommes.

Il faut avoir vu ce spectacle pour s'en faire une idée. Comme leurs coursiers, qui ne connaissent que deux allures, le pas et le galop, les Turcs n'ont pas de milieu entre une quiétude entière et une extrême violence. Dans ce dernier cas, ils semblent des démons : leurs gestes sont rapides, insensés et mortels comme la colère qui les agite. A défaut de vin, que leur a défendu leur prophète, la vue du sang les enivre, et, dès qu'ils en ont goûté, ce ne sont plus des hommes, ce sont des bêtes fauves, sur lesquelles ne peuvent rien ni le raisonnement ni la menace. C'était miracle que l'interprète pût distinguer quelque chose au milieu de ce torrent de paroles, d'accents gutturaux, de réclamations féroces, qui montaient à nous pareils à un tourbillon. Il y avait quelque chose de fantastique dans cette scène, et elle se présentait avec un tel caractère de gravité, que, sans ordre reçu, et par instinct de sa propre conservation, chaque matelot s'était armé comme pour défendre le bâtiment contre un abordage. Cependant, lorsqu'ils virent ces préparatifs de défense, les assaillants parurent un peu refroidis, et M. Burke, qui était monté sur le pont, profita de ce moment pour ordonner à notre juif de demander à cette multitude ce qu'elle voulait. Au moment où Jacob essaya de parler, les cris et les vociférations redoublèrent, les sabres, les canjiars sortirent du fourreau, et le tumulte recommença plus menaçant que jamais.

— Prenez cet homme, dit M. Burke montrant le fugitif, qui, la tête rasée, les yeux animés à la fois de terreur et de colère, semblait enchaîné au mât d'artimon, qu'il tenait serré entre ses bras; prenez cet homme, jetez-le à la mer, et que tout soit fini.

— Qui donne des ordres sur mon bord, lorsque j'y suis? dit une voix ferme qui s'éleva, comme elle avait l'habitude de le faire dans la tempête et le combat, au-dessus de toutes les voix.

Chacun se retourna et reconnut le capitaine, qui était monté sur la dunette sans que personne le vît, et qui dominait toute cette scène. M. Burkese tut et pâlit; les Turcs eux-mêmes virent, sans doute, que cet homme à l'habit brodé, à la grande taille et aux cheveux blancs, était le chef des chrétiens; car toutes les têtes se tournèrent vers lui, et les cris de vengeance redoublèrent.

Le capitaine demanda à Jacob comment on disait *silence* en turc, et, approchant son porte-voix de sa bouche, il répéta le mot indiqué avec une telle puissance, qu'il gronda sur cette multitude comme un éclat de tonnerre. Aussitôt le tumulte cessa comme par enchantement, les sabres et les canjiars rentrèrent dans leurs fourreaux, les rames retombèrent immobiles, et Jacob, prenant pour tribune la dernière écoutille de l'avant, demanda quel crime avait commis l'homme que l'on poursuivait. Toutes les voix reprirent, avec la force et l'unanimité d'un chœur :

— Il a tué! qu'il périsse!

Jacob fit signe qu'il voulait parler; on se tut de nouveau.

— Qui a-t-il tué? comment a-t-il tué?

Un homme se leva.

— Je suis le fils de celui qu'il a tué, dit cet homme; le sang qui est sur son cafetan est le sang de mon père. Je jure, par ce sang, que j'aurai son cœur; je l'arracherai de sa poitrine, et je le donnerai à mes chiens.

— Comment a-t-il tué? demanda Jacob.

— Il a tué par vengeance. Il a tué d'abord mon frère, qui était dans la maison; puis mon père, qui était assis sur le seuil de la porte. Il les a tués lâchement, l'un enfant, l'autre vieillard, en mon absence, et sans que ni l'un ni l'autre pussent se défendre! Il a donné la mort, il mérite la mort!

— Répondez que cela peut être vrai, dit le capitaine, mais qu'alors c'est à la justice à le condamner.

Jacob parut avoir quelque difficulté à traduire cette phrase en turc; cependant il finit par s'acquitter de sa mission, si clairement même, à ce qu'il paraît, que de grands cris accueillirent sa réponse.

— Qu'est-ce que la justice? vociféraient les Turcs. Il n'y a à Constantinople d'autre justice que celle qu'on se fait soi-même! Il nous faut l'assassin! nous le voulons! L'assassin! l'assassin!

— L'assassin sera reconduit à Constantinople et remis entre les mains du cadi.

— Non, non!... crièrent les Turcs; il nous le faut, et, si vous ne voulez pas nous le donner, par le chameau de Mahomet! nous l'irons prendre.

— Il est dit dans le Coran, repartit Jacob : « Ne jurez pas par le chameau. »

— A bas le juif! crièrent les Turcs, tirant de nouveau leurs sabres et leurs canjiars. A mort les chrétiens! à mort!

— Relevez les escaliers de bâbord et de tribord! cria le capitaine, se servant de nouveau de son porte-voix pour dominer le tumulte, et feu sur le premier qui s'approche!

L'ordre fut aussitôt exécuté, et une vingtaine d'hommes grimpèrent aussitôt dans les hunes, armés de mousquetons et d'espingoles.

Ces préparatifs, auxquels il n'y avait pas à se tromper, calmèrent un peu la colère des assiégeants, qui se reculèrent à une trentaine de pas du bâtiment. Pendant cette retraite, deux coups de feu partirent de leurs barques, qui heureusement ne blessèrent personne.

— Tirez-leur un coup de canon à poudre, et, si cet avertissement ne leur suffit pas, coulez à fond une ou deux barques, et puis nous verrons après.

Un instant de silence suivit cet ordre; puis, après quelques secondes d'attente, le vaisseau s'ébranla sous la détonation d'une pièce de trente-six; un nuage de fumée monta, enveloppant la dunette, se jouant aux vergues, et piqua vers le ciel avec une lenteur qui indiquait la tranquillité de l'atmosphère. Lorsqu'il fut dissipé, nous aperçûmes toutes les barques qui fuyaient, excepté celle où était le fils du mort. Il était resté seul, et semblait, avec son canjiar, défier tout l'équipage.

— Que trente soldats de marine, bien armés, descendent dans la chaloupe, cria le capitaine, et conduisent le meurtrier au cadi!

La chaloupe fut aussitôt mise à la mer, le meurtrier y fut porté; trente hommes, ayant leurs fusils chargés et six coups à tirer dans leur giberne, obéirent à l'ordre du capitaine, et la chaloupe, enlevée par douze vigoureux rameurs, glissa sur l'eau, qui commençait à s'assombrir, sans autre bruit que celui des avirons qui fouettaient la mer.

A cette vue, les barques se réunirent en flottille, décrivirent un grand cercle et se rapprochèrent du rivage, suivant, mais de loin, le meurtrier, cause sanglante de tout ce tumulte.

Le vaisseau fit alors un mouvement circulaire pour présenter toute sa batterie au rivage, afin d'être à même de protéger nos hommes; mais la précaution était inutile, les assaillants continuèrent de se tenir à une distance respectueuse, et les soldats mirent pied à terre et entrèrent dans la ville sans être inquiétés. De leur côté, les Turcs abordèrent tout le long du rivage, laissant flotter leurs chaloupes sans s'inquiéter de ce qu'elles deviendraient; puis ils rentrèrent dans la ville par la porte où étaient passés nos soldats. Dix minutes après, nous vîmes les nôtres reparaître en bon ordre, et regagner la chaloupe sans accident. Le coupable était entre les mains de la justice, et, dans cette circonstance, comme dans toutes celles qui dépendaient d'un jugement sain et d'un courage inflexible, M. Stanbow avait fait ce qu'il avait dû faire.

Pendant quelque temps encore, nous vîmes des groupes menaçants et inquiets s'agiter le long du rivage; peu à peu l'ombre s'épaissit autour d'eux, les cris devinrent moins bruyants. Bientôt toute cette vaste étendue d'eau, couverte il n'y avait qu'un instant de bruit et de clameurs, rentra dans un profond silence. Nous attendîmes ainsi une heure, à peu près; puis, de peur de quelque surprise, le capitaine ordonna de tirer une fusée. Presque aussitôt une ligne de feu monta dans le ciel, où elle éclata, et, à la lueur de ses milliers d'étoiles qui éclairèrent un instant Constantinople depuis les Sept-Tours jusqu'au palais de Constantin, nous n'aperçûmes plus qu'une troupe de chiens qui cherchaient, en hurlant, leur pâture nocturne sur le rivage.

M. Stanbow reçut, le lendemain, de M. Adair, pour lui et pour tous les officiers du *Trident*, une invitation d'accompagner Sa Hautesse à la mosquée, où elle allait rendre grâce au Prophète de ce qu'il avait inspiré à l'empereur Napoléon l'idée de déclarer de nouveau la guerre à la Russie. Au retour, nous étions invités à dîner au sérail, et, après le dîner, nous devions avoir l'honneur d'être reçus par Sa Hautesse.

Une lettre pour lord Byron était jointe à l'invitation; elle lui annonçait que sa petite maison était prête dans Péra, et qu'il pouvait en prendre possession quand bon lui semblerait. Notre illustre commensal fit, en conséquence, ses dispositions, et, le jour même, il quitta le bâtiment, accompagné de MM. Hobhouse et Ekenhead et suivi de ses deux valets grecs. Je demandai à M. Stanbow la permission d'aller installer lord Byron dans son nouveau domicile, permission qui me fut accordée, à condition que je serais de retour à bord du *Trident* à neuf heures du soir.

Le nouveau domicile de lord Byron était un charmant petit palais, disposé entièrement à la turque, c'est-à-dire s'élevant au milieu d'un beau jardin de cyprès, de platanes et de sycomores, avec de grandes plates-bandes de tulipes et de roses, qui, sous ce climat délicieux, fleurissent en toute saison. Quant à l'intérieur, c'était l'ameublement ordinaire des Orientaux : des nattes, des divans et quelques armoires, ou plutôt des coffres peints ou incrustés de nacre et d'ivoire. M. Adair avait cru devoir ajouter trois lits à ces meubles, présumant que, quelque enthousiaste que fût le noble poëte de la vie orientale, il ne pousserait pas le fanatisme jusqu'à dormir, comme font les Turcs, tout habillé, sur des coussins. Cette supposition indigna lord Byron, qui, malgré les cris de ses deux compagnons, renvoya, le soir même, les trois lits à l'ambassade.

XV

Le matin du jour désigné pour la solennité de notre réception, pendant que j'étais occupé à faire une toilette assez élégante pour ne pas laisser un trop grand avantage aux officiers turcs au milieu desquels nous allionsfaire tache par notre simplicité, Jacob entra dans ma cabine et referma la porte derrière lui, en homme chargé d'une mission aussi importante que secrète; puis, lorsque toutes ces précautions furent prises, il s'approcha de moi, marchant sur la pointe du pied et tenant un doigt sur ses lèvres. Je le suivais des yeux pendant qu'il accomplissait tous ces préparatifs mystérieux, riant de l'importance qu'il se donnait, et convaincu que toutes ces simagrées allaient aboutir à l'offre de quelque marchandise prohibée dans les États de Sa Hautesse, lorsque, regardant une dernière fois derrière lui, pour s'assurer que nous étions seuls :

— Vous avez, me dit-il, à la main gauche, une bague d'émeraude?

— Pourquoi cela? m'écriai-je tressaillant malgré moi de plaisir à l'idée que j'allais obtenir quelque éclaircissement sur une aventure qui jusqu'alors m'était constamment demeurée présente à l'esprit.

— Cette bague, continua Jacob, sans répondre à ma question, vous a été jetée d'une fenêtre, à Galata, le jour de notre promenade autour des murs de la ville?

— Oui; mais comment savez-vous cela?

— C'est une femme qui l'a laissée tomber? reprit Jacob, fidèle à son même système de narration interrogative.

— Une femme jeune et belle, n'est-ce pas?

— Désirez-vous la voir?

— Pardieu! m'écriai-je, je le crois bien.

— Vous savez à quoi vous vous exposez?

— Que m'importe le danger?

— Alors, trouvez-vous chez moi, ce soir, à sept heures.

— J'y serai.

— Silence! voici quelqu'un.

James entra, et Jacob nous laissa seuls. Mon jeune camarade, dont la toilette était achevée, le suivit des yeux en souriant.

— Ah! ah! me dit-il, il paraît que vous êtes en relation secrète avec il signor Mercurio? Ma foi, mon cher John, je vous souhaite meilleure chance qu'à moi; j'en suis revenu à ne plus demander que du tabac, tant ce qu'il m'a livré était au-dessous des offres qu'il m'avait faites. Il vous promettra, comme à moi, des Circassiennes, des Grecques et des Géorgiennes, comme s'il n'en savait que faire, puis il vous livrera quelque misérable juive dont ne voudrait pas un portefaix de Piccadilly.

— Vous vous trompez, James, interrompis-je en rougissant moi-même à l'idée que mes rêves iraient peut-être aboutir à une pareille fin, ce n'est pas moi qui cherche une aventure; c'est, au contraire, une aventure qui me cherche. Tenez, voyez cette bague.

Et je lui montrai l'émeraude.

— Ah! diable! alors, c'est encore pis, continua-t-il. J'ai été bercé avec des histoires de bouquets parlants, de bouches muettes et de sacs de cuir vivants qui poussent des cris quand on les jette dans la mer. J'ignore si toutes ces histoires sont vraies; mais ce que je sais, c'est que nous sommes sur le théâtre où l'on prétend qu'elles se passent.

Je fis un geste de doute.

— Et puis-je savoir, continua-t-il, comment ce magnifique talisman est parvenu entre vos mains?

— On me l'a jeté de cette fenêtre grillée d'où s'est élevé un si grand cri, le jour où nous avons rencontré ce vieux boyard grec que l'on conduisait au supplice. Vous devez vous la rappeler?

— Parfaitement. Alors, c'est dans cette maison qu'on vous attend?

— Je le présume.

— Et quand cela, sans indiscrétion?

— Ce soir, de sept à huit heures.

— Vous avez résolu d'y aller?

— Sans doute.

— Allez-y, mon cher; car, en pareille occasion, rien ne pourrait me détourner d'une telle aventure. De mon côté, je ferai, pendant ce temps-là, ce que vous feriez si j'étais à votre place et si vous étiez à la mienne.

— Que ferez-vous?

— C'est mon secret.

— Eh bien, faites ce que vous voudrez, James; je m'en rapporte à votre amitié.

James me tendit la main, et, ma toilette étant achevée, nous remontâmes sur le pont.

Une salve de coups de canon qui partit du sérail annonça au peuple de Constantinople qu'il allait bientôt jouir de l'auguste présence de Sa Hautesse. La caserne des janissaires et la Tophana lui répondirent: à cet appel, tous les vaisseaux à l'ancre dans le Bosphore arborèrent les couleurs de leurs nations respectives, et mêlèrent les décharges de leur artillerie à celles qui venaient de la terre. C'était quelque chose de magique que l'aspect de Constantinople en ce moment : toute la Corne d'or était en flammes; de notre vaisseau, grondant et bondissant comme les autres, nous apercevions, à travers les déchirures de la fumée, des mosquées, des fortifications, des minarets, des maisons rouges, des jardins d'un vert sombre, des cimetières avec leurs grands cyprès, un amphithéâtre de bâtiments bizarrement entassés les uns sur les autres, qui, grâce au voile vaporeux à travers lequel ils nous apparaissaient, prenaient des dimensions gigantesques, des formes fantastiques; tout cela vague et flottant comme les visions d'un songe. C'était véritablement à se croire sur une terre de féerie.

Ce canon, qui grondait ainsi de tous côtés, nous appelait au sérail; nous nous hâtâmes donc de descendre dans la chaloupe du capitaine, et nous fîmes force de rames vers la terre. Des chevaux richement caparaçonnés nous attendaient sur le rivage : un beau cheval gris pommelé, couvert d'un harnais d'or, digne d'être monté par un général en chef un jour de bataille, m'échut en partage. Je m'élançai dessus avec une légèreté et une habitude que m'envia plus d'un officier de marine. En arrivant à la porte, nous trouvâmes l'ambassadeur, qui venait d'arriver, accompagné de lord Byron : ce dernier portait un habit écarlate richement brodé d'or, et à peu près taillé sur le modèle de celui d'un aide de camp anglais. Cette cérémonie, à laquelle l'ambassadeur l'avait invité à assister comme à un simple spectacle curieux, était devenue, pour le noble poëte, une affaire de la plus haute importance. Il s'était occupé avec une grande inquiétude de la place qu'il devait occuper dans le cortége; car il tenait beaucoup à conserver, même aux yeux des infidèles, les prérogatives de son rang. M. Adair eut beau lui assurer qu'il ne pouvait lui assigner une place particulière, et que, d'ailleurs, les Turcs ne considéraient, dans le cérémonial, que les individus attachés à l'ambassade et ignoraient complétement l'ordre de préséance en usage parmi la noblesse anglaise, lord Byron ne consentit à venir que lorsque le ministre d'Autriche, arbitre irrécusable en matière d'étiquette, lui eut assuré, sur ses trente-deux quartiers, qu'il pouvait, sans se compromettre, prendre à la suite de M. Adair la place qu'il choisirait.

Nous entrâmes dans la première cour, où nous devions rester jusqu'à ce que le cortége, en défilant, nous offrît la place qui nous était réservée : il ne nous fit pas attendre.

Ceux qui parurent en tête étaient les janissaires. J'eus quelque peine, après la magnifique description que j'avais entendu faire de ce corps, à le reconnaître dans ces guerriers chétifs et malpropres, coiffés de leurs hauts bonnets d'où pendait la fameuse manche rouge, avec leur baguette blanche à la main, et marchant pêle-mêle, sans ordre et sans garder de rang, en criant à tue-tête le *Mahomet Rassoul Allah*. Si cet illustre corps n'avait pas été trop haut placé pour attacher quelque importance à l'opinion d'un giaour, il eût été fort humilié du souvenir qu'il avait éveillé dans mon esprit; en effet, il m'avait merveilleusement rappelé cette fameuse milice de Falstaff, qui éveille toujours un rire homérique lorsqu'elle apparaît conduite par son digne racoleur, sur le théâtre de Drury-Lane ou de Covent-Garden. Cependant, au respect ou plutôt à la crainte qu'on leur témoignait, il était évident qu'ils conservaient tout l'éclat de leur ancien nom, tout le prestige de leur ancienne force. Sélim avait lutté avec le serpent, mais sans parvenir à l'étouffer, et le serpent s'était redressé plus irrité et plus terrible de sa blessure; c'était à Mahmoud qu'il était réservé de couper d'un coup les sept têtes de l'hydre. Après les janissaires venaient les *delhis*, avec leurs javelines antiques et leurs bonnets ornés de flammes pareilles à celles des piques de nos lanciers. Puis s'avançaient les *tophis*, ou bombardiers, qui forment le corps le mieux organisé de l'empire, composé qu'il est de jeunes gens des premières familles de Constantinople, qui ont reçu à la Tophana, sous la direction d'officiers français, une espèce d'instruction militaire. Je les suivais des yeux avec une certaine curiosité, lorsque les grands de l'empire apparurent tout à coup, comme un nuage d'or, revêtus de costumes empruntés presque tous, pour la forme, pour les ornements, et surtout pour la richesse, à l'ancienne cour des empereurs grecs. Au milieu d'eux resplendissaient l'uléma, le mufti et le kislar-aga, c'est-à-dire le garde des sceaux, l'archevêque et le chef des eunuques noirs; trinité bizarre, marchant sur la même ligne et jouissant d'un pouvoir à peu près égal. Parmi ces trois nobles personnages, ce fut le kislar-aga qui attira le plus directement mon attention; il faut avouer aussi qu'il en était digne sous tous les rapports. Outre son titre de concierge du Jardin de la Félicité, bien fait pour exciter la curiosité d'un Européen, il se recommandait singulièrement par son propre physique, qui était assez laid pour être curieux : il se composait d'un corps court et ramassé, surmonté d'une tête monstrueuse, au milieu de laquelle brillaient irrégulièrement deux yeux jaunes, qui donnaient à sa physionomie épaisse et rechignée la dignité solennelle et assoupie du hibou. Cette espèce de Caliban était cependant le maître d'Athènes, que les Turcs ont voulu mettre, sans doute, au-dessous de toutes les autres villes du monde en lui donnant un eunuque pour gouverneur; après le sultan, c'est lui qui possède le harem le plus riche et le plus nombreux. Bizarre anomalie, qui pourrait sembler un étrange superflu en France et en Angleterre, mais qui, à Constantinople, a droit de chose jugée.

Enfin apparut celui que j'attendais avec tant d'impatience. Contre mon attente, la présence du sultan Mahmoud II fut annoncée, non par des cris et des acclamations pareils à ceux dont l'Europe occidentale salue ses rois, mais par un majestueux et profond silence. Il faut avouer aussi que l'aspect du noble sultan était fait pour commander, même à des infidèles, la vénération et le respect; c'était, dans tout son ensemble, un de ces beaux types devant lesquels la foule éblouie s'arrête, et qu'elle salue, comme malgré elle, du titre de roi ou d'empereur.

Tout en Mahmoud laissait deviner, dès cette époque, le caractère fier et implacable qu'il a manifesté depuis. Son œil cave et pénétrant semblait pouvoir lire au fond de l'âme; son nez bien fait, quoique moins long et moins courbe que celui des Turcs, se dilatait, en respirant, comme celui du lion; ses lèvres contractées, dont on apercevait à peine la double ligne sanglante, perdue qu'elle était dans les flots de sa longue barbe noire, avaient, même dans le silence, un formidable caractère de commandement; sa tête, qui semblait avoir été coulée en bronze dans un moule antique, ne présentait, sur toute sa surface olivâtre, aucun de ces plis creusés par les passions humaines. Rien dans le visage n'indiquait la circulation intérieure du sang; l'ensemble, au contraire, était d'un caractère sévère, pâle et immobile comme la mort; seulement, de temps en temps, et par un mouvement inattendu, comme lorsqu'on secoue une torche qui semble éteinte, des gerbes de lumière sortaient de ses yeux.

On voyait que cet homme commandait à des millions d'hommes, et qu'il avait la conscience intime et profonde de sa puissance indéfinie et de son autorité sans bornes. Le cheval qui frémissait sous lui, et qui semblait soumis pour lui seul, tout blanc d'écume, quoiqu'il marchât au pas, était l'image réelle, le symbole visible de ce peuple que, le premier, Mahmoud devait soumettre au frein. Aussi, lorsque le sultan passait devant ses sujets, se voilaient-ils le visage comme pour ne pas être éblouis de sa majesté; et cependant son costume était plus simple, au premier aspect, que celui du dernier officier de sa suite; la pelisse de martre noire était le seul signe de sa dignité; l'aigrette où brillait le fameux diamant *Eghricapoue*, trouvé, en 1679, dans un tas d'immondices, par un mendiant, qui l'échangea contre trois cuillers de bois, et qui est devenu le plus précieux diamant du sérail, était sa seule parure.

Devant le sultan marchait son trésorier, qui jetait au peuple de petites pièces d'argent nouvellement monnayées, et derrière lui son secrétaire, qui recevait, dans un portefeuille jaune, les pétitions et les requêtes qu'on lui présentait. Je ne sais pas qui venait ensuite, et je n'eus jamais envie de le savoir. L'ambassadeur nous fit signe que c'était à nous de prendre rang dans le cortége; nous poussâmes nos chevaux dans un espace laissé vide avec intention entre la garde du sultan et un corps de cavalerie, dont nous ne fîmes qu'apercevoir les casques dorés, et nous nous acheminâmes à la suite de Sa Hautesse, véritablement éblouis, mais peut-être encore plus émus de ce luxe de l'Orient, dont l'Europe occidentale, en mettant au jour tous ses trésors, tenterait en vain d'atteindre la majesté.

Nous devions traverser toute la ville pour nous rendre du sérail à la mosquée du sultan Achmet, située vers le côté méridional de la place de l'Hippodrome, dont les Turcs ont échangé le nom grec, si fameux dans les fastes byzantins, contre celui d'At-Meidam, qui n'est que la traduction de l'autre et qui signifie l'arène aux chevaux. Nous passâmes tour à tour sur des places magnifiques et dans des rues si étroites, que nous ne pouvions marcher que deux à deux, et que nous voyions quelquefois, grâce aux étages qui surplombent à mesure qu'ils s'élèvent, des enfants passer d'un toit à l'autre à quarante ou cinquante pieds au-dessus de nos têtes. Arrivés au lieu de notre destination, tout le cortége fit halte, le sultan descendit de cheval, et entra, avec ses principaux officiers, dans la mosquée; quant à nous, cette faveur nous était interdite, vu notre qualité d'infidèles; mais, pour nous rendre cette interdiction moins sensible, le sultan Mahmoud II, avec une délicatesse tout occidentale, avait étendu la prohibition aux trois quarts de sa suite, qui resta avec nous au pied de l'obélisque de Théodose.

Je profitai de cette station pour examiner à loisir cette merveille des capricieux loisirs du prince le plus artiste qui, peut-être, ait jamais existé : c'est un véritable palais des *Mille et une Nuits;* la main des génies seule a pu tisser les dentelles de pierre qui ceignent ces colonnes de granit. C'est de cette place, du pied du bloc triangulaire qui servait jadis à marquer le milieu du stade, que sont parties toutes les révoltes de janissaires qui, depuis cinq siècles, ont changé, du jour au lendemain, la face du sérail; et, par un juste retour, c'était encore du pied de ce bloc que devait partir, au mois de juin 1826, l'ordre vengeur qui épuisa jusqu'à la dernière goutte du sang de cette turbulente milice, garde et bourreau des sultans.

Après une demi-heure passée dans la mosquée, le sultan Mahmoud reparut pour aller présider le jeu de djérid; l'emplacement de ce tournoi, passe-temps chéri des Turcs et des Égyptiens, était fixé aux Eaux-Douces, promenade favorite des amants de Constantinople. Nous reprîmes donc notre marche, et, passant de nouveau près du sérail de Constantin, nous suivîmes le rivage jusqu'à l'endroit indiqué, reconnaissable par de petits atterrissements de terrain qui s'élevaient des deux côtés, pareils aux siéges d'un théâtre. Au milieu était la plate-forme réservée au sultan et à sa cour, et, en face du sultan, la lice était terminée par un bouquet d'arbres, sous lesquels s'était entassée la population qui n'avait pas droit aux places réservées.

Dès que le sultan eut pris sa place, les gradins se remplirent, les uns d'hommes, les autres de femmes. Ce ne fut pas sans quelque étonnement, avec les idées fausses que nous recevons, en général, de l'Orient, que je vis les femmes des premières maisons de la ville assister à une fête publique, séparées des hommes et voilées, il est vrai, mais plus libres cependant que ne l'étaient les femmes de l'antiquité, ordinairement exclues des jeux du gymnase et du stade. C'est que les femmes turques sont beaucoup moins esclaves qu'on ne se l'imagine : à l'exception des femmes du Grand Seigneur, sévèrement gardées, afin de conserver le sang impérial dans toute sa pureté, les autres communiquent entre elles, vont au bain, courent les boutiques, visitent les promenades, reçoivent leurs médecins et même quelques amis, toujours voilées, sans doute; mais il y a loin de cette liberté à la reclusion à laquelle, généralement, nous les croyons condamnées.

Bien différente de nos réunions d'Angleterre ou de France, dont les femmes, par leur toilette, font le principal ornement, la réunion à laquelle j'assistais était tout entière à l'honneur des hommes. Couvertes de leurs longs voiles, qui ne laissent apercevoir que les yeux, les spectatrices, placées sur quatre rangs, semblaient de longues files superposées de fantômes; tandis que les hommes, revêtus de leurs habits de guerre resplendissants d'or et de pierreries, présentaient le coup d'œil le plus splendide que l'on puisse imaginer. Quant au sultan, il était isolé, comme nous l'avons dit, sous un dais véritablement impérial, et entouré de quatre cents jeunes gens, tous vêtus de robes blanches et placés en rangs égaux sur les quatre côtés du trône. Tout cela était encadré par un ciel bleu foncé et par des arbres d'une végétation sombre et vigoureuse, qui faisaient encore mieux ressortir les teintes riches et variées du tableau.

Dès que le sultan fut assis, on donna le signal, et aussitôt, par les quatre angles laissés libres, et que masquaient des gardes qui s'écartèrent, entrèrent quatre escadrons de jeunes gens, tous pris dans les premières familles de l'empire, ne portant aucun costume particulier, si ce n'est une veste courte, dont la couleur et les ornements étaient laissés au caprice de son propriétaire. Ils étaient tous montés sur des étalons de l'Yémen ou de Dongolah, la jument étant regardée comme une monture indigne d'un noble osmanli, et ils se précipitèrent dans la lice avec une telle fougue, qu'on eût cru qu'hommes et chevaux allaient se briser en se rencontrant ; mais, d'un mouvement spontané, que le cavalier turc sait seul imprimer à son coursier, chacun s'arrêta au milieu de la lice.

Aussitôt tous les rangs se mêlèrent avec une telle rapidité, qu'il était impossible de rien distinguer à ce tourbillon, qui formait un nuage éblouissant et confus de selles cramoisies, d'étriers d'or, d'yatagans de vermeil, de poitrails d'argent et d'aigrettes de rubis. La fête devait commencer par de simples exercices d'équitation. En effet, ces cavaliers sans armes mêlaient leurs rangs, les démêlaient, les remêlaient encore avec tant de régularité et tant d'art, qu'ils devaient, comme les comparses d'un théâtre, avoir répété bien souvent cet étonnant exercice. A chaque tour, les jeux de formes et de couleurs prenaient plus d'éclat; les groupes s'enroulaient en chiffres, s'épanouissaient en fleurs, s'éparpillaient en tapis.

Enfin des écuyers nubiens entrèrent dans la lice, chargés de blanches javelines émoussées, faites avec le bois élastique et pesant du palmier. Chaque cavalier, en passant près de lui, prit son djérid; puis d'autres écuyers entrèrent, portant, comme les premiers, des faisceaux de baguettes; mais celles-ci étaient terminées par un fer recourbé, qui servait à ramasser les djérids tombés, sans que les cavaliers eussent besoin de descendre de leurs chevaux; puis, quand chacun fut armé, les écuyers se retirèrent. La course devint plus impétueuse et la mêlée prit un caractère plus précis. Les cavaliers se mirent à tourner rapidement autour de l'arène en brandissant leur djérid au-dessus de leur tête. Enfin l'un d'eux se retourna tout à coup, et lança l'arme inoffensive à celui qui le suivait de plus près.

Ce fut le signal : les évolutions générales se changèrent en combats individuels, où chacun s'efforça de montrer son adresse en touchant son adversaire et en évitant ses coups. Ce fut alors que la baguette à crochet de fer remplit son office et révéla une adresse incroyable dans ceux qui la maniaient. Il est vrai que d'autres, plus habiles encore, méprisaient ce moyen, et, se laissant glisser presque sous le ventre de leurs chevaux, sans arrêter ni même ralentir leur course, ramassaient leurs armes avec la main. Je crus un instant que je me trouvais à Grenade, au milieu de ces fameuses joutes des Abencerages et des Zégris, et que cette brillante chevalerie de l'Orient était sortie de son tombeau pour se disputer de nouveau cette terre enchantée qu'elle avait préférée à la verte vallée de l'Égypte et aux montagnes neigeuses de l'Atlas.

Enfin, après deux heures de cette lutte merveilleuse, où, quoiqu'ils n'eussent ni armure ni casque à visière, aucun des tenants ne fut blessé, — ce qui, au reste, n'arrive pas toujours, — une effroyable musique, qui avait déjà donné le signal de l'entrée des combattants, donna celui de leur retraite. Aussitôt les djérids cessèrent de voler, et reprirent leur place à l'arçon de la selle; de nouvelles évolutions commencèrent en arabesques variées; puis tout à coup les quatre groupes, se tournant le dos, disparurent par les quatre angles avec cette fantastique rapidité que nous avions admirée en les voyant paraître; laissant vide et silencieuse cette lice une seconde auparavant toute pleine d'hommes, de chevaux, de cris et de rumeurs.

Aux cavaliers succédèrent immédiatement des bateleurs, des comédiens ambulants, des jongleurs et des montreurs d'ours. Tous ces dignes industriels entrèrent ensemble, et les uns commencèrent à danser, les autres à réciter leurs farces, ceux-ci à faire leurs tours, ceux-là à montrer leurs animaux, de sorte que chacun put adopter le spectacle qui lui convenait parmi tous les spectacles, ou, d'un œil distrait, embrasser l'ensemble grotesque et hétérogène amassé sous ses yeux. Quant à moi, je l'avoue à ma honte, je fus de l'opinion de lord Sussex dans *Kenilworth*, qui décide, on se le rappelle, contre Shakspeare en faveur de l'ours, et je m'abandonnai tout entier à la contemplation de ce gracieux animal. Il est juste de dire aussi que son gardien, Turc plein de gravité, qui ne riait pas plus que sa bête, fut bien pour quelque chose dans cette préférence; on voyait qu'il était pénétré, depuis la houppe de soie de son bonnet jusqu'à la pointe recourbée de ses babouches, de l'honneur auquel il avait été appelé.

Aussi, chaque fois que Sa Hautesse témoignait sa satisfaction, convaincu que c'était à lui et à son ours que s'adressait ce témoignage, il s'arrêtait, saluait avec dignité, faisait saluer son ours, et reprenait le cours de ses exercices, que le sultan interrompit, à mon grand regret, en se levant, rappelé qu'il était au sérail par l'heure du dîner. Au signal donné par le maître, chacun répondit de la même manière, et, au bout d'un instant, comédiens, bateleurs, jongleurs, montreurs d'ours, peuple et courtisans, tout avait disparu.

Quant à moi, toujours préoccupé de l'idée de mon rendez-vous, et ne sachant pas si je pourrais m'échapper du sérail, je résolus de renoncer à l'honneur de dîner avec Sa Hautesse; et, jetant la bride de mon cheval au bras d'un domestique, je m'acheminai, sans que ma fuite fût remarquée de personne, vers le rivage, où je pris une barque qui me conduisit au faubourg de Galata; là, grâce à quelques mots de langue franque que j'avais retenus, et à l'adresse que m'avait donnée Jacob, je ne tardai pas à trouver son magasin.

Le digne négociant ne m'attendait pas si tôt, car le rendez-vous n'était que pour sept heures, et à peine en était-il cinq; mais je lui expliquai la cause de ma promptitude, en le priant de remplacer par un dîner quelconque celui que je venais de sacrifier. Jacob était un homme précieux et qui exerçait toutes les professions, depuis celle de commissionnaire jusqu'à celle d'ambassadeur. Il me trouva, en un instant, un dîner aussi confortable qu'il est possible de se le procurer à Constantinople, c'est-à-dire un poulet bouilli, du riz au safran et des pâtisseries; puis, au dessert, de délicieux tabac dans un narguilé parfumé à l'eau de rose.

J'étais voluptueusement couché sur un divan, enveloppé du nuage odoriférant qui s'échappait de mes lèvres, lorsque Jacob entra dans ma chambre, accompagné d'une femme couverte d'un long voile, et ferma la porte derrière lui. Je crus que c'était la déesse qui daignait se manifester à moi sous les traits d'une mortelle, et je me levai vivement; mais Jacob m'arrêta comme je commençais mes démonstrations respectueuses.

— Nous n'avons pas de temps à perdre, me dit-il.

— Mais il me semble, lui dis-je, que je m'apprêtais à agir selon le conseil que vous me donnez.

— Vous vous trompez; celle-ci n'est que la suivante.

— Ah! ah! dis-je un peu désappointé.

— Écoutez, me dit Jacob : il est encore l'heure de reculer. Vous vous engagez dans une entreprise périlleuse dans tous les pays du monde, et à Constantinople surtout. J'ai reçu de l'argent pour vous proposer un rendez-vous, je l'ai fait; mais, pour rien au monde, je ne voudrais prendre sur moi la responsabilité de ce qui peut vous arriver.

Je tirai ma bourse, et, versant dans ma main la moitié de ce qu'elle contenait, je le lui offris.

— Voici, lui dis-je, quelques sequins en remercîment de votre message, et qui prouvent que je suis prêt à tenter l'aventure.

— Eh bien, alors, continua Jacob en détachant le voile et la grande robe de la femme qui se tenait debout près de la porte sans comprendre ce que nous disions, affublez-vous de ce déguisement, et que Dieu vous garde!

J'avoue que je sentis ma résolution près de m'échapper, lorsque je vis qu'il me fallait m'envelopper de cette robe et de ce voile qui ne devaient pas laisser à mes bras plus de liberté qu'à ceux d'une momie. Mais je m'étais trop avancé pour reculer; je continuai donc à marcher bravement dans la voie aventureuse.

— Et que faudra-t-il que je fasse, lorsque j'aurai revêtu ce costume? demandai-je à Jacob. Donnez-moi quelques instructions.

— Elles seront courtes, me répondit-il; suivez l'esclave qui vous conduira, et, sous aucun prétexte, ne laissez échapper une parole, car une parole vous perdrait.

Tout cela n'était pas rassurant, mais n'importe. Le lecteur doit savoir que je ne manquais pas de courage, et le démon de la curiosité me poussait en avant. Je me contentai donc de bien assurer mon poignard de midshipman à ma ceinture; puis je me laissai emprisonner les bras dans la robe et couvrir la tête du voile. Affublé ainsi de ces deux vêtements, qui dissimulaient toute forme humaine, je ressemblais, à s'y tromper, à celle dont je venais de prendre les habits. C'est ce que m'affirma un signe d'intelligence qu'échangèrent entre eux le juif et la vieille suivante.

— Et maintenant, dis-je, impatient de voir où tout cela me conduirait, que faut-il faire?

— Me suivre, répondit Jacob, et surtout...

Il mit le doigt sur sa bouche.

Je lui fis signe que je comprenais, et, ouvrant la porte moi-même, je descendis l'escalier et me trouvai dans le magasin.

Un esclave noir nous y attendait. Trompé par mon déguisement, et me prenant pour celle qu'il avait amenée, il courut, aussitôt qu'il me vit paraître, détacher un âne, monture ordinaire des femmes turques. Jacob me conduisit révérencieusement jusqu'à la porte, me donna la main pour me mettre en selle, et je partis, tout étourdi de ce qui venait de se passer, sans savoir où l'on me conduisait.

XVI

Nous marchâmes pendant dix minutes à peu près, sans que je pusse reconnaître aucune des rues que nous suivions, et nous nous arrêtâmes à la porte d'une maison de belle apparence; mon conducteur l'ouvrit, j'entrai, il la referma derrière nous, et je me trouvai dans une cour carrée, bien connue, à ce qu'il paraissait, de ma monture; car elle alla d'elle-même s'arrêter à une autre porte en face de la première, et qui donnait entrée dans la maison. Je voulus alors sauter sur les dalles qui précédaient le seuil; mais l'esclave s'approcha de moi, mit un genou en terre pour que j'y plaçasse mon pied, et me présenta sa tête pour que j'y appuyasse ma main. Je me conformai au cérémonial d'usage; puis, voyant qu'il bornait là les services qu'il comptait me rendre, et qu'il s'apprêtait à reconduire son âne à l'écurie, je lui fis un geste impérieux pour lui indiquer qu'il eût à marcher devant moi. Il ne se le fit pas dire deux fois, et obéit avec une intelligence qui prouvait que le langage des signes lui était familier.

Bien m'advint, au reste, d'avoir pris cette précaution; car je n'aurais certes pu me reconnaître dans le dédale de chambres et de corridors à travers lesquels mon guide me fit passer. Tout en avançant, je jetai les yeux autour de moi pour chercher à m'orienter, dans le cas où une retraite précipitée deviendrait nécessaire, et je vis, au nombre de valets et de gardes qui passaient comme des ombres ou se tenaient immobiles comme des statues, que nous étions dans la maison de quelque grand seigneur. Enfin, au bout d'une longue file d'appartements, une dernière porte s'ouvrit, donnant dans une chambre plus éclairée, plus riche et plus élégante qu'aucune de celles que nous avions traversées. Mon guide me laissa entrer, referma la porte derrière moi, et je me trouvai en face d'une jeune fille de quatorze à quinze ans à peine, et qui me parut d'une merveilleuse beauté.

Mon premier soin fut de pousser le verrou doré qui fermait la porte en dedans; puis je me retournai et restai un moment immobile d'étonnement et de joie, dévorant des yeux la fée dont la baguette magique semblait m'avoir ouvert les portes d'un palais enchanté. Elle était couchée sur des carreaux de satin, vêtue d'un cafetan de soie rose à fleurs d'argent, et d'une antère de damas blanc à fleurs d'or, prenant juste la taille et échancrée de manière à laisser voir une partie du sein; les longues manches de cette espèce de redingote pendaient par derrière et découvraient celles d'une chemise de gaze de soie blanche, attachée au cou par un bouton de diamant : une ceinture couverte de pierreries la fixait autour du corps par un ruban de lumière.

Elle portait sur la tête le *talpock*, cette délicieuse coiffure des femmes turques, qui se compose d'une calotte de velours cerise posée sur le côté de la tête et du milieu de laquelle pend un gland d'or. Sur la tempe que le talpock laissait découverte, la chevelure était lissée en bandeau, et dans ce bandeau était fixé un bouquet de différentes pierreries, représentant des fleurs naturelles : les perles imitaient les boutons d'oranger; les rubis, les roses, les diamants, le jasmin, et les topazes, la jonquille. Des cheveux, d'une longueur inconnue chez nous, s'échappaient de ce bonnet, et, se partageant sur les épaules, serpentaient, en tresses infinies, jusqu'aux babouches de cabron blanc brodé d'or, où la belle indolente cachait ses petits pieds. Quant à ses traits, ils étaient de la régularité la plus parfaite; c'était le type grec dans toute sa fière et gracieuse majesté, avec ses grands yeux noirs, son nez apollonien et ses lèvres de corail.

Cet examen fut le résultat d'un coup d'œil. Pendant ce temps, celle qui en était l'objet avait avancé la tête, en courbant son cou comme un cygne et en fixant sur moi un regard inquiet. Je me rappelai mon déguisement, et je vis qu'elle doutait encore que je fusse bien celui qu'elle attendait. Alors, par un mouvement rapide comme la pensée, saisissant robe et voile, je déchirai tout à pleines mains, et me trouvai dans mon costume de midshipman. Aussitôt la belle

Grecque poussa un cri, se leva chancelante, et, étendant vers moi ses mains jointes :

— Seigneur officier, me dit-elle en italien, pour l'amour de la Panagie *, sauvez-moi !

— Qui êtes-vous? m'écriai-je en courant à elle et en la soutenant sur mon bras au moment où elle allait tomber; et de quel danger demandez-vous que je vous sauve?

— Qui je suis? répondit-elle. Hélas ! je suis la fille de celui que vous avez rencontré lorsqu'il marchait au supplice; et le danger dont vous pouvez me sauver, c'est d'être la maîtresse de celui qui l'a fait assassiner.

— A quoi puis-je vous être bon? m'écriai-je. Parlez; me voilà, disposez de moi.

— Il faut d'abord que vous sachiez ce que je crains et ce que j'espère. Écoutez ; en deux mots, j'ai tout dit.

— Mais ne perdrons-nous pas en paroles un temps précieux? Vous êtes jeune, vous êtes belle, vous êtes malheureuse, vous avez eu confiance en mon courage et en ma loyauté, puisque vous m'avez fait venir. Qu'ai-je besoin de plus?

— Non, je crois que, pour le moment, il n'y a rien à craindre. Le tzouka-dar ** est retenu au sérail par la fête, et trop de monde veille et passe encore, pour que nous osions risquer de fuir en ce moment.

— Parlez donc.

— Mon père était Grec, de sang royal, et riche, trois crimes qui, à Constantinople, méritent la peine de mort. Le tzouka-dar le dénonça; mon père fut arrêté, et moi, je fus vendue; lui conduit en prison, moi amenée ici ; lui condamné à mourir, moi condamnée à vivre. Ma mère seule fut épargnée.

— Oh ! je l'ai vue, m'écriai-je; c'était sans doute elle qui veillait auprès du cadavre de votre malheureux père?

— C'est cela, c'est cela, répondit la jeune fille en se tordant les bras. Oui, c'était elle, c'était elle!

— Du courage, lui dis-je, du courage !

— Oh ! j'en ai, me répondit-elle avec un sourire plus effrayant que les larmes : vous le verrez dans l'occasion. Je fus donc conduite chez mon maître, chez l'assassin de mon père, chez celui qui m'avait achetée avec l'argent de ma famille ; il m'enferma dans cette chambre. Le lendemain, j'entendis quelque bruit; espérant toujours, sans savoir ce que j'espérais, je courus à la fenêtre : c'était mon père que l'on conduisait à la mort !

— Alors, c'est vous qui avez passé vos mains à travers ce treillage, c'est vous qui avez poussé ce cri douloureux qui a retenti jusqu'au fond de mon cœur ?

— Oui, oui, c'est moi, et je vous vis lever la tête à ce cri, je vous vis porter la main à votre poignard; je devinai que vous aviez un cœur généreux, et que vous me sauveriez, si cela était en votre pouvoir.

— Oh ! me voilà, ordonnez.

— Mais il fallait, pour cela, que je pusse parvenir à lier quelque communication avec vous. Je résolus de prendre sur moi de supporter la vue de mon maître. Oui, je regardai sans colère celui qui était encore tout souillé du sang de mon père ; je lui adressai la parole sans le maudire. Alors, il se crut heureux, et il voulut me récompenser par ces riches habits, par ces bijoux magnifiques. Un matin, je vis entrer Jacob, le plus riche joaillier de Constantinople.

— Comment ! m'écriai-je, ce misérable juif?

— Lui-même. Je le connaissais depuis longtemps. Mon père, qui n'avait que moi d'enfant et qui m'accablait de bontés, lui avait acheté parfois des pierreries et des étoffes pour des sommes immenses. Je lui fis signe que j'avais à lui parler; alors il dit au tzouka-dar qu'il n'avait rien sur lui de ce que je lui demandais, mais qu'il reviendrait le lendemain. Le lendemain, le chef des pages devait être de service ; mais il ordonna que le juif fût introduit devant moi, même en son absence ; deux de ses gardes devaient assister à l'entrevue ; ce fut dans cet intervalle que, de la fenêtre où je passais tout mon temps, dans l'espérance de vous revoir, je vous aperçus une seconde fois. J'eus alors l'idée de laisser tomber ma bague ; vous la ramassâtes avec une telle expression de joie, qu'à compter de ce moment je fus certaine d'avoir un ami. Le lendemain, Jacob revint. Nos gardes ne nous quittèrent point ; mais je lui dis en italien tout ce dont il s'agissait. Je lui donnai votre signalement, depuis la couleur de vos cheveux jusqu'à la forme de votre poignard : j'avais tout retenu. Il me dit qu'il croyait vous connaître. Jugez de ma joie ! Alors, incertaine si nous pourrions nous revoir, nous prîmes toutes nos mesures pour aujourd'hui, jour où la fête que donnait le sultan retenait le tzouka-dar au sérail. Ma nourrice, qu'on m'avait laissée, par indifférence plutôt que par pitié, devait sortir, comme d'habitude, conduite par un capidgi, pour aller acheter des parfums chez Jacob ; là elle vous trouverait, elle vous donnerait son voile et sa robe, et vous rentreriez au palais à sa place. Pendant ce temps, elle courait prévenir ma mère, qui, avec l'aide de quelques serviteurs restés fidèles, tiendrait une barque prête au pied de la tour de Galata. Si vous acceptiez le rendez-vous, Jacob devait m'envoyer une guitare... Je l'ai reçue aujourd'hui... et la voilà... Vous... vous voici, à votre tour ; êtes-vous disposé à venir à mon aide ?... Tout a bien réussi jusqu'à présent, vous le voyez : le reste dépend de vous.

— Eh bien, que faut-il faire? Parlez vite, fuyons.

— Essayer de traverser cette longue file d'appar-

* Nom que les Grecs donnent à la Vierge.

** Chef des pages.

tements, c'est impossible; il n'y a donc que la fenêtre qui donne dans ce cabinet par laquelle nous puissions sortir.

— Mais elle est à douze pieds de terre !

— Oh ! ce n'est point là ce qui doit vous inquiéter; avec ma ceinture, vous me ferez descendre. Mais, derrière ce treillage, il y a des barreaux de fer.

— J'en ferai sauter un avec mon poignard.

— Mettons-nous donc à la besogne, alors; car je crois qu'il est temps.

J'entrai dans le cabinet, et, derrière le rideau de damas rose du boudoir, je vis les barreauxde la prison. En plongeant dans la rue, il me sembla apercevoir deux hommes cachés à l'angle de la rue en face; je n'en commençai pas moins en silence mon opération, bien persuadé qu'ils étaient là pour leurs propres affaires, et non pour surveiller les nôtres.

La pierre était tendre, et cependant je n'en pouvais à chaque coup emporter que de faibles parcelles. La jeune Grecque me regardait faire avec toute la curiosité de l'espoir. Mon rôle était changé; mais je ne sais vraiment pas, malgré sa beauté merveilleuse, si je n'étais pas plus fier d'avoir été choisi par elle comme sauveur que comme amant. Il y avait, dans mon aventure, quelque chose de plus chevaleresque ainsi, et je l'acceptai dans toutes ses conséquences de dévouement désintéressé.

J'étais au plus fort de mon travail, et la base du barreau commençait à se dégager de sa prison de pierre, lorsque la jeune fille posa une main sur mon bras et étendit l'autre dans la direction d'un bruit qui venait de la frapper. Elle resta un instant ainsi immobile et écoutant, pareille à une statue, et sans me donner d'autre signe d'existence que de me serrer le bras de plus en plus. Enfin, après un instant d'attente, pendant lequel je sentis la sueur me monter au front :

— C'est lui qui rentre ! me dit-elle.

— Que faut-il faire? répondis-je.

— Prendre conseil des circonstances; peut-être ne viendra-t-il pas ici, et, alors, peu nous importe son retour.

Elle écouta de nouveau; puis, après un moment de silence :

— Il vient ! me dit-elle.

Je fis un mouvement pour m'élancer dans la chambre et me trouver face à face avec lui, quand il ouvrirait la porte.

— Pas un mot, pas un geste, pas un pas, ou vous êtes perdu ! me dit-elle; et moi, je le suis avec vous.

— Mais je ne puis rester ainsi caché ! Ce serait lâche et infâme à moi.

— Taisez-vous ! me dit-elle en mettant une de ses mains sur ma bouche et en m'arrachant, de l'autre, mon poignard; taisez-vous, au nom de la Vierge, et laissez-moi faire.

Alors elle s'élança dans la chambre, et cacha mon poignard sous les coussins qui lui servaient de lit quand j'étais arrivé. En ce moment, on frappa à l'autre porte.

— Qui va là? demanda la jeune Grecque en replaçant le coussin dérangé.

— Moi ! répondit une voix d'homme pleine à la fois de force et de douceur.

— Je vais ouvrir à mon seigneur et à mon maître, reprit la jeune fille; car il est le bienvenu chez son esclave.

A ces mots, elle vint au cabinet, ferma la porte, en poussa le verrou, et je restai caché, témoin par l'ouïe, sinon par la vue, de la scène qui allait se passer.

Je doute que, pendant tout le cours de ma vie aventureuse, et qui fut, par la suite, exposée à tant de dangers différents, il y en ait un seul qui ait produit chez moi une sensation aussi pénible que celle que j'éprouvais en ce moment. Sans armes, ne pouvant rien pour ma défense ni pour celle de la femme qui m'avait appelé à son aide, j'étais obligé de laisser jouer à un être faible, et qui n'avait pour elle que la ruse familière à sa nation, une partie dans laquelle ma vie était en jeu. Si elle perdait, j'étais pris dans ce cabinet comme un loup dans une trappe, sans pouvoir m'échapper ni me défendre; si elle gagnait, c'était elle qui avait fait face au péril comme un homme, et c'était moi qui m'étais caché comme une femme. Je cherchai autour de moi s'il n'y avait pas quelque meuble dont je pusse me faire une arme; mais je ne trouvai que des coussins, des chaises de roseau et des vases de fleurs. Je revins à la porte et j'écoutai.

Ils parlaient turc, et, privé de la vue des gestes qui accompagnaient les paroles, je ne pouvais comprendre ce qu'ils disaient. Cependant je jugeai, à la douceur de l'accent de l'homme, qu'il en était à la prière plutôt qu'à la menace. Au bout de quelques instants, j'entendis les sons de la guitare; puis la voix de la jeune Grecque s'éleva en notes pures et harmonieuses, et un chant, qui semblait à la fois une prière sainte et un hymne d'amour, tant il était religieux et doux, se fit entendre. J'étais stupéfait d'étonnement. Cette enfant, qui n'avait pas quinze ans encore, qui, à l'instant même, pleurait, en se tordant les bras, la mort de son père, la misère de sa famille et sa propre captivité, cette enfant qui venait d'être interrompue dans son œuvre d'évasion au moment où elle était près de retrouver sa liberté perdue, qui me savait dans le cabinet à côté, qui n'avait plus d'autre espoir que le poignard caché sous les coussins où elle était assise; cette enfant chantait, en face de l'homme qu'elle détestait plus que la mort, d'une voix en apparence aussi tranquille que si elle eût célébré les mérites de la Vierge au milieu de sa famille, sous le platane qui ombrageait la porte de sa maison.

J'écoutais, et je me laissais aller, sans essayer même de réagir, par la pensée, contre tout ce qui m'entourait; il me semblait, comme dans un songe, être emporté par une puissance supérieure. J'attendis donc, écoutant toujours. Le chant cessa. Les paroles qui lui succédèrent devinrent plus tendres encore que celles qui les avaient précédées; puis il y eut un moment de silence qu'interrompit tout à coup un cri douloureux et étouffé. Je demeurai sans haleine, les yeux ouverts et fixes comme s'ils eussent pu percer la muraille. Un gémissement sourd se fit entendre, puis un calme de mort lui succéda. Bientôt des pas légers, que j'avais peine à distinguer au milieu du bruit que faisait le battement de mon cœur, s'approchèrent du cabinet; le verrou glissa, la porte s'ouvrit, et, à la lueur de la lune, qui pénétrait par la fenêtre restée ouverte, je vis reparaître la jeune Grecque, vêtue seulement d'une longue robe de dessous, pâle et blanche comme un fantôme, et n'ayant conservé, de toute sa parure, que le bouquet de pierreries que j'avais vu briller dans ses cheveux. Je voulus jeter un coup d'œil derrière elle ; mais toute lumière était éteinte, et je ne pus rien distinguer dans la nuit.

— Où es-tu? me dit-elle; car j'avais reculé devant l'apparition terrible, et je me trouvais dans l'ombre.

— Me voici, répondis-je en faisant un pas en avant et en me replaçant dans le rayon de lumière qui l'éclairait elle-même.

— Eh bien, j'ai fait ma tâche, me dit-elle; maintenant, achève la tienne.

Et elle me présenta le poignard.

Elle le tenait par la poignée, je le pris par la lame. La lame était tiède et humide; je rouvris ma main, et, à la lumière de la lune, je m'aperçus que ma main était pleine de sang. C'était le premier sang humain qui me touchait ! Mes cheveux se dressèrent sur mon front, et je sentis un frisson parcourir tout mon corps; mais je n'en compris que mieux qu'il n'y avait pas de temps à perdre, et je me remis à l'ouvrage. Les deux hommes étaient toujours au coin de la rue; mais je ne m'inquiétai pas d'eux et je continuai, quoique, au bruit que je faisais, leurs regards parussent se fixer sur la fenêtre. Enfin le barreau céda, laissant un intervalle assez large pour que nous puissions passer. Restait le treillage extérieur; je n'eus qu'à le pousser pour qu'il tombât.

Au même instant, un des deux hommes s'élança jusqu'au milieu de la rue.

— Est-ce vous, John, me dit-il, et avez-vous besoin de secours? Nous voici, Bob et moi, prêts à vous en donner.

— James! Bob! m'écriai-je.

Puis, me retournant vers la jeune Grecque, qui n'avait pu comprendre ce qu'on me disait dans une langue qu'elle n'entendait pas :

— Maintenant, nous sommes sauvés, lui dis-je. Non, non, repris-je en me retournant vers mes amis, je n'ai pas besoin d'autre secours que de celui d'une corde; en avez-vous une?

— Nous avons mieux que cela, me répondit James, nous avons une échelle. Bob, viens ici, continua James, et mets-toi contre ce mur.

Le marin obéit; en un instant, James monta sur ses épaules et me tendit les deux bouts d'une échelle de cordes, que je liai aux deux barreaux voisins de celui que j'avais enlevé; puis James, redescendant aussitôt, assujettit l'autre extrémité, de manière à ce que l'échelle fût tendue et non flottante, ce qui donnait à ma compagne une plus grande facilité pour descendre. Elle ne perdit pas de temps, et, montant aussitôt sur la fenêtre, elle se trouva un instant après, sans accident, dans la rue, au grand étonnement de James et de Bob, qui ne pouvaient deviner ce que cela voulait dire. En un instant, je fus près d'eux.

— Que vous est-il donc arrivé, au nom du ciel? s'écria James. Vous êtes pâle comme la mort et tout sanglant. Seriez-vous poursuivis?

— Non; à moins que ce ne soit par un spectre, lui répondis-je. Mais ce n'est pas ici le moment de vous raconter cette histoire. Nous n'avons pas un instant à perdre. Où la barque vous attend-elle? demandai-je, en italien, à ma jeune Grecque.

— A la tour de Galata, répondit celle-ci; mais je suis incapable de vous y conduire; je ne sais pas le chemin.

— Je le sais, moi, lui répondis-je en lui saisissant la main et en essayant de l'entraîner avec moi ; mais, au même instant, je m'aperçus qu'elle était pieds nus et qu'elle ne pourrait pas nous suivre. Je fis un mouvement pour la prendre dans mes bras; mais Bob, devinant mon intention, me prévint, et, l'enlevant de terre comme une plume, il se mit à courir vers le rivage. James me passa une paire de pistolets qu'il tenait à la main, et, en tirant une autre de sa ceinture, il me fit signe de marcher à la droite de Bob, tandis qu'il marcherait à sa gauche.

Nous avançâmes ainsi sans rencontrer aucun obstacle. A l'extrémité de la rue, nous vîmes luire tout à coup, comme un immense miroir, la mer moirée de Marmara. Alors, tournant à gauche, nous suivîmes le rivage; plusieurs barques traversaient le canal, allant de Galata à Constantinople ou de Constantinople à Galata. Parmi toutes ces barques, une seule était immobile, à quatre brasses du rivage. Nous nous arrêtâmes devant celle-là, et la jeune Grecque la regarda un instant, car elle semblait vide. Cependant, du fond de la barque, une espèce de fantôme se leva.

— Ma mère ! cria d'une voix étouffée la jeune fille.

— Mon enfant, répondit une voix dont l'accent profond nous fit tressaillir; mon enfant, est-ce toi?

Aussitôt quatre rameurs cachés parurent; la barque vola sur la mer comme une hirondelle, et aborda en un instant au rivage; les deux femmes se jetèrent dans les bras l'une de l'autre; puis la mère tomba à nos genoux, demandant lesquels elle devait embrasser; je la relevai; et, comme il n'y avait pas de temps à perdre :

— Partez! dis-je; au nom du ciel, partez! il y va de votre vie et de celle de votre mère; ne tardez donc pas un instant.

— Adieu, dit la jeune fille en me pressant la main; Dieu seul sait si nous nous reverrons. Nous allons tâcher de gagner Cardiki, en Épire, où sont les restes de notre famille. Votre nom, afin que je le garde dans ma mémoire, et que je prie tous les jours pour celui qui le porte?

— Je me nomme John Davys, lui répondis-je. Je voudrais avoir fait davantage pour vous; mais j'ai fait ce que j'ai pu.

— Et moi, je me nomme Vasiliki, reprit la jeune fille; et Dieu me dit que ce n'est pas la dernière fois que nous nous voyons.

A ces mots, elle s'élança dans la barque, et, arrachant de sa tête le bouquet de pierreries, qu'à mon grand étonnement elle avait conservé :

— Tenez, me dit-elle, voici la récompense promise à Jacob. Dieu vous en garde une qui vaut mieux que tous les diamants de la terre.

Le bouquet tomba à mes pieds; la barque s'éloigna rapidement du rivage. Je vis quelque temps briller, comme les voiles de deux ombres, les vêtements blancs de la mère et de la fille; puis, enfin, barque, rameurs, voiles blancs, tout disparut comme une vision et s'enfonça dans l'obscurité.

Je restai un moment immobile sur le rivage; et, certes, j'aurais pris ce qui venait de m'arriver pour un rêve, si je n'avais pas eu sous les yeux ce bouquet de diamants, et dans la mémoire ce nom de Vasiliki.

XVII

Notre premier sentiment, lorsque la barque eut disparu et que nous nous trouvâmes seuls sur le rivage, fut un retour sur nous-mêmes; notre position n'était pas rassurante. D'abord, nous étions tous trois, à minuit, hors du vaisseau sans permission; puis nous avions à suivre, depuis Galata jusqu'à la Tophana, le rivage de la mer, tout couvert de chiens errants par troupes, qui semblaient nous reconnaître pour des étrangers, et qui avaient tous l'air de se croire, en conséquence, le droit de nous dévorer. Enfin, je n'oubliais pas que, quoique je ne fusse pour rien dans le meurtre, il n'y en avait pas moins un fils de Mahomet poignardé, et que ce fils de Mahomet était le tzouka-dar.

Les deux dernières raisons, malgré la punition que nous savions nous attendre à notre rentrée à bord, nous poussaient à ne pas perdre de temps. Aussi nous mîmes-nous en route, marchant serrés les uns contre les autres, et suivis d'un véritable troupeau de chiens affamés, dont les yeux brillaient, dans les ténèbres, comme des escarboucles. De temps en temps, ces animaux s'approchaient si près de nous et avec des intentions si visiblement hostiles, que nous étions obligés de nous retourner et de leur faire face. Alors, comme Bob tenait à la main un bâton, dont il jouait avec beaucoup d'adresse, force était à nos antagonistes de faire quelques pas en arrière; nous en profitions aussitôt pour nous remettre en route; mais nous n'avions pas fait vingt pas, qu'ils étaient de nouveau sur nos talons. Si l'un de nous se fût écarté ou eût chancelé dans sa marche, c'était fait de lui et probablement de nous, car, une fois qu'ils eussent goûté du sang, il n'y eût plus eu moyen de les écarter.

Les chiens nous accompagnèrent ainsi jusqu'à la Tophana, où Bob et James retrouvèrent enfin leur barque. James y descendit le premier, je l'y suivis; Bob soutint la retraite, ce qui n'était pas chose facile. Alors nos antagonistes, comprenant que nous allions leur échapper, s'avancèrent si près de nous, que Bob, d'un coup de son bâton, étendit sur le rivage un des plus hardis; aussitôt tous les autres se jetèrent sur le cadavre, et, en un instant, le dévorèrent. Bob profita de cette diversion pour ouvrir le cadenas qui retenait la chaîne, et pour sauter avec nous dans la barque; puis, ramant vigoureusement, James et moi, nous nous éloignâmes, accompagnés par des hurlements qui nous donnaient à entendre tout le chagrin qu'éprouvaient ceux qui les faisaient retentir de nous voir partir sans avoir fait avec nous plus ample connaissance. A cent pas du rivage, Bob nous reprit les avirons, et se mit à ramer à lui seul plus efficacement que nous ne l'avions fait, James et moi.

Il faut s'être épanoui à ces nuits douces et souriantes de l'Orient, pour s'en faire une idée; vue ainsi au clair de lune, avec ses maisons peintes, ses kiosques aux coupoles dorées, ses arbres semés partout avec une confusion pittoresque, Constantinople semblait un vrai jardin de fée; le ciel était pur et sans un seul nuage; la mer, calme et pareille à un miroir, réfléchissait toutes les étoiles du ciel. Notre bâtiment, ancré un peu en avant du sérail de Scutari, à la hauteur de la tour de Léandre, avait derrière lui le fanal qui s'élève sur le promontoire du port de Chalcédoine, et dessinait, sur sa flamme protectrice, sa mâture élégante et ses cordages pareils à des fils d'araignée. Cet aspect nous ramena à notre position, que la beauté du paysage nous avait fait oublier, et, comme nous nous rapprochions du navire, nous dîmes à Bob de ramer plus doucement, afin que les avirons fissent jaillir moins de flamme de la mer phosphorescente, et en même temps produisissent moins de bruit. Nous espérions atteindre ainsi le bâtiment sans que la sentinelle nous vît, ou, si elle était de nos amis, sans qu'elle fît semblant de nous voir; puis, après être rentrés par quelqu'une de ces ouvertures qui sont toujours béantes au flanc d'un vaisseau, regagner nos hamacs sans souffler une parole, et, le lendemain, à notre quart, monter sur le pont comme si rien d'extraordinaire ne s'était passé; malheureusement, toutes les précautions étaient prises pour que les choses allassent autrement. Quand nous fûmes à environ trente pas du *Trident*, la sentinelle, dont nous ne voyions que la tête au-dessus de la muraille, monta sur le banc de bâbord, et nous cria, de toute la force de ses poumons :

— Holà ! de la barque, que demandez-vous?

— A remonter à bord, répondis-je en mettant mes mains devant ma bouche pour porter mes paroles avec moins de bruit.

— Qui êtes-vous?

— Les midshipmen John et James, et le matelot Bob.

— Au large !

Nous nous regardâmes, d'autant plus stupéfaits, que nous avions reconnu dans la sentinelle un matelot particulièrement ami de Bob, et qui, au fond du cœur, était très-disposé, nous en étions certains, à cacher notre petite escapade. Je me retournai donc vers lui, croyant qu'il avait mal entendu :

— Vous avez mal compris, Patrick, lui criai-je ; nous sommes du bâtiment et nous y rentrons, James, Bob et moi. Ne reconnaissez-vous pas ma voix? Je suis John Davys.

— Au large ! cria Patrick d'une voix si forte et si impérieuse, qu'il était évident qu'une troisième interpellation du même genre réveillerait tout le bâtiment; aussi Bob, comprenant le danger, se remit-il aussitôt à ramer sans l'attendre.

Nous comprîmes son intention, et nous lui fîmes, en silence, un signe de tête pour lui indiquer que nous l'approuvions. Son intention était de se mettre hors de vue du bâtiment; puis, comme nous avions échoué à bâbord, il voulait, en décrivant un cercle et en se rapprochant avec des précautions plus grandes encore que la première fois, voir si nous ne serions pas plus heureux à tribord. En conséquence, une fois hors de vue, nous nous arrêtâmes un instant pour envelopper l'extrémité des avirons avec nos mouchoirs de poche et une petite voile que nous déchirâmes en deux parties; puis, ces précautions prises, Bob se remit à ramer si sourdement, que nous-mêmes n'entendions pas le bruit que nous produisions, et que le sillon de feu que nous laissions après nous pouvait seul nous dénoncer. Nous nous applaudissions de ce stratagème, grâce auquel nous espérions enfin rentrer à bord, lorsque, arrivés à cinquante pas du bâtiment, nous vîmes le fusil du soldat de marine en sentinelle à tribord passer du mouvement à l'état fixe; et, au bout d'un instant, cette nouvelle interpellation arriva jusqu'à nous :

— Ohé ! de la barque, que voulez-vous?

— Rentrer à bord, pardieu ! répondit James, qui commençait comme moi à s'impatienter du manége qu'on nous faisait faire.

— Au large ! cria la voix.

— Mais, que diable ! dis-je à mon tour, reconnaissez-nous donc une fois pour toutes, nous ne sommes pas des pirates.

— Au large ! répéta la sentinelle.

Nous ne tînmes aucun compte de l'avertissement, et nous fîmes signe à Bob de continuer de ramer vers le bâtiment.

— Au large ! répéta une troisième fois la sentinelle en abaissant son fusil vers nous; au large, ou je fais feu.

— Il y a du M. Burke là-dessous, murmura Bob. Croyez-moi, monsieur John, obéissons; c'est ce que nous avons de mieux à faire.

— Et quand donc pourrons-nous rentrer? demandai-je au soldat.

— Au quart du matin, répondit celui-ci; il fera jour.

C'était encore quatre heures à attendre; mais il n'y avait pas d'observations à faire; nous prîmes donc notre parti, et, en quelques coups de rames, nous nous trouvâmes à la distance exigée. Bob nous proposa alors de nous conduire au rivage, où nous serions mieux, pour reposer un instant, que dans notre barque; mais la compagnie que nous y avions trouvée nous avait dégoûtés de la terre ferme pendant la nuit. Nous préférâmes donc rester au milieu du Bosphore. Notre punition, réduite à cette halte nocturne, n'eût pas été bien grande, vu la beauté du ciel et la douceur de l'atmosphère; mais les préliminaires nous avaient appris que nous devions nous attendre à quelque chose de plus sérieux; du caractère dont nous connaissions M. Burke, ce quelque chose, qui n'était encore pour nous que de l'inconnu, ne laissait pas que d'être assez inquiétant. Aussi, malgré la beauté du paysage, sur lequel l'aurore se leva, et qui, en tout autre moment, éclairé ainsi aux premiers rayons du soleil, m'eût, pour mon compte, jeté dans l'extase, nous passâmes quatre des plus mortelles heures d'attente que le temps ait jamais sonnées. Enfin un coup de sifflet nous apprit que le moment de relever le quart était arrivé, et nous nous rapprochâmes du vaisseau, qui, cette fois, nous laissa faire sans aucun signe extérieur d'hostilité.

En arrivant sur le pont, la première personne que nous aperçûmes fut M. Burke en grand uniforme, à la tête du corps d'officiers, qui semblait rassemblé en conseil de guerre. Comme notre escapade était tout bonnement de celles que l'on punit, chez les midshipmen, par quelques jours de prison, et, chez les matelots, par quelques coups de fouet, nous ne pûmes croire d'abord que c'était pour nous qu'on avait déployé un si formidable appareil. Mais nous fûmes bientôt détrompés, et nous vîmes que M. Burke avait l'intention de nous faire les honneurs de la désertion; aussi, à peine eûmes-nous mis le pied sur le pont, que, se croisant les bras et nous regardant de cet œil que l'espoir d'imposer un châtiment faisait toujours briller chez lui d'une lueur étrange :

— D'où venez-vous? nous dit-il.

— De terre, monsieur, répondis-je.

— Qui vous a donné permission?

— Vous savez, monsieur, que j'étais du cortége de M. Stanbow.

— Mais, comme les autres, vous deviez être rentré à dix heures, et tout le monde est rentré, excepté vous.

— Nous nous sommes présentés à minuit, on a refusé de nous laisser monter.

— Rentre-t-on, sur un bâtiment de guerre, à minuit?

— Je sais, monsieur, que ce n'est pas l'heure habituelle; mais je sais aussi qu'il est certaines circonstances où la discipline est moins sévère.

— Avez-vous une permission du capitaine?

— Non, monsieur.

— Vous garderez les arrêts quinze jours.

Je m'inclinai en signe d'adhésion; mais je restai pour attendre ce qui serait décidé à l'égard de James et de Bob.

— Et vous, monsieur, dit, en souriant de son sourire de démon, M. Burke, qui, ayant fini avec moi, commençait d'entreprendre James, étiez-vous aussi de l'escorte du capitaine?

— Non, monsieur, répondit James; aussi je ne cherche pas d'excuses, je suis coupable d'avoir été à terre sans permission. J'ai mérité d'être puni : punissez-moi donc; seulement, punissez-moi pour deux.

— Ah! ah! murmura M. Burke entre ses dents, il paraît que nous allons avoir une scène de Pythias et Damon.

Puis, à haute voix :

— Et pourquoi vous punirais-je pour deux, s'il vous plaît?

— Parce que c'est moi, monsieur, qui, sous ma responsabilité, ai emmené Bob.

— Sous votre responsabilité? dit M. Burke en souriant de cette façon méprisante qui n'appartenait qu'à lui, la responsabilité d'un midshipman!...

James se mordit les lèvres jusqu'au sang, mais ne dit pas un mot, quoique M. Burke, avec intention, lui laissât tout le temps de répondre.

— Alors, voilà tout ce que vous avez à dire pour votre défense? continua le lieutenant après un moment de silence.

— Oui, monsieur, répondit James.

— Vous garderez les arrêts pendant un mois, et Bob recevra vingt coups de fouet.

— Monsieur, dis-je alors en m'avançant vers M. Burke, pourrais-je obtenir de vous la faveur d'un entretien particulier?

Il me regarda avec étonnement, et comme surpris de ma hardiesse.

— Qu'avez-vous à me dire? me demanda-t-il.

— Des choses qui pourront peut-être changer votre décision.

— A votre égard?

— Non, monsieur, à l'égard de James et de Bob.

— Et ces choses sont si secrètes, qu'elles ont besoin du tête-à-tête?

— Je crois, du moins, convenable de ne vous les dire qu'ainsi.

— Veuillez me suivre, monsieur; je descends à la cabine, et, là, je vous écouterai.

Il fit quelques pas vers la dunette; puis, se retournant, et s'adressant aux soldats de marine, en désignant alternativement James et Bob :

— Conduisez monsieur à sa chambre, et mettez une sentinelle à sa porte. Jetez-moi ce drôle dans la fosse aux lions, et mettez-lui les fers aux pieds et aux mains. Puis, se retournant avec la même tranquillité que s'il venait de dire la chose la plus simple, il descendit, marchant devant moi, et sifflotant un de ces airs qui n'existent pas.

Je le suivais, je l'avoue, sans aucun espoir d'en rien obtenir pour mes pauvres amis; mais je sentais que, pour l'acquit de ma conscience, je devais cependant essayer ce dernier moyen. Arrivé dans la cabine, M. Burke s'arrêta, et, demeurant debout pour m'inviter à la brièveté :

— Parlez, monsieur, me dit-il; nous voilà seuls, et je vous écoute.

Alors je lui racontai dans tous ses détails la cause de mon absence; comment j'avais reçu un rendez-vous que j'avais d'abord cru une intrigue d'amour; puis comment les choses avaient pris un tour romanesque, et amené un dénoûment tragique. Je lui exposai enfin le dévouement de James et de Bob, qui, craignant pour moi, avaient préféré risquer une punition, mais avaient voulu être à même de me prêter secours, si besoin était.

M. Burke m'écouta dans le plus profond silence; puis, lorsque j'eus fini :

— Tout cela est fort touchant, sans doute, me dit-il avec son méchant sourire; mais Sa Majesté Britannique nous a envoyés à Constantinople, monsieur, pour tout autre chose que pour faire les chercheurs d'aventures et les chevaliers errants. Partant, vous trouverez bon que votre récit, tout intéressant qu'il est, ne change rien à la décision que j'ai rendue.

— Non, sans doute; à mon égard, monsieur Burke; mais punirez-vous, chez James et chez Bob, un excès de dévouement?

— Je punirai, répondit M. Burke en pâlissant, comme il le faisait à la moindre contrainte, toute infraction aux règles de la discipline.

— Quelle que soit la cause qui l'ait amenée?

— Quelle qu'elle soit.

— Permettez-moi de vous dire, monsieur, que vous agissez, ce me semble, sous l'empire d'un sentiment exagéré de vos devoirs, et que, si j'avais affaire au capitaine au lieu d'avoir affaire à vous...

— Malheureusement, monsieur, répondit le lieutenant avec son éternel sourire, vous avez affaire à moi, et non à lui; M. Stanbow est resté à terre, et, en son absence, c'est moi qui suis maître à bord; or, comme maître souverain, je vous ordonne de vous rendre à votre chambre, et d'y prendre les arrêts.

— Vous savez bien que, quant à moi, je ne refuse pas, et que, si je vous demande grâce, c'est pour James et pour Bob.

— M. James, au lieu d'un mois, restera six semaines aux arrêts; et Bob, au lieu de vingt coups de fouet, en recevra trente.

Ce fut moi qui devins affreusement pâle à mon tour. Cependant, me maîtrisant encore :

— Monsieur Burke, lui dis-je, ce que vous faites là est injuste.

— Un mot de plus, me répondit-il, et je double la dose.

Je fis un pas vers lui.

— Mais, monsieur Burke, lui dis-je, vous me déshonorez! Mes amis, en voyant augmenter leur punition sans avoir rien fait pour cela, croiront que je suis descendu avec vous pour faire contre eux quelque délation infâme? Punissez-moi! punissez-moi doublement, mais pas eux, de grâce!

— Assez, monsieur. Sortez!

— Mais...

— Ah!... s'écria M. Burke en levant sa canne.

Ce qui se passa en moi à la vue de ce geste est impossible à décrire. Je sentis tout mon sang, qui, un instant auparavant, avait reflué vers mon cœur, s'élancer à mon visage. Si j'eusse cédé à mon premier mouvement, je me fusse élancé sur lui et je l'eusse poignardé; mais l'ombre du malheureux David passa entre lui et moi comme une apparition protectrice; je poussai un cri étouffé, qui ressemblait à un rugissement, et je m'élançai hors de la cabine. En ce moment, c'était un bienfait pour moi que ces arrêts forcés. J'avais besoin d'être seul.

A peine me trouvai-je dans ma chambre, que je me jetai la face contre terre en m'enfonçant les mains dans les cheveux, et que je restai immobile et comme anéanti, ne donnant d'autre signe d'existence qu'une espèce de râlement sourd qui s'échappait des plus profondes cavités de ma poitrine; puis, au bout de je ne sais combien de temps, car tout calcul de durée m'était impossible dans l'état violent où je me trouvais, je me relevai lentement, en souriant à mon tour, car la possibilité d'une vengeance venait de s'offrir à moi.

Je fus tellement absorbé tout le jour par cette idée, que je ne touchai point à la nourriture qu'on m'envoya, et que je passai la nuit sur ma chaise. Cependant, en apparence, j'étais calme, et le matelot qui vint m'apporter mon déjeuner ne put rien connaître de ce qui se passait en moi. Pour ne lui inspirer, au reste, aucun soupçon, je mangeai devant lui, tout en lui demandant si M. Stanbow était de retour à bord. Il était revenu la veille, et avait paru très-peiné de notre double condamnation. Au reste, pour punir, autant que la chose était en eux, le lieutenant de son nouveau jugement contre nous, qu'ils regardaient comme une infamie, tous les officiers du bâtiment l'avaient mis en *quarantaine*. Cette démonstration me fit plaisir; car elle me prouva que tous, à bord, jugeaient la conduite de M. Burke ainsi que je l'avais jugée moi-même, et je me sentis affermi dans la résolution que j'avais prise.

Maintenant, je dois expliquer à ceux de mes lecteurs qui ne sont pas au fait de la vie maritime, ce qu'on appelle, à bord d'un bâtiment, mettre un officier en quarantaine.

Lorsqu'un supérieur, par un caractère intolérable ou par une rigueur exagérée, a indisposé contre lui ses subordonnés, ces derniers, qui ne peuvent lui rendre les punitions qu'il leur inflige, en ont inventé une dont ils disposent et qui est peut-être plus cruelle qu'aucune de celles qui sont dans le code militaire. Ils se réunissent en espèce de conseil de guerre, et, là, ils déclarent leur officier en quarantaine pour un temps plus ou moins long. Il faut néanmoins que le jugement soit rendu à l'unanimité; car tous doivent concourir à l'application de la peine qu'il porte.

Or, voici ce que c'est que ce châtiment :

Du moment qu'un officier est en quarantaine, c'est un paria, un lépreux, un pestiféré. Personne ne l'approche que pour les besoins du bâtiment, et ne lui répond que par les paroles strictement nécessaires au service. S'il tend la main, on reste les bras croisés; s'il offre un cigare, on refuse; s'il vient sur l'avant, on passe à l'arrière. A table, on ne lui présente rien; tout s'arrête à son voisin de gauche ou à son voisin de droite; il est obligé de demander ou de prendre. Or, comme la vie, à bord d'un bâtiment, n'est pas semée de distractions bien variées, on peut juger, au bout d'un certain temps, ce qu'a de mortel une pareille punition : c'est à vous faire devenir fou, c'est à vous rendre enragé : aussi, ordinairement, l'officier cède-t-il. Alors tout rentre dans l'ordre accoutumé ; il redevient un homme et remonte au rang de citoyen jouissant de ses droits civils ; il cesse d'être une exception et rentre dans la vie commune. Mais, s'il persiste, nul ne se relâche, et, tant que dure l'entêtement, dure la quarantaine.

Du caractère dont on connaît M. Burke, on devine facilement que ce ne devait pas être lui qui céderait le premier. D'ailleurs, cette mesure prise vis-à-vis d'un tel homme offrait bien peu de changement dans son existence. Mais là n'était point la question; la question était dans l'audace que l'on avait eue d'appliquer à un officier supérieur une peine qui, ordinairement, ne s'inflige pas au-dessus du grade de second lieutenant. Aussi M. Burke en devint-il encore, s'il était possible, plus sombre et plus sévère.

Quant à moi, ma solitude ne faisait que m'entretenir dans une seule pensée. Parfois, au souvenir inattendu de l'offense que M. Burke m'avait faite, je sentais mon cœur se serrer et le sang me monter au visage; d'autres fois, il est vrai, je sentais s'affaiblir ma résolution, et je cherchais des excuses à cette conduite brutale et haineuse. J'étais dans cette disposition chrétienne le jeudi qui suivit ma reclusion et qui devait amener la punition de Bob. Je m'étais même promis que, si M. Burke lui faisait grâce de la moitié de sa peine, je lui ferais grâce, moi, de toute ma vengeance.

C'était une espèce de terme moyen que j'avais adopté pour concilier mon orgueil avec ma raison. J'attendis donc ce jour avec une certaine inquiétude; car il devait m'affermir dans ma résolution ou me la faire oublier. Ce jour arriva. J'entendis, au bruit des pas mesurés des soldats de marine, qu'ils se rendaient à l'exécution. Elle fut assez longue : il y avait cinq ou six matelots à punir. C'est ce qui arrivait toujours, lorsque M. Burke avait été chargé d'un intérim. Quelques cris parvinrent jusqu'à moi; mais je connaissais trop Bob pour ne pas être bien certain que ce n'était point lui qui donnait cette marque de faiblesse. Enfin j'entendis de nouveau le bruit des pas des soldats qui redescendaient dans la batterie de trente-six. Tout était fini ; mais je ne pouvais rien savoir avant une heure; car c'était à une heure seulement que le matelot m'apportait mon dîner.

Ce jour-là, justement, le matelot de garde auprès de moi était Patrick, le même qui avait reçu l'ordre de tirer sur nous, si nous approchions du bâtiment; cet ordre, auquel il avait été forcé d'obéir, lui avait été donné par M. Burke, dès qu'il avait su que le capitaine restait à terre, et que je n'étais pas porté sur la liste de ceux qui étaient demeurés auprès de lui. Dès le matin, le pauvre garçon m'avait fait ses excuses sur cette sévérité de la consigne, à laquelle il n'avait rien pu adoucir; et je lui avais dit de me rendre compte de l'exécution, ajoutant que j'espérais bien que Bob ne recevrait pas les vingt coups auxquels, dans un premier mouvement de colère, M. Burke l'avait condamné. Le fait est que, soit capitulation de conscience, soit difficulté de croire à une pareille sévérité, j'avais fini par demeurer convaincu que cela se passerait comme, au fond du cœur, je désirais que cela se passât; aussi, lorsque Patrick parut, je le regardai d'un air presque riant :

— Eh bien, lui dis-je, comment cela a-t-il fini, mon garçon?

— Mal pour le pauvre Bob, monsieur John.

— Comment! aurait-il reçu les vingt coups auxquels il était condamné?

— Trente, monsieur John, trente.

— Trente coups de fouet? m'écriai-je; mais il n'était condamné qu'à vingt!

— Je le pensais comme vous, Votre Honneur, et tout le monde le pensait comme moi; Bob même ne se doutait pas du supplément qui l'attendait. Quand il eut reçu, après avoir bien soufflé, ce qu'il croyait son contingent, il voulut se relever; mais le prévôt d'armes lui présenta son compte, et il vit qu'il avait un boni de dix coups sur lequel il ne comptait pas.

— Et il n'a pas réclamé? m'écriai-je.

— Si fait! mais tout ce qu'il y a gagné, c'est de savoir d'où lui venait la gratification.

— Et d'où lui venait-elle?

— Dame, je ne sais pas si c'est vrai : on lui a dit que c'était à vous qu'il en avait l'obligation; alors, il s'est recouché en disant : « En ce cas, c'est autre chose; tout ce qui vient de M. John est le bienvenu. Frappez! »

— Oh! m'écriai-je, et tu es certain que Bob a reçu trente coups de fouet?

— Pardieu! je les ai comptés les uns après les autres. D'ailleurs, vous pourrez demander à Bob, la première fois que vous le verrez; je suis sûr qu'il a retenu son total, lui.

— C'est bien, dis-je; merci, Patrick. Je sais tout ce que je voulais savoir.

Le matelot, qui était loin d'attacher à ces mots un autre sens que celui qu'ils paraissaient avoir, s'inclina et sortit.

M. Burke était condamné.

XVIII

De ce moment, il n'y eut plus d'hésitation dans mon esprit, et le projet que j'y ballotais depuis trois ou quatre jours y fut définitivement arrêté. Cependant je ne me laissai point aller, comme David, à une de ces aveugles vengeances qui peuvent avorter, et retombent alors sur celui qui l'a conçue. Je voulais délivrer l'équipage de son bourreau, mais non pas par un assassinat. M. Burke avait levé sur moi sa canne; il m'avait insulté comme homme, c'était comme homme qu'il me rendrait raison. S'il me tuait dans un duel loyal, tout était dit : si c'était moi, au contraire, que le sort favorisait, ma carrière militaire était perdue; car, ayant tiré l'épée contre un supérieur, je ne pouvais échapper à une condamnation capitale, si je remettais le pied sur le vaisseau. J'étais donc décidé, après le combat, à fuir en Grèce, en Asie Mineure ou en Égypte, mais à rester en Orient. Une seule pensée combattait cette résolution : c'était le souvenir de mon père et de ma mère, qui se présentait à mon esprit avec l'idée que je me séparais d'eux pour toujours. Mais tous deux étaient des âmes fortes, et j'étais sûr que mon père, tout le premier, lorsqu'il saurait quelle insulte m'avait été faite, approuverait la manière dont je l'avais repoussée.

Je commençai donc dès lors à tout préparer pour cet événement. Je fis la visite de ma bourse : elle contenait cinq cents livres sterling, tant en or qu'en traites, et c'était plus qu'il ne m'en fallait pour vivre deux ans à l'abri du besoin; à l'âge que j'avais alors, deux ans sont deux siècles. J'écrivis à mon père et à ma bonne mère une longue lettre, pleine des sentiments que j'avais pour eux, et où je leur racontais, dans tous ses détails, ce qui s'était passé à bord du *Trident* depuis que je les avais quittés. L'expédition de Walsmouth, l'enlèvement de David, sa punition, sa mort, mon insulte, tout y était; ma lettre s'arrêtait à la résolution que j'avais prise, et un mot de ma main, ajouté en post-scriptum, devait leur apprendre le résultat, si j'étais vainqueur; si j'étais tué, au contraire, je priais M. Stanbow, dans une lettre qu'il devait recevoir de son côté, de faire passer à mes bons parents ces dernières lignes, que l'on trouverait sur moi, et qui leur seraient une preuve que j'étais mort en pensant à eux.

Une fois ces dispositions générales terminées, je fus plus tranquille; il me semblait qu'il y avait commencement d'exécution, et qu'il était déjà trop tard pour que je revinsse sur la résolution prise. Je m'occupai donc des moyens. Proposer, à bord du bâtiment, un duel à M. Burke, eût été une folie : j'arrêtai, en conséquence, mon plan d'une tout autre façon.

Pour ses propres affaires ou pour celles du service, M. Burke était appelé, de temps en temps, à notre ambassade. Or, comme M. Burke, ainsi qu'on le sait, était médiocrement sociable et assez peu curieux, il s'y rendait ordinairement seul et par le chemin le plus court. Ce chemin traversait un des plus beaux et des plus vastes cimetières de Constantinople; là, je l'attendrais seul aussi, car je ne voulais compromettre personne, et, bon gré mal gré, je le forcerais de se battre. L'arme m'était égale, pourvu qu'il en acceptât une; chacun de nous aurait son épée au côté, et j'emporterais une paire de pistolets.

Sur ces entrefaites, le tour de Bob arriva d'être de service auprès de moi. Dès que le pauvre garçon entra, m'apportant mon déjeuner, je me jetai à son cou : il avait, comme à son ordinaire, déjà oublié la correction qu'il avait reçue; et, d'ailleurs, à ce qu'il m'assura, il n'avait jamais cru un instant que je fusse pour quelque chose dans le surcroît de coups qui lui était tombé si inopinément sur les épaules; comme je m'en étais douté, il en avait laissé tout l'honneur à M. Burke. Il me dit qu'au reste le premier lieutenant était toujours en quarantaine, et plus exécré que jamais, et que, quant à lui, il était convaincu que M. Burke finirait mal. C'était aussi mon opinion, et je ne fus pas fâché de la voir si généralement partagée; il me semblait que la Providence, qui m'avait choisi pour le vengeur de tant de braves gens, ne pouvait m'abandonner.

Je demandai des nouvelles du juif Jacob : il était venu plusieurs fois au bâtiment et avait demandé après moi; mais il n'avait pu me voir à cause de mes arrêts. Je comprenais son inquiétude; j'avais à lui remettre le bouquet de Vasiliki, lequel, on s'en souvient, était le prix de son entremise dans l'événement que j'ai raconté. Je chargeai Bob de lui dire qu'une fois libre, je le lui porterais sans retard, et que, d'ailleurs, j'avais, pour ma part aussi, à lui demander un service dont il serait bien récompensé.

Le jour de ma sortie approchait, et tout était préparé pour que je pusse profiter de la première occasion qui se présenterait de mener ma résolution à fin; elle arriva. Au bout d'un mois, heure pour heure, mes arrêts furent levés.

Ma première visite fut pour le capitaine. Je retrouvai le bon et digne vieillard tel qu'il avait toujours été pour moi. Il me gronda doucement de ne lui avoir pas demandé une permission qu'il m'eût accordée, et me fit raconter dans tous ses détails l'aventure de la jeune Grecque, le dévouement de James et de Bob, notre retour au bâtiment et ma scène avec M. Burke. Je lui dis tout comme je l'eusse dit à un confesseur; car M. Stanbow, dans la circonstance où je me trouvais, avait pour moi un caractère sacré, celui d'ami de mon père. Lorsque j'en arrivai au geste insultant que M. Burke s'était permis en m'ordonnant de me retirer, je vis M. Stanbow pâlir.

— Il a fait ce que vous dites? interrompit-il.

— Il l'a fait, monsieur, répondis-je froidement.

— Mais vous le lui avez pardonné, n'est-ce pas ? C'est un fou.

— Oui, repris-je en souriant. Seulement, c'est un fou furieux, et qu'il faut lier.

— Que voulez-vous dire? demanda M. Stanbow avec inquiétude. John, mon enfant, n'oubliez jamais que le premier devoir d'un marin est la discipline.

— Mon habitude est-elle d'y manquer, monsieur Stanbow? demandai-je au capitaine.

— Non, monsieur John, non; vous êtes, au contraire, un de mes meilleurs officiers. C'est une justice que je me plais à vous rendre.

— Et qui m'est d'autant plus précieuse, répondis-je, qu'elle m'est rendue au moment où je viens d'être puni.

M. Stanbow soupira; puis, encore une fois :

— Mais pourquoi ne m'avez-vous pas demandé cette permission? me dit-il; pourquoi n'avez-vous pas dit que je vous l'avais donnée? Je ne vous eusse pas démenti.

— Je vous remercie, monsieur Stanbow, m'écriai-je les larmes aux yeux, je vous remercie du fond du cœur; malheureusement, je ne mens jamais.

— C'est pour cela que je veux que vous m'affirmiez que vous ne vous souvenez de rien.

Je restai muet.

— Allons, allons, continua-t-il, c'est trop exiger en ce moment, j'en conviens, et il y aurait plus que de l'héroïsme à l'abnégation de la rancune au moment où elle doit être dans toute sa force. Prenez de l'air et du plaisir, vous en avez besoin, après un mois de reclusion; et que l'air et le plaisir emportent vos mauvaises pensées, si, par hasard, vous en aviez conçu. Voulez-vous aller à terre ?

— Merci, monsieur ; pas dans ce moment. Si j'y étais appelé par quelque affaire, je vous en demanderais la permission.

— Tant que vous voudrez; mais à moi, entendez-vous bien? à moi, John. Pour tout ce qui dépend de moi, au nom du ciel! n'ayez affaire qu'à moi. N'oubliez pas que c'est à moi, et non à un autre, que votre respectable père, mon bon et vieil ami, vous a confié; je lui réponds donc de vous contre tout ce qui n'est pas combat ou naufrage. Avez-vous de l'argent?

— Oui, monsieur.

— Ne vous gênez pas; vous savez que sir Édouard m'a constitué votre banquier.

— J'ai encore plus de douze mille francs, monsieur.

— Allons, je vois que je ne puis rien faire pour vous aujourd'hui; demain, peut-être, serai-je plus heureux.

— Merci, capitaine, cent fois merci. Vous dites que vous ne pouvez rien faire pour moi? Détrompez-vous, car vous faites plus, avec vos seules paroles, que ne pourrait faire le roi Georges avec tout son pouvoir. Adieu, monsieur; je profiterai de votre offre; et, si j'ai besoin d'aller à terre, je viendrai vous demander la permission.

— Mieux que cela, John; je pourrais ne pas y être, et il résulterait de mon absence une nouvelle source de contrariétés pour vous.

Il se mit à son secrétaire, et écrivit quelques mots sur un papier.

— Tenez, voici une permission écrite à laquelle vous n'aurez que la date à mettre, et qui vous garantira de tout reproche. Voyons, cherchez bien, avant de me quitter; n'avez-vous point autre chose à me demander?

— Eh bien, monsieur, répondis-je, puisque vous me donnez cette latitude, je vais en profiter.

— Faites.

— Vous savez que James, pour m'avoir accompagné à terre, avait d'abord été condamné, comme moi, à garder les arrêts pendant un mois, et que, sur la prière que j'ai faite à M. Burke de ne point le punir pour une action que vous eussiez récompensée, les arrêts de James ont été portés à six semaines?

— Oui, je sais cela.

— Eh bien, capitaine, je demande qu'il soit fait remise à James de ces quinze jours.

— C'est déjà fait.

— Comment cela?

— Oui, oui; j'ai arrangé la chose avant votre sortie, pour qu'on ne pût pas dire que c'était vous qui m'aviez demandé cette grâce, et vous en vouloir de cette demande. James a été mis en liberté en même temps que vous.

— Alors, monsieur, au lieu d'une justice, une grâce : laissez-moi vous baiser la main.

— Embrassez-moi, mon enfant!

Je me jetai dans ses bras.

— Ah! dit-il en secouant la tête, si nous n'avions plus cet homme à bord, nous serions bien heureux.

— N'est-ce pas, monsieur Stanbow, m'écriai-je, que c'est votre avis, à vous aussi, et que cet homme est fatal et odieux à vous-même, comme à tout l'équipage, et que celui qui vous en débarrassera...?

— Silence, mon enfant! s'écria le vieillard. Il n'y a que les lords de l'amirauté qui aient ce pouvoir. Il faut nous en rapporter à eux et attendre... Adieu, adieu, John; vos camarades doivent être impatients de vous revoir, depuis un mois qu'ils ne vous ont pas vu.

Puis, me faisant un geste de la main :

— Ainsi, c'est convenu, n'est-ce pas? pour toute chose, vous vous adresserez à moi.

Je lui fis un signe d'assentiment; car il se fût peut-être aperçu, à l'altération de ma voix, de ce qui se passait dans mon cœur; et, m'inclinant avec un respect plein de reconnaissance pour tant de bontés, je sortis de la cabine.

M. Stanbow avait dit vrai : tous mes camarades m'attendaient sur le pont, et James avec eux; si bien que ma sortie de chez le capitaine eut tout l'air d'un véritable triomphe. Aussi, dès que l'équipage m'eut aperçu, ce fut un hourra général, que M. Burke dut entendre de sa cabine, où, depuis un mois, à part les heures de service et de repas, il s'imposait des arrêts volontaires, aimant mieux demeurer seul dans sa chambre que rester isolé sur le pont. Il avait été décidé, par tout le corps des officiers, que l'on donnerait à James et à moi un grand dîner. Cette solennité fut fixée, séance tenante, au surlendemain, et sur-le-champ on alla en demander la permission à M. Stanbow, qui l'accorda avec sa bonté ordinaire.

Au moment où on relevait le quart du soir, M. Burke monta sur le pont; c'était la première fois que je le revoyais depuis notre altercation, et je sentis bouillonner au dedans de moi toutes les passions haineuses qu'il m'avait inspirées. Il me sembla que le moment le plus heureux de ma vie serait celui où je me vengerais de cet homme, et que le bonheur de le tuer de mes propres mains valait bien un exil éternel. Quant à lui, je le trouvai plus sombre et plus soucieux encore qu'à l'ordinaire. Personne ne lui parla. La quarantaine n'était point encore levée.

Le lendemain, M. Burke, qui, sans doute, se souciait peu d'assister à la fête que l'on me donnait, prévint le capitaine qu'il s'absenterait pour quelques affaires qu'il avait à régler avec l'ambassade, et ne reviendrait au bâtiment qu'après le quart du soir. Cette nouvelle, lorsqu'elle me parvint, me fit frissonner jusqu'au fond du cœur, si désireux que je fusse de l'apprendre : c'est que, dans toutes les circonstances suprêmes, si bien arrêtée que soit une décision, il y a lutte entre l'intérêt et la volonté. Certes, mon intérêt était de dévorer cette offense, qui n'était connue de personne que du capitaine, et de continuer une carrière qui, par le crédit de mon père et avec l'appui de M. Stanbow, pouvait me conduire aux premiers grades. Mais ma volonté était dans ma dignité offensée par un de ces gestes qu'un homme ne peut pardonner à un autre homme sans être un lâche; ma volonté était tout opposée à mon intérêt; ma volonté était dans la conviction qu'en m'attaquant à M. Burke, je me sacrifiais au salut de tous; ma volonté était dans la certitude que, quel que fût mon sort, les regrets et la reconnaissance de l'équipage tout entier me suivraient ou dans la tombe ou dans l'exil. Ma volonté l'avait emporté sur mon intérêt; je m'affermis dans mon projet, et je regardai le jour du lendemain comme celui que Dieu avait fixé pour son exécution.

Qu'on ne s'étonne point que je revienne plusieurs fois sur cette pensée, et que j'avoue, non les doutes, mais les agitations de mon esprit. Un duel avec un supérieur n'est point un duel ordinaire, puisque, vaincu, c'est la mort; puisque, vainqueur, c'est au moins l'exil. Or, l'exil, à l'âge que j'avais, était un exil long et douloureux, un exil qui me séparait à jamais de tout ce qui m'était cher au monde, un exil qui brisait ma vie tout entière, telle que mes bons parents me l'avaient faite, pour la remplacer par une vie inconnue que je serais obligé de me faire moi-même.

Je passai la journée entière plongé dans ces réflexions, mais sans qu'elles pussent, si sombres qu'elles étaient, faire faiblir un instant ma volonté. Je dormis peu, et cependant ma nuit fut assez tranquille. Dès le matin, je demandai à M. Stanbow la permission d'aller à terre. Il me fit observer, en riant, que ma démarche était inutile, puisque j'avais une permission écrite; mais je lui dis que je gardais celle-là pour une autre occasion. Je pris congé de James, qui me fit promettre d'être de retour à midi juste; je m'y engageai positivement, et je partis.

J'avais deux visites à faire : l'une à notre juif Jacob, l'autre à lord Byron. Je remis au premier le bouquet de Vasiliki, et j'y ajoutai une gratification de vingt-cinq guinées; puis, lui en donnant vingt-cinq autres, je le chargeai de s'informer si, parmi tous les navires en rade, il n'y en avait pas un qui dût partir pour l'Archipel, l'Asie Mineure ou l'Égypte, et, dans ce cas, d'y retenir passage pour une personne; peu importait de quelle nation fût le navire. Il me promit que, le soir, la chose serait faite; l'engagement, au reste, était d'autant plus facile à remplir, qu'il n'y avait pas de jour que nous ne vissions quelque bâtiment faire voile pour les Dardanelles. Je chargeai, en outre, Jacob de m'acheter un costume grec complet.

Lord Byron me reçut avec son affabilité ordinaire. Inquiet de ne pas me voir, il était venu faire une visite à M. Stanbow, et lui avait demandé de mes nouvelles. Il avait alors appris que j'étais aux arrêts, et, comme la consigne était formelle, il n'avait pu arriver jusqu'à moi. Je lui dis que, comptant, si nous devions croiser encore longtemps dans le Bosphore, demander un congé pour voyager en Grèce, je venais lui demander une lettre pour Ali-Pacha, que je désirais visiter. Il se mit à l'instant même à son bureau, écrivit d'abord la lettre en anglais, afin que je pusse juger de la force de la recommandation, la fit traduire par le Grec que lui avait donné Ali, et qui lui servait à la fois de valet de chambre et de secrétaire; puis il la signa, et appuya près de la signature son cachet à ses armes, qui étaient d'argent à trois cotices de gueules placés en barre dans la partie supérieure de l'écu, avec cette devise : *Crede Byron.*

L'heure me rappelait au bâtiment. Je pris congé de lui sans lui rien dire; d'ailleurs, je comptais le revoir une fois encore.

Le Trident était en joie; on avait, comme pour le branle-bas de combat, abattu toutes les cloisons, et une table de vingt couverts s'étendait dans toute la longueur de la salle à manger et de la salle du conseil.

Je fus le véritable héros de la fête : on eût dit que chacun savait le projet arrêté dans mon cœur, et voulait prendre congé de moi par une dernière démonstration amicale. Quant à moi, dans la préoccupation de mon esprit, il me semblait que tout cela était arrangé d'avance, et que Dieu me laissait voir le fil qui conduisait les choses.

Au dessert, on porta des toasts, comme c'est l'habitude en Angleterre. L'un d'eux fut adressé à l'amitié, et James, qui était près de moi, m'embrassa au nom des convives; tout cela était si merveilleusement approprié à la circonstance, qu'il avait l'air de prendre congé de moi, et que, les larmes aux yeux, je murmurai, en l'embrassant, le mot *adieu.*

L'horloge piqua six heures, je n'avais pas de temps à perdre; je demandai la permission de prendre congé de la compagnie pour une affaire importante; cette permission me fut accordée, accompagnée de toutes les plaisanteries d'usage en pareille circonstance. Je fis bon visage pour les soutenir, et je descendis dans ma chambre sans que nul ne se doutât de rien. En descendant, je donnai à Bob l'ordre de faire préparer un canot pour me conduire à terre.

Tout était prêt. Je bouclai autour de moi une ceinture pleine d'or avec des lettres de change sur Smyrne, Malte et Venise; je fis la visite de mon portefeuille, pour m'assurer que, dans le cas où je serais tué, tous mes papiers étaient en ordre. Je mis une paire de pistolets dans mes poches, je suspendis à mon cou un portrait de ma mère, que je baisai avec une confiance superstitieuse, avant de reboutonner sur lui mon habit, et, faisant signe au canot de s'approcher, je descendis par un sabord.

A peine fus-je à trente pas du bâtiment, que James, m'ayant aperçu, appela tout le monde sur le pont. Alors ce furent des hourras tels, que M. Stanbow sortit de sa cabine. Je ne puis exprimer ce qui se passa en moi, lorsque j'aperçus, au milieu de tous les jeunes gens, dont il était le père, ce bon vieillard dont j'allais cesser d'être le fils; les larmes me vinrent aux yeux, j'eus un moment de doute; mais je n'eus qu'à fermer les yeux pour revoir M. Burke et son geste insultant, et je fis signe à mes rameurs de redoubler de force.

Nous débarquâmes devant la porte de Tophana. Je sautai à terre, et, en sautant, un de mes pistolets tomba de ma poche; Bob, qui avait paru soucieux pendant tout ce trajet, le ramassa et me le rendit : il se trouva ainsi seul à terre avec moi.

— Monsieur John, me dit-il, vous n'avez pas confiance en Bob, parce que c'est un simple matelot, et vous avez tort.

— Comment cela, mon ami? lui demandai-je.

— Oh ! je m'entends, répondit-il; je n'ai pas besoin de vivre dix ans avec les personnes pour connaître leur caractère, et ce n'est pas pour un rendez-vous d'amour que vous êtes venu à terre.

— Qui t'a dit cela?

— Personne. En tout cas, si vous avez, pour quelque chose, besoin de Bob, vous savez qu'il est à vous, de jour comme de nuit, de corps et d'âme, à la vie comme à la mort.

— Merci, Bob, lui dis-je. Si vous avez deviné ce qui m'amène à terre, ce dont cependant je doute, vous devez comprendre qu'il serait indélicat à moi d'entraîner personne dans une pareille affaire. Seulement, Bob, si, demain matin, ni moi ni M. Burke, nous n'étions rentrés, dites à James de demander une permission, de prendre un canot, et venez faire ensemble un tour dans le cimetière de Galata; il se peut alors que vous appreniez de nos nouvelles.

— Oui, oui, murmura Bob, c'est bien ce que j'avais pensé. En tout cas, monsieur John, vous êtes mon supérieur, et je n'ai pas le droit de vous faire d'observation, mais tout le monde peut donner un avis : défiez-vous de l'homme, monsieur, défiez-vous-en !

— Merci, Bob, je suis sur mes gardes; et maintenant, mon ami, sur ta parole d'honneur, pas un mot.

— Foi de Bob, monsieur John.

— Tiens, continuai-je en tirant ma bourse de ma poche, voilà pour boire à ma santé.

— Entendez-vous, vous autres? dit Bob en versant tout l'argent dans les mains d'un matelot et en mettant la bourse vide sur sa poitrine, voilà une gratification que M. John vous donne.

— Vive M. John ! crièrent tous les matelots.

— Oui, oui, murmura Bob, vive M. John, c'est bien dit; et, s'il y a un Dieu au ciel, il entendra le souhait que vous faites. Adieu, monsieur John; je ne vous souhaite pas du courage, vous en avez, Dieu merci, comme un amiral. Mais de la prudence, monsieur John, de la prudence !

— Sois tranquille, Bob; et maintenant, à mon tour, adieu.

Je mis les doigts sur mes lèvres, pour lui recommander une seconde fois le silence.

— C'est dit, c'est dit, murmura Bob.

Je lui tendis la main, il la porta à ses lèvres avant

que j'eusse eu le temps de l'en empêcher; puis, sautant dans la barque :

— Allons, vous autres, au large, dit-il.

Et, prenant un aviron :

— Ce n'est pas adieu, monsieur John, c'est au revoir. Mais à bon entendeur, salut : de la prudence!

Je lui fis un dernier signe de tête, et, comme l'heure s'avançait, je pris le chemin de l'ambassade, qui, ainsi que je l'ai dit, traversait le cimetière de Galata.

XIX

C'était un magnifique cimetière turc, l'un des plus beaux de Constantinople, avec ses sombres sapins et ses verts platanes, solitaire et silencieux, même au milieu du jour et du bruit. Je m'appuyai contre la tombe d'une jeune fille dont le monument, en forme de colonne brisée à la moitié de la hauteur qu'elle aurait dû atteindre, était couronné d'une guirlande de marbre représentant des roses et des jasmins, doux symboles de l'innocence chez tous les peuples. De temps en temps, une femme, pareille, sous sa robe et son long voile qui ne laissaient apercevoir que les yeux, à l'ombre d'un des morts que je foulais aux pieds, passait sans que ses babouches, de satin brodé d'argent, laissassent aucune trace ni fissent le moindre bruit. Le seul son que l'on entendait était le chant des rossignols, qui, en Orient, se plaisent surtout au milieu des cimetières, et que les Turcs, dans leur mélancolie rêveuse, écoutent sans se lasser, parce qu'ils les prennent pour les âmes des jeunes filles mortes vierges.

Au milieu de ce repos, de ce silence, de cette fraîcheur, je fus prêt, en leur comparant l'agitation, le bruit et la chaleur qui, par opposition, faisaient de ce coin de terre une oasis délicieuse, à envier ce calme des morts qui avaient de si doux concerts, de si beaux arbres et de si riches monuments. Cette rêverie, qui entrait pour la première fois dans mon âme par la porte des sens, y amenait un détachement étrange de l'existence. Je me rappelais ma vie passée, mon service à bord, les châtiments qui, deux ou trois fois, avaient été la suite de la haine sans cause de M. Burke; ce dîner plein de vides et bruyantes paroles auquel j'étais assis, jouant mon rôle d'insensé, il y avait une heure à peine; je comparais toute cette agitation au calme de ces hommes que nous appelons barbares parce qu'ils passent leur existence assis et fumant auprès d'un ruisseau, sans s'inquiéter des creuses rêveries de la science ou des vagues et sanglantes théories de la politique, n'obéissant qu'à leur instinct animal, qui leur montre la femme, les armes, les chevaux, les parfums, comme des choses à l'usage de leur caprice; de ces hommes qui, à la fin d'une vie de sensualité, vont se coucher dans une oasis pour se réveiller dans un paradis; et il me semblait que le temps parcouru depuis ma naissance jusqu'à ce jour était une période de fièvre et de folie. Après cette rêverie, quoique ma résolution n'eût point changé, mon cœur était devenu presque indifférent au résultat, et je me sentais un courage qui touchait à l'insouciance.

J'étais dans cet état, qui devait me donner un si grand avantage sur mon adversaire, lorsque j'entendis le bruit de pas qui s'approchaient. A ce bruit, et au léger tressaillement qu'il me fit éprouver, je n'eus pas même besoin de regarder l'arrivant pour être certain que c'était M. Burke; car, en ce moment, je me sentais doué d'une espèce de double vue. Je le laissai donc s'avancer jusqu'à la distance de trois ou quatre pas; alors seulement, je levai la tête et me trouvai face à face avec mon ennemi.

Il était si loin de m'attendre à cette heure et en cet endroit, il y avait sur mon visage un tel caractère de résolution, qu'avant même que j'eusse proféré une seule parole, il fit un pas en arrière et me demanda ce que je voulais.

Je me mis à rire.

— Ce que je veux, monsieur, lui dis-je, votre pâleur me prouve que vous vous en doutez; mais, en tout cas, je vais vous le dire. Il se peut, monsieur, que, parmi les ouvriers de Birmingham ou de Manchester, où vous êtes né, les supérieurs châtient d'habitude leurs subordonnés à coups de canne, et que ceux-ci, convaincus de la misère de leur position, s'y soumettent sans murmurer; c'est ce que je ne sais pas, c'est ce que je ne veux pas savoir; mais, entre nous autres gentilshommes, et il n'est pas étonnant que vous ignoriez cela, monsieur, il est convenu que, quelle que soit la supériorité ou l'infériorité des grades, les ordres seront donnés et reçus avec la courtoisie qu'un gentilhomme doit à un autre gentilhomme, et que tout geste insultant amènera une réparation proportionnée à l'insulte. Donc, monsieur, vous avez levé sur moi votre canne, comme vous l'eussiez levée sur un chien ou sur un esclave, et, dans le code de la noblesse, c'est une insulte qui est punie de mort! Vous avez votre épée, j'ai la mienne : défendez-vous!

— Mais, monsieur John, dit le lieutenant en pâlissant encore, vous oubliez que les lois de la discipline militaire défendent à un midshipman de se battre avec un lieutenant?

— Oui, monsieur Burke, répondis-je; mais elles ne défendent pas à un lieutenant de se battre avec un midshipman. Vous êtes donc dans votre droit, vous, et c'est tout ce qu'il faut. Au-dessus des lois de la discipline militaire, il y a les lois de l'honneur, auxquelles toutes les autres doivent céder. Défendez-vous !

— Mais, monsieur, réfléchissez que, quelle que soit l'issue de ce combat, il ne peut que vous être fatal, à vous; par pitié pour vous-même, n'insistez donc point davantage, et laissez-moi passer.

Il fit un mouvement, j'étendis le bras.

— Je vous remercie de l'avis, monsieur; mais il est inutile. Depuis un mois que l'événement dont je demande raison est arrivé, j'ai eu le temps de réfléchir et de faire mes dispositions; mes réflexions sont faites, mes dispositions sont prises. Il n'y a point à revenir là-dessus; défendez-vous !

— Mais, encore une fois, dit M. Burke d'une voix altérée, comme votre supérieur et comme votre aîné, je dois vous rappeler que, du moment où votre épée sera sortie du fourreau, votre carrière est perdue et votre vie est en danger. Que ferez-vous alors?

— Puisque vous voulez bien prendre un si grand intérêt à moi, monsieur, je vais vous le faire connaître : si vous me tuez, tout est dit; les lois militaires, si sévères qu'elles soient, sont impuissantes contre un cadavre. On m'enterrera dans un cimetière pareil à celui-ci; et, une fois mort, mieux vaut dormir, vous en conviendrez, comme dorment ceux que nous foulons aux pieds, sous l'ombre et la fraîcheur de ces grands arbres, que d'être cousu dans un hamac et jeté au fond de l'eau, pour servir de proie aux requins. Si je vous tue, au contraire, mon passage est, à cette heure, retenu à bord d'un bâtiment qui m'emmènera cette nuit, je ne sais où, peu m'importe. Mais, comme mon père a cinquante à soixante mille livres sterling de revenu, et que je suis fils unique, partout où j'irai je pourrai vivre à ma volonté et à mon caprice. Je perdrai, il est vrai, mes appointements de midshipman, qui peuvent monter à mille ou douze cents francs de France, et la chance de devenir, un jour, à quarante ans, lieutenant comme vous; mais, monsieur Burke, je me serai vengé, et, en me vengeant, j'aurai encore vengé Bob, James, David, tout l'équipage. Cela vaut bien la peine de risquer quelque chose. Allons, monsieur, maintenant que je vous ai tiré d'inquiétude à mon égard, vous n'avez plus de motifs pour me refuser la satisfaction que je vous demande; ayez donc la bonté de vous mettre en garde.

— Monsieur, me dit M. Burke de plus en plus agité, je suis votre supérieur, et, comme tel, j'avais droit de vous punir; si l'on faisait un crime à un officier de chaque punition qu'il inflige, il n'y aurait plus de discipline à bord. Je vous ai puni selon mon droit et selon les règlements maritimes en usage à bord des vaisseaux de Sa Majesté Britannique, et vous n'avez pas de réparation à exiger pour cela.

Et il essaya de nouveau de passer; je me mis devant lui.

— Aussi, monsieur, repris-je avec le même calme, mais avec plus de mépris, n'est-ce point de la punition que je vous demande satisfaction; c'est de l'insulte; je ne me plains pas de l'arrêt, je me plains du geste.

— Mais, monsieur, si le geste a été involontaire et si je le désavoue, vous n'avez plus rien à dire.

— Si fait, monsieur; j'ai à dire une chose dont je m'étais aperçu déjà, mais que je ne voulais pas croire : c'est que vous êtes un lâche.

— Monsieur ! s'écria M. Burke en devenant livide de colère, c'est vous qui m'insultez à votre tour et c'est moi qui vous demande raison de cette insulte. Je me battrai demain, monsieur.

— Vous voulez le temps de faire votre déclaration, n'est-ce pas, et vous ne seriez pas fâché de prendre un conseil de guerre pour votre second?

— Vous supposez, monsieur...

— Je suppose tout de votre part.

— Vous vous trompez, monsieur; la seule cause du retard que je demande, c'est que, comme je n'ai jamais mis le pied dans salle une d'armes, vous auriez, à l'épée, trop d'avantage sur moi; au pistolet, à la bonne heure.

— Cela tombe alors à merveille, et j'avais prévu votre objection, répondis-je en tirant mes pistolets de ma poche; voilà justement ce que vous demandez, monsieur, et vous n'aurez pas besoin d'attendre à demain; les deux armes sont chargées d'une manière égale; d'ailleurs, choisissez.

M. Burke chancela, une sueur froide lui couvrit le visage, je crus qu'il allait tomber; puis, au bout d'un instant :

— Mais c'est un guet-apens ! s'écria-t-il; c'est un assassinat.

— La peur vous fait délirer, monsieur; il n'y a ici d'assassin que celui-là qui, sur un faux rapport, a poussé un malheureux au désespoir; car on assassine de différentes manières, et le plus lâche de tous les assassinats est celui qui a une apparence légale. Ce n'est pas vous qui serez assassiné, monsieur, c'est David qui l'a été, et c'est vous qui avez assassiné David. Allons, allons, monsieur Burke, un peu de courage, je vous en supplie, au nom de votre uniforme, qui est le mien.

— Je ne me battrai pas sans témoins, dit M. Burke.

— Alors, je vous déshonorerai, monsieur; du moment que je vous ai menacé, c'est comme si je m'étais battu, et, comme j'ai encouru la même peine, je ne retournerai pas au bâtiment; mais, demain, quelqu'un s'y présentera de ma part : il portera une lettre signée de ma main, et qui racontera tout ce qui s'est passé entre nous. De deux choses l'une : ou vous ne démentirez pas la lettre, et alors vous serez un objet de mépris pour tous, ou vous la démentirez, et, comme celui qui vous la portera ne sera pas votre subordonné, vous serez, en face de tous, songez-y bien, forcé de donner satisfaction de ce démenti; car, si vous ne le faites, on vous chassera, comprenez-vous, monsieur? on vous chassera de la marine anglaise, comme un lâche et un infâme!

Je fis un pas vers lui.

— On vous arrachera vos épaulettes, comme je vais vous les arracher.

Je fis un second pas vers lui.

— On vous crachera au visage, comme je vais le faire.

Je fis un troisième pas vers lui, et, alors, je me trouvai si près, que j'étendis la main pour joindre l'effet à la menace.

Il n'y avait pas moyen de reculer; M. Burke mit l'épée à la mani. Je jetai mes pistolets, et je tirai mon épée à mon tour. Aussitôt nos fers se croisèrent, car il s'était précipité sur moi, espérant que je n'arriverais pas à temps; mais les conseils de Bob n'avaient point été perdus, et j'étais sur mes gardes.

A la première passe, je sentis que M. Burke m'avait fait un mensonge, et qu'il connaissait à fond l'art qu'il prétendait n'avoir jamais étudié. J'en fus aise, je l'avoue; cela nous mettait sur un pied d'égalité qui faisait, dès lors, de notre duel le jugement de Dieu. Le seul avantage que j'eusse donc sur lui était ce sang-froid terrible, fruit des réflexions étranges qui avaient précédé notre lutte. Une fois engagé, au reste, M. Burke fit bonne contenance : il avait compris que notre combat ne finirait pas par une égratignure, et que c'était ma vie qu'il lui fallait pour sauver la sienne.

Nous nous battîmes ainsi cinq minutes à peu près, pied à pied, et si rapprochés l'un de l'autre, que nous parions autant avec la poignée de nos épées qu'avec la lame. Probablement, nous sentîmes tous deux, en même temps, le désavantage de cette position; car tous deux nous fîmes en même temps un pas de retraite, de sorte que nous nous trouvâmes hors de la portée l'un de l'autre. Mais je fis aussitôt un pas en avant, et nous nous retrouvâmes engagés à distance convenable.

Il arrivait, dans cette circonstance, à M. Burke, ce qui lui arrivait dans la tempête et dans le combat : le premier moment, qui était tout entier à son naturel, était la timidité; puis l'orgueil ou la nécessité reprenait le dessus, et M. Burke redevenait brave par calcul.

Je l'ai dit, M. Burke, auquel personne ne connaissait ce talent, était de première force à l'escrime; mais, grâce aux recommandations de mon père et de Tom, cette partie de mon éducation était loin d'avoir été négligée. Ce fut une découverte que fit à son tour M. Burke, et qui lui rendit sa première hésitation. Il avait le bras plus fort que le mien, mais j'avais la main plus légère que la sienne, de sorte que, profitant de ce moment de trouble, je le pressai; M. Burke rompit : c'était avouer son désavantage. J'en repris une nouvelle force; nos épées semblaient deux couleuvres ardentes qui se jouent, et deux ou trois fois le bout de mon fer effleura sa poitrine, au point de percer son habit. M. Burke rompit encore, mais, je dois le dire, comme il eût fait dans une salle d'armes. Cependant, en rompant, il s'était dérangé de la ligne droite, et à trois pas derrière lui se trouvait un tombeau. Je le pressai de plus en plus, et à son tour son épée vint m'effleurer le visage; le sang coula.

— Vous êtes blessé, me dit-il.

Je répondis par un sourire, et, faisant encore un pas en avant, je le forçai de faire un pas en arrière; je ne lui donnai point de relâche, et me retrouvai si près de lui, que je ne pus dégager mon épée que par un coupé sur les armes; un bond en arrière le sauva seul de ma riposte; mais j'en étais arrivé où je voulais, M. Burke était acculé au tombeau. Il n'y avait plus moyen, pour lui, de rompre.

Ce fut alors le véritable combat; car le duel, jusque-là, n'avait encore été qu'un jeu. Je sentis une ou deux fois le froid du fer; je sentis une ou deux fois que mon épée avait touché. Cependant pas un de nous ne dit mot; il n'y avait plus entre nos deux lames de place pour les paroles; enfin, dans une riposte portée à fond, je sentis une résistance étrange; en même temps, M. Burke jeta un cri, mon épée lui avait passé au travers du corps, et avait été recourber sa pointe mal trempée contre le tombeau de marbre; de sorte que je ne pus la retirer à moi, et qu'à mon tour je fis un bond en arrière, laissant l'arme dans la blessure. La précaution était inutile, M. Burke était atteint trop cruellement pour me poursuivre; il essaya cependant de faire un pas en avant; mais, sentant que les forces lui manquaient, il laissa échapper son épée, et tomba presque aussitôt en poussant un second cri, et en se tordant les bras de rage.

Je l'avoue, en ce moment toute ma colère disparut pour faire place à la pitié. Je me précipitai vers M. Burke Le plus urgent secours à lui porter était de le débarrasser du fer; je fis donc une seconde tentative, et je ne pus lui arracher l'épée du corps, quoiqu'il la tirât lui-même à pleines mains. Ce dernier effort lui fut fatal; je le vis ouvrir la bouche comme pour parler; mais ce fut une gorgée de sang qui vint à ses lèvres; au même moment, ses yeux semblèrent se retourner dans leurs orbites; il eut deux ou trois convulsions; puis, se roidissant avec un dernier râle, il expira.

Je m'assurai qu'il était mort; et, comme je ne pouvais lui être d'aucun secours, je songeai à ma sûreté. La nuit était entièrement venue pendant ce combat. Je ramassai mes pistolets, qui étaient d'excellentes armes auxquelles je tenais beaucoup; je sortis du cimetière et m'acheminai vers la maison de Jacob.

Il m'attendait, comme nous en étions convenus; il s'était mis en quête, et avait trouvé un navire napolitain en partance pour Malte, Palerme et Livourne; le lendemain matin, il devait lever l'ancre; c'était justement ce qu'il me fallait; aussi avait-il arrêté ma place, en prévenant que je m'y rendrais dans la nuit. Quant aux habits, il s'en était occupé avec un égal succès, et me montra un magnifique costume de palikare qui m'attendait sur un divan, et un autre, plus simple, sur une chaise.

Je me dépouillai à l'instant de mon uniforme, que je ne pouvais garder sans être reconnu, et je me revêtis de l'un de mes nouveaux costumes; il m'allait à merveille, et semblait fait pour moi. Avec le sabre et le yatagan, cette nouvelle garde-robe me revenait à quatre-vingts guinées; j'en ajoutai soixante et dix aux vingt-cinq que j'avais données, le matin, à Jacob, et sa commission se trouva payée. Je le priai alors de s'occuper des moyens de transport; c'était déjà chose faite: il avait donné rendez-vous, à onze heures, à une barque qui devait nous attendre au pied de la tour de Galata.

Je passai cet intervalle à ajouter un post-scriptum à la lettre que j'avais préparée pour mon père. Je lui racontais l'événement du duel, je lui disais la nécessité où je me trouvais de fuir, et je terminais en le priant de me faire ouvrir un crédit à Smyrne. Comme je comptais rester en Orient, Smyrne, avec sa situation centrale et sa population cosmopolite, à laquelle je pouvais me mêler en restant inconnu, était bien la ville qu'il me fallait.

J'écrivis aussi à lord Byron pour le remercier de sa bienveillance pour moi et le prier d'employer son crédit auprès des lords de l'amirauté, s'il se trouvait en Angleterre lorsque mon procès serait fait. Il connaissait M. Burke, il savait la haine que lui portait tout l'équipage, et combien cette haine était motivée. Je n'avais pas l'espoir que son crédit influât sur la décision des juges; mais son témoignage pouvait beaucoup sur le public. Je remis cette lettre à Jacob avec celles de M. Stanbow et de mon père; il devait se rendre, dès le matin, à bord du *Trident*, et, après avoir remis ces différents messages, indiquer l'endroit où l'on retrouverait le corps de M. Burke.

L'heure était arrivée; nous sortîmes enveloppés de nos manteaux, et nous nous acheminâmes vers la tour de Galata.

La barque nous attendait, nous y montâmes aussitôt; car il était près de minuit, et, le bâtiment auquel nous nous rendions étant à l'ancre dans le port de Chalcédoine, près du *Fanarikiosk*, nous avions toute la largeur du canal à traverser diagonalement. Heureusement, nos matelots étaient bons rameurs; aussi en un instant eûmes-nous traversé la Corne d'or et doublé la pointe du Sérail.

La nuit était pure et la mer tranquille. Au milieu du canal et un peu en avant de la tour de Léandre, je voyais s'élever majestueusement notre beau vaisseau, dont les mâts, les étais et jusqu'aux moindres cordages se dessinaient sur le cercle lumineux que la lune étendait autour d'elle. Cette vue me serra profondément le cœur. *Le Trident* était ma seconde patrie; Williams-house et *le Trident*, c'était tout ce que je connaissais du monde; après mon père, ma mère et Tom, qui étaient à Williams-house, ce que j'aimais le mieux se trouvait à bord du *Trident*. J'y laissais M. Stanbow, ce bon et digne vieillard que je vénérais comme un père; James, dont la franche et loyale amitié ne m'avait pas failli un instant; enfin, Bob, ce type du véritable marin, avec son cœur d'or sous sa rude enveloppe; il n'y avait pas jusqu'au vaisseau lui-même qui n'eût une part dans mes regrets.

A mesure que nous approchions, il grandissait merveilleusement à nos yeux, et bientôt nous nous en trouvâmes si près, que, grâce à la sérénité de la nuit, l'officier de quart aurait pu, si je l'eusse dit tout haut, entendre l'adieu que j'envoyais tout bas à mes bons camarades, qui, après la fête qu'ils m'avaient donnée la veille, étaient loin de se douter qu'à cette heure je passais si près d'eux, les fuyant pour toujours. Ce fut un des moments les plus pénibles que j'éprouvai de ma vie. Je ne regrettais point ce que j'avais fait, car mon action était le résultat d'une longue méditation et d'une inébranlable volonté; mais je ne pouvais me dissimuler que, d'un seul coup, j'avais brisé ma vie et échangé un avenir certain contre un avenir inconnu. Quel était cet avenir hasardeux? Dieu seul le savait.

Cependant nous avions dépassé *le Trident*, et, à la lueur du fanal, nous commençions à distinguer les bâtiments à l'ancre dans le port de Chalcédoine. Jacob me montra de loin la mâture de celui à bord duquel j'étais attendu; et, quoique je n'y dusse faire qu'un séjour momentané, je ne pus m'empêcher, à mesure que nous en approchions, de l'inventorier avec l'œil d'un marin. Après avoir habité *le Trident*, qui était un des plus beaux vaisseaux de Sa Majesté Britannique, la comparaison ne pouvait pas être favorable au bâtiment napolitain; cependant, autant que j'en pouvais juger, il avait été assez habilement construit, dans le double but que s'étaient proposé les armateurs, c'est-à-dire la marche et le commerce. Sa carène était faite sur un bon modèle, assez large pour contenir une quantité suffisante de marchandises, et assez étroite pour fendre l'eau vigoureusement. Quant à sa mâture, elle était, comme celle de tous les bâtiments destinés à la navigation de l'Archipel, un peu basse, afin que le navire pût se raser, en cas de besoin, derrière les roches et les îles. Cette précaution, prise contre les pirates, qui, à cette époque, infestaient la mer Égée, pouvait être favorable au navire dans le voisinage des terres et à l'approche de la nuit; mais elle lui devenait nuisible, si le bâtiment avait à fuir dans un grand espace découvert. Toutes ces réflexions instinctives furent faites avec la rapidité de l'œil du marin, qui, avant qu'il ait mis le pied à bord d'un bâtiment, en connaît déjà les bonnes et mauvaises qualités. Quand j'arrivai sur le pont de *la Belle-Levantine*, je savais donc déjà à quoi m'en tenir sur elle-même : restait à faire connaissance avec son équipage.

Comme me l'avait dit Jacob, on m'attendait à bord. Je n'eus donc qu'à répondre *passager*, à la sentinelle, qui me héla en italien, pour qu'on me jetât l'échelle de corde. Quant à mes effets, ils n'étaient pas d'un transport difficile; comme le philosophe antique, je portais tout avec moi. Je payai donc mes rameurs; je pris congé de Jacob, qui m'avait servi, dans son intérêt, il est vrai, mais avec fidélité, ce qu'on ne trouve pas toujours partout, et je grimpai à mon nouveau bord avec l'habitude et la légèreté d'un marin.

Sur le pont, je trouvai un homme qui veillait pour me conduire à ma chambre.

XX

Après les aventures qui s'étaient passées dans la journée, on apprendra sans surprise que je dormis assez mal, et que, m'étant couché à trois heures du matin, je me trouvais néanmoins au point du jour sur le pont. Tout s'apprêtait pour le départ, et le capitaine commençait à donner les ordres nécessaires; de sorte que j'eus, en ma qualité d'amateur, le temps de faire connaissance avec l'équipage.

Le capitaine était de Salerne, et me rappela, aux premiers ordres qu'il donna, que la ville où il était né était plus célèbre par son université que par son école de marine; quant à l'équipage, il était composé de Calabrais et de Siciliens. Comme *la Belle-Levantine* était spécialement destinée au commerce de l'Archipel, elle avait un aspect demi-guerrier, demi-marchand, qui donnait à son pont une certaine coquetterie à la fois formidable et amusante. Ce qui représentait le côté militaire du navire était deux pierriers et une pièce de huit allongée, qui, roulant sur son affût, pouvait être transportée à volonté à l'avant ou à l'arrière, à bâbord ou à tribord. J'avais, du reste, en montant sur le pont, donné un coup d'œil à l'arsenal, et je l'avais trouvé en assez bon état : il se composait d'une quarantaine de fusils, d'une douzaine d'espingoles, enfin de sabres et de haches d'abordage en nombre suffisant pour qu'on pût, en cas de besoin, armer tout notre équipage.

Comme il s'était, deux heures avant le jour, levé une bonne brise de l'est, et que ce vent nous était parfaitement favorable pour appareiller, je trouvai, en montant sur le pont, la tournevire garnie et attachée au câble avec des garcettes. Le demi-tour du câble avait été dégagé des bittes, *la Belle-Levantine* n'était donc à l'ancre que par la tournevire. Pour expliquer de mon mieux à nos lecteurs la manœuvre à laquelle j'allais être appelé à prendre part, je me vois forcé d'essayer de leur faire comprendre ce que c'est que la tournevire et le cabestan.

La tournevire est une corde s'enroulant autour de la barre du cabestan, et qui n'était alors attachée au câble que jusqu'à la grande écoutille, où les garcettes étaient dénouées; elle retournait alors de l'autre côté du navire, et était attachée à l'écubier; le câble descendait dans la cale, où il était attaché par l'étalingure autour du grand mât.

Quant au cabestan, c'est un cylindre de bois placé sur le gaillard d'arrière, et qu'on fait agir au moyen de leviers qui le traversent, et qui, partant d'un même centre, divergent en rayons; la principale fonction du cabestan est de rouler un câble à l'aide duquel on lève les plus lourds fardeaux. Pour le mettre en mouvement, on pousse avec les mains ou les épaules, en proportion du degré de résistance apporté par la lourdeur des objets à soulever, les leviers ou les barres dont nous avons parlé; c'est ainsi, à peu près, que des chevaux font tourner la roue d'un pressoir à cidre. Le fardeau que le cabestan avait à lever, à cette heure, était la maîtresse ancre de *la Belle-Levantive*, qui pouvait peser de six à sept milliers.

Comme d'habitude, tous les matelots étaient rassemblés sur le pont pour cette manœuvre; peu à peu les passagers, paraissant aux échelles, venaient se joindre à l'équipage, curieux qu'ils étaient de voir la manœuvre du départ. Ces passagers étaient presque tous de petits commerçants grecs et maltais qui, n'étant pas assez riches pour fréter des bâtiments eux-mêmes, payaient le passage pour eux et le transport pour leurs ballots; ils étaient donc doublement intéressés au salut du bâtiment, d'abord pour leur propre sûreté, ensuite pour celle de leurs marchandises.

Pendant ce temps, les matelots avaient garni le cabestan de ses leviers, et se tenaient prêts à obéir aux ordres du capitaine, qui, tournant les yeux autour de lui et voyant qu'il avait une honorable galerie de spectateurs, pensa qu'il ne devait pas tarder plus longtemps à commencer l'opération; il prit donc son porte-voix, et cria à tue-tête, quoique la chose fût inutile :

— Poussez au cabestan !

Les marins obéirent aussitôt avec une ardeur que j'eus plaisir à voir; on juge d'un équipage par une manœuvre, et d'un capitaine par un commandement.

Or, la suite prouvera que j'avais, du premier coup, bien jugé le capitaine et l'équipage.

En même temps, comme le vent devenait plus fort, les voiles de hune étaient déployées, bordées à joindre et hissées, et les vergues brassées de manière à placer la proue du navire vers la mer. Mais, lorsque l'ancre fut à pic, la résistance du cabestan devint si forte, que les hommes occupés à cette manœuvre, au lieu de continuer à avancer, eurent besoin de toutes leurs forces pour ne pas être repoussés en arrière. Il y eut un instant de perplexité, pendant lequel on ne sut vraiment pas qui céderait, de la force inerte ou de la force intelligente; mais, tout à coup, quatre hommes vinrent se joindre, de leur propre volonté, à ceux qui étaient déjà à la manœuvre, les matelots réunirent leurs forces, et, par un dernier effort, l'ancre, arrachée du fond de la mer, fut en une couple de minutes tirée de l'eau. Je croyais qu'on allait, selon l'habitude, la hisser à contre-bord et la fixer à son poste; mais, comme probablement le capitaine avait, pour le moment, quelque chose de plus pressé à faire, il se contenta de la faire saisir par le croc de capon. Je fis un mouvement; j'étais prêt à lui dire de compléter la manœuvre en faisant traverser l'ancre; mais, me rappelant que je n'étais plus rien sur ce bord, je me contentai de hausser les épaules.

Dans ce moment, une voix douce m'adressa, en grec moderne, quelques paroles que je n'entendis pas; je me retournai, et vis un jeune homme de vingt à vingt-deux ans, beau comme un marbre antique, mais aux yeux ardents de fièvre, et enveloppé dans son manteau, quoique le soleil, montant sur l'horizon, commençât à nous inonder de chaleur.

— Pardon, monsieur, lui dis-je en italien; je n'entends pas le romaïque : pouvez-vous me parler en anglais, en français, ou dans la langue dont je me sers pour vous répondre?

— C'est moi qui vous demande pardon à mon tour, monsieur, reprit-il; mais j'avais été trompé à votre habit, et je vous prenais pour un compatriote.

— Je n'ai pas cet honneur, répondis-je avec un demi-sourire : je suis Anglais; je voyage pour mon plaisir, et j'ai adopté ce costume, le trouvant plus commode et surtout plus pittoresque que notre habit d'Occident. Mais, quoique je n'aie point entendu ce que vous me disiez, à l'accent de votre voix, j'ai cru comprendre que vous me faisiez une question; maintenant que nous pouvons nous entendre, monsieur, si vous voulez bien répéter cette question, je suis prêt à vous répondre.

— Vous ne vous étiez point trompé, monsieur : nous autres, enfants des Archipels, alcyons des Sporades, habitués à passer d'une île à l'autre, nous sommes trop naturellement marins pour qu'une manœuvre mal faite nous échappe. Or, dans la dernière manœuvre que le capitaine a commandée, vous avez paru partager mon sentiment, car je vous ai vu hausser les épaules. Je vous demandais donc si vous étiez marin, monsieur; car, dans ce cas, je vous eusse prié de m'expliquer quelle faute avait été commise.

— Elle est bien simple, monsieur : comme nous commençons à marcher, l'ancre devrait être mise à son poste au lieu d'être retenue par un simple croc; ou, du moins, en supposant que le capitaine ait quelque raison d'en agir ainsi, il devrait faire ôter les barres du cabestan. En effet, si le croc qui retient l'ancre avait le malheur de se rompre, l'ancre retomberait à l'instant au fond de la mer, et le cabestan, se déroulant en sens inverse de celui où l'on vient de le pousser, deviendrait une espèce de catapulte qui lancerait au milieu de nous toutes ces barres ou ces leviers.

— Mais, dit le jeune homme, s'interrompant après ce premier mot pour tousser d'une toux sèche et cracher un peu de sang, ne pourriez-vous pas, monsieur, au nom de tous les passagers, faire au capitaine cette observation?

— Il est trop tard, m'écriai-je en attirant le jeune Grec avec moi derrière le mât de misaine; prenez garde à vous!

En effet, au même instant où je venais d'entendre le bruit sourd d'un corps pesant tombé à la mer du côté de l'avant, le cabestan se mit à tourner avec la rapidité de l'aiguille d'une montre dont le grand ressort vient de se briser, envoyant de tous côtés, comme je l'avais prévu, les barres que l'on avait eu l'imprudence de laisser après lui; plusieurs matelots furent renversés, le capitaine lui-même fut jeté contre la drome. Un silence profond, causé par la terreur, succéda à ce moment de confusion, pendant lequel le cabestan s'arrêta. Quant à l'ancre, entraînée par sa pesanteur, elle arracha successivement le petit nombre de garcettes qui attachaient la tournevire au câble, et atteignit bientôt le fond de la mer; mais, comme le navire commençait à marcher, le câble continua de filer avec un bruit effrayant, et s'arrêta enfin, grâce à l'étalingure du grand mât. Le bâtiment éprouva aussitôt une secousse si violente, qu'une partie de ceux qui étaient sur le pont tombèrent à la renverse ou furent jetés contre la muraille.

Quant à moi, comme je m'attendais à cet accident, j'avais étreint le jeune Grec de mon bras gauche, et, du droit, je m'étais cramponné au mât de misaine; de la sorte, malgré le choc, nous étions restés debout. Mais ce n'était encore rien : le câble, à cet épouvantable secousse, s'était brisé comme un fil, amenant la proue du vaisseau dans le vent; de sorte que, n'étant plus retenus par rien, nous allions bravement au diable, comme on dit en marine, c'est-à-dire que nous marchions la poupe en avant et la proue en arrière. De plus, le capitaine, qui avait perdu la tête, donnait des ordres parfaitement contradictoires, et l'équipage les exécutait avec ponctualité. Aussi les vergues, que l'on devait brasser, tirées en même temps et avec force égale à bâbord et à tribord, restaient-elles parfaitement carrées, tandis que le vaisseau, comme s'il comprenait la manœuvre impossible qu'on lui imposait, gémissait tristement, tout couvert de l'écume de la mer, qui refusait de s'ouvrir devant lui. En ce moment, un aide-charpentier s'élança sur le pont en criant qu'une vague avait brisé les faux sabords des fenêtres du premier pont, et l'avait inondé. Je vis qu'il n'y avait pas de temps à perdre, si je voulais sauver le navire, et, m'élançant d'un bond sur la poupe, j'arrachai le porte-voix des mains du capitaine, et, l'approchant de ma bouche, je criai, d'une voix qui dominait le tumulte :

— Silence sur l'avant et l'arrière!

A cette voix brève et sévère qui retentissait avec toute la puissance du commandement, l'équipage demeura à l'instant même silencieux et attentif.

— Attention! continuai-je; et, après un moment d'attente, quand je vis tout le monde prêt : Le charpentier et ses aides à la cabine pour placer les faux sabords! la barre bâbord tout! du monde au bras de l'avant à tribord! abraquez les vergues de l'avant! bordez le grand foc du côté du vent! en ralingue le perroquet de fougue! larguez les écoutes d'avant! changez devant la barre droite!

Chacun de ces commandements avait été à l'instant même suivi d'une exécution ponctuelle; de sorte que, peu à peu, le vaisseau obéissant tourna avec grâce sur lui-même, et, comme si quelque déesse de la mer l'eût tiré avec un ruban, se trouva bientôt comme il devait être, marchant vent arrière et laissant son ancre au plongeur assez habile pour l'aller chercher. Ce malheur, à part la perte pécuniaire, était médiocre : nous avions deux autres ancres à bord.

Cependant je ne rendis point encore le porte-voix; je continuai à donner des ordres jusqu'à ce que toutes les voiles fussent bien orientées, les câbles raidis et les ponts balayés. Alors je m'approchai du capitaine, qui, pendant tout ce temps, était demeuré à sa place, immobile et stupéfait, et, lui remettant son porte-voix :

— Capitaine, lui dis-je, je vous demande pardon de m'être mêlé de votre besogne; mais, à la manière dont vous vous en acquittiez, il était permis de croire que vous aviez fait un traité avec le diable pour nous conduire tous en enfer. Maintenant que nous voilà remis dans la bonne route, reprenez le signe du commandement; à tout seigneur tout honneur.

Le capitaine reprit son porte-voix sans dire une seule parole, tant il était étourdi de ce qui s'était passé, et j'allai rejoindre mon jeune Grec, qui, ne pouvant rester si longtemps debout, s'était assis sur l'affût de la pièce de huit.

La manière dont nous avions fait connaissance, le service que je venais de rendre à l'équipage, service qui ouvre également le cœur de celui qui le reçoit et de celui qui le rend, enfin la parité de nos âges, tout cela nous donna, dès le premier moment, l'un pour l'autre, une sympathie réelle et profonde. Ajoutez à cela que j'étais exilé, lui souffrant, et que je cherchais la consolation comme lui le secours.

C'était le fils d'un riche négociant de Smyrne, mort depuis trois ans. Sa mère, le voyant malade et jugeant qu'il avait besoin de distraction, l'avait envoyé surveiller pendant quelque temps, à Constantinople, un comptoir que son père y avait fondé vers les dernières années de sa vie. Mais, après deux mois d'absence, se sentant plus souffrant que jamais et éprouvant le besoin de revoir les personnes qui lui étaient chères, il avait retenu son passage sur *la Belle-Levantine*. Quant à sa maladie, qu'il appelait en langage franc *il sottile malo*, je reconnus du premier coup que c'était une phthisie pulmonaire arrivée à son second degré. Au bout d'un quart d'heure de conversation, je savais tous ces détails. A mon tour, je lui racontai ce que je n'avais aucune raison de taire, puisque j'étais hors de danger, c'est-à-dire ma querelle avec mon supérieur, mon duel avec lui et sa mort, qui me forçait de quitter le service. Il m'offrit aussitôt, avec cette charmante confiance de la jeunesse, de venir passer quelque temps dans sa famille, qui, après le service que je lui avais rendu, serait trop heureuse de me recevoir. J'acceptai l'offre avec la même franchise qu'elle m'était faite; puis, alors seulement, nous songeâmes à nous demander nos noms. Il s'appelait Emmanuel Apostoli.

Pendant cette double confidence, divers symptômes m'avaient encore confirmé dans la conviction où j'étais que mon nouvel ami était plus gravement malade qu'il ne croyait l'être lui-même. Une oppression de poitrine presque continuelle, une toux sèche mêlée de crachats striés de sang, et, plus encore que tout cela, une tristesse instinctive répandue sur tout son visage aux pommettes enflammées, me dénotaient clairement chez lui la présence d'une affection grave.

On comprendra que ces symptômes n'aient pu m'échapper, si l'on veut bien se rappeler qu'à Williams-house j'étais toujours, dans nos excursions médicales, le second de ma pauvre mère, et souvent le bénévole du docteur. Sous ce double patronage, j'avais appris ce qu'il fallait de médecine ou de chirurgie pour risquer quelques médicaments, pratiquer une saignée, remettre un bras ou panser une plaie.

Je rappelai donc tous mes anciens souvenirs; et comme il n'y avait pas de médecin à bord, mais seulement, comme c'est l'usage, une caisse de médicaments, j'entrepris, à compter de cette heure, non point la guérison, mais le traitement du pauvre Apostoli. C'était chose bien simple; car, dans ces sortes de maladies, si parfaitement connues, le traitement n'est, à proprement dire, qu'un régime. Après lui avoir fait quelques questions sur ce qu'il éprouvait et la manière dont il avait été traité, je lui ordonnai donc de ne se nourrir que de consommés légers et de légumes, de se couvrir le corps de flanelle, le prévenant que, si l'oppression continuait, je ferais une petite saignée dérivative. Le pauvre Apostoli, qui ne doutait pas que je n'eusse en médecine les mêmes connaissances qu'en marine, souriait tristement, et me promettait de s'abandonner tout entier à mon traitement.

Je ne puis dire combien je me sentais heureux, dans la disposition d'esprit où je me trouvais, de rencontrer une âme pleine de jeunesse et de naïveté où verser la mienne. Apostoli me parlait de sa sœur, belle, disait-il, comme un ange; de sa mère, qui l'aimait de toute la force de son âme, car il était son seul fils; puis, enfin, de sa patrie, soumise au despotisme infâme des Turcs. Moi, de mon côté, je lui parlais de Williams-house et de ses habitants, de mon père, de ma mère, de Tom, du vieux docteur lui-même, dont j'appliquais, après dix ans d'intervalle et à huit cents lieues de distance, les bienfaisantes leçons; et je sentais moins cet exil où j'étais condamné et cette espèce de remords qui suit toujours la mort d'un homme dans le cœur de celui qui la lui a donnée, quelle que soit la justice de sa cause.

Nous passâmes la journée ainsi, marchant peu, car le vent était faible, et ne perdant pas de vue les côtes ni à droite ni à gauche. Vers le soir, nous nous trouvâmes à la hauteur de l'île de Calo-Limno, située, comme une sentinelle, à l'embouchure du golfe de Mondania. Apostoli monta sur le pont pour voir le soleil se coucher derrière les montagnes de la Roumélie; mais, la nuit venue, j'exigeai qu'il descendît aussitôt. Il m'obéit avec la simplicité d'un enfant, et je restai près de son hamac, ne souffrant point qu'il parlât, et lui racontant, pour le distraire, les différentes aventures de ma vie. Quand j'en fus à l'histoire de Vasiliki, que j'avais sauvée, le pauvre garçon se jeta à mon cou en pleurant. Dès lors, il fut plus décidé que jamais que je m'arrêterais à Smyrne; que, de Smyrne, nous irions ensemble à Chio par Téos, la ville d'Anacréon; par Clazomènes, l'hospitalière, où Simonide, grâce à ses vers, reçut un si bon accueil, après son naufrage, et, enfin, par Éréthri, cette patrie de la sibylle Érithrée, qui annonça la chute de Troie, et de la prophétesse Athénaïs, qui prédit les victoires d'Alexandre.

Ces projets nous tinrent éveillés une partie de la nuit. J'oubliais, comme Apostoli le faisait lui-même, que nous bâtissions sur le sable; je me voyais déjà parcourant toute la Grèce antique, avec le savant cicerone que le hasard, ou plutôt la Providence, avait jeté sur ma route. Puis, je sentais tout à coup sa main se couvrir d'une moiteur fiévreuse, et son pouls, que je consultais, s'élever désordonnément comme le battement d'une pendule qui avance, et dont un dérangement invisible et irrémédiable abrége les heures. Cela me fit songer que cette veille prolongée était dangereuse pour mon malade, et je regagnai ma cabine, le laissant plus heureux que moi; car, ignorant son état, il s'endormit dans nos doux rêves.

Au jour, je montai sur le pont, et Apostoli vint bientôt m'y rejoindre. Il avait passé une nuit assez douce, quoique dérangée par des sueurs fiévreuses; mais son cœur était joyeux, il se trouvait plus calme. Pendant la nuit, nous avions continué d'avancer, et nous nous trouvions sur le point d'entrer dans le canal qui sépare l'île de Marmara, l'ancienne Proconnèse, de la presqu'île d'Artaki, l'ancienne Cyzique. Apostoli avait visité ces deux villes, et il en connaissait l'histoire comme celle de tout le reste de son pays. La première, qui a aussi porté le nom de *Nebris*, ou faon de biche, parce que, comme un faon, elle semblait se jouer à quelque distance de sa mère, fournissait ce beau marbre de Cyzique, si apprécié des anciens sculpteurs, qui lui a fait donner, ainsi qu'à toute la mer qui l'entoure, le nom moderne de Marmara. La seconde était autrefois une île; mais le canal étroit qui la séparait du continent est aujourd'hui comblé. C'est de ce point qu'Anacharsis s'embarqua pour regagner le pays des Scythes, sa patrie. Cyzique avait alors un temple magnifique de marbre poli, qui fut renversé depuis par un tremblement de terre, et dont les colonnes furent jugées dignes d'être transportées à Byzance, pour orner la cité dont Constantin venait de faire la capitale du monde.

Une partie de la ville, dont on voit encore aujourd'hui les ruines couchées au pied du mont Arctos, communiquait alors au continent par deux points, dont l'un, ouvrage de la nature, était nommé *Panorme*, et l'autre, œuvre des hommes, s'appelait *Chylus*. Après la bataille navale que les Athéniens remportèrent sur les Spartiates, cette ville tomba au pouvoir du vainqueur, et révéla à Alcibiade le degré de malheur où étaient tombés ses ennemis, par cette lettre laconique que les vaincus écrivaient aux éphores : « La fleur de l'armée a péri, Mindare est mort, le reste des troupes meurt de faim, et nous ne savons que faire ni devenir. »

On ne saurait croire combien tous ces détails, oubliés dans mon esprit, ou que, dans mon ignorance, je ne pouvais appliquer aux lieux où ils se rapportaient, avaient de charme, rappelés en vue de cette terre historique, et racontés par un enfant de ce peuple ancêtre, mort après avoir jeté au vent sa science, son art et sa poésie, que s'est partagé, comme un héritage sublime, le reste du monde. Aussi Apostoli était fier de son passé, et espérait dans l'avenir; on eût dit que, comme les sibylles, ses anciennes compatriotes, il lisait au livre du destin la régénération prochaine de sa belle Argolide. Apostoli était, en effet, originaire de Nauplia, et quoique, depuis deux générations, sa famille eût quitté la Grèce pour l'Asie Mineure, il avait, comme le jeune Grec de Virgile, qui mourait en se rappelant sa douce Argos, conservé dans son âme, sinon le souvenir, du moins l'amour de sa patrie.

Aussi tout lui était-il présent, et la fable la plus reculée n'était pour lui qu'une tradition pleine de réalité. Le détroit vers lequel nous avancions n'était ni le passage des Dardanelles, ni le canal Saint-Georges; c'était l'antique Hellespont, auquel la fille d'Athamas, voulant éviter les persécutions de sa belle-mère Ino, avait donné son nom comme à une tombe, lorsque, fuyant avec Phryxus, montée sur un bélier et entourée d'une nue, elle s'effrayait au bruit des vagues et tomba dans la mer. Lampsaki, quoiqu'il ne lui restât de sa splendeur passée que deux cents maisons à peine, éparses au milieu des ruines, et ces vignobles fameux, donnés par Xerxès à Thémistocle, redevenait, sous la baguette merveilleuse de l'imagination du jeune Grec, la ville célèbre où l'on adorait le fils monstreux de Vénus et de Jupiter, et qu'Alexandre eût détruite sans l'ingénieuse intercession de son maître Anaximène. Après Lampsaque, c'étaient Sestos et Abydos, doublement célèbres par l'amour de Léandre et l'orgueil de Xerxès. Enfin, tout revivait dans sa parole, tout jusqu'à Dardanus, qui, en s'effaçant de la carte du monde, a légué son nom moderne au détroit qu'elle commandait, comme une reine, au temps où Mithridate et Sylla s'y réunissaient pour y traiter de la paix du monde.

Nous mîmes un jour et demi seulement à parcourir la distance qui se trouve entre l'île de Marmara et la pointe où est situé le nouveau château d'Asie; car, aidés par le courant, nous débouchâmes dans la mer Égée au moment où les derniers rayons du soleil teignaient de rose les cimes neigeuses du mont Ida. Alors, malgré la beauté du spectacle, comme il venait un vent froid de Thrace, j'exigeai d'Apostoli qu'il rentrât dans sa cabine, où je promis de le rejoindre au bout d'un instant; il avait, toute la journée, éprouvé une grande oppression, et j'étais décidé à le saigner le soir. Je le rejoignis donc, comme je le lui avais promis; à peine me vit-il entrer, que, plein de confiance en moi, il me tendit, non point la main, mais le bras. Soit que les anciens souvenirs de sa patrie eussent agité son sang, soit qu'il se fût irrité la poitrine en parlant, il avait, ce soir-là, les pommettes enflammées et les yeux ardents; je n'hésitai donc pas un instant, et, rappelant tous mes souvenirs de chirurgie comme j'avais fait des souvenirs de médecine, je lui bandai le bras, et lui fis l'opération avec toute la sûreté d'un docteur. L'effet fut rapide et répondit à mon attente : à peine Apostoli eut-il perdu trois ou quatre onces de sang, qu'il respira plus librement et que la fièvre se calma. Bientôt, affaibli par la perte qu'il avait faite, si peu considérable qu'elle fût, il ferma les yeux, et le sommeil s'empara de lui. J'écoutai un instant sa respiration douce et égale, et, certain qu'il passerait une bonne nuit, je sortis de sa chambre pour aller respirer un instant l'air du soir.

A la porte de la cabine, je trouvai un matelot de quart qui venait, de la part du maître timonier, prier *il signor Inglese* de monter sur le pont.

XXI

Ce maître timonier était un Sicilien du village della Pace, près de Messine, dont j'avais déjà eu l'occasion, lors de notre sortie du port de Chalcédoine, de remarquer le courage et le sang-froid. De son côté, lorsqu'il avait vu le vaisseau tiré, par mes soins, du danger où l'avait mis le capitaine, il était venu à moi, et m'avait complimenté avec la franchise d'un vieux marin. Depuis ce temps, chaque fois que nous nous étions rencontrés, soit sur les échelles des panneaux, soit sur le pont, nous avions échangé quelques paroles, et nous étions restés bons amis.

Je le trouvai assis sur la drome, le coude appuyé sur la muraille et tenant à la main une longue-vue de nuit; il me fit signe de m'approcher de lui, et, me passant sa lunette :

— Pardon, me dit-il, d'avoir dérangé Votre Seigneurie ; mais je n'étais pas fâché de lui demander ce qu'elle pense d'un petit point blanc que l'on aperçoit vers le nord-nord-ouest, et qui m'a bien l'air d'être un certain bâtiment que j'ai vu, au coucher du soleil, déboucher de la pointe de Coccino, marchant d'une allure tout à fait suspecte. Si je ne me trompe, ou il fait même route que nous, ou il nous donne la chasse, et, dans ce dernier cas, j'avoue que j'aimerais autant vous voir commander la manœuvre, que d'être forcé d'obéir au capitaine.

— N'avez-vous donc pas de second à bord du bâtiment? lui demandai-je.

— Si fait, nous en avions un; mais il est tombé malade à Scutari, et nous avons été obligés, malheureusement, de l'y laisser; je dis malheureusement, car c'était un homme qui savait aussi bien son métier que le capitaine connaît mal le sien, et, dans une circonstance grave comme celle où j'ai peur que nous ne nous trouvions bientôt, son avis n'aurait point été à dédaigner. Il est vrai, continua le timonier, que, si Votre Seigneurie veut donner le sien, nous n'aurons rien à y perdre, bien au contraire.

— Vous me faites trop d'honneur, maître, répondis-je en riant; mais n'importe, je vais toujours vous dire ce que j'en pense.

Je braquai ma longue-vue vers le point indiqué, et, comme la lune éclairait magnifiquement la mer, je reconnus, comme le maître timonier, une felouque grecque qui venait à nous toutes voiles dehors: elle était distante à peu près de trois milles, et paraissait gagner sur nous; en ce moment, sans doute, elle devint visible à l'œil nu, car le matelot en vigie aux barres traversières de la grande hune cria tout à coup :

— Une voile!

— Certainement, une voile, murmura le timonier; croit-il que nous dormons où que nous sommes aveugles? Oui, oui, c'est une voile, et je voudrais bien que nous fussions seulement une vingtaine de lieues plus au sud, du côté de Mételin.

— Mais, dis-je, faites-y attention, maître, c'en est peut-être une seconde.

— Oui, oui, cela pourrait bien être, dit le timonier; car ces pirates, que Dieu confonde! sont de la race des chacals, et chassent parfois en compagnie.

Puis, haussant la voix :

— Ohé, de là-haut! cria-t-il; de quel côté est cette voile?

— Vers le nord-nord-ouest, directement sous notre vent, répondit le matelot.

— C'est bien cela, dis-je au maître timonier, et, s'il nous faut jouer des jambes ou du canon, nous n'aurons, au moins, affaire qu'à un seul. En attendant, je crois qu'il serait bon de réveiller le capitaine.

— Malheureusement, oui, répondit le timonier; car j'aimerais mieux que vous pussiez prendre sa place, et que tout se passât pendant qu'il dort. En attendant, est-ce que l'on ne pourrait pas toujours ajouter quelque chiffons de toile à ceux que nous portons déjà?

— Mais il me semble qu'il n'y a pas d'inconvénient à cela, répondis-je, et que c'est ce qu'il ordonnerait lui-même; d'ailleurs, continuai-je en portant de nouveau la longue-vue à mon œil, il n'y a pas de temps à perdre, car il gagne sur nous d'instant en instant. Envoyez donc un homme réveiller le capitaine, et que les autres matelots de quart se tiennent prêts à obéir à la manœuvre. Vous connaissez l'endroit où nous nous trouvons?

— Comme Messine, Votre Seigneurie; c'est-à-dire que j'y conduirais le bâtiment les yeux fermés, depuis Ténédos jusqu'à Lérigo.

— Comment *la Belle-Levantine* porte-t-elle ses voiles?

— Comme une Espagnole sa mantille, Votre Seigneurie; vous pouvez déplier jusquà son cacatois, et la coquette ne dira jamais qu'elle en a assez.

— C'est quelque chose, murmurai-je.

— Oui, oui, c'est quelque chose, répondit le maître; mais ce n'est point assez.

— Croyez-vous qu'une felouque puisse la gagner de vitesse?

— Si c'était une felouque ordinaire, je ne voudrais pas en jurer, tant *la Belle-Levantine* est bonne voilière; mais j'ai cru voir, à bâbord et à tribord du bâtiment qui nous suit, une certaine écume qui ne me paraît pas très-catholique.

— Et que vous fait-elle présumer?

— Qu'outre ses ailes, la felouque pourrait bien avoir aussi des pattes, ce qui lui donnerait un avantage sur nous.

— Ah! ah! murmurai-je en comprenant et en partageant à mon tour la crainte du timonier; je ne m'étonne plus alors si elle va de ce train-là.

Je portai de nouveau la longue-vue à mon œil; la felouque s'était encore rapprochée, et paraissait n'être plus qu'à deux milles de nous à peu près, ce qui me permettait de la mieux examiner.

— Sur mon âme! m'écriai-je au bout d'un instant, vous aviez raison, maître, et je commence à distinguer le jeu des avirons; il n'y a pas un instant à perdre. Holà! à la manœuvre! est-on prêt?

— Oui, répondirent les matelots.

— Amenez la grande voile et la voile de misaine, et déployez celle de perroquet!

— Qui donne des ordres à mon bord? demanda en ce moment le capitaine, tandis que les matelots exécutaient la manœuvre commandée.

— Celui qui veille pendant que vous dormez, monsieur, répondis-je, et qui vous remet le commandement, espérant, comme le danger n'est pas moindre, que vous vous en tirerez mieux cette fois-ci que la première.

J'allai m'asseoir, au même instant, sur le bossoir de tribord, remettant la longue-vue au timonier.

— Qu'y a-t-il donc? demanda le capitaine avec inquiétude.

— Il y a que nous sommes chassés par un pirate grec, répondit le timonier : voilà ce qu'il y a; mais, si vous jugez que cela ne valait pas la peine de vous réveiller, vous pouvez aller vous recoucher, capitaine.

— Que dites-vous-là? s'écria le pauvre diable au comble de la terreur.

— Rien dont vous ne puissiez vous assurer à l'instant même par vos propres yeux, répondit le timonier. Il tendit la longue-vue à son chef, qui la prit, et, la portant à ses yeux, la dirigea avec empressement vers le point désigné.

— Et vous croyez que c'est un pirate?

— Je voudrais être aussi sûr du salut de mon âme;

cela me tranquilliserait, au moment où je me verrai près de passer de ce monde-ci dans l'autre.

— Que faire alors? demanda le capitaine.

— Voulez-vous m'en croire, monsieur? répondit le timonier.

— Parle.

— Vous désirez savoir ce qu'il faut faire, n'est-ce pas?

— Oui.

— Eh bien, je vous conseille de le demander à ce seigneur anglais qui est assis là-bas, sur le bossoir de tribord, comme si la chose ne le regardait pas.

— Monsieur, dit le capitaine en s'approchant de moi, seriez-vous assez bon pour me dire ce que vous feriez, si vous étiez à ma place?

— Je réveillerais à l'instant le quart qui dort et je réunirais en conseil les passagers.

— Tout le monde sur le pont! cria le capitaine d'une voix à laquelle la crainte donnait une si grande force qu'on aurait pu l'attribuer à la résolution.

Comme il n'y avait pas de second pour répéter l'ordre du capitaine, le contre-maître fit, à l'instant même, entendre le cri bien connu qui appelait à l'aide de leurs camarades les matelots dont le quart était fini. Or, ainsi que je l'ai dit, comme c'étaient de braves marins, en un instant ils furent hors de leurs hamacs et montèrent, à moitié nus, sur le pont; le capitaine se retourna de mon côté et me regarda, comme pour m'interroger.

— Vous savez ce que votre bâtiment peut porter de voiles, lui dis-je; ainsi, agissez en conséquence, car, autant que j'en puis juger à l'œil nu, la felouque continue de gagner sur nous.

— Déployez la bonnette de misaine et celle du grand et du petit hunier! cria le capitaine.

Puis, se retournant de mon côté, tandis que les matelots exécutaient son ordre :

— Je crois que c'est tout ce que nous pouvons risquer, me dit-il; voyez, monsieur, le mât de hune plie comme une houssine.

— Vous avez des mâts de rechange?

— Oui, certainement, monsieur; mais un mât brisé est une grande dépense pour les armateurs.

— Que vous comptez éviter en laissant prendre le bâtiment? Vous êtes habile calculateur, monsieur; et je félicite vos armateurs d'avoir fait, pour diriger leur bâtiment, choix d'un représentant aussi économe que vous.

— D'ailleurs, reprit le capitaine, comprenant qu'il avait dit une niaiserie, j'ai toujours vu *la Belle-Levantine* faire eau, quand on la fatigue.

— Vous avez des pompes?

— Oui, monsieur.

— Eh bien, alors, ajoutez la voile de petit perroquet à celles qui sont déjà déployées, et nous verrons plus tard s'il est urgent de la faire accompagner de ses bonnettes.

Le capitaine restait confondu de la manière dont je comptais traiter son bâtiment, lorsque en ce moment, les passagers commencèrent à paraître sur le pont.

Éveillés au milieu de leur premier sommeil et se doutant qu'on n'eût point porté atteinte à leur repos sans un événement grave, ils arrivaient avec des figures si grotesquement bouleversées, que, dans toute autre circonstance, leur aspect m'eût fait éclater de rire. Parmi eux était mon pauvre Apostoli, qui, aussitôt qu'il m'aperçut, vint à moi.

— Qu'y a-t-il donc? me dit-il avec sa voix douce et son sourire triste : c'était, grâce à vous, la première fois que je domais d'un bon sommeil depuis deux mois, et voilà qu'on est venu me réveiller sans pitié.

— Il y a, mon cher Apostoli, répondis-je, que nous faisons, en ce, moment-ci une partie de barres avec les descendants de vos ancêtres, et que, si nous n'avons pas de bonnes jambes, il nous faudra avoir de bons bras.

— Sommes-nous chassés par quelque pirate?

— Vous l'avez deviné; et, en vous tournant de ce côté, vous pouvez voir l'ennemi.

— En effet, dit Apostoli; mais ne pouvons-nous forcer de voiles?

— Oui, oui, répondis-je; nous avons bien encore quelques chiffons à étendre; mais nous n'y gagnerons pas grand'chose.

— N'importe, dit Apostoli, il faut tout tenter; et puis, si malgré cela ils nous rejoignent, eh bien, nous nous battrons.

— Mon pauvre ami, lui dis-je, c'est votre âme qui parle, et non votre corps; d'ailleurs, savez-vous si le capitaine est disposé à se battre?

— Nous l'y forcerons bien! s'écria Apostoli; le véritable capitaine ici, c'est vous, John, c'est vous, qui avez déjà sauvé le bâtiment; c'est vous, qui le sauverez encore.

Je secouai la tête en homme qui n'a pas grand espoir.

— Attendez, dit Apostoli.

Et il s'élança au milieu du groupe de passagers auxquels le capitaine expliquait la position où nous nous trouvions.

— Messieurs! s'écria-t-il de toute la force de sa voix affaiblie, en se frayant un passage pour arriver au centre du rassemblement; messieurs, nous sommes dans une de ces circonstances où il est urgent de prendre une résolution rapide et forte. Notre vie, notre liberté, notre fortune, tout est en jeu à cette heure, tout dépend d'un ordre bien ou mal donné, d'une manœuvre bien ou mal faite. Eh bien, j'adjure le capitaine de déclarer, à l'instant même, sur son honneur, s'il se croit à la hauteur de la mission qui lui est confiée, et s'il prend l'événement sous sa responsabilité?

Le capitaine balbutia quelques mots inintelligibles.

— Mais, dit un des passagers, vous savez bien que le second lieutenant est tombé malade à Scutari, et que le capitaine est le seul, à bord, qui puisse commander la manœuvre.

— Vous avez la mémoire courte, Gaëtano, s'écria Apostoli; car vous avez, à ce qu'il paraît, déjà oublié celui qui nous a tirés, avec quelques paroles, d'un danger au moins égal à celui-ci. Au moment du péril, le seul chef, l'unique maître, le véritable capitaine, c'est celui qui a le plus de science ou de courage : or, nous avons tous le courage, continua Apostoli; mais voilà le seul qui ait la science.

Et, en disant ces paroles, il étendit le bras vers moi.

— Oui, oui! crièrent tous les passagers : oui, que l'officier anglais soit notre capitaine.

— Messieurs, répondis-je en me levant, comme il s'agit ici, non point de simples formalités de politesse, ou de simples règles de préséance, mais bien d'une question de vie ou de mort, j'accepte; mais je dois vous dire auparavant quelles sont mes intentions.

— Parlez! crièrent toutes les voix :

— Je prendrai chasse autant que possible, et j'espère, grâce à la légèreté du bâtiment, vous conduire dans quelque port, soit à Scyros, soit à Mételin, avant que la felouque ait pu nous rejoindre.

— Très-bien, crièrent toutes les voix.

— Mais, dans le cas contraire, et si les pirates nous gagnent, je vous préviens que je les combattrai jusqu'à la dernière extrémité, et que je vous ferai plutôt sauter tous avec moi que de me rendre.

— Mourir pour mourir, dit Apostoli, mieux vaut mourir en combattant que d'être pendus ou jetés à la mer.

— Nous combattrons jusqu'à la mort, cria l'équipage; qu'on nous donne des armes!

— Silence! m'écriai-je; ce n'est point à vous à décider cela, mais à ceux qui ont un double intérêt dans le bâtiment. Vous avez entendu ce que j'ai dit, messieurs; je vous laisse cinq minutes. Délibérez.

Je me rassis. Les passagers se réunirent en conseil; au bout de cinq minutes, ils vinrent à moi, conduits par Apostoli.

— Frère, me dit-il, d'une voix unanime, tu es nommé notre chef : à compter de cette heure, notre vie, nos bras et notre fortune sont à toi : disposes-en.

— Et moi, dit le capitaine en s'approchant à son tour, je m'offre à être votre second et à transmettre vos ordres, si vous m'en jugez capable; sinon, vous me placerez à la manœuvre, comme le dernier matelot.

— Bravo! crièrent à la fois les passagers et l'équipage; hourra pour l'officier anglais! hourra pour le capitaine!

— C'est bien, messieurs, j'accepte, répondis-je en tendant la main au capitaine; maintenant, silence partout!

Chacun se tut à l'instant même, attendant les ordres que j'allais donner.

— Monsieur le contre-maître, dis-je au chef timonier, qui cumulait ces deux fonctions à bord de *la Belle-Levantine*, consultez le compas, et dites-nous à quelle distance nous sommes de ces coquins, afin que je voie si votre estime s'accorde avec la mienne.

Le contre-maître fit le calcul demandé.

— Il sont à deux milles de nous, monsieur, pas un point de plus, pas un point de moins.

— C'est cela, répondis-je. Eh bien, messieurs, nous allons voir ce que sait faire *la Belle-Levantine* au moment du danger.

— Attention! Hissez le cacatois de grand et de petit perroquet et le contre-cacatois; déployez la voile du perroquet de fougue et de clin-foc, et, quand vous aurez fait cela, il n'y aura plus, sur *la Belle-Levantine*, un lambeau de toile qui ne soit au vent.

L'équipage obéit avec une rapidité et une précision qui indiquaient l'importance qu'il attachait au résultat d'un pareil ordre; en effet, c'était le dernier effort que *la Belle-Levantine* pût faire, et si, grâce à ce supplément de voiles, elle ne laissait pas en arrière la felouque, il n'y avait plus rien à faire qu'à se préparer au combat. Le bâtiment lui-même semblait comprendre, comme un être animé, le danger qu'il courait, et, dès qu'il sentit la pression des nouvelles voiles qui venaient d'être déployées, il s'inclina un peu plus encore sur le côté au vent, montrant de l'autre les premières bandes de son cuivre sortant de la mer et fendant, avec sa proue, l'eau qui rejaillissait en écume jusque sur le pont.

Pendant ce temps, confiant dans la science du timonier, j'avais repris la longue-vue, et je l'avais de nouveau braquée sur la felouque; elle aussi avait mis toutes ses voiles dehors, et l'on voyait, à l'agitation de l'eau bouillonnant sur ses flancs, que ses rameurs ne restaient point oisils. Il se faisait, au reste, quoique tout le monde fût sur le pont, un tel silence, que l'on entendait jusqu'au moindre craquement des mâts, qui semblaient ainsi me prévenir de l'imprudence que je commettais en les chargeant outre mesure; mais j'avais décidé d'avance que tous les avis de ce genre seraient complétement méprisés, et je n'avais de chance de gagner la partie qu'en jouant le tout pour le tout. Cet état d'anxiété durait depuis une heure à peu près, sans qu'il fût arrivé, au reste, le moindre accident, lorsque je donnai au contremaître l'ordre de consulter de nouveau le compas. Pendant qu'il faisait son calcul, je reportai les yeux sur la felouque, qu'il me semblait tenir maintenant à une distance un peu plus grande.

— Par sainte Rosalie! s'écria le contre-maître,

nous gagnons sur elle, monsieur; oui, aussi vrai que j'ai une âme et que j'espère qu'elle sera sauvée, nous la laissons en arrière.

— Et de combien? lui demandai-je, commençant à respirer plus à mon aise.

— Oh! de peu de chose, il est vrai.

Le contre-maître demeura un instant muet: puis, ayant vérifié ses calculs :

— Un quart de mille à peu près, me dit-il.

— Et vous appelez cela peu de chose! m'écriai-je, un quart de mille en une heure; par saint Georges! vous êtes difficile, mon maître, et je me serais contenté de moitié, moi!... Messieurs, continuai-je en m'adressant aux passagers, vous pouvez vous retirer maintenant, et dormir tranquilles ; demain, vous vous réveillerez hors de la portée des pirates... à moins que...

— A moins que?... répéta Apostoli.

— A moins que, comme cela arrive quelquefois, le vent ne tombe une heure ou deux après le lever du soleil.

— Et alors? demandèrent les passagers.

— Alors, ce serait autre chose; il ne faudrait plus songer à fuir, mais à nous battre; cependant, d'ici à quatre heures du matin, vous n'avez rien à craindre. Retirez-vous donc tranquillement, et attendez.

Les passagers se retirèrent; Apostoli voulait rester; mais j'exigeai qu'il descendît à l'instant même dans sa chambre : l'agitation qu'il avait éprouvée avait naturellement aggravé son état, et, quoiqu'il ne s'en aperçût pas lui-même, dans l'agitation où il était, il était dévoré de fièvre. Après une légère lutte, il obéit comme un enfant : c'était toujours ainsi que finissait toute résistance opposée par cette âme douce et qui n'avait rien perdu de sa jeunesse en marchant si vite vers la mort.

— Maintenant, monsieur, dis-je au capitaine, lorsque nous fûmes seuls, nous pouvons envoyer se reposer la moitié de l'équipage; si le vent continue ainsi, un enfant suffirait à conduire le bâtiment; si le vent tombe, nous aurons besoin de tous les bras, et, dans ce cas-là, il n'y aurait point de mal qu'ils fussent bien reposés.

— Tout ce qui n'est point de quart, sous le pont! cria le capitaine.

Cinq minutes après, il ne restait plus debout que les hommes qui étaient strictement de service.

La Belle-Levantine continuait de raser les flots comme une hirondelle de mer, car il faisait une de ces belles brises comme en demanderait un capitaine pour manœuvrer un bâtiment devant sa maîtresse. Quant à la felouque, au bout d'une demi-heure, elle avait encore perdu un quart de mille : il était donc évident que, si rien ne changeait dans l'atmosphère avant la fin de la journée du lendemain, nous serions à l'abri dans quelque port de l'Archipel.

J'avais fait un rapide progrès, comme on le voit, dans la hiérarchie militaire : de midshipman, j'étais passé d'emblée capitaine, et, tel est l'orgueil humain, qu'oubliant que cette promotion momentanée s'était faite à bord d'un pauvre bâtiment marchand, j'étais tout fier de cette position qui ne devait durer que tant que durerait le danger. Je n'en avais pas moins pris mon intérim au sérieux, et cela avait, au moins, chassé toutes les tristes pensées qui accablaient mon esprit; je me demandais pourquoi je n'aurais pas un bâtiment à moi, soit un simple yacht, pour voyager à mon plaisir, soit un trois-mâts marchand pour commercer avec l'Inde ou le nouveau monde.

Ainsi, je parviendrais peut-être à satisfaire cette soif d'activité qui est la fièvre de la jeunesse, et à oublier l'exil auquel je m'étais volontairement condamné : puis, comme à cette époque nous étions en guerre avec la France, peut-être aurais-je le bonheur, par quelque action d'éclat, de me faire pardonner le crime que j'avais commis contre les règles de la discipline; alors, je rentrerais dans la marine anglaise avec le grade que j'aurais conquis, et, guidé par les traces de mon père, je deviendrais un Howe ou un Nelson. L'étrange et merveilleuse chose que l'imagination, qui jette un pont sur l'impossible et qui s'égare, tout éveillée, dans des jardins plus splendides que ceux que l'on verra jamais en songe!

Ces rêveries me bercèrent quelque temps encore; puis, comme il était deux heures du matin, et que nous continuions de gagner sur la felouque, je laissai la conduite du bâtiment au pilote, je plaçai le contremaître en vigie, et, m'enveloppant dans mon manteau, je me couchai sur un pierrier.

Je ne sais depuis combien de temps je dormais avec toute l'ardeur de mon âge, lorsque je crus entendre que l'on m'appelait; en même temps, et, comme je ne me réveillais pas assez vite à ce qu'il paraît, on me toucha sur l'épaule. J'ouvris aussitôt les yeux, et vis devant moi le contre-maître :

— Qu'y a-t-il de nouveau? demandai-je en me rappelant que j'avais commandé de m'éveiller, si quelque chose allait mal.

— Il y a que, comme vous l'aviez prévu, le vent est tombé et que nous ne marchons plus.

La nouvelle était triste; mais c'était une raison de plus de ne pas perdre de temps pour y faire face. Je jetai mon manteau sur le pont, et, ne voulant confier à personne le soin d'étudier le ciel, j'empoignai les haubans de misaine, et je grimpai jusqu'à la barre du petit perroquet. Arrivé à cette hauteur, il y avait encore quelques souffles d'air qui, de temps en temps, traversaient l'espace, mais à peine suffisants pour gonfler les voiles les plus élevées et faire flotter notre banderolle. Je tournai alors les yeux vers la felouque ; elle ne paraissait plus que comme un point blanc à l'horizon, mais elle paraissait encore; il était évident qu'elle avait espéré en cette chute de vent, que nous craignions, et qu'elle avait continué sa chasse sans se ralentir; cependant, nous l'avions laissée à trois lieues de nous, à peu près.

Je portai ensuite mon regard circulairement sur l'horizon; nous étions à la hauteur du cap Baba, l'ancien *Lectum Promontorium;* nous avions devant nous, à l'est-sud-est, Mételin, dont je distinguais parfaitement les montagnes, et Scyros, berceau d'Achille et tombe de Thésée; mais la première de ces deux îles était à sept lieues, et la seconde à dix lieues à peu près de notre navire. Trois heures de cette même brise, et nous étions sauvés; mais nous n'en avions plus que le râle, et encore, dans quelques minutes, son dernier soupir allait-il s'éteindre.

Cependant, comme je ne voulais rien avoir à me reprocher, je redescendis sur le pont, et, faisant amener toutes les voiles basses, je ne laissai que le grand et le petit hunier, le perroquet de fougue, le grand et le petit perroquet et les bonnettes. *La Belle-Levantine* parut alors respirer un instant, débarrassée qu'elle était de cet amas de toiles, et, comme une nymphe qui glisse sur la mer en tenant son écharpe arrondie au-dessus de sa tête, elle fit, aspirant les derniers souffles d'air, une demi-lieue encore; puis elle s'arrêta, laissant pendre tristement ses voiles le long de ses mâtereaux et de ses mâts : la brise était morte.

Alors je fis mettre, afin qu'elles fussent déferlées au besoin, toutes les voiles sur des fils de caret, à l'exception du grand hunier et du clin-foc, et, comme le contre-maître me demandait mes ordres :

— Trouvez-moi, lui dis-je, un mousse et un tambour, et que l'on fasse entendre à l'instant même le branle-bas de combat.

XXII

A peine les premiers sons du mélodieux instrument qui appelait l'équipage aux armes s'étaient-ils fait entendre, que tout le monde fut sur le pont; il en résulta un moment de désordre, qui me fit comprendre la nécessité d'une discipline sévère. Je fis passer tout l'équipage sur l'avant, et, appelant les passagers sur l'arrière, je leur expliquai, qu'ainsi que je l'avais craint, le vent était tombé au point du jour, et leur montrai d'une main nos voiles qui fasiaient, et de l'autre la felouque qui commençait à grandir, non plus poussée par le vent, dont elle était privée comme nous, mais nageant à l'aide de ses rames.

Il n'y avait donc pas d'autre alternative que de nous préparer vigoureusement au combat, attendu que dans quatre heures, si la felouque marchait toujours du même pas, elle arriverait à un abordage qu'il me paraissait impossible d'éviter: car il n'était pas probable que quelque bonne brise, en se levant, nous permît de déployer nos voiles et nous mît de nouveau hors de sa portée. Si les honnêtes commerçants à qui j'avais affaire n'avaient eu d'inquiétude que pour leur vie, peut-être eussent-ils faibli; mais ils avaient leurs marchandises à défendre, et je les trouvai braves comme des lions.

Il fut donc décidé que toute puissance me serait remise, et que le capitaine, forcé d'abdiquer son grade, serait déchargé de toute responsabilité. Je profitai aussitôt de cette bonne volonté, et, choisissant parmi les passagers ceux qui me paraissaient les plus déterminés, je les désignai comme combattants, chargeant les autres, sous la direction d'un matelot qui avait été maître canonnier à bord d'un navire sarde, de préparer des poulevrins d'amorce et de faire des cartouches, afin qu'on ne manquât pas de munitions pendant le combat. Mais ce fut en vain que je voulus forcer Apostoli de descendre avec ces derniers; pour la première fois, il résista à ma volonté, déclarant qu'aucun ordre ne le déterminerait à me quitter tant que durerait le péril. Je me décidai donc à le garder près de moi à titre d'aide de camp.

Ce partage fait et le pont débarrassé d'une partie des passagers, je pris le porte-voix, ce signe du commandement, et, désirant savoir d'avance comment mes ordres seraient exécutés, je l'approchai de ma bouche en criant :

— Attention !

Tout bruit cessa aussitôt, et chacun attendit, prêt à obéir. Je continuai :

— Un homme en vigie aux barres de perroquet pour épier le vent ! les hardes et les hamacs dans les filets de bastingages ! les armes sur le pont !

Au même instant, un homme s'élança avec l'adresse et l'agilité d'un singe, par les haubans du grand mât, vers le poste désigné, tandis que les autres disparaissaient par les panneaux et les écoutilles, pour reparaître, un instant après, chargés de leurs hamacs qu'ils amarèrrent sur la muraille et qu'ils recouvrirent d'une toile goudronnée, tandis que le contre-maître, que j'avais élevé au grade de capitaine d'armes, faisait mettre les fusils en plusieurs faisceaux, et les haches et les sabres en divers tas.

Certes, la manœuvre ne s'était pas faite comme à bord d'un vaisseau de guerre; mais je n'en vis pas moins avec plaisir que, quoiqu'elle se fût opérée lentement, elle s'était opérée sans confusion; cela me donna bon espoir de l'avenir; et je regardais Apostoli, qui, assis au pied du mât de misaine, m'avait répondu, avant même que je n'eusse parlé, par ce sourire doux et triste qui lui était habituel.

— Eh bien, mon brave fils d'Argos, lui dis-je, nous allons donc combattre Grec contre Grec, frère contre frère, Attique contre Messénie?

— Hélas ! oui, répondit Apostoli, en attendant que tous les enfants de la même mère et tous les adorateurs du même Dieu se réunissent contre le même maître.

— Et cela viendra un jour; tu le crois? lui demandai-je avec une expression de doute qu'il m'était impossible de réprimer.

— Si je le crois ! s'écria Apostoli; j'en suis sûr : il est impossible que la Panagie ait ainsi abandonné ses enfants; et, quand cette heure viendra, vois-tu, continua le jeune homme, le teint animé et les yeux ardents, ces mêmes pirates, qui sont aujourd'hui la honte et l'effroi de l'Archipel, en deviendront la gloire et l'honneur; car ce n'est pas leur inclination qui les a poussés là, mais le despotisme et la misère.

— Tu es bien indulgent pour tes compatriotes, Apostoli !

Alors, voyant que l'équipage attendait les instructions :

— Que le capitaine d'armes choisisse les hommes désignés pour le service des deux pierriers et de la pièce de huit, et fasse mettre des grappins d'abordage au bout des vergues des deux bords.

Puis, cet ordre donné, je me retournai vers Apostoli.

— Et tu es bien sévère, John, me répondit-il; car, ainsi que tous les Francs, tu juges toujours les peuples au point de vue de la civilisation européenne; tu ne sais pas, toi, ce que nous souffrons depuis quatre siècles; tu ne sais pas que, depuis quatre siècles, rien n'est à nous, ni la fortune de nos pères, ni l'honneur de nos filles; tu ne sais pas qu'il n'y a de liberté que pour ces aigles de mer aux ailes rapides, qui fondent sur leur proie, puis se retirent dans des nids trop élevés pour que le lourd despotisme turc ose les y poursuivre. Il en est ainsi de tout peuple apprimé, vois-tu. L'Espagne a ses guérillas, la Calabre ses brigands, le Magne ses klephtes, l'Archipel ses pirates. Vienne le jour de la liberté, et tous redeviendront des citoyens.

Je souris d'un air de doute.

— Écoute, John, continua Apostoli en me posant la main sur le bras, écoute ce que je vais te prédire : Si tu demeures exilé de ta patrie, prends la Grèce pour mère; elle est charitable comme tout ce qui a souffert et généreuse comme tout ce qui est pauvre. Alors, avant qu'un long temps soit écoulé, tu entendras le cri d'indépendance courir de montagne en montagne et d'île en île; alors tu seras l'ami, le frère, le compagnon de ces hommes que tu vas combattre; tu partageras la même tente, tu boiras au même verre et tu briseras le même pain.

— Et quand ce fortuné moment doit-il arriver? dis-je au prophète qui me l'annonçait avec tant de confiance.

— Dieu seul le sait ! répondit Apostoli en levant les yeux au ciel; mais il ne doit pas tarder, car il y a quatre siècles que tout un peuple l'attend; et plus l'oppression est vieille, plus elle est près de la jeune liberté.

— C'est fait, capitaine, vint dire le contre-maître; avez-vous autre chose à ordonner?

— Que le charpentier ou le maître calfat, s'il y en a un à bord, amarre des cordages en dehors et tout autour du vaisseau, avec des crampes et une ceinture pour s'y suspendre; qu'il tienne préparés des bouchons de bois, des pelotes d'étoupes et des plaques de plomb garnies et percées, et qu'il prépare des mannes et des havre-sacs pour jeter à l'eau, si un homme tombe à la mer.

Il se fit un moment de silence, pendant lequel ce nouveau commandement s'exécuta; puis, quand tout fut rentré dans l'ordre, comme on voyait grandir la felouque à vue d'œil, et que nous restions en panne :

— Ohé! des barres du perroquet, demandai-je, avez-vous du vent là-haut?

— Non, monsieur, répondit le matelot, pas un souffle, et, à moins que ce petit nuage noir, qui pointe là-bas derrière Scyyos, ne nous en apporte, je crois que nous serons obligés de nous en passer pour toute la journée.

Je portai les yeux du côté indiqué, et je vis effectivement poindre à l'horizon un nuage qui, d'où j'étais, semblait un écueil jeté au milieu de cette seconde mer qu'on appelle le ciel. C'était un léger espoir. Dans la situation où nous étions, j'aimais mieux une tempête qu'un combat, et, à quelque prix que ce fût, j'eusse acheté du vent.

En attendant, tout était calme, la mer s'était aplanie comme un miroir, et, à part ce petit point, imperceptible à tout autre œil que celui d'un marin, pas une tache ne ternissait l'azur du ciel.

— Combien de temps croyez-vous qu'il leur faille encore, demandai-je au contre-maître, pour être dans nos eaux, au train dont ils marchent?

— Trois heures, à peu près, monsieur.

— Oui, oui, c'est ce que j'avais prévu. Vous aurez soin, monsieur, de tenir, sur les ponts et les gaillards, des charniers remplis d'eau douce pour rafraîchir l'équipage pendant le combat, et, pour que personne ne quitte son poste, attendu que nous n'avons pas trop de bras, deux hommes feront courir des bailles.

— Cela sera fait, monsieur.

— Frère, me dit Apostoli, la felouque change de route, ce me semble; peut-être nous sommes-nous trompés et ne vient-elle point à nous.

Je pris vivement la longue-vue et la braquai sur elle; effectivement, elle semblait, dans la nouvelle direction qu'elle venait d'adopter, devoir nous passer à un mille ou deux à l'arrière, et avoir tourné le cap vers Porto-Petera, l'ancienne Méthymne.

— C'est, sur mon âme, la vérité! m'écriai-je. Pardieu! Apostoli, je voudrais de tout mon cœur m'être trompé et faire amende honorable à tes compatriotes.

Mais, voyant que le contre-maître, qui avait entendu ce que je venais de dire, secouait la tête :

— Que pensez-vous de cela, monsieur? lui demandai-je.

— Je pense, capitaine, qu'ils ont vu, ainsi que nous, le point noir qui vient de ce côté, et que, comme des marsouins, ils flairent le vent; de sorte qu'ils veulent se mettre entre nous et Mételin, de peur que nous ne leur échappions en gagnant la terre.

— Vous avez raison, monsieur, et je ne sais pas où j'avais la tête de ne pas deviner cela tout de suite. Oui, oui, leur intention est bien évidente. Et pas un souffle de vent?...

— Pas un souffle! répondit le contre-maître.

— Alors, à la grâce de Dieu! attendons.

Nous attendîmes ainsi quatre heures; car le détour que vos pirates avaient été forcés de faire nous avait fait gagner du temps. Ils avaient passé à une lieue à peu près de l'arrière, et, décrivant un demi-cercle, de tribord, où ils nous étaient apparus, ils nous arrivaient par bâbord; cependant, ils étaient encore à trois milles de nous, à peu près, lorsque le matelot en vigie cria tout à coup :

— Ohé! une bouffée de vent!

Je bondis plutôt que je ne me levai.

— De quel côté vient-elle?

Il attendit un instant, afin de pouvoir faire une réponse précise; puis, ayant senti une seconde bouffée :

— Ouest-sud-ouest, répondit-il.

— Eh bien? demanda Apostoli.

— Eh bien, mon cher ami, il ne pouvait pas nous être plus parfaitement contraire, et je commence à croire que le diable est pour eux.

— Ne dis point de pareilles choses au moment où nous sommes, frère.

— Avez-vous entendu? demandai-je au contre-maître timonier.

— Oui, monsieur; oui, parfaitement.

— Eh bien, nous n'avons plus qu'une chance: c'est, au premier souffle qui va venir, de virer de bord et de fuir devant le vent, dussions-nous retourner d'où nous venons.

— Nous ne pouvons pas faire cette manœuvre si vite, monsieur, que nous n'essuyions une ou deux bordées, et songez qu'à la moindre avarie qu'ils nous auront faite dans la mâture, grâce à leurs maudites rames, ils nous rejoindront toujours.

— Connaissez-vous un autre moyen, monsieur?

— Je n'en connais pas, répondit le maître.

—Vous voyez donc bien, alors, qu'il faut employer celui-ci. Ohé! des barres de perroquet! criai-je à l'homme en vigie, sentez-vous le vent d'une manière certaine?

— Oui, monsieur, le voilà qui arrive.

— John! cria Apostoli, voilà encore la felouque qui change de direction.

Effectivement, je tournai les yeux de son côté, et je la vis, qui, par le seul secours de ses rames et de son gouvernail, virait de bord avec la facilité d'une chaloupe, et, comme si elle eût deviné notre intention, s'apprêtait à nous gagner au vent.

— Vous savez votre métier, monsieur, me dit le contre-maître; mais le capitaine de cette felouque m'a l'air de ne pas mal connaître le sien.

— N'importe, monsieur, nous le gagnerons de vitesse, j'espère. Attention tout le monde : y êtes-vous?

L'équipage répondit par un seul cri.

— Carguez l'artimon et la grande voile; mettez le perroquet de fougue et le grand hunier en ralingue; la barre du gouvernail sous le vent; coiffez et contre-bassez les voiles d'avant; filez les écoutes des focs, des voiles d'étai et de la misaine! C'est cela, enfants; voilà *la Belle-Levantine* qui vire, et tout à l'heure vous allez la voir filer comme une fille bien élevée qui marche devant sa mère. La! maintenant, éventez les voiles de l'arrière et brassez-les carrément; changez le gouvernail, larguez les écoutes des focs et des voiles d'étai! C'est bien, nous y sommes.

— Elle marche! cria tout l'équipage d'une seule voix, elle marche!

En effet, après avoir culé pendant quelques minutes, le navire, tiré en avant par les deux dernières voiles que j'avais ordonné de déployer, commençait à obéir au vent, et, le cap sur Lemnos, reprenait la route que nous avions déjà suivie. Je reportai alors les yeux sur la felouque; pendant que nous avions fait notre évolution, elle avait fait sa manœuvre, et s'était couverte de toile. Les deux bâtiments suivaient alors une ligne presque parallèle, qui devait aboutir à un point donné; ce n'était donc plus qu'une question de vitesse; mais, dans tous les cas, si nous évitions son abordage, nous devions nécessairement passer sous son feu.

Nous étions alors assez près de la felouque pour qu'aucun détail ne nous échappât, même à l'œil nu : c'était un véritable bâtiment de proie, allongé comme une pirogue, avec deux mâts penchés sur l'avant d'environ trois degrés; ses deux voiles latines étaient enverguées, par leur grand côté, à une antenne beaucoup plus longue que le mât. Le bâtiment portait deux canons sur l'avant, plus vingt-quatre pierriers tenus avec des chandeliers et plantés dans le plat-bord. Les rameurs, dont nous distinguions la tête coiffée d'un bonnet grec, étaient assis, non sur des bancs, mais sur les traversins des écoutilles, et leurs pieds s'appuyaient contre d'autres traversins établis en travers du bâtiment. Comme le vent était encore assez faible, leurs avirons leur donnaient sur nous un énorme avantage, et je vis que, quelque diligence que nous fissions, il nous faudrait toujours passer sous le feu de la felouque à une portée de pistolet.

Je donnai alors les derniers ordres : ils consistaient à traîner à tribord les trois seuls canons que nous eussions; à distribuer des fusils, des espingoles, des haches et des sabres à l'équipage et aux passagers; à monter sur le pont quelques caisses de cartouches, et à retourner le sablier pour trois ou quatre heures. En même temps, j'ordonnai à une douzaine d'hommes de monter dans les hunes, afin de faire feu de haut en bas.

Un moment de silence terrible et solennel succéda à ces préparatifs, pendant lesquels le point noir de Scyros s'était étendu sur tout l'horizon méridional, et menaçait de devenir un orage. Un vent lourd et chaud soufflait par bouffées capricieuses, et, cessant quelquefois tout à coup, laissait pendre nos voiles le long des mâts; de grosses vagues, qui semblaient se former au fond de l'abîme et monter à sa surface, couvraient la mer d'une nappe d'écume frémissante; mais tous ces signes, qu'en un autre temps nous eussions étudiés avec soin, étaient négligés par nous dans l'attente d'un plus grand danger.

Les deux navires se rapprochaient insensiblement, sans que ni l'un ni l'autre parût prendre un avantage marqué; ils n'étaient plus séparés que par un mille, et l'on voyait parfaitement, sur le pont de la felouque, son équipage, qui semblait être le double du nôtre, à peu près, faisant de son côté ses dernières dispositions pour le combat.

Il n'y avait donc plus aucun doute : c'étaient bien des pirates, et c'était à nous que ces pirates en voulaient; d'ailleurs, s'il nous était resté quelque incertitude, elle eût été bientôt dissipée; car tout à coup nous vîmes le plat-bord de la felouque se couvrir de fumée, et en même temps, avant que le bruit, que le vent emportait, fût parvenu jusqu'à nous, une pluie de mitraille vint s'abattre à quelques pas du navire : les pirates, dans l'ardeur qu'ils avaient de nous joindre, avaient mal calculé la distance et fait feu de trop loin.

— Avec votre permission, monsieur, me dit le contre-maître, je ne serais pas fâché, puisque ces messieurs nous ont salués les premiers, de leur rendre leur politesse. Et voilà, continua-t-il en me montrant la pièce de huit, une jeune personne bien élevée, qui ne dit qu'un mot de temps en temps, mais dont chaque parole vaut mieux que tout ce babillage que nous venons d'entendre.

— Déliez-lui donc la langue, maître, répondis-je; car je suis aussi curieux que vous de l'entendre parler; je présume que c'est vous qui avez fait son éducation, et je ne doute pas que, dans la circonstance délicate où nous nous trouvons, elle ne fasse honneur à son maître.

— Elle n'attend que votre ordre, monsieur; mais, comme c'est une fille très-obéissante, elle désire avoir ses instructions.

— Pointez en belle, c'est ce qu'il y a de mieux.

Le contre-maître traîna son canon au milieu du sabord, et, pointant en plein bois :

— Feu! dit-il.

Le commandement fut aussitôt suivi que donné; un jet de flamme sortit des flancs de *la Belle-Levantine*, et le messager de mort alla frapper au milieu des rameurs, où il fut facile de voir, au désordre qu'il occasionnait, que son coup n'avait pas été perdu.

— Bravo! maître, m'écriai-je, votre élève a fait merveille; mais elle n'en restera pas là, je l'espère.

— Oh! non, monsieur, répondit le timonier, qui commençait à prendre goût à la chose; Rosalie, c'est le nom que je lui ai donné en honneur de la patronne de Palerme, Rosalie est comme feu ma pauvre mère: une fois qu'elle a commencé de parler, on ne peut plus la faire taire. Eh bien, qu'est-ce que vous faites donc, vous autres? est-ce que ce qui se passe là-bas vous regarde? Voyons, amorcez.

Pendant que le chef du poste obéissait à cet ordre, un nouveau nuage de fumée s'éleva aux flancs de la felouque, et, comme les deux navires s'étaient rapprochés dans l'intervalle, on entendit les grêlons de fer grésiller par tout le bâtiment; au même instant, un homme tomba de la grande hune dans les haubans du grand mât, puis, de là, sur le pont. Les pirates, qui avaient vu l'effet du coup, poussèrent de grands cris de joie.

Mais la mort, qui avait visité *la Belle-Levantine*, était déjà retournée à bord de la felouque avec le boulet du contre-maître, et aux cris de joie succédèrent des imprécations de colère. Le coup, plus heureux encore que le premier, avait traversé la muraille et emporté deux canonniers.

— De mieux en mieux, maître! m'écriai-je; mais vous avez là deux pierriers qui sont muets comme des tanches; est-ce qu'ils ne feront pas entendre leur voix à leur tour?

— Tout à l'heure, monsieur, tout à l'heure; le moment n'est pas encore venu de leur couper le filet. *Patienza! patienza!* comme nous disons, nous autres Siciliens, et chaque chose aura son temps. Rentrez donc derrière la muraille, vous autres, rentrez donc! vous voyez bien qu'il va nous arriver encore une averse.

Effectivement, un nouvel ouragan de feu vint s'abattre en sifflant sur le pont, tuant un de nos hommes, en blessant deux ou trois autres.

De nouveaux hourras retentirent à bord de la felouque; mais, comme la première fois, ils furent interrompus par la triple décharge de nos deux pierriers et de la pièce de huit. Trois rameurs tombèrent, qui furent aussitôt remplacés, et la course continua sans être interrompue, plus ardente et plus acharnée qu'auparavant; car le capitaine des pirates commençait à reconnaître qu'il n'arriverait pas à temps pour nous aborder, et nous le voyions, sur le gaillard d'arrière, donnant ses ordres et excitant ses rameurs. Cette conviction, qui était aussi celle de l'équipage de *la Belle-Levantine*, nous donnait une nouvelle ardeur; en ce moment, l'orage se mit de la partie, et l'on entendit gronder le tonnerre. Ce grondement fut suivi d'une bouffée de brise, qui donna à *la Belle-Levantine* une heureuse impulsion.

— Courage, enfants, courage! m'écriai-je; vous voyez que le ciel est pour nous, et que l'orage nous pousse comme avec la main. Jusqu'à présent, ils ne nous ont pas fait grand mal; car mieux vaut qu'ils nous enlèvent de la chair que du bois.

— Oh! chaque chose aura son tour, monsieur, reprit le contre-maître tout en pointant ses pièces; et c'est quand nous les aurons dépassés, et qu'ils nous tiendront de bout en bout, avec leurs deux canons de l'avant, que la véritable danse commencera. Allons, feu, vous autres!

Les décharges des deux bâtiments n'en firent qu'une; mais j'étais si préoccupé de la vérité de ce que venait de dire le contre-maître, que je ne suivis l'effet ni de l'une ni de l'autre. J'entendis seulement quelques gémissements à bord; en jetant les yeux sur le pont, je vis deux hommes qui se tordaient dans l'agonie de la mort; j'appelai deux matelots.

— Voyez ceux qui sont déjà trépassés, leur dis-je à demi-voix; il ne faut pas laisser le pont s'encombrer, cela gêne la manœuvre et cela décourage; vous descendrez les corps dans le faux-pont, et vous les jetterez à la mer par bâbord, afin que les pirates ne voient rien de cette opération.

Les deux matelots obéirent, et je reportai les yeux vers la felouque.

Nous étions arrivés au point extrême de notre course, et, comme je l'avais espéré, nous y étions arrivés les premiers; mais, parvenus là, nous nous trouvions si rapprochés, qu'un homme vigoureux aurait pu lancer une pierre d'un bord à l'autre. Je crus que c'était le moment de faire jouer la mousqueterie, et je commandai le feu; j'entendis au même instant la voix du chef des pirates qui donnait le même ordre, et la fusillade commença pour ne plus s'interrompre.

Pendant quelques temps, les rameurs de la felouque firent de tels efforts, qu'ils nous prolongèrent; mais, le vent nous étant venu en aide, nous finîmes par les dépasser. Ils nous envoyèrent alors, à quarante pas à peine, une volée terrible, à laquelle nous répondîmes de notre mieux avec nos trois pièces et notre mousqueterie; puis, se laissant tomber dans notre sillage, ils commencèrent à nous donner la chasse.

Au bout d'un instant, nous entendîmes le bruit de deux grosses pièces d'artillerie, et un boulet vint frapper, presque à fleur d'eau, dans notre gaillard d'arrière, tandis qu'un autre traversait toute notre voilure, mais sans lui faire d'autre mal que de trouer la brigantine, la misaine et le petit foc.

— Voilà le jeu de boules qui commence, monsieur, me dit le contre-maître; maintenant, gare à nos quilles!

— Mais ne pourriez-vous donc faire traîner Rosalie à l'arrière, lui demandai-je, et leur rendre, sinon la monnaie de leur pièce, du moins la pièce de leur monnaie?

— Si fait, monsieur, si fait; on s'en occupe, comme vous voyez. Allons donc, fainéant! dit le contre-maître à un de ses servants qui secouait sa main droite, dont le pouce avait été écrasé par un biscaïen contre la bouche d'un pierrier, aide un peu à la roue, tu te dorloteras après... Là, bien.

Mais on n'avait pas encore eu le temps de recharger la pièce, qu'une nouvelle détonation se fit entendre, suivie d'un craquement terrible; en même temps le cri : « Prenez garde à vous, capitaine! » se fit entendre de tous côtés.

Je levai les yeux, et je vis le perroquet de fougue brisé un peu au-dessus de la hune d'artimon, qui, vacillant comme un arbre attaqué par sa base, s'inclinait sous le poids de ses voiles, et s'abattait à tribord. Au même instant, toute la poupe fut couverte de toiles, de bois et de cordages, et le navire, privé de ses deux voiles les plus importantes pour fuir vent arrière, ralentit sa marche à l'instant même.

— Coupez tout! criai-je, sans me donner le temps de mettre le porte-voix à ma bouche, coupez tout, et à la mer!

Les matelots, qui comprenaient l'urgence de la situation, s'élancèrent, comme des tigres, sur les cordages, et, à l'aide des haches, des sabres et des couteaux, ils eurent bientôt coupé jusqu'au fil qui retenait le perroquet de fougue au mât d'artimon; puis, réunissant tous leurs efforts, mâtereaux, voiles et cordages, ils jetèrent tout par-dessus le bord.

Malgré la promptitude de cette mesure, je compris, au ralentissement de la marche du navire, qu'il n'y avait plus moyen d'éviter l'abordage; je jetai les yeux autour de moi, et je vis que nous n'avions pas essuyé de grandes pertes. Trois ou quatre matelots étaient tués; nous en avions à peu près autant hors de combat; les autres blessures n'étaient que légères, de sorte qu'il nous restait, les passagers compris, encore vingt-cinq à trente hommes en état de se défendre. Je donnai l'ordre qu'on fît monter tous ceux qui, depuis le matin, étaient occupés à faire des cartouches, et, me penchant vers Apostoli, qui ne m'avait pas quitté d'une seconde :

—Frère, lui dis-je, nous avons fait résistance; maintenant, il est trop tard pour nous rendre; que crois-tu qu'il nous arrive, si nous sommes pris?

— Nous serons massacrés ou pendus, répondit tranquillement le jeune homme.

— Mais, toi, en ta qualité de Grec, n'as-tu point chance de leur échapper? car, enfin, ce sont tes compatriotes.

— Raison de plus pour qu'ils ne m'épargnent pas. On accorde rarement merci à qui l'implore dans la même langue.

— Et tu es certain de ce que tu dis?

— Comme de la pureté de la Vierge.

— Eh bien, lui dis-je, demande au contre-maître une mèche allumée, et, quand tu m'entendras dire: *Il est temps!* descends par le panneau de l'arrière, jette la mèche dans la soute aux poudres, et tout sera dit.

— Bien, me répondit Apostoli avec son doux et triste sourire, et, comme si je venais de lui donner un ordre ordinaire : cela sera fait.

Je lui tendis la main; il se jeta dans mes bras.

Puis, mettant le porte-voix à ma bouche d'une main et saisissant une hache de l'autre :

— Serrez le vent à petites voiles, criai-je de toute ma force; des hommes au bout des basses vergues et sur les gaillards ! la barre toute au vent, et que tout le monde se tienne prêt pour l'abordage.

La manœuvre fut exécutée à l'instant même, et *la Belle-Levantine*, au lieu de continuer à fuir vent arrière, ralentit sa course, et présenta le flanc à la felouque, qui, s'avançant avec la double rapidité de ses voiles et de ses rameurs, engagea son beaupré dans nos haubans de misaine, et nous aborda bord à bord, brisant du choc une partie de notre muraille. En même temps, et comme si les deux bâtiments s'étaient enflammés par le contact, un nuage de fumée s'éleva, suivi d'une détonation et d'une secousse si terribles, que *la Belle-Levantine* en trembla jusque dans sa membrure : les pirates avaient, à bout portant, fait feu de leurs douze pierriers. Heureusement, j'avais eu le temps de crier :

— Ventre à terre !

Car nous étions si près, que j'avais vu la fumée des boute-feu.

Tout ce qui suivit mon ordre fut sauvé, tout ce qui ne l'entendit pas fut balayé par la mitraille. Puis, comme nous nous relevions, à travers le nuage de vapeur qui nous enveloppait, nous vîmes apparaître, semblables à autant de démons, les pirates se laissant glisser de leurs vergues, descendant par leur beaupré, ou sautant de leur bord au nôtre. Il n'y avait plus d'ordre à donner, il n'y avait plus de règles à suivre; je me jetai en avant, et je fendis, d'un coup de hache, la tête du premier que je rencontrai.

Essayer de rendre les détails de la scène qui se passa alors serait chose impossible : chacun entreprit un combat isolé et mortel. J'avais donné mes pistolets à Apostoli; car il était trop faible pour se servir d'un sabre ou d'une hache, et deux fois je vis tomber deux adversaires sous des coups qui n'étaient pas portés par moi. Je me jetai en avant comme un insensé; car je ne voulais pas survivre à notre défaite, qu'il était facile de prévoir; mais, comme par miracle, au bout d'un quart d'heure de cette lutte gigantesque, après avoir renversé tout ce qui s'était présenté à moi, j'étais encore sans blessure.

En ce moment, deux pirates s'élancèrent en même temps sur moi; l'un était un jeune homme de dix-huit ans, à peu près, l'autre un homme de quarante. En faisant le moulinet avec ma hache, j'atteignis le jeune homme au haut de la cuisse; il poussa un cri, et tomba. Débarrassé de celui-ci, je m'élançai sur l'autre pour lui fendre la tête. Mais, d'une main, il saisit le manche de mon arme, tandis que, de l'autre, il me portait, dans le côté, un coup de poignard qui s'amortissait sur ma ceinture pleine d'or. Alors, craignant qu'il ne redoublât, je le saisis corps à corps; jetant aussitôt un coup d'œil rapide autour de moi, et voyant que les pirates étaient vainqueurs sur tous les points : *Il est temps!* criai-je, d'une voix de tonnerre, à Apostoli, qui aussitôt glissa, comme une apparition, par le panneau de l'arrière.

Le pirate était un homme d'une grande force; mais j'étais habile à la lutte comme un athlète antique. Jamais frères qui se revoient, après une longue absence, ne s'embrassèrent plus étroitement que nous ne le faisions pour nous étouffer. Nous arrivâmes ainsi, toujours nous étreignant, jusqu'à un endroit où la muraille avait été brisée par le choc des deux vaisseaux; et, comme il n'y avait plus de parapets, et que ni l'un ni l'autre de nous ne remarqua cette brèche, nous tombâmes tous les deux à la mer, sans que personne fît attention à nous.

A peine fûmes-nous dans l'eau, que je sentis les bras du pirate se détacher. De mon côté, emporté par ce sentiment de conservation dont l'homme n'est pas le maître, je lâchai mon ennemi, et, nageant quelque temps entre deux eaux, je ne revins sur la surface de la mer qu'à quelque pas derrière la poupe de *la Belle-Levantine.* Je restai là un instant, étonné de ne pas la voir sauter; car je connaissais trop Apostoli pour craindre que mon ordre ne fût pas exécuté. Mais, comme, pendant quelques secondes encore que j'attendis, rien de nouveau ne se passa, je pensai qu'il était arrivé quelque accident à mon pauvre ami. Les pirates étaient entièrement maîtres du bâtiment; je profitai donc du crépuscule, qui commençait à tomber, pour gagner le large sans savoir où j'allais, mais allant toujours, mû par cet instinct physique qui nous pousse à retarder, autant que possible, l'heure de notre mort. Cependant, je me rappelai bientôt qu'au moment où le feu de la felouque avait brisé notre perroquet de fougue, nous étions en vue de la petite île de Neœ, qui, selon mon estime, devait être à deux lieues, à peu près, vers le nord.

Je me dirigeai donc vers cette île, nageant autant que possible entre deux eaux, afin de me dérober à la vue des pirates, ne sortant la tête que pour respirer. Cependant, quelques précautions que je prisse, deux ou trois balles perdues, qui vinrent faire jaillir l'eau autour de moi, me prouvèrent que j'avais été découvert; mais aucune ne m'atteignit, et je me trouvai bientôt hors de portée.

Cependant ma position n'en était guère meilleure. Avec une mer calme, je me croyais assez bon nageur pour faire facilement ces deux lieues; mais l'orage grossissait, les vagues devenaient de plus en plus houleuses, le tonnerre grondait au-dessus de ma tête, et, de temps en temps, des éclairs, pareils à des serpents immenses, illuminaient les flots d'une teinte bleuâtre qui leur donnait un caractère effrayant. D'ailleurs, j'étais horriblement gêné par mes vêtements, et ma *fustanelle**, imprégnée d'eau, alourdissait ma marche. Au bout d'une demi-heure, je sentis que mes forces faiblissaient, et que, si je ne me débarrassais de ce poids incommode, j'étais perdu; je me retournai donc sur le dos, et, après des efforts inouïs, je parvins à briser les cordons qui retenaient la fustanelle; puis, la faisant glisser le long de mes jambes, je me trouvai assez soulagé pour reprendre ma course.

Je nageai encore une demi-heure, à peu près; mais la mer devenait de plus en plus mauvaise, et je sentais qu'il était impossible que je résistasse longtemps à la fatigue que j'éprouvais. Il n'y avait plus à couper le flot, comme dans un temps ordinaire; il fallait se laisser emporter par lui, et, chaque fois que je redescendais avec la vague, il me semblait être précipité dans un abîme. Une fois, tandis que j'étais au sommet d'une de ces montagnes liquides, un éclair brilla, et je vis à ma droite, à une distance énorme encore, le rocher de Neœ. N'ayant rien pour me diriger, j'avais dévié de ma route, et il me restait à peu près encore autant de chemin à faire que j'en avais déjà fait. Je sentis un découragement profond; car il y avait en moi le sentiment de l'impossible. J'essayai de me reposer en nageant quelque temps sur le dos; mais je me sentais saisi de terreurs invincibles, quand j'étais précipité à la renverse et la tête la première dans ces vallées sombres et profondes qui, à chaque instant, se creusaient de plus en plus.

Je commençais à sentir ma poitrine se serrer, un bourdonnement sourd battait dans mes oreilles, mes mouvements se roidissaient sans harmonie, j'avais des envies instinctives de crier pour appeler du secours, quoique je susse bien que, perdu comme je l'étais au milieu des flots, il n'y avait que Dieu qui pût m'entendre. Alors tous mes souvenirs se représentèrent à moi comme dans un rêve. Je revis ma mère, mon père, Tom, M. Stanhow, James, Bob, M. Burke; il y eut des choses qui me revinrent à l'esprit, et qui étaient tout à fait sorties de ma mémoire; il y en eut d'autres qui me semblaient des révélations d'un autre monde. Je ne nageais plus, je roulais de vague en vague, sans résistance et sans volonté. Parfois je sentais que j'enfonçais, et que les flots me passaient au-dessus de la tête. Alors, par un effort inouï et qui faisait jaillir à mes yeux des milliers d'étincelles, je revenais à la surface de l'eau, je revoyais le ciel, qui me semblait noir et tout parsemé d'étoiles rouges. Je poussais des cris auxquels je croyais entendre des voix répondre.

Enfin, je sentis que les forces me manquaient; je sortis hors de l'eau jusqu'à la ceinture, regardant avec terreur tout autour de moi. En ce moment, un éclair brilla; je vis, au haut d'une vague, quelque chose comme un rocher, qui allait rouler dans les profondeurs où je me débattais. Au même instant, j'entendis mon nom crié si distinctement, que ce n'était plus une illusion. Je voulus répondre; ma bouche s'emplit d'eau. Il me sembla alors qu'une corde me frappait au visage; je la saisis avec les dents, puis avec les mains. Une force motrice m'attirait à elle; je me laissai faire, sans résistance et sans volonté; puis bientôt je ne sentis plus rien : j'étais évanoui.

Quand je revins à moi, je me trouvais dans la cabine de *la Belle-Levantine*, et je vis Apostoli assis près de mon hamac.

XXIII

En deux mots, Apostoli me mit au fait; il n'avait pu faire sauter le vaisseau, parce que le capitaine, qui avait prévu mon intention, avait noyé les poudres; il remontait donc par l'escalier du grand panneau, pour venir me retrouver, lorsqu'il rencontra les pirates qui, maîtres du bâtiment, descendaient dans la cabine du capitaine le jeune homme que j'a-

* On appelle ainsi la jupe grecque, qui est d'autant plus élégante qu'elle est composée de plus de morceaux. Il y a des *fustanelles* qui ont jusqu'à cinq cents coutures.

vais blessé. Le pauvre garçon perdait tout son sang, et demandait à grands cris un chirurgien. Alors l'idée de me sauver, en me donnant ce titre, s'était présentée à l'âme ardente et dévouée de mon ami; Apostoli s'écria qu'il y avait un chirurgien dans l'équipage de *la Belle-Levantine*, et qu'on ordonnât de cesser le carnage, s'il était encore temps. Deux hommes s'élancèrent aussitôt sur le pont en commandant, au nom du fils du capitaine, que, sous peine de vie, il ne fût plus donné un seul coup. Apostoli les suivit avec anxiété, me cherchant partout, ne me trouvant nulle part; en ce moment, les pirates poussèrent de grands cris de joie; leur capitaine, qui avait disparu dans la lutte, remonta par une amarre, et, s'élança sur le pont en criant :

— Victoire !

Apostoli reconnut l'homme avec lequel il m'avait laissé luttant, et courut à lui pour lui demander ce que j'étais devenu. Le pirate n'en savait rien et me croyait noyé. Apostoli s'empressa de dire que j'étais médecin, et que, seul, je pouvais sauver le fils du capitaine.

Alors le père, désespéré, demanda à grands cris si personne ne m'avait vu reparaître; deux pirates dirent avoir tiré sur un homme qui nageait dans la direction de l'île de Neœ. Le capitaine ordonna que l'on mît aussitôt une chaloupe à la mer, partagé entre le désir de descendre près de son fils et celui de venir lui-même à ma recherche; mais Apostoli lui dit qu'il était mon frère de cœur, et qu'avec l'aide de la Vierge, il me retrouverait. Le capitaine était donc descendu dans la cabine, et Apostoli s'était élancé dans la barque. A la lueur des éclairs, les hommes envoyés à ma recherche avaient vu flotter quelque chose de blanc et l'avaient atteint; c'était ma fustanelle.

De ce moment, certains qu'ils étaient sur ma voie, ils avaient repris courage, et, pensant que mon intention était de gagner l'île, ils avaient ramé dans cette direction. Ils ne s'étaient pas trompés : au bout d'une demi-heure, un second éclair leur avait montré un homme se débattant contre la mort; ils avaient dirigé la barque de mon côté, et étaient arrivés au moment où j'allais probablement disparaître pour toujours.

Comme Apostoli achevait de me donner cette explication, la porte de ma cabine s'ouvrit, et le capitaine entra. Au premier coup d'œil, je reconnus mon adversaire, quoique l'expression de sa physionomie fût bien différente; car, à cette heure, sa figure était presque aussi abattue que je l'avais vue terrible : il venait, non plus en ennemi, mais en suppliant. Ayant vu que j'avais repris mes sens, il s'élança vers mon lit, et me cria en langage franc :

— Au nom, au nom de la Vierge ! seigneur médecin, sauvez mon Fortunato, et demandez-moi ce que vous voudrez.

— Je ne sais si je pourrai sauver ton fils, répondis-je au pirate; mais, avant tout, ce que j'exige, c'est que pas un des prisonniers que tu as faits ne périsse; la vie de ton fils me répond de la vie du dernier matelot.

— Sauve Fortunato ! s'écria une seconde fois le pirate, et j'étoufferai de mes propres mains celui qui osera toucher à un cheveu de leur tête; mais, à ton tour, jure-moi une chose.

— Laquelle?

— C'est que tu ne quitteras point Fortunato qu'il ne soit guéri ou mort.

— Je le jure !

— Viens donc, dit le pirate.

Je sautai à bas de mon lit, et je suivis le capitaine, avec Apostoli, dans la chambre du malade.

Je reconnus également celui que j'avais blessé. C'était un beau jeune homme de dix-huit à vingt ans, aux cheveux noirs, au teint foncé. Les lèvres du malade étaient violacées; il pouvait à peine parler pour se plaindre; de temps en temps, il demandait à boire; car la fièvre le brûlait. Je m'approchai de lui, je levai le drap dont il était recouvert, et le trouvai nageant dans le sang. La plaie était longitudinale, située à la partie supérieure et externe de la cuisse droite; elle pouvait avoir cinq pouces de longueur environ, sur un pouce et demi dans sa plus grande profondeur. Du premier coup d'œil, je vis qu'elle n'avait pu offenser l'artère, et je pris bon espoir; d'ailleurs, je savais que les plaies longitudinales sont moins dangereuses que les plaies transversales.

Je fis coucher le blessé sur le dos, pour donner au membre une position horizontale, et je lavai la blessure avec l'eau la plus fraîche que l'on put trouver. Quand le sang fut bien étanché, j'appliquai de la charpie dans toute la longueur de la plaie; puis, passant une bande par-dessous la cuisse, je ramenai les deux bouts en tirant en sens contraire, afin de réunir les deux lèvres béantes de la blessure; je tournai la bande jusqu'à ce que la plaie fût entièrement recouverte. Ce pansement fini, je fis soulever le malade avec des sangles, de manière à ce que l'on substituât un matelas et des draps frais à ceux qu'il avait trempés de sang; j'ordonnai que, d'heure en heure, on continuât d'arroser la plaie avec de l'eau, et, pour dernier règlement, je prescrivis la diète la plus absolue.

Alors, à peu près certain que la nuit du blessé serait bonne, je demandai au capitaine la permission de me retirer moi-même; car on comprend qu'après la journée que je venais de passer, je devais avoir besoin de quelques moments de repos. Cette permission me fut accordée à la condition que, s'il arrivait quelque accident au malade, on me réveillerait aussitôt.

Je me retrouvai seul avec Apostoli. Ce fut alors seulement que je compris toute l'étendue de son dévouement et de sa présence d'esprit. Sans lui, à l'heure où nous étions, mon cadavre eût roulé de vague en vague, jusqu'à ce que, échoué au pied de quelque rocher, il eût servi de pâture aux oiseaux de proie. Nous nous embrassâmes encore une fois, en hommes qui ne devaient plus se revoir et qu'un miracle avait réunis; puis je lui demandai des nouvelles de notre équipage. Le carnage n'avait épargné que treize hommes et cinq passagers; tous les blessés des deux partis avaient été jetés à la mer, et au nombre de ceux-ci était le pauvre contre-maître. Quant à notre capitaine, il avait raconté ce qui s'était passé; comment, malgré lui, *la Belle-Levantine* avait fait résistance; il avait prouvé qu'au moment décisif, c'était lui qui avait sauvé tout le monde en noyant les poudres, et, grâce à ces explications, confirmées par Apostoli, il avait eu la vie sauve. Rassuré alors sur le sort de tout le monde, je me retirai dans ma chambre, où je ne tardai pas à m'endormir d'un profond sommeil.

Sur les deux heures, je me réveillai; je pensai aussitôt à mon blessé, et, quoique l'on ne fût pas venu me chercher, preuve qu'aucun accident fâcheux ne s'était manifesté, je me levai et je me dirigeai vers la cabine du capitaine. Il était assis près du lit de son fils, qu'il avait voulu veiller lui-même, et dont, de minute en minute, il humectait la blessure. Son visage, si dur et si terrible dans l'action, avait pris un caractère de tendresse et d'anxiété incroyables; ce n'était plus un chef de pirates, c'était un père tremblant et soumis. Aussitôt qu'il m'aperçut, il me tendit la main en me faisant signe d'observer le plus grand silence, de peur de réveiller son enfant.

Le jeune homme dormait d'un sommeil paisible et sans fièvre, affaibli qu'il était par la perte du sang. J'écoutai sa respiration; elle était faible, mais calme; jamais je n'avais vu, au reste, plus belle figure que la sienne: pâlie ainsi et encadrée dans ses noirs cheveux, c'était une de ces nobles têtes comme on en trouve parfois dans les tableaux du Titien et de Van Dyck, et que l'on croit n'exister que dans l'imagination de l'artiste. Tout allait donc au mieux, et je rassurai le père; mais, malgré mes efforts pour l'y engager, il ne voulut point abandonner le lit de Fortunato.

Je me retirai dans ma chambre, où je dormis tranquillement jusqu'à huit heures du matin. Je retournai près de Fortunato. Il était réveillé et avait la fièvre : c'était le cours que devait suivre sa guérison; je m'en inquiétai donc peu et j'ordonnai quelques boissons rafraîchissantes; puis j'allai voir mon autre malade.

Hélas! celui-là était en voie toute contraire : soutenu par l'exaltation morale pendant le combat, et par le dévouement fraternel lorsqu'il avait fallu me sauver, Apostoli avait surmonté sa faiblesse; mais un tel effort l'avait épuisé. Un instant après que je l'avais quitté, la veille, il avait été pris d'une toux violente qui avait amené un vomissement de sang; puis était venue la fièvre, et, le matin, il se trouvait si faible, qu'il n'essaya même pas de se lever.

J'étais au bout de mes connaissances en médecine, et je n'osais plus rien risquer. J'ordonnai de ces choses indifférentes qui n'ont d'autre but que de faire croire au malade qu'il y a encore pour lui des chances de guérison, puisque l'on continue de combattre la maladie. Ensuite, je restai près de lui, pensant que la distraction était encore ce qui pouvait lui faire le plus de bien.

Ce fut alors que se révéla à moi toute cette âme d'ange, qui n'avait point encore eu une pensée qui ne fût sainte. Par une de ces grâces accordées aux malades en proie aux mortelles et implacables souffrances de la phthisie, il n'avait aucun pressentiment de son danger, et se croyait atteint d'une de ces fièvres, si communes en Grèce, qui vous prennent on ne sait pourquoi et vous quittent on ne sait comment. Pendant tout ce jour, que je passai près de lui, il ne me parla que de sa mère, de sa sœur et de son pays : aucun autre amour n'avait encore chassé de son cœur les amours primitifs; c'était un beau lis qui s'ouvrait plein de parfums et de fraîcheur.

Le soir, je montai sur le pont; les deux bâtiments, réparés aussi bien que possible, marchaient de conserve, longeant, à la distance de deux lieues, à peu près, une côte que j'avais déjà vue lorsque nous étions venus à Smyrne pour y prendre lord Byron, et que je crus reconnaître pour celle de Scio. Que d'événements étranges s'étaient passés depuis cette époque, et combien ils étaient loin de ma pensée, lorsque, cinq ou six mois auparavant, j'avais, à bord du *Trident*, passé dans les mêmes eaux!

Je m'étais, d'ailleurs, aperçu, dès les premiers pas que j'avais faits sur le pont, que j'étais un objet de respect pour tout l'équipage, qui, me croyant un très-savant médecin, m'avait pris, selon la coutume orientale, en haute vénération. Je ne vis, au reste, aucun des passagers de *la Belle-Levantine;* ce qui me fit penser qu'ils avaient été transportés sur la felouque.

Au bout d'une heure, je redescendis près d'Apostoli; il était un peu plus calme. Je me gardai de lui dire que nous allions avoir dépassé Scio et, par conséquent, Smyrne. De son côté, il ne s'informa pas non plus de la marche que nous suivions : on eût dit que peu importait quelle était sa voie sur la terre, à cette âme qui allait au ciel.

Pendant la nuit, nous éprouvâmes un de ces grains si communs dans la mer de l'Archipel. J'allais du lit d'Apostoli à celui de Fortunato : tous deux étaient extrêmement fatigués par le mouvement du navire; je dis à Constantin — c'était le nom du capitaine de pirates — qu'il serait urgent de prendre terre, à cause des deux malades. Il se consulta un instant, en grec, avec son fils; puis il monta sur le pont, sans doute pour voir où nous étions. Ayant reconnu que nous doublions la pointe méridionale de Scio, et que nous étions arrivés à la hauteur d'Andros, à peu près, il décida que, le lendemain, nous mouillerions à Nicaria. J'allai porter cette nouvelle à Apostoli; il la reçut avec son sourire habituel, et me dit qu'il espérait que la terre ferme lui ferait du bien.

Le lendemain était le troisième jour écoulé depuis la blessure de Fortunato, et le moment était venu de lever l'appareil. Je m'apprêtais à faire cette opération; mais Constantin m'arrêta en me demandant de le laisser se retirer. Cet homme de sang et de carnage, cet aigle de mer, dont toute la vie avait été un combat, n'osait assister au pansement de son fils : étrange contradiction entre le sentiment et l'habitude! En conséquence, il monta sur le pont, et je restai seul avec Fortunato et un jeune pirate qu'on m'avait donné comme servant.

Je levai l'appareil et trouvai la plaie un peu enflammée; j'étendis donc du cérat sur la nouvelle charpie que je substituai à l'ancienne, je rebandai la blessure avec les mêmes précautions que la première fois, et j'ordonnai de l'arroser avec de l'eau mucilagineuse. Le pansement fini, je remontai sur le pont pour porter à Constantin la nouvelle que Fortunato était en voie de guérison.

Je le trouvai avec Apostoli, qui, se sentant un peu plus fort, avait désiré prendre l'air. Ils étaient tous deux à l'avant, les regards tournés vers l'horizon, où commençait à surgir, comme un écueil, l'île de Nicaria, qui était le but momentané de notre voyage. A sa gauche était Samos, qui, par le vert sombre de ses oliviers, se confondait presque avec la mer. Au premier mot que je lui dis, Constantin retourna joyeux auprès de son fils, et me laissa seul avec Apostoli.

C'était la première fois que je le revoyais au grand jour, depuis le moment du combat, et, quoique préparé à cette vue, je fus effrayé du ravage que trois jours avaient apporté dans toute sa personne. Il est vrai que ces trois jours avaient amassé et versé sur lui, dans l'espace de quelques heures, les émotions de toute une année; les pommettes de ses joues étaient plus saillantes et plus enflammées; ses yeux avaient grandi d'un tiers, et une sueur éternelle perlait à la racine de ses longs cheveux.

— Viens, mon Esculape, me dit-il en souriant; viens, que je te montre l'île où nous te bâtirons un temple, quand tu nous auras guéris, Fortunato et moi. Ce n'est qu'un rocher, il est vrai; mais les dieux modernes passent si vite, qu'ils doivent être moins exigeants que les dieux antiques.

— Et comment appelles-tu cette île où tu veux me faire adorer?

— Oh! sois tranquille, me répondit-il, les hommages des hommes ne t'y fatigueront pas; car, du temps de Strabon, elle était déjà déserte; mais tu y entendras, nuit et jour, le murmure de la mer; tu y seras visité par les alcyons de Délos et de Méconi, et, de temps en temps, quelque pirate qui n'osera pas jeter l'ancre dans le port d'une ville, et dont l'enfant chéri aura été blessé dans un combat, viendra mystérieusement y faire une prière à la Vierge et à toi. Et puis un jour se lèvera où tu seras témoin d'un beau spectacle, crois-moi, celui de toutes ces îles qui nous environnent s'allumant comme des fanaux : c'est qu'alors la croix de feu aura été vue pour la troisième fois au-dessus de Constantinople, c'est qu'alors le cri d'indépendance retentira, de montagne en montagne, depuis l'Albanie jusqu'au cap Saint-Ange, et depuis le golfe de Salonique jusqu'à Candie. Alors tu verras passer, chargées non plus de pirates, mais de soldats, des barques rasant la mer comme des oiseaux aux longues ailes; tu entendras des cris de désespoir et de mort, et ces cris suprêmes, ce ne seront plus les esclaves qui les pousseront. Quant à moi, continua Apostoli avec son doux sourire, si je devais mourir hors de ma patrie, je demanderais pour tombe un de ces beaux cercueils qui avaient déjà un nom il y a deux mille ans, afin que, si je n'avais pas contribué comme acteur à cette régénération tant attendue, mon ombre pût, du moins, y assister comme spectatrice.

— Et quelle est la sibylle aux paroles dorées qui t'a promis une pareille résurrection, pauvre fils des anciens jours? lui demandai-je en secouant la tête.

— Celle qui n'a jamais cessé de rendre des oracles, dont le temple n'est ni à Dodone, ni à Delphes, mais dans le cœur de tous les hommes, l'Espérance!

— Celle-là, Apostoli, lui dis-je, est encore plus trompeuse que l'autre; car ce n'est pas même sur des feuilles qu'elle écrit ses prédictions, mais sur des nuages : le vent ne faisait que disperser les unes, et l'on en retrouvait au moins quelque chose; le moindre souffle emporte les autres; ils se fondent dans l'azur du ciel ou se mêlent à la tempête, et l'on n'en retrouve jamais rien.

Apostoli me regarda un instant; puis, avec un sourire :

— Tu es donc bien heureux, que tu ne crois pas? Écoute, John, continua-t-il, l'extrême infortune touche au bonheur comme l'extrême bonheur touche à l'infortune : tu vois Samos, — et il étendit la main du côté de la plus grande des deux îles vers lesquelles nous voguions; — là vivait Polycrate, qui avait toujours été heureux; partout où il avait fait la guerre, le succès l'avait accompagné; il avait cent vaisseaux à cinquante rameurs, et mille archers, les meilleurs, les plus braves et les plus adroits de toute la Grèce; il s'était rendu maître d'un grand nombre d'îles et de plusieurs villes du continent; il avait vaincu les Lesbiens dans un combat naval, et il avait fait creuser, par ses prisonniers, autour de sa ville, un fossé d'enceinte si profond, que tu en verras encore aujourd'hui la trace; si bien que l'on avait l'habitude de dire par toute la Grèce, quand on voulait désigner un homme parfaitement heureux, qu'il était heureux comme Polycrate. Or, au plus haut terme de sa prospérité, il reçut une lettre que lui envoyait Amasis, roi d'Égypte, qui avait autrefois contracté une alliance avec lui; elle était conçue en ces termes :

« AMASIS ÉCRIT A POLYCRATE CE QUI SUIT :

» Il est doux d'apprendre qu'un ami et qu'un allié est dans le bonheur; cependant des succès aussi constants que les vôtres ne me plaisent point, à moi, qui sais combien la Divinité est jalouse. Je souhaite donc, pour moi et pour tous ceux que j'aime, tantôt des succès, tantôt des revers, et je préfère que la vie soit accompagnée d'une suite de biens et de maux, plutôt que de s'écouler dans un bonheur sans mélange; car je ne connais personne, ni par moi-même, ni par ce que j'ai entendu dire, qui, ayant réussi en tout, n'ait fini par quelque renversement total de sa fortune. Si, donc, vous m'en croyez, vous agirez vous-même contre vos prospérités, et vous ferez ce que je vais vous dire. Réfléchissez à ce que vous avez de plus précieux, à la chose dont la perte vous affligerait le plus vivement, et cherchez à vous en défaire de manière à l'anéantir; si, après cette perte, les événements continuaient à se succéder en votre faveur, sans alternative de bien et de mal, pour y remédier, vous auriez recours de nouveau au moyen que je viens de vous indiquer. »

» Voilà ce qu'écrivit Amasis, le pharaon égyptien, à Polycrate, le tyran de Samos, et celui-ci, pour la première fois, tomba dans une rêverie profonde, dont le résultat fut qu'il suivrait le conseil donné par son allié. L'objet le plus précieux qu'il possédât, celui qu'il aimait le plus au monde, était un anneau d'or dans lequel était enchâssée une émeraude gravée par Théodore, fils de Télècle; et ce fut par la perte de cet anneau qu'il se décida à désarmer les dieux. Il fit donc équiper une de ses barques à cinquante rameurs, s'y embarqua, ordonna qu'on le conduisît en pleine mer, et, lorsqu'il fut arrivé là, à la vue de tout le monde, il jeta la bague dans les flots; puis il fit voile vers Samos, où, rentré dans son palais, il versa sur sa belle émeraude perdue les premières larmes de douleur qui eussent mouillé sa paupière.

» Quelques jours après, un pêcheur demanda à être admis devant Polycrate pour lui offrir un poisson magnifique et inconnu qu'il venait de prendre. Curieux de voir cette merveille, Polycrate permit que le pêcheur fût admis en sa présence; celui-ci entra, et, déposant sa pêche aux pieds du roi :

» — Quoique je ne vive que du travail de mes mains, lui dit-il, je n'ai pas voulu vendre ce poisson au marché; il m'a paru digne de toi; je te l'apporte et te le donne.

» — On ne peut mieux dire ni faire, répondit le roi, et je suis doublement reconnaissant, et de ce que tu fais et de ce que tu dis; remets ce poisson à mes cuisiniers, et viens souper avec moi, je t'y invite.

» Le pêcheur obéit, et se prépara à revenir le soir. Mais, avant que le soir fût venu, le cuisinier avait rapporté à Polycrate l'anneau d'or jeté à la mer, et qu'il avait retrouvé dans les entrailles du poisson; ce qu'ayant appris Amasis, il écrivit à Polycrate qu'il rompait l'alliance contractée avec lui, craignant que la paix de son âme ne fût troublée par les malheurs qui ne pouvaient manquer de lui arriver.

— Eh bien, dis-je en riant à Apostoli, qu'est-ce que cela prouve, frère? C'est qu'il y avait, à cette époque, comme de nos jours, des hommes qui ne savaient pas porter la moitié du malheur d'un ami, et qu'Amasis était un drôle à qui je suis fâché que Cambyse n'ait pas coupé les oreilles.

— Il n'en avait pas moins raison, me répondit Apostoli; car, un jour qu'Orêtes et Mitrobate, deux capitaines de Cyrus, se trouvaient ensemble à la porte du palais, ils eurent, pour savoir lequel des deux entrerait le premier, une dispute dans laquelle chacun exalta son mérite et abaissa celui de son rival. Je ne sais ce qu'Orêtes reprocha à Mitrobate; mais voici ce que Mitrobate reprocha à Orêtes :

» — C'est bien à vous, lui dit-il, de vous compter au nombre des capitaines d'un aussi grand roi que le nôtre, quand vous n'avez pas même pu lui acquérir cette île de Samos qui touche à votre province! Il est cependant si facile de la soumettre, que Polycrate, aidé de quinze hommes armés seulement, a trouvé le moyen de s'en faire le roi.

» Ce reproche était d'autant plus terrible qu'il était vrai, et, par quelque moyen que ce fût, Orêtes, à compter de ce jour, résolut de s'emparer de Samos.

» Or, ayant appris que Polycrate rêvait l'empire de la mer, il lui envoya Myrsas, fils de Gygès, avec un message ainsi conçu :

« ORÊTES A POLYCRATE.

» Je sais que vous avez formé de grands projets; mais, comme je sais aussi que vous n'avez pas l'argent nécessaire pour les exécuter, je vous offre un moyen d'élever votre puissance, et, en même temps, de me sauver la vie. Cambyse menace mes jours, et je suis instruit de ses desseins contre moi. Je vous propose donc de venir me chercher pour me transporter hors d'ici, moi et toutes les richesses que je possède. De ces richesses, une partie vous appartiendra, et vous me laisserez jouir du reste; mais, avec les trésors que je vous abandonne, vous vous rendrez aisément maître de toute la Grèce. Si vous avez des doutes sur l'existence de mes biens, vous pouvez envoyer ici quelqu'un à qui je les ferai voir. »

» Polycrate envoya Meandrius, l'un des principaux citoyens de Samos, et Orètes lui montra huit grandes caisses remplies de pierres, mais à la surface desquelles il avait étendu une couche de lingots d'or; puis Meandrius retourna vers Polycrate, et lui raconta ce qu'il avait vu.

» Polycrate résolut d'aller lui-même à Magnésie ; en vain sa fille voulut-elle l'arrêter en lui racontant un songe qu'elle avait fait, et dans lequel elle avait vu le corps de son père lavé par Jupiter et oint par le soleil. Tout fut inutile : l'or avait ébloui Polycrate, ses jours de prospérité étaient arrivés à leur terme ; il quitta Samos et remonta le Méandre, ayant près de lui Démocède, fils de Calliphonte, son médecin, qui ne le quittait jamais, et une grande suite de courtisans et de serviteurs. En arrivant à Magnésie, il fut arrêté par Orètes et cloué sur une croix, et, sur cette croix, il accomplit le rêve de sa fille; car il fut lavé par Jupiter, qui versa sur lui les eaux de la pluie, et oint par le soleil, qui le sécha de ses rayons.

» Eh bien, continua Apostoli, nous sommes aussi malheureux, nous, que Polycrate était heureux. Si nous jetions à la mer le fouet avec lequel on nous frappe, nous trouverions aussi quelque poisson qui le rapporterait à notre maître. Rien ne présage notre bonheur, comme rien ne présageait son infortune. Mais il y a peut-être, à cette heure, se disputant à la porte du sultan Mahmoud, un vizir et un pacha dont l'un ou l'autre aura besoin de notre liberté pour sauver sa tête. D'où nous viendra la résurrection? Je ne le sais pas encore; mais elle viendra avant qu'il soit longtemps, crois-moi, John, et puisses-tu être un de ceux qui marcheront à cette lumière !

J'avoue que de pareils oracles, dans la bouche d'Apostoli, me causaient quelque émotion; j'ai toujours cru aux prédictions des mourants; on n'est pas si près de la tombe sans distinguer ce qui s'étend au delà, on ne touche pas à l'éternité sans pouvoir lire dans l'avenir.

Tandis que, les yeux sur Samos, nous évoquions ses antiques traditions, nous nous étions approchés de notre but, et nous étions entrés dans une espèce de petit port où les deux bâtiments étaient sûrs d'un bon ancrage.

A l'instant même, les pirates avaient transporté à terre deux tentes, qu'ils avaient placées à quelque distance l'une de l'autre, la première près d'un ruisseau, la seconde sous l'ombrage d'un petit bois. Ils avaient transporté dans ces tentes des coussins et des tapis; puis ils avaient tourné l'ouverture vers la terre, afin que, de leur lit, les malades pussent voir Samos; derrière Samos, le sommet bleuâtre du mont Mycale, et, de chaque côté de Samos, Éphèse et Milet, ou plutôt la place où furent ces villes; puis, autour de ces deux tentes, les pirates établirent leur camp.

Ces préparatifs terminés, on descendit Fortunato à terre, et on le transporta vers l'une des deux tentes; l'autre fut abandonnée à Apostoli; puis on me fit jurer une seconde fois de ne pas chercher à fuir avant que Fortunato fût guéri, et on me laissa libre. Ce serment était inutile; car pour rien au monde je n'eusse quitté Apostoli.

Sous cette délicieuse température, qui n'a point changé depuis qu'Athénée y vit, dans la même année, fleurir deux fois la vigne et mûrir deux fois le raisin, le froid de la nuit n'était point à craindre. Je voulus m'en assurer moi-même en couchant dans la même tente qu'Apostoli, tandis que Constantin couchait sous celle de Fortunato. Quant aux pirates, moitié campèrent autour de nous, et moitié restèrent sur le bâtiment.

Dès le lendemain, Constantin envoya une barque à Samos pour acheter des vivres frais et des fruits. Je demandai que l'on me ramenât une chèvre pour Apostoli; elle me fut aussitôt accordée, et, dès le même jour, je ne lui permis que le lait pour toute nourriture.

J'avais levé le second appareil de Fortunato, et il allait de mieux en mieux. La plaie commençait à se joindre vers le centre, et promettait une prompte cicatrisation. Je n'avais donc plus aucune inquiétude de ce côté. Il n'en était pas de même d'Apostoli : chaque soir, il se couchait avec plus de fièvre, et, chaque matin, il se levait plus faible. Dans les premiers jours, nous montions quelquefois, pour voir se lever ou se coucher le soleil, jusqu'au sommet d'une petite colline qui était le point culminant de l'île; mais bientôt cette promenade, si courte qu'elle fût, devint trop fatigante pour lui. Chaque jour, il faisait quelques pas de moins, et s'asseyait sur quelque point plus rapproché que celui d'où il était parti. Enfin, il finit par être enchaîné à la porte de sa tente, et ce fut alors seulement qu'il commença à comprendre l'extrémité de sa position.

Apostoli était un de ces hommes qui éveillent, chez tous ceux qui les entourent, les sentiments doux et tendres; aussi tout le monde l'aimait-il et le plaignait-il. Je ne doutai donc pas qu'en demandant à Constantin qu'il le laissât retourner à Smyrne, pour mourir dans les bras de sa famille, il ne le lui permît à l'instant même. Je ne m'étais pas trompé : le pirate ne fit aucune difficulté, et m'offrit même, comme la traversée était courte, de le faire reconduire, par une barque, jusqu'à Théos, d'où on le transporterait facilement à Smyrne. J'allai porter à Apostoli cette bonne nouvelle; mais, à mon grand étonnement, il la reçut avec une certaine froideur.

— Et toi? me dit-il.

— Comment, lui dis-je, et moi?

— M'accompagnes-tu, frère?

— Je ne le lui ai pas demandé.

Apostoli sourit tristement.

— Ah! continuai-je vivement, crois bien que c'est parce que je suis sûr qu'il ne m'accorderait pas ma liberté.

— Informe-t'en d'abord, nous verrons ce que je ferai après.

Je retournai près du pirate, qui se consulta un instant avec Fortunato. Bientôt il revint me dire que je lui avais donné ma parole de ne point quitter son fils qu'il ne fût guéri, et que, comme son fils était encore étendu sur son lit de douleur, il ne pouvait pas me laisser partir.

Je rapportai cette réponse à Apostoli. Il réfléchit un instant; puis, me prenant les mains et me faisant asseoir près de lui, devant la porte de sa tente :

— Écoute, frère, me dit-il; si j'avais pu, en allant dire adieu à ma mère, lui laisser, à ma place, un fils, et à ma sœur un frère, je l'aurais fait, vois-tu; car j'aurais espéré que, leur donnant plus qu'elles ne perdaient, elles seraient bientôt consolées. Mais, puisqu'il n'en peut pas être ainsi, il vaut mieux que je leur épargne la douleur des derniers moments. J'ai vu mourir mon père, John, et je sais ce que c'est que d'attendre jour par jour, heure par heure, au chevet d'un lit, une guérison qui ne vient jamais, et une mort qui tarde à venir. L'agonie est plus longue pour celui qui regarde que pour celui qui souffre. Je perdrais ma force à la vue de leur douleur. Là-bas, je serais mort sous les larmes de ma mère; ici, je mourrai sous le sourire de Dieu. Puis, ajouta-t-il, ce sera toujours, pour elle, quelques heures de tranquillité de plus. J'avais même pensé à une chose : c'était à lui cacher ma mort, à lui faire dire que je voyageais, et à te laisser des lettres, que, de temps en temps, tu lui eusses envoyées comme si je vivais toujours. Ma mère est âgée et souffrante; peut-être eussions-nous pu la conduire ainsi jusqu'au moment où, sur son lit de mort, à son tour, on lui eût dit qu'elle n'allait pas me quitter, mais me rejoindre. Cependant, je n'ai point osé, John; j'ai trouvé qu'il était étrange à un mort de mentir, et j'ai reculé devant cette idée.

Je me jetai dans ses bras.

— Mais, lui dis-je, mon cher Apostoli, pourquoi t'arrêter à de si tristes pensées? Tu es jeune, tu habites un pays où l'air est si doux, la nature si belle; le mal dont tu es atteint, mortel dans nos climats d'Occident, ne l'est point ici. Ne pensons plus à la mort, pensons à ta guérison; puis, lorsque tu seras guéri, nous irons ensemble retrouver ta mère, et, au lieu d'un fils, elle en aura deux.

— Merci, frère, me répondit Apostoli avec son doux sourire; mais il est inutile que tu essayes de me tromper. Je suis jeune, dis-tu?

Il essaya de se lever, et retomba sans force.

— Tu le vois... Qu'importe le compte de mes années, si, à dix-neuf ans, je suis faible comme un vieillard. J'habite un pays où l'air est doux et où la nature est belle; cet air si doux me brûle la poitrine, cette nature si belle commence à s'effacer à mes yeux... Chaque jour, frère, un voile s'épaissit entre moi et les objets qui m'entourent; chaque jour, ils perdent de leur forme et de leur couleur. Bientôt le soleil le plus ardent ne les éclairera plus que comme un crépuscule, et, du crépuscule, je passerai doucement à la nuit. Alors, écoute, John, et promets-moi de faire de point en point ce que je vais te demander.

Je lui fis signe de la tête qu'il pouvait parler; car, à moi, les larmes m'étouffaient la voix.

— Quand je serai mort, me dit-il, tu me couperas les cheveux, et tu tireras cet anneau de mon doigt. Les cheveux seront pour ma mère, l'anneau sera pour ma sœur; c'est toi qui leur apprendras ma mort: car tu leur diras cette triste nouvelle mieux et plus doucement que tout autre. Tu entreras dans la maison comme les messagers antiques, une branche de verveine à la main; et, comme elles n'auront point entendu parler de moi depuis longtemps, comme elles ne sauront pas ce que je suis devenu, elles comprendront que je suis mort.

— Je ferai tout ce que tu voudras, lui répondis-je; mais ne me dis plus de pareilles choses, tu me fais mourir.

Et je me levai en secouant la tête pour me retirer; car je sentais que j'allais éclater en sanglots.

— Reste donc, me dit-il, et ne t'afflige point ainsi. Tu sais bien que nous ne mourons que pour revivre, et que, nous autres Grecs, nous nous sommes toujours crus immortels, quels que fussent nos dieux. A mille ans de distance, Orphée et saint Jérôme nous ont laissé, dans la même langue, des hymnes à Pluton et des prières au Christ.

Et alors il commença, dans sa belle langue mélodieuse, l'hymne antique à Pluton :

« Magnanime Pluton, toi qui parcours les espaces sombres des enfers, le Tartare obscur et les immensités silencieuses voilées par les ténèbres, je t'implore en t'offrant un don favorable. Toi, qui environnes de tous côtés la terre qui produit toutes choses; toi qui as obtenu, par le sort, l'empire de l'Averne, demeure des immortels et dernière demeure des hommes, toi qui tiens tes droits des largesses de la Mort; dieu puissant qui, vaincu par l'Amour, enlevas la fille de Cérès au milieu d'un pré fleuri et l'entraînas, sur ton char, à travers les plaines azurées de la mer jusqu'à l'antre d'Athide, où sont les portes de l'Averne; dieu qui sais toutes les choses connues et inconnues, dieu puissant, dieu illustre, dieu très-saint, qui te réjouis des louanges et du culte sacré de tes autels, sois-moi propice, je t'en supplie, Pluton, ô divin Pluton! »

Je chercherais en vain à exprimer ce qui se passait en moi, tandis que le descendant d'Agamemnon disait cette prière dans la langue d'Orphée : il me semblait avoir reculé de deux mille ans dans le passé, et assister à la fin de quelques-uns de ces philosophes grecs dont la vie et la mort étaient un enseignement. Tout ajoutait à cette illusion, tout, jusqu'à cette bande de pirates qui s'étaient abattus sur l'île d'Icare, comme une volée d'oiseaux de mer fatigués, et qui semblaient n'attendre que la fin du chant du cygne pour reprendre leur vol vers le rocher où était leur nid.

En ce moment, le soleil se couchait entre les îles d'Andros et de Ténos, et ses derniers rayons éclairaient si vivement l'horizon, qu'à cinq lieues de distance, on distinguait les cabanes de pêcheurs éparses sur les rivages de Samos. Je me retournai vers Apostoli, et, pour essayer de le distraire, je lui dis de regarder le magnifique paysage qui se déroulait à nos yeux.

— Oui, me dit-il, tu vois tout cela; et, moi aussi, je le vois encore avec les yeux de l'esprit; mais je ne le vois plus avec ceux du corps; car tout cela est, pour moi, couvert d'un voile qui sera levé demain. Demain, je verrai, non-seulement les choses qui sont maintenant, mais encore les choses qui ne sont plus depuis longtemps et les choses qui seront un jour. Crois-moi, John, celui qui meurt dans une telle foi est plus heureux que celui qui vit sans croire.

— Tu ne dis pas cela pour moi, Apostoli, répondis-je; car, quoique notre religion diffère dans quelques-uns de ses dogmes, ainsi que toi, je fus élevé par une mère pieuse et croyante, dont je suis, hélas! peut-être séparé plus éternellement que tu ne l'es de la tienne; et, ainsi que toi, je crois et j'espère.

— Eh bien, écoute, me dit Apostoli, je voudrais un prêtre. Dis à Constantin de venir me parler; j'ai cela à lui demander, et beaucoup d'autres choses encore.

— Que veux tu donc demander à cet homme? Songe bien que tout ce que tu demandes à un autre, c'est un vol que tu me fais.

— Je veux lui demander la liberté des malheureux matelots et des pauvres passagers qu'il retient captifs; je veux lui demander que le jour de ma mort soit celui de leur délivrance, afin qu'ils bénissent ce jour, afin qu'eux et ceux qui les aiment prient pour moi qui les aurai délivrés.

— Et tu crois qu'il t'accordera cette grâce?

— Aide-moi à rentrer dans la tente, John, car l'air est froid, et puis tu l'iras chercher, et tu me l'amèneras.

J'aidai Apostoli à marcher jusqu'à son lit; car il était si faible, qu'il ne pouvait plus se soutenir seul, et j'allai chercher Constantin, que je ramenai près de lui.

Ils restèrent une demi-heure à peu près ensemble, causant en romaïque, langue que je n'entendais point; mais il m'était facile de voir, à leur accent, que Constantin accordait à Apostoli tout ce qu'il lui demandait. Sur un seul point, ils discutèrent un instant; mais Constantin dit quelques paroles avec un accent qui ressemblait à la prière, et Apostoli cessa d'insister.

— Eh bien? lui demandai-je quand Constantin fut parti.

— Eh bien, me dit Apostoli, demain matin, j'aurai un prêtre, et, le jour de ma mort, tous les prisonniers seront libres; il n'y a que toi, John, qu'il m'a supplié, au nom de ma mère, de lui laisser jusqu'à ce que Fortunato soit guéri. Pardonne-moi; mais, au nom de ma mère, j'ai cédé, et j'ai promis, en ton nom, que tu l'accompagnerais à Céos.

— J'acquitterai ta promesse, Apostoli; peu m'importe où je vais... Ne suis-je pas exilé? Mais comment as-tu obtenu un pareil sacrifice de cet homme?

— Nous sommes tous deux, me répondit Apostoli, de la société des hétéristes, fondée pour la régénération de la Grèce, et l'un de nos premiers règlements est de ne rien refuser de ce que nous demande un ami au lit de mort... Donc, à mon lit de mort, je lui ai demandé la liberté des captifs, et il me l'a accordée.

— Et voilà ce qui te fait plus grand que tes ancêtres, m'écriai-je. Un ancien Grec eût demandé une hécatombe... tandis que, toi, pauvre agneau sans tache, tu as demandé une amnistie... car tu ne veux pas seulement qu'on te pleure, tu veux encore qu'on te bénisse.

Apostoli sourit tristement; puis, comme je vis qu'il disait tout bas quelques prières, je le laissai seul s'entretenir avec le Dieu que, dans quelques heures, ainsi que Moïse, il allait voir face à face.

Je montai au sommet de la colline qui marquait le centre de l'île; c'était, comme je l'ai dit, notre promenade habituelle, lorsque Apostoli avait encore quelques forces.

Souvent il m'avait dit, en brisant une branche de laurier-rose et en l'enfonçant dans un petit tertre qui dominait la source d'un ruisseau qui descendait dans la mer :

— Si j'étais libre de choisir ma tombe, je voudrais être enterré ici.

La dernière branche qu'il avait plantée, en me disant ces paroles, était encore là, fanée et mourante, comme si elle eût gardé sa place. Je me couchai près de la branche; et, voyant au-dessus de ma tête ces milliers d'étoiles, que nous ne soupçonnons même pas dans notre ciel d'Occident, et autour de moi ces myriades d'îles bercées sur la mer comme des corbeilles de fleurs, je compris qu'il y avait quelque douceur, pour un mourant, à choisir sa dernière couche dans un pareil lieu. Du reste, ainsi sont les Orientaux, insouciants du lieu où passe leur vie mortelle et éphémère, mais recherchés pour la tombe où ils doivent mourir éternellement.

Quand je rentrai dans la tente, Apostoli dormait d'un sommeil assez calme; mais, au bout d'une demi-heure, ce sommeil fut interrompu par une toux qui amena un vomissement de sang terrible. Deux ou trois fois, pendant cette crise, le pauvre enfant s'évanouit dans mes bras, croyant, chaque fois, qu'il allait expirer, et, chaque fois, revenant à la vie avec ce sourire triste et angélique que je n'ai connu qu'à ceux qui doivent mourir jeunes. Enfin, vers les deux heures du matin, cette dernière lutte de la mort et de la vie se calma. La vie était vaincue, et semblait ne plus demander à son ennemie que le temps de s'éteindre chrétiennement.

Au jour entra le prêtre grec, que l'on avait envoyé chercher à Samos; ce fut un moment de pure joie pour Apostoli. Je voulus les laisser seuls; mais, se tournant vers moi :

— Reste, John, me dit-il; nous n'avons pas assez longtemps à demeurer ensemble pour que tu me quittes ainsi.

Alors il raconta, devant moi, au vieux moine, sa vie pure comme celle d'un enfant. Le prêtre était profondément attendri, et, me montrant tour à tour Apostoli mourant, et les pirates qui, de temps en temps, venaient regarder à la porte :

— Voilà, me dit-il, ceux qui s'en vont, et voilà ceux qui restent.

— Dieu a ses desseins, mon père, dit Apostoli; moi, faible, il m'appelle auprès de lui pour prier, et il laisse ici-bas les forts pour combattre. Mon père, quand je serai mort, vous prierez pour moi, n'est-ce pas? et moi, je prierai pour la liberté.

— Sois tranquille, mon fils, répondit le moine, avant qu'il soit longtemps, les cris vengeurs de tes frères te feront tressaillir dans ta tombe; mort et aux pieds de Dieu, tu pourras plus pour ta patrie que tu n'aurais pu vivant.

— Vienne donc la mort, mon père! dit Apostoli avec une exaltation sublime; car, à cette condition, je l'attends et la bénis.

— *Amen!* dit Constantin en entrant dans la tente et en s'agenouillant près du lit du mourant.

Alors le prêtre lui donna la communion. Et moi, je commençais à croire à cette résurrection prochaine en voyant un jeune homme, un vieux moine et un chef de pirates, entre lesquels Dieu avait mis distance qui s'étend de l'enfance à la vieillesse et creusé l'abîme qu'il y a du crime à la vertu, réunis par un lien mystérieux, par un amour unique, par une espérance commune, que celui qui montait au ciel léguait à ceux qui restaient sur la terre, et dont le corps du Christ était le pacte et le garant.

Cette cérémonie achevée, Apostoli parut encore plus calme qu'auparavant, soit que cet acte religieux lui eût effectivement fait du bien, soit que l'on dise des phthisiques, avec raison, qu'au moment où leur dernière heure approche, elle conduit la mort voilée et couronnée comme l'espérance.

Le vieux moine fut à peine sorti, que le malade se trouva mieux et demanda à être conduit au seuil de sa tente; nous l'y portâmes, Constantin et moi, en prenant par les quatre coins le matelas sur lequel il était couché; et à peine y fut-il, qu'il s'écria avec extase qu'il n'avait plus devant les yeux le voile funèbre dont il se plaignait depuis quelques jours, mais qu'il revoyait le ciel, la mer de Samos, et jusqu'à la côte qui, noyée dans les premiers rayons du soleil, ne nous paraissait à nous-mêmes qu'une vapeur flottante et indécise. Il y avait alors une telle joie dans ses yeux, une telle expression de bonheur sur son visage, que je doutai de sa mort prochaine pour croire en un miracle. Apostoli lui-même semblait visité intérieurement par quelque ange consolateur. Je m'assis près de lui ; alors il me parla de sa mère et de sa sœur, non plus comme il l'avait fait les jours précédents, mais comme un voyageur longtemps absent de son toit, qui va y rentrer et retrouver, sur le seuil, les personnes qui lui sont chères.

Toute la journée s'écoula ainsi; cependant il était visible que la faiblesse physique s'augmentait en raison de l'exaltation morale. Le soir vint, un de ces beaux soirs d'Orient, avec de douces brises, qui vous apportent des bouffées de parfums, avec de beaux nuages roses qui se reflètent dans la mer, avec un soleil qui quitte le monde en souriant. Depuis quelque temps, Apostoli ne nous parlait plus, et semblait abîmé dans son extase; toute la journée, il avait suivi le soleil, et, le soir venu, il avait désiré que je le tournasse vers l'astre enflammé. Au moment où le bord du disque toucha aux montagnes d'Andros, la force parut lui revenir; il se souleva, comme pour le suivre des yeux plus longtemps, se soutenant davantage et avec une force plus grande à mesure qu'il disparaissait; enfin, lorsqu'on ne vit plus que ses derniers rayons, il étendit encore les bras vers le soleil, murmura le mot *adieu*, et laissa retomber sa tête sur mon épaule.

Le pauvre Apostoli était mort, mort sans crise, sans secousse, sans douleur, mort comme une flamme qui expire, comme un son qui s'envole, comme un parfum qui monte au ciel.

Je coupai ses cheveux, ainsi qu'il m'avait dit de le faire, et je pris sa bague, que je passai à mon doigt.

Toute la nuit, je le veillai. Le matin, deux femmes vinrent de Samos; elles lavèrent le cadavre, le frottèrent avec des parfums, couronnèrent sa tête d'iris et de nymphéas, et lui mirent sur la poitrine un lis, comme celui que tenait l'ange Gabriel, lorsqu'il vint annoncer à la Vierge qu'elle portait dans ses flancs le Sauveur du monde. Puis j'allai, avec deux pirates, au sommet de la colline, et, à l'endroit même où était plantée la branche de laurier-rose, je fis creuser une fosse.

Toute la journée, on transporta les marchandises qui étaient à bord de *la Belle-Levantine* à bord de la felouque grecque. Le soir, le vieux moine revint, s'agenouilla près du lit, et commença les prières. Alors on fit sortir les prisonniers, et on les amena devant la tente : ils reconnurent Apostoli, et, comme tout le monde l'aimait, tout le monde le pleura.

Quand les prières furent dites, on déposa le corps dans la bière, que l'on plaça découverte sur les épaules de quatre pirates. Le prêtre sortit le premier, suivi de deux enfants de chœur portant des torches allumées; ensuite venait le corps, puis les deux femmes de Samos, portant chacune sur la tête un grand plat de froment à demi bouilli, surmonté de la figure d'une colombe, faite d'amandes blanches; les bords du plat étaient garnis de raisins, de figues et de grenades. Arrivé au lieu de la sépulture, on déposa les deux plats sur le corps, où ils restèrent tout le temps que le prêtre dit l'office des morts; puis, les prières étant terminées, tandis que l'on clouait le couvercle de la bière et que chaque coup de marteau me retentissait jusqu'au fond du cœur, on passa les plats à la ronde, et chacun en mangea un morceau; bientôt on entendit rouler la première pelletée de terre, suivie de toutes les autres, qui allèrent s'assourdissant; enfin, lorsque les fossoyeurs eurent fait leur office, Constantin étendit le bras, et, avec une dignité étrange :

— Celui qui repose ici, dit-il en se tournant vers les prisonniers, m'a demandé votre liberté avant de mourir. Voici votre bâtiment qui vous est rendu, voici la mer qui vous est ouverte, voici la brise qui se lève; partez, vous êtes libres.

Ce fut la seule oraison funèbre qui retentit sur la tombe d'Apostoli.

Chacun fit alors ses préparatifs de départ. Les passagers, trop heureux d'en être quittes pour la perte de leurs marchandises, et le capitaine, à qui on rendait son bâtiment, ne comprenaient rien à cette générosité inouïe dans un chef de pirates. Moi-même, je l'avoue, je commençais à envisager cet homme sous un autre aspect. Fortunato, qui n'avait pas pu suivre le convoi, s'était fait conduire à la porte de sa tente, et, de cet endroit, l'avait vu passer. J'allai à Fortunato, et je lui tendis la main en pleurant.

— Oui, oui, me dit-il, c'était un digne enfant de la Grèce; aussi, vous voyez que nous avons fidèlement accompli la première parole que nous lui avons donnée; et, quand le jour sera venu de tenir la seconde, croyez-moi, monsieur, ce sera avec la même fidélité.

Ainsi, au fond de tous ces cœurs, une dernière flamme veillait : c'était l'espérance de la liberté.

Il n'y avait plus rien à craindre du roulis de la mer pour Fortunato, dont la blessure commençait à se cicatriser; aussi, le même soir, fut-il transporté à bord de la felouque. Je l'y suivis, pour accomplir en tout point les dernières volontés de celui que nous allions abandonner seul au milieu de cette île, où il voulait bâtir un temple à Esculape; puis, au dernier rayon du jour, les deux bâtiments sortirent du petit port, et, faisant voile en sens opposé, s'éloignèrent de Nicaria.

Au moment où le soleil se couchait, à l'heure même où, la veille, Apostoli avait rendu le dernier soupir, une volée de cygnes, qui allaient du nord au midi, s'abattit sur la tombe.

— Vois-tu, me dit Fortunato, ce sont les âmes des martyrs qui viennent chercher l'âme d'un bienheureux.

Puis la nuit vint; et, comme le vent était bon, et que nos matelots faisaient force de rames, nous perdîmes bientôt de vue l'île de Nicaria.

XXIV

Le lendemain, lorsque nous nous réveillâmes, nous nous trouvâmes au milieu de la mer Égée, et voguant vers un groupe d'îles que je reconnus pour les Cyclades. Le même soir, nous nous engagions dans le canal qui sépare Ténos de Myconi; et, l'ayant franchi, nous jetâmes l'ancre dans le port d'une petite île de trois milles de long sur un mille de large, à peu près. Constantin me dit que nous y passerions la nuit, et m'invita, si je voulais voir chasser les cailles au filet, à suivre quelques-uns de ses hommes qui descendaient à terre pour se livrer à ce divertissement; je devais ensuite revenir souper avec lui et Fortunato. Je n'avais pas grand plaisir à me livrer à cet amusement, le cœur triste comme je l'avais de la mort de mon pauvre Apostoli; mais, lorsque je sus que cette petite langue de terre, sous le nom moderne d'Ortygie, cachait le nom antique de Délos, je descendis dans la chaloupe, non pas pour chasser les cailles, mais pour visiter le berceau flottant de Diane et d'Apollon.

Cette île, qui autrefois, dit Pline, était fertile en palmiers, et sur laquelle on chercherait vainement aujourd'hui un seul de ces arbres, vint recevoir Latone au moment où, poursuivie par le serpent Python, et ne trouvant plus d'asile sur la terre, qui refusait de la porter, elle allait se jeter à la mer. C'était Neptune qui l'avait fait naître du sein des vagues; de là son nom de Délos, et qui, après l'avoir fait flotter pendant assez longtemps pour mettre la pauvre déesse à l'abri du monstre, lui ordonna de se fixer, cachée comme elle l'est à tous les yeux, entre Scyros et Myconi. Là, les douleurs de l'enfantement la prirent, et, aux premiers cris qu'elle jeta, Théa, Dioné et Amphitrite montèrent du fond des eaux et accoururent auprès d'elle; mais elles restèrent neuf jours sans pouvoir lui porter aucun secours; car, séduite par Junon, Ilithye, la déesse de la délivrance, ne voulait pas quitter le ciel. Il fallut la corrompre, et, comme Iris était venue, de la part de Jupiter, demander des nouvelles de Latone, les déesses lui donnèrent, pour Ilithye, un ruban de neuf aunes, broché d'or; Ilithye, ne pouvant résister à un don si précieux, descendit aussitôt dans l'île de Délos, et Latone fut délivrée.

En vertu de cette tradition qui la faisait sacrée, les Grecs avaient choisi Délos pour y déposer le trésor public. Tous les ans, les Athéniens y envoyaient un vaisseau pour faire des sacrifices. Ce voyage s'appelait *théorie*, ce qui veut dire *visite au dieu;* et il était défendu de faire mourir personne dans Athènes, depuis le moment où le prêtre d'Apollon avait couronné de fleurs la poupe du vaisseau jusqu'à celui où il rentrait dans le port. Ce fut ainsi que l'arrêt de mort de Socrate fut retardé de trente jours, parce qu'il avait été prononcé le lendemain du départ, et qu'il fallut attendre le retour.

En une heure, j'eus fait le tour entier de l'île, qui, aujourd'hui, est inhabitée, et sur laquelle on ne rencontre que des ruines. Je retrouvai les matelots, qui avaient fait une chasse superbe : ils s'étaient servis d'appeaux qui imitent le cri de la femelle de la caille, et qui attirent le mâle sous des filets. C'est l'abondance de ces oiseaux qui a fait donner à l'île son nom moderne d'Ortygie (île aux cailles).

Je retrouvai Fortunato et Constantin ensemble; ils m'attendaient pour souper. C'était la première fois qu'une même table nous réunissait, et ils avaient mis à ce repas une certaine solennité. Au reste, depuis le moment où j'avais entrepris si heureusement la cure de Fortunato, je n'avais pas eu un seul instant à me plaindre de leurs procédés à mon égard; il y avait même dans ces deux hommes une instruction et une délicatesse qui semblaient si mal s'accorder avec leur état, que plusieurs fois je m'étais étonné de cette anomalie. Ce soir-là, ils se montrèrent encore meilleurs pour moi que de coutume; aussi, après le souper, lorsque le vin de Samos eut deux fois, pour chacun de nous, rempli une coupe d'argent, et que les domestiques qui nous servaient nous eurent remis à chacun une longue pipe tout allumée, je ne pus m'empêcher de leur témoigner ma surprise de cette disposition; tous deux se regardèrent en souriant.

— Nous nous attendions à cette question, me dit Constantin; tu nous juges comme tout autre nous jugerait à ta place. Nous n'avons donc rien à dire.

Alors il me raconta son histoire, cette vieille histoire, toujours nouvelle et toujours pleine d'intérêt, des existences exceptionnelles qui, rejetées hors de la société par une injustice, ne se remettent en contact avec elle que pour rendre aux hommes le mal qu'elles en ont reçu. Constantin était d'origine maïnote; ses ancêtres étaient de ces loups du Taygète que les Turcs n'étaient jamais parvenus à apprivoiser, et avaient fini par laisser tranquilles dans leurs montagnes, n'ayant pu les en chasser. Démétrius, son père, était devenu amoureux d'une jeune Grecque qui avait suivi ses parents à Constantinople. Alors il avait accompagné sa maîtresse, et s'était établi à Péra. Il y vivait au milieu de ses enfants, plein de jours et de bonheur, lorsqu'un incendie éclata dans la maison d'un Turc, située à quelques pas de la sienne. Huit jours après, les bruits qui s'éveillent toujours en pareille occasion se répandirent.

On dit que c'étaient les Grecs qui avaient incendié la demeure d'un de leurs ennemis; et, comme on ne demandait qu'une cause à la persécution, une nuit, la populace cerna le quartier, et toutes les maisons des Grecs furent envahies. Fortunato et Constantin se défendirent quelque temps; mais, ayant vu tomber à leurs pieds leur père et leur aïeul assassinés, ils s'échappèrent, avec le reste de leur famille, par une porte dérobée, emportant tout l'or qu'ils purent ramasser et abandonnant leurs maisons et leurs marchandises. Ils parvinrent à gagner la mer de Marmara, et, de là, l'Archipel, où ils se firent pirates. Depuis ce temps, ils couraient les mers, pillant les cargaisons et brûlant les vaisseaux, comme on avait pillé leurs marchandises et brûlé leurs maisons, et, lorsqu'un Turc leur tombait sous la main, ils vengeaient sur lui la mort de leurs parents.

— Maintenant, me dit Fortunato, lorsque son père eut achevé ce récit, tu dois comprendre notre inquiétude comme nous avons compris ta curiosité. Après m'avoir frappé, tu as guéri, comme Achille, la blessure que tu m'avais faite. Pour nous, tu es donc devenu un frère; mais, pour toi, nous ne sommes toujours que des pirates et des brigands. Nous n'avons rien à craindre des Grecs nos compatriotes, qui, au fond du cœur, font des vœux pour nous. Nous n'avons rien à craindre des Turcs, aux vaisseaux desquels nous échappons avec la même facilité que l'hirondelle échappe au hibou, et qui n'oseraient venir nous attaquer dans notre fort. Mais, toi, John, tu es d'un peuple dont la puissance s'étend sur le monde; ses vaisseaux ont des ailes aussi rapides que celles de nos misticks les plus légers. Une offense faite à l'un de ses enfants est une offense faite à tous, que ton roi ne laisse jamais impunie. Jure-nous donc, John, comme jamais tu n'auras à te plaindre de nous, que jamais tu ne dénonceras la retraite où nous allons t'introduire. Nous ne te demandons pas ton amitié, que tu ne dois pas à des pirates; mais nous te demandons le secret, que tu dois à tout homme qui t'a introduit dans sa maison et dans sa famille. Si tu refuses de nous faire cette promesse, nous demeurerons ici, et sans aller plus loin, jusqu'à ce que je sois guéri. Une fois que je serai guéri, selon nos conventions, tu seras libre. Nous te donnerons ce que tu nous demanderas en or et en bijoux, car, ajouta Fortunato en poussant du pied une cassette, nous avons dans ce coffre de quoi payer Esculape lui-même. Alors tu nous quitteras, et tu pourras aller te plaindre à tes consuls, et peut-être nous nous retrouverons encore face à face et les armes à la main. Dans le cas contraire...

Il détacha un chapelet de son cou et le jeta sur la table.

— Fais-nous serment, sur cette relique, que mon grand-père a reçue des mains du patriarche de Constantinople, de ne jamais te plaindre, ni nous dénoncer, et, ce soir même, nous levons l'ancre; demain, tu es notre ami, notre hôte, notre frère, notre maison est la tienne, et rien n'est plus caché pour toi.

— Hélas ! répondis-je à Fortunato, ne sais-tu pas qu'à cette heure je suis, comme toi, proscrit, et qu'au lieu de penser à réclamer l'appui de ma nation, il faut que je me cache moi-même pour me soustraire à sa vengeance?... Tu me parles de récompense? Tiens, lui dis-je en détachant la ceinture pleine d'or et de lettres de change qui ne m'avait pas quitté, tu vois que je n'en ai pas besoin. Je suis d'une famille noble et riche, et je n'ai qu'un mot à écrire à mon père pour que, tous les ans, il m'envoie le double de cette somme, qui est le revenu de l'un de vos princes. Je n'ai donc qu'un seul devoir à accomplir : c'est d'aller moi-même, en personne, annoncer la mort d'Apostoli à sa mère et à sa sœur, et leur remettre à toutes deux les reliques funèbres qui m'ont été confiées. Promets-moi que, le jour où je voudrai accomplir cette mission sacrée, je serai libre, et alors je ferai sur cette relique le serment que tu me demandes.

Fortunato regarda son père, qui lui fit un signe d'assentiment. Alors, prenant la relique, il murmura une prière, la baisa; puis, la replaçant sur la table, il se leva, et, étendant la main sur le chapelet :

— Je jure, me dit-il, en mon nom et au nom de mon père, et je prends la Vierge à témoin de mon serment, que, le jour où tu réclameras ta liberté, tu seras libre, et que nous te fournirons tous les moyens, qui seront en notre pouvoir, de te rendre à Smyrne, ou en tout autre lieu où il te plaira d'aller.

Je me levai à mon tour.

— Et moi, dis-je, je te jure, par la tombe d'Apostoli, notre lien commun, ce frère qui nous fait frères, que pas un mot ne sortira de ma bouche qui puisse vous compromettre, à moins que vous n'ayez plus rien à craindre, ou que vous ne m'ayez rendu ma parole.

— C'est bien, dit Fortunato en me tendant la main. Tu l'as entendu, père; donne donc l'ordre du départ; car, ainsi que moi, je pense que tu es pressé de revoir ceux qui nous attendent et de rassurer ceux qui ne savent pas ce que nous sommes devenus, et qui prient pour nous.

Aussitôt Constantin donna quelques ordres en grec, et, un instant après, au mouvement de la felouque, je m'aperçus que nous nous remettions en marche.

Lorsque je me réveillai, le lendemain matin, et que je montai sur le pont, nous faisions force de voiles et de rames vers une grande île qui étendait de notre côté les deux langues de terre, abri de son port, comme deux bras ouverts pour nous recevoir. Derrière le port s'élevait une montagne, qui me parut avoir plus de six cents mètres de hauteur. Les matelots étaient pleins d'ardeur, et faisaient entendre des chansons joyeuses, tandis qu'à la vue du bâtiment la population commençait à s'amasser sur le port, et répondait, par des cris, aux chansons de nos rameurs. Il était évident que ce retour était une fête pour toute l'île.

Quoique très-faible et très-pâle encore, Fortunato était monté sur le pont, vêtu, ainsi que son père, de ses plus beaux et de ses plus riches habits. Enfin, nous entrâmes dans le port, et nous allâmes jeter l'ancre devant une très-belle maison, bâtie aux flancs de la montagne, au milieu d'un bois de mûriers. En ce moment, un bras passa à travers une des jalousies de cette maison, et agita un mouchoir blanc, brodé d'or. Fortunato et Constantin répondirent à ce salut en tirant chacun, en l'air, un coup de pistolet : c'était le signal d'un heureux retour. Aussi les cris de joie redoublèrent, et nous mîmes pied à terre au milieu des acclamations.

Nous étions dans l'île de Zéa, l'antique Céos, où Nestor aborda en revenant de la guerre de Troie, et où naquit le poëte Simonide.

XXV

La maison de Constantin s'élevait, comme nous l'avons dit, solitaire, au milieu d'un petit bois d'oliviers, de mûriers et de citronniers, sur le versant nord-ouest de la montagne de Saint-Élie. De la plateforme où elle était placée, elle dominait, non-seulement le port et le village, qui s'étendent en cercle, mais encore toute la mer, du golfe d'Égine à Négrepont. Devant sa façade septentrionale, et à la distance de huit ou dix lieues, à peu près, venait mourir, à la pointe du promontoire de Sunium, la chaîne du Parnasse, derrière laquelle se cache Athènes. On arrivait à la porte par un sentier facile à défendre, et qui, se continuant au delà de son enceinte, s'escarpait, après l'avoir traversée, jusqu'au sommet de la montagne. Là s'élevait, pareille à une aire d'aigle, une petite forteresse imprenable, où l'on pouvait se retirer en cas d'alarme, et destinée, en attendant, à loger une sentinelle, qui, de ce point élevé, découvre à vingt lieues en mer la moindre barque qui s'approche de l'île. Comme toutes les maisons qui appartiennent à la classe aisée, elle avait une avant-cour, entourée de hautes murailles, un rez-de-chaussée, et, au-dessus, un balcon qui faisait tout le tour du premier étage; puis une seconde cour intérieure, où nul ne pouvait pénétrer que par un escalier, dont le maître seul avait la clef, et qui conduisait à un pavillon isolé, dont toutes les fenêtres étaient grillées, à la manière des maisons turques, avec des jalousies de roseaux. Ces jalousies, en vieillissant, avaient pris une couleur rosée qui s'harmoniait admirablement avec le blanc éclatant de la pierre. Enfin, derrière ce pavillon mystérieux s'étendait un grand et beau jardin, entouré de remparts, de sorte que ses habitants, même en se livrant au plaisir de la promenade, se trouvaient à l'abri de tous les yeux.

Le rez-de-chaussée, qui n'était, à proprement parler, qu'un immense portique, était occupé par les serviteurs de Constantin, dont le costume était celui des klephtes du Magne. Cette partie de la maison était leur domaine, et ils y étaient établis comme dans un camp, y jouant le jour, y couchant la nuit. Les murailles et les piliers qui soutenaient la voûte étaient couverts d'yatagans ciselés, de pistolets aux crosses d'argent, et de longs fusils incrustés de nacre et de corail. Au reste, cette antichambre guerrière donnait à la puissance de Constantin une grandeur sauvage, qui rappelait la pompe féodale du XVe siècle. Nous traversâmes toute cette troupe, qui accueillit son chef bien plus comme des soldats reçoivent un officier que comme des valets reçoivent un maître; on sentait, dans l'obéissance de ces hommes, quelque chose de volontaire et d'indépendant qui grandissait à la fois celui qui commandait et ceux qui recevaient les ordres : c'était du dévouement, et non de la servitude.

Constantin adressa à chacun d'eux quelques mots affectueux, les nomma par leur nom, et, autant que j'en pus juger, s'informa de leurs pères, de leurs femmes et de leurs enfants; puis, ayant eu soin que chacun prît sa part dans les paroles du retour, il me présenta à eux comme étant celui qui avait sauvé Fortunato. L'un d'eux s'approcha aussitôt de moi, et me baisa la main, non point comme un domestique saluant un maître, mais avec la fierté d'un roi qui fait hommage à un empereur. Alors, comme Fortunato marchait encore avec peine, quatre hommes le prirent dans leurs bras et le portèrent au premier étage par un escalier extérieur aboutissant au balcon qui faisait le tour de la maison.

Ce premier étage offrait, avec le rez-de-chaussée, un contraste complet. Il se composait de trois chambres entourées de divans et pleines de fraîcheur et de silence. La seule décoration qui rappelât celle du rez-de-chaussée était les armes magnifiques, les pipes d'ambre et les chapelets de corail suspendus aux parois. A peine fûmes-nous entrés dans la pièce principale, qui était celle du milieu, que deux beaux enfants, aux vestes et aux bottines de velours brodées d'or, vinrent nous apporter le café et les pipes. Nous prîmes quelques tasses de café, nous fumâmes quelques pipes; puis Constantin me conduisit dans ma chambre, qui formait l'angle oriental de la maison, et, après m'avoir fait remarquer un escalier qui descendait au rez-de-chaussée et me donnait la liberté de sortir directement, il rentra dans son appartement, dont il ferma soigneusement la porte.

Je restai seul, et je pus méditer à loisir sur la nouveauté de ma situation. Tant d'événements s'étaient écoulés pour moi, dans l'espace de quelques mois, qu'il me semblait parfois être sous l'empire d'un rêve, dont, au premier moment, je devais me réveiller. En effet, élevé sous la surveillance pleine de sollicitude d'un père et d'une mère qui me chérissaient, et n'étant sorti de l'esclavage du collège que pour me soumettre à la discipline d'un vaisseau, je me trouvais tout à coup libre d'une telle liberté, que je n'en savais que faire, et que je m'étais arrêté au premier endroit où je m'étais posé, comme un oiseau qui se sent l'aile faible pour un trop grand espace. Maintenant, où étais-je? Dans un repaire de pirates qui, jusqu'à présent, me rappelait assez la caverne du capitaine Rolando de *Gil Blas*. Et cependant où iraisje en le quittant? Je n'en savais rien; toutes les portes du monde m'étaient ouvertes, il est vrai; mais une devait me rester fermée à toujours, et celle-là, c'était celle de ma patrie.

Je ne sais combien de temps je demeurai, ni surtout combien de temps je serais demeuré plongé dans mes rêveries, si un rayon du soleil, en glissant à travers ma jalousie de roseaux, ne fût venu me chercher sur le divan où j'étais couché. Je me levai pour échapper à cette visite incommode; mais, en m'approchant de la fenêtre, j'oubliai pourquoi j'y étais venu. Deux femmes, dont on ne pouvait distinguer aucune forme, tant elles étaient cachées dans leur cape, mais qu'à leur démarche sûre et légère on reconnaissait pour jeunes, traversaient la cour, se rendant de notre corps de logis au pavillon à l'une des fenêtres duquel j'avais vu, en entrant dans le port, s'agiter un mouchoir. Quelles étaient ces femmes, dont jamais ni Constantin ni Fortunato ne m'avaient parlé? Des filles de Constantin, des sœurs de Fortunato, sans doute; car Fortunato était trop jeune pour être marié, et Constantin ne l'était plus assez pour avoir une femme de l'âge dont devaient être les deux inconnues derrière lesquelles les portes du pavillon venaient de se refermer.

Je restai debout à ma fenêtre, et, au lieu de fermer l'ouverture incommode par laquelle filtrait le soleil, je cherchai à l'agrandir, afin de voir, et peut-être un peu pour être vu; mais je réfléchis qu'au moindre soupçon d'une pareille tentative, Constantin, pour peu qu'il fût soumis aux coutumes de l'Orient, pourrait bien me faire fixer mon domicile dans une autre partie de la maison. Je demeurai donc immobile derrière mon châssis, espérant apercevoir l'une ou l'autre de mes voisines. Au bout d'un instant, deux tourterelles apprivoisées étant venues se poser sur le bord de la fenêtre, le châssis se souleva, et je vis passer une petite main blanche et rose, qui, s'étendant vers les oiseaux de Vénus, les fit entrer l'un après l'autre dans l'intérieur de l'appartement.

O fille et femme d'Adam, Ève, notre mère commune, pécheresse à qui tes enfants pardonnent si facilement ce péché auquel ils doivent la mort, combien est puissante la curiosité que tu as léguée au monde, puisque, après tant de générations écoulées, elle fit à l'instant même oublier à l'un de tes fils patrie et famille! Tout cela disparut en voyant cette main, comme dans un théâtre disparaît, au sifflet du machiniste, une sombre forêt ou une caverne terrible, pour faire place à un palais de fées. Cette petite main avait tiré le voile qui me cachait le véritable horizon : Zéa n'était plus un misérable écueil jeté au milieu de la mer; Constantin n'était plus un capitaine de pirates en hostilité avec toutes les lois de toutes les nations; je n'étais plus moi-même un pauvre midshipman sans patrie et sans avenir. Zéa était Céos, l'île au doux nom, où Nestor bâtit un temple à Athena Nedusea; Constantin était un roi, fondant, comme Idoménée, quelque Salente nouvelle; et moi, j'étais un proscrit, cherchant, comme le fils d'Anchise, quelque amoureuse Didon ou quelque chaste Lavinie.

J'étais plongé au plus doré de ces rêves, lorsque ma porte s'ouvrit, et que l'on m'annonça que Constantin m'attendait pour dîner. Je me félicitai de ce qu'il ne s'était pas acquitté de ce message lui-même; car mon hôte m'eût trouvé devant ma fenêtre, immobile comme une statue, et eût facilement pu juger, à mon trouble, de ce que j'y attendais. Par bonheur, c'était tout simplement un de ses pages, qui, ne pouvant pas m'expliquer autrement qu'en romaïque la cause de son message, fut réduit à me la faire deviner par gestes; or, comme le geste qui correspond à la pensée qu'il exprimait est un des plus simples du vocabulaire mimique, je le compris à l'instant même et m'empressai de suivre mon introducteur, espérant que la petite main aux colombes serait du dîner.

Je me trompais : Constantin et Fortunato m'attendaient seuls auprès d'un repas asiatique par sa composition, mais européen par son service. Au moment où nous nous assîmes devant la table, elle était couverte, pour entrée, d'un monticule de riz formant une île conique au milieu d'un immense plat de lait caillé, et autour duquel s'élevaient deux plats d'œufs frits dans l'huile, et deux plats de légumes cuits à l'eau. Ce premier service disparut pour faire place à une volaille bouillie, assaisonnée avec une espèce de pâte, qui, par sa fermeté, ressemblait à notre plum-pudding, à un rôti de veau et à un plat d'entrailles de saumon et de sèche assaisonnées avec de l'ail et de la canelle, mets très-recherché dans le pays et que je commençai par trouver détestable, mais auquel, au bout de quelques jours, j'avais fini par m'habituer. Puis vint le dessert, composé d'oranges, de figues, de dattes et de grenades, les plus belles à l'œil et les plus délicieuses au goût qui se puissent trouver. Les pipes et le café terminèrent le repas.

Pendant tout le dîner, nous causâmes de choses différentes, sans qu'une seule fois Constantin et Fortunato fissent le moins du monde allusion à la seule chose qui me préoccupât. Puis, après que nous eûmes fumé notre troisième ou quatrième pipe, Constantin me rendit ma liberté, en me disant que j'en pouvais user, soit pour chasser dans l'île, qui est très-giboyeuse en cailles et en lièvres, soit pour visiter les antiquités. Je préférai ce dernier plaisir; il ordonna aussitôt que l'on me sellât un cheval, et que l'on me donnât une escorte et un guide.

Cet ordre de seller un cheval me paraissait assez étrange dans une île qui a à peine six ou huit lieues de tour. Je trouvais bizarre que des hommes aussi robustes et aussi habitués à la fatigue que me paraissaient l'être Constantin et Fortunato eussent besoin de chevaux pour se transporter d'un point à l'autre de leurs domaines. Je n'en acceptai pas moins l'offre, et je descendis dans la première cour avec Constantin, Fortunato étant encore trop souffrant pour quitter facilement la chambre.

Nous étions à peine dans la cour depuis quelques minutes, lorsqu'on amena le cheval demandé. C'était un de ces charmants coursiers de l'Élide, dont la race, vantée par Homère, s'est perpétuée jusqu'à nos jours; seulement, le palefrenier avait, en le harnachant, commis une légère erreur : ne sachant pas pour qui était le cheval, il lui avait mis sur le dos une selle de femme de velours rouge, toute brodée d'or. De ce moment, tout me fut expliqué : les chevaux servaient de monture à mes mystérieuses voisines, lorsque l'envie leur prenait de sortir de leur pavillon ; et, comme Constantin, en ordonnant de harnacher l'un d'eux, n'avait pas donné d'autres explications, le palefrenier l'avait amené dans son équipage habituel. Constantin lui dit quelques mots en romaïque, et, un instant après, le cheval reparut avec un harnais de palikare.

Il était deux heures de l'après-midi ; par conséquent, je n'avais pas le temps de faire le tour de l'île, et il me fallait choisir entre les ruines des trois puissantes villes, Carthée, Corésus et Vouli, qui s'élevaient autrefois sur son rivage. Je me décidai pour Carthée, d'après ce qu'en dit Tournefort, que, pour voir quelque chose de superbe, il faut en prendre la route, ajoutant que les gens du pays en désignent les ruines par le nom de *Polis*, c'est-à-dire la ville.

Tout le long de la route, je vis de jeunes Zéotes faisant la récolte des feuilles de mûrier ; car, sans avoir la célébrité dont jouissait autrefois la soie de Céos, qui, au dire de Varron, faisait des habits d'un tissu si fin et si délié, qu'on pouvait distinguer toutes les parties du corps au travers, la soie de Zéa est encore en réputation d'un bout à l'autre de la Grèce. L'île entière, d'ailleurs, était parfaitement cultivée, et je trouvai toutes les pentes méridionales couvertes de vignes et d'arbres fruitiers. Aussi, peut-être à cause de cette fertilité même, les habitants sont-ils les plus casaniers de tout l'Archipel.

Au reste, les Zéotes tiennent de leurs ancêtres cette antipathie de la locomotion, antipathie qui avait augmenté la population, au point qu'il y avait une loi ordonnant de faire mourir tous les vieillards au-dessus de soixante ans. Il est vrai que ceux-ci étaient libres de quitter l'île, s'ils voulaient se soustraire à cet arrêt ; mais leur dégoût du mouvement était tel, qu'ils préféraient ordinairement, lorsqu'ils étaient arrivés à l'âge fatal, s'inviter à un festin, et, là, couronnés de fleurs, au son des instruments joyeux, la coupe pleine de ciguë à la main, ils faisaient aux dieux un sacrifice dont ils étaient les prêtres et les victimes.

Les Zéotes, au reste, n'étaient pas beaucoup plus tendres pour ceux qui tenaient le jour d'eux que pour ceux dont ils l'avaient reçu. Assiégés par les Athéniens, qui les pressaient vigoureusement, ils proposèrent de massacrer tous les enfants qui, par les soins qu'ils exigeaient, détournaient les parents des travaux de la défense. Heureusement pour les objets de cette délibération que les Athéniens, l'ayant [illegible]ise, aimèrent mieux abandonner le siége de la ville que d'être cause et témoins d'une pareille action.

Carthée était, comme nous l'avons dit, la patrie du poëte Simonide, qui mérita le surnom d'*Aimé des dieux ;* le sobriquet, au reste, n'était pas usurpé ; car voici la circonstance à laquelle il le dut :

Scophas, vainqueur au pugilat, avait fait marché avec le poëte pour un chant en l'honneur de sa victoire. Celui-ci, après avoir loué de son mieux l'athlète, s'était étendu sur les mérites de Castor et de Pollux, les deux divins patrons des lutteurs ; ce que voyant Scophas, il paya Simonide le tiers de la somme, et le renvoya, pour les deux autres tiers, aux enfants de Tyndare, qu'il avait si bien chantés, invitant, au reste, le poëte au festin qu'il donnait le lendemain. Les poëtes de cette époque, comme ceux de la nôtre, étaient habitués, à ce qu'il paraît, à ne pas être payés très-exactement ; car Simonide prit le tiers et accepta l'invitation. Au milieu du repas, un serviteur vint dire à Simonide que deux hommes couverts de poussière, et qui semblaient avoir fait une longue course, l'attendaient à la porte. Simonide se leva, et suivit l'esclave.

En effet, hors du portique, il aperçut deux beaux jeunes gens appuyés l'un sur l'autre : il s'avança vers eux ; mais à peine eut-il le pied hors du seuil, qu'il se retourna au bruit qu'il entendit derrière lui : la maison de Scophas s'était écroulée, écrasant le lutteur et les convives. Simonide jeta alors les yeux du côté des deux jeunes gens ; mais ils avaient disparu. Ces deux jeunes gens étaient Castor et Pollux, qui avaient accepté la lettre de change tirée sur eux par Scophas, et qui venaient de payer leur dette au poëte.

Il est inutile de dire que toutes ces traditions, vivantes chez nous, sont mortes et oubliées sur les lieux mêmes qu'elles poétisent ; à peine si, par toute la Grèce, cinq ou six mémoires saintes, comme celle d'Apostoli, gardent religieusement le trésor des souvenirs antiques. Quelques faits historiques, tels que la mort de Socrate, le passage des Thermopyles ou la bataille de Marathon, sont bien demeurés dans la mémoire des Spartiates et des Athéniens ; mais ils ne savent point à quelle époque et sous quels dieux ces événements se sont passés ; ce qu'ils vous en disent, ils l'ont appris de leurs pères, leurs pères de leurs aïeux, et leurs aïeux de leurs ancêtres. Aussi toutes les questions que je fis, relativement à Carthée, furent-elles parfaitement inutiles. Il est vrai de dire que j'interrogeais en italien, et que mon guide me répondait en romaïque : aussi, ne pus-je pas tirer de lui autre chose, quelque débris que je lui indiquasse, que le mot de *polis*.

Vers les six heures, je quittai la ville morte pour reprendre le chemin de la ville vivante. La soirée était délicieuse, et, les derniers rayons du soleil donnant à l'atmosphère cette limpidité qui précède le crépuscule, j'apercevais jusqu'aux moindres détails du rocher de Giaros et de l'île d'Andros, tandis que, devant moi, le mont Saint-Élie formait un immense rideau de verdure et de roches qui se détachait, en vigueur et au premier plan, sur deux lointains magnifiques, Négrepont avec ses monts violâtres, et le golfe Saronique avec ses eaux bleues. Enfin, je tournai la base du mont, et j'arrivai à temps pour voir le soleil se coucher derrière la chaîne du Parnasse.

Constantin et Fortunato m'attendaient pour souper. En voyant ce dont se composait le repas, et en sondant l'appétit que ma course m'avait donné, je regrettai jusqu'aux entrailles de saumon et jusqu'aux sèches à l'ail que j'avais dédaignées le matin; les *castaneæ molles* du berger de Virgile en faisaient le plat le plus substantiel; le reste du service se composait de lait caillé et de fruits. Heureusement que mes deux convives, sobres comme des Orientaux, mangèrent fort peu; ce qui me permit de me venger de la qualité sur la quantité. Après ce repas tout bucolique, nous prîmes une tasse de café et fumâmes quelques pipes; puis Constantin, se levant, me laissa maître de me retirer chez moi.

Je profitai de la permission : j'avais hâte de voir si rien n'était changé aux jalousies de mes voisines, et la lune était si belle, que l'examen n'était guère plus difficile qu'en plein jour; mais j'eus beau regarder, je les vis parfaitement closes. Alors je résolus de faire le tour des murailles, pour m'assurer s'il n'y avait pas quelque autre entrée, et je descendis dans la première cour. J'eus un instant la crainte que nous ne fussions soumis à la discipline des villes de guerre, et que, passé huit heures, nos portes ne se fermassent; je me trompais, le passage était libre toute la nuit. J'en profitai pour mettre mon projet à exécution.

Cependant, si pressé que je fusse de procéder à mon investigation, je ne pus m'empêcher de m'arrêter un instant devant le paysage ravissant que j'avais sous les yeux, et auquel la nuit donnait un caractère de grandeur plus merveilleux encore : au-dessous de moi étaient la ville et le port, puis une mer si calme qu'elle semblait un immense rideau d'azur étendu et tiré de manière à ce qu'il ne fît pas un pli; toutes les étoiles du ciel s'y réfléchissaient, scintillantes comme des flammes, et, de l'autre côté de cette nappe, sur une pente sombre qui semblait un nuage et qui n'était rien autre chose que les côtes de l'Attique, brûlait un feu immense, quelque forêt, sans doute, à laquelle un pâtre avait mis le feu en préparant son souper.

Je restai un moment immobile devant cette étendue plus profonde et plus mystérieuse encore, grâce à la nuit; puis je commençai ma promenade autour du domaine de Constantin, cherchant inutilement une porte, une ouverture, une meurtrière, qui pût servir de communication à l'œil ou à la voix entre l'extérieur et l'intérieur; mais tout était hermétiquement fermé par des murailles de quinze pieds de hauteur. Je m'élançai alors sur la montagne, pour voir si je pourrais découvrir le jardin; mais la maison était bâtie de manière à se trouver toujours entre les points dominants et le but où les regards voulaient arriver. Je rentrai tristement dans ma chambre, réduit, pour l'avenir, à ce que je pourrais surprendre à travers les jalousies où j'avais déjà surpris la petite main.

J'étais sur le point de me jeter sur mon divan et d'appeler le sommeil à mon secours, espérant qu'un rêve me montrerait ce que je ne pouvais voir en réalité, lorsque des sons, que je reconnus pour ceux d'une *guzla*, parvinrent jusqu'à moi, mais si sourds et si étouffés, qu'il me fut impossible d'abord de deviner de quel point ils s'élevaient. J'ouvris successivement la porte de mon escalier, les fenêtres qui donnaient sur le port et celles qui plongeaient sur la cour, sans que les sons parussent se rapprocher; enfin, en m'avançant vers la porte qui communiquait de mon appartement à celui de Constantin, il me sembla que les vibrations des cordes devenaient plus sonores. Je m'arrêtai, écoutant; bientôt je n'eus plus de doute, les sons étaient trop éloignés pour venir de la chambre voisine; mais certainement ils venaient de la pièce précédente, c'est-à-dire de chez Fortunato. Maintenant, était-ce le jeune homme qui chantait? était-ce une des deux femmes que j'avais vues? C'est ce que je ne pouvais dire, les sons de l'instrument arrivant seuls jusqu'à moi. J'essayai alors d'ouvrir la porte, dont l'épaisseur amortissait le bruit; mais la chose me fut impossible, elle était fermée du côté de l'appartement de Constantin.

Je n'en restai pas moins immobile, retenant ma respiration, et bientôt ma patience, ou plutôt ma curiosité, fut récompensée : la porte qui conduisait de chez Fortunato chez Constantin, et qui était parallèle à la mienne, s'ouvrit un instant, et les sons arrivèrent alors jusqu'à moi, plus clairs et plus distincts, accompagnés d'une voix qu'à sa douceur on ne pouvait méconnaître pour celle d'une femme. J'eusse pu comprendre les paroles, tant elles me semblaient bien accentuées, si elles n'eussent appartenu à la langue romaïque. Il me parut, au reste, que ce devait être une de ces légendes populaires dans lesquelles la Grèce moderne cherchait la consolation par le souvenir et l'espérance; car ce n'était pas la première fois que j'entendais ce chant : souvent nos rameurs avaient laissé tomber, pendant la nuit, quelques-unes des notes plaintives que je reconnaissais alors, comme on reconnaît, au Vatican ou au palais Pitti, une belle tête de Raphaël ou de Guide dont on a vu une mauvaise gravure clouée au mur de quelque cabaret.

Au reste, l'audition ne fut pas longue : la porte, qui avait laissé entrer la sauvage et plaintive harmonie de l'instrument dalmate, se referma, et je n'entendis plus que ces notes sourdes et étouffées qui m'avaient frappé d'abord, et qui bientôt s'éteignirent tout à fait. J'en conclus que la chanteuse, qui était venue chez Fortunato pendant mon excursion autour des murailles, allait rentrer chez elle. Je quittai donc ma porte pour ma fenêtre, et, un instant après, je vis effectivement passer deux femmes, blanches et voilées comme des ombres, derrière lesquelles se referma la porte du pavillon.

XXVI

Le lendemain, je trouvai ma porte de communication ouverte, et, à l'heure du déjeuner, je passai sans obstacle de chez Constantin chez Fortunato. La première chose qui me frappa, comme ornement nouveau, fut, au milieu des yatagans et des pistolets, la guzla dont, la veille, j'avais entendu les sons. Je demandai alors à Fortunato, d'un air indifférent, si c'était lui qui jouait de cet instrument, et il me répondit que la guzla était aux Grecs ce que la guitare est aux Espagnols, c'est-à-dire que, plus ou moins fort, chacun en savait assez pour s'accompagner.

Comme j'étais bon musicien et que le doigté de la guzla est à peu près celui de la viole et de la mandoline, je la détachai de la muraille, et, à mon tour, j'en tirai quelques accords. Fanatiques de la musique, comme tous les peuples primitifs ou qui ont retrempé leur civilisation dans une barbarie nouvelle, Constantin et Fortunato m'écoutaient avec délices ; moi-même, je trouvais un plaisir étrange et infini à faire parler à mon tour cette guzla, qui, la veille, m'avait envoyé des sons si doux. Il me semblait qu'il était demeuré en elle un reste de mélodie de la veille, et que c'était cette mélodie que je réveillais ; ma main touchait les mêmes cordes que j'avais entendues vibrer si doucement sous une autre main, et il fut un moment où, après quelques mesures d'étude, l'air entier qui m'avait frappé le soir précédent me revint si complétement à la mémoire, que j'aurais pu, moins les paroles, l'exécuter à mon tour. Mais c'eût été me dénoncer moi-même, et, au lieu de cet air, que je renvoyai dormir au fond de mon cœur, je chantai le *Pria che spunti*, de Cimarosa, qui se présenta à mon souvenir.

Soit que je chantasse avec une méthode inconnue de mes naïfs admirateurs, soit que, grâce à la disposition exaltée où se trouvait mon esprit, ma voix eût effectivement pris de l'âme, mon succès fut complet, et je crus même m'apercevoir qu'il ne se bornait pas à mes auditeurs visibles, mais s'étendait jusqu'aux habitantes du pavillon, dont il me sembla voir remuer les jalousies. Aussi, après le déjeuner, demandai-je à Constantin la permission d'emporter l'instrument dans ma chambre ; ce qui me fut accordé sans difficulté aucune.

Cependant je me gardai de m'en servir à l'instant même : ce que je craignais avant tout, c'était d'éveiller les soupçons de mes hôtes, qui pouvaient, sous un prétexte quelconque, ou même sans prétexte, me faire changer d'appartement. Je me serais vu privé ainsi de la seule chance que j'eusse de satisfaire un désir que je ne pouvais regarder encore que comme de la curiosité, et qui cependant, je ne savais pourquoi, éveillait déjà en moi toute la préoccupation d'un sentiment plus tendre. Je me décidai donc à faire, comme la veille, une nouvelle course dans l'île ; et comme, sous ce rapport, Constantin m'avait donné liberté entière, je descendis et demandai un cheval.

On m'en amena un autre que celui de la veille, plus léger et plus fin, à ce qu'il me parut. Du moment où je le vis, je fus convaincu, je ne sais pourquoi, que c'était celui de *la petite main*. Ne sachant pas son nom, c'était sous celui-là que je désignais, dans mon esprit, la jeune fille aux tourterelles ; car c'était sur elle que s'arrêtait toujours ma pensée ; je ne songeais pas même à la seconde femme qui l'accompagnait. Ce sentiment fit que je voulus d'abord avoir pour la charmante petite bête que l'on m'amenait tous les égards que je crus devoir à la monture de celle qui ne m'était apparue qu'un instant, et qui, comme la mère d'Énée, m'avait, par sa seule démarche, révélé sa divinité. Mais je m'aperçus bientôt qu'insensible à ces égards, elle prenait ma délicatesse pour de l'inexpérience ; de sorte qu'il me fallut recourir au fouet et aux éperons, comme j'aurais fait pour un cheval de manége, afin de lui faire comprendre qu'elle se trompait grossièrement. Au reste, elle n'avait pas fait trois fois le tour de la cour, qu'elle était complétement revenue de son erreur ; ce dont elle me donna la preuve par une docilité qui ne pouvait émaner que d'une profonde conviction.

Cette fois, je ne pris ni guide ni escorte. Je sortis de la maison, et je laissai *Pretty*, c'est le nom que j'avais donné à ma monture, suivre le chemin qu'elle voulait, convaincu qu'elle me conduirait dans quelque site charmant où sa maîtresse avait l'habitude d'aller. Je ne me trompais pas : elle prit, dans la montagne, un petit sentier, qui déboucha bientôt dans une vallée délicieuse, au fond de laquelle roulait un torrent tout ombragé de grenadiers et de lauriers-roses.

Les deux versants étaient couverts de mûriers, d'orangers et de vignes sauvages, et les chemins bordés d'une délicieuse plante à fleurs purpurines, nommée *alhagi* par les anciens botanistes, et dont je croyais la Perse la seule patrie. Quant aux rochers qui, de temps en temps, perçaient de leur front nu ce riche tapis de verdure, ils appartenaient tous aux plus riches variétés de la géologie : c'étaient du mica nacré, du feldspath blanc ou rose, de l'amphibole vert, ou de magnifiques échantillons d'euphotide. Au milieu de tout cela serpentaient des filons de fer, probablement pareil à celui que les anciens exploitaient à Scyros et à Ghyoura. Cette route conduisait à une grotte naturellement taillée dans la montagne et toute tapissée d'herbes et de mousse. Je pensai que c'était le terme habituel de la course, car Pretly s'arrêta toute seule. Je descendis et voulus l'attacher à un arbre; mais je m'aperçus bientôt, à la magnifique défense qu'elle faisait, qu'elle était habituée à paître en liberté. Je lui ôtai son frein, et j'entrai dans la grotte. Un livre y avait été oublié ; je l'ouvris : c'était *les Sépulcres*, d'Ugo Foscolo.

Je ne puis exprimer le plaisir que me fit cette trouvaille. Ce livre, qui venait de paraître, il y avait quelque temps, à Venise, appartenait, sans doute, à ma voisine ; donc, elle savait l'italien, et, quand je pourrais la voir, si je la voyais jamais, nous aurions une langue commune dans laquelle nous pourrions nous entendre. Au reste, *i Sepolcri* est un livre national pour tout Grec, l'auteur étant de Corfou, et les regrets que sa muse fait entendre sur les monuments pouvant aussi bien s'appliquer à l'abaissement grec qu'à la décadence italienne.

Je restai une heure dans la grotte, tantôt lisant quelques lignes de cette poésie passionnée, tantôt fixant les yeux sur une échappée par laquelle on distinguait la mer, pareille à un lac d'azur tout pointillé de voiles blanches, tantôt, enfin, jetant les regards sur un pâtre qui, appuyé sur un bâton recourbé et drapé comme un berger antique, faisait paître son troupeau sur le versant de la colline opposée. Mais, quelque idée que voulût fixer mon esprit, ou quelque objet qui attirât mes yeux, il y avait toujours, au fond de ma pensée, ou au delà de l'horizon, quelque chose de vague et d'indéfini qui ramenait ma rêverie vers cette petite main que j'avais vue passer sous la jalousie.

Enfin, je cachai le livre dans ma poitrine, et je rappelai Pretly d'un coup de sifflet, ainsi que j'avais vu faire à son palefrenier. Reconnaissante, sans doute, de la confiance que je lui avais montrée, elle revint aussitôt tendre la bouche à la bride; deux heures après, elle était réinstallée à l'écurie, et moi, je me trouvais debout devant ma fenêtre, où, à part le temps du dîner, qui me parut horriblement long, je restai jusqu'au soir, sans qu'aucun signe, direct ou indirect, m'annonçât le moins du monde la présence de ma voisine.

Le soir, j'entendis dans la chambre de Fortunato, les mêmes accords que la veille. J'avais, dans mon impatience, quitté un instant ma fenêtre pour essayer de lire quelques vers, et, sans doute, en ce moment, mes deux voisines avaient traversé la cour. Je retournai à mon poste, me promettant de ne plus le quitter. En effet, à la même heure que la veille, je les vis sortir de nouveau, toujours voilées et mystérieuses ; cependant il me sembla que l'une d'elles, la plus petite, avait deux fois tourné la tête de mon côté.

Le lendemain, je descendis au village, que je ne connaissais que pour l'avoir traversé le jour de mon arrivée. J'entrai chez un marchand, et, pour lier conversation avec lui, j'achetai une pièce de soie. Comme il parlait la langue franque, qui est une espèce de patois italien, j'en profitai pour lui demander quelles étaient les femmes qui habitaient le pavillon isolé de la maison de Constantin. Il me dit que c'étaient ses deux filles. Je demandai leurs noms : l'aînée s'appelait Stéphana, et la cadette Fatinitza; l'aînée était la plus grande, et la cadette la plus petite. Ainsi, c'était Fatinitza qui s'était retournée deux fois pour me regarder. J'en fus bien aise; il y avait quelque chose d'étrangement doux dans ce nom, et qui me faisait plaisir à répéter.

Le marchand ajouta que l'une des deux sœurs allait se marier. Je lui demandai avec anxiété laquelle; mais là s'arrêtaient les renseignements qu'il pouvait me donner : tout ce qu'il avait à me dire, c'est que le futur était le fils d'un riche marchand de soie, son confrère, et s'appelait Christo Panayoti. Celle des deux sœurs qu'il devait épouser, il ne le savait pas, et il était probable que le fiancé ne le savait pas plus que lui-même. Je lui demandai l'explication de cette ignorance, laquelle me semblait au moins bizarre de la part de celui qui me paraissait si fort intéressé dans l'affaire, et le marchand m'apprit alors que rarement un Turc ou un Grec a vu, avant le jour de ses noces, la femme qu'il doit épouser. Il s'en rapporte ordinairement, pour cela, à des matrones qui, ayant connu la jeune fille chez ses parents ou au bain, lui répondent de sa beauté et de sa sagesse. Or, Christo Payanoti s'était conformé à l'usage, et, sachant que Constantin avait deux filles jeunes, sages et belles, il avait demandé l'une de ces jeunes filles, laissant aux parents le soin de désigner laquelle, la chose lui étant parfaitement égale, à lui, qui ne connaissait ni l'une ni l'autre.

Cette explication était loin de me rassurer; car Constantin pouvait aussi bien accorder à Christo sa fille cadette que sa fille aînée, les droits de l'âge n'étant aucunement reconnus en Orient; et je sentais, chose bizarre, que, si Fatinitza se mariait, j'en serais inconsolable. Cela pourra sembler absurde; car, moi non plus, je n'avais pas vu son visage; et elle, de son côté, ignorait même, peut-être, que j'existasse. Mais cela était ainsi : j'étais jaloux comme si j'eusse été amoureux.

Je n'avais point autre chose à demander au marchand; je payai donc, et sortis. Une jolie petite fille de douze à quatorze ans, qui avait regardé d'un œil d'envie tous les trésors du magasin, me suivit, les yeux fixés, avec un désir sauvage et une curiosité naïve, sur la pièce de soie que j'emportais, répétant, dans la langue franque qu'elle m'avait entendu parler: *Bella, bella, bellissima!* Il me vint l'envie de rendre cette enfant bien heureuse. Je ne savais que faire de mon ballot; je lui demandai si elle le voulait. Elle sourit avec un air de doute, en secouant la tête et en me montrant deux rangées de perles. Je lui mis l'étoffe sur les bras, et je remontai à la maison de Constantin, la laissant immobile et muette, ne sachant si c'était un rêve ou une réalité.

Ce soir-là, je n'entendis point la guzla; Fortunato s'était senti assez bien pour descendre, et ce ne furent pas Stéphana et Fatinitza qui vinrent chez leur frère, mais Constantin et Fortunato qui allèrent chez elles. Je les vis traverser la cour, et je compris qu'à compter de ce soir-là le dernier bonheur qui me restât, c'est-à-dire de voir passer mes deux voisines, m'était enlevé. Il était évident que si, contre les habitudes des femmes grecques, elles étaient sorties de leur gynécée, c'était parce que Fortunato ne pouvait pas les y aller visiter, mais que, du moment où il était guéri, il n'y avait plus de nécessité qu'elles commissent une pareille infraction aux usages reçus, tant qu'il y aurait un étranger dans leur maison.

Le lendemain se passa sans amener rien de nouveau. Je demeurai une partie de la journée à ma jalousie, sans voir autre chose que les colombes qui voltigeaient dans la cour. Je semai du blé, et j'émiettai du pain sur le rebord de ma fenêtre. Voyant ma bonne intention pour elles, elles vinrent s'y reposer; mais, au premier mouvement que je fis pour les prendre, elles s'envolèrent et, de la journée, ne s'en approchèrent plus.

Les jours suivants s'écoulèrent vides de tout événement. Constantin et Fortunato me traitaient, l'un comme un fils, l'autre comme un frère; mais ils ne me parlaient aucunement du reste de leur famille. Un beau jeune homme, vêtu d'un superbe costume, était venu les voir deux ou trois fois : je demandai son nom, et j'appris que c'était Christo Panayoti.

J'avais épuisé tous les moyens pour entrevoir même le bout du voile de Fatinitza, et aucun ne m'avait réussi : j'étais redescendu au village pour interroger mon marchand; il ne savait rien de nouveau. J'avais rencontré ma jeune Grecque, qui se promenait orgueilleusement dans les rues de Zéa, vêtue de la robe dont je lui avais fait cadeau; je changeai une guinée contre des sequins de Venise, et je lui en donnai deux pour compléter sa parure. Elle y perça aussitôt un petit trou, et les attacha, de chaque côté de ses tempes, aux cheveux qui tombaient en nattes sur ses épaules. Puis, enfin, j'étais revenu, comme toujours, à ma fenêtre, et, comme toujours, celle de ma voisine était restée hermétiquement fermée.

Je désespérais, lorsqu'un soir Constantin entra dans ma chambre et me dit, sans autre préparation, qu'une de ses filles étant malade, il me conduirait auprès d'elle le lendemain. Heureusement, nous étions sans lumière, et je pus lui cacher ce qui se passa en moi, lorsqu'il m'annonça cette nouvelle inespérée. Je fis un effort sur moi-même afin de maîtriser ma voix, et je lui répondis, d'un ton où il était difficile de démêler autre chose que l'intérêt, que j'étais à ses ordres pour l'heure qui lui conviendrait. Je lui demandai s'il pensait la maladie dangereuse; mais il me répondit qu'il y voyait seulement une indisposition.

Je ne fermai pas l'œil de la nuit; vingt fois j'allai de mon divan à ma fenêtre, pour voir si le jour paraissait, et vingt fois je revins de ma fenêtre à mon divan, cherchant vainement le sommeil, qu'écartait toujours mon agitation. Enfin les premiers rayons du soleil glissèrent à travers les roseaux de ma jalousie; ce jour bienheureux était venu.

Je me mis à ma toilette; elle était toujours simple, extraordinairement rapide : elle se bornait aux deux habits que m'avait vendus Jacob. Je tirai le plus beau, qui était un costume albanais, de drap violet, avec des broderies d'argent; un instant j'hésitai entre le turban de mousseline blanche qui encadre la figure en passant sous le menton, et la calotte rouge au long gland de soie pendant; mais, comme j'avais d'assez beaux cheveux blonds qui ondulaient naturellement, je me décidai pour la calotte rouge. Cependant, il faut l'avouer, ce ne fut qu'après une délibération intérieure qui eût fait honneur à une coquette. A huit heures, Constantin vint me prendre; il y en avait trois que j'attendais.

Je le suivis le visage calme, mais le cœur bondissant. Nous descendîmes par l'escalier du maître, et nous traversâmes cette cour où tant de fois mes regards avaient si avidement plongé. En entrant sous la porte du pavillon, je sentis les jambes qui me manquaient. En ce moment, Constantin se retourna de mon côté; la crainte qu'il ne s'aperçut de mon trouble me rendit tout mon empire sur moi-même, et je montai, derrière lui, un escalier couvert de tapis de Turquie, dans lesquels les pieds entraient comme dans de la mousse, et qui était déjà tout parfumé d'une tiède odeur de rose et de benjoin

Nous entrâmes dans une première chambre, où Constantin me laissa seul un instant. Elle était entièrement meublée à la turque, avec un plafond ciselé et peint de couleurs vives, représentant des dessins dans le goût byzantin. Tout le long du mur, peint en blanc, s'enroulaient de capricieuses arabesques représentant des fleurs, des poissons, des kiosques, des oiseaux, des papillons, des fruits, le tout entrelacé avec un goût et une fantaisie admirables. Un divan de satin lilas à fleurs d'argent régnait tout autour de la salle, interrompu seulement par les portes, et des coussins de la même étoffe étaient empilés aux angles ou jetés çà et là.

Au milieu de la chambre se découpait circulairement un petit bassin où reluisaient, sous un jet d'eau plein de fraîcheur et de murmure, des poissons de l'Inde et de la Chine, aux écailles d'or et d'azur, et où venaient boire, en roucoulant, deux petites colombes d'un gris rose si tendre et si nacré, que Vénus n'en eut jamais de pareilles dans son île de Paphos et de Cythère. Dans un coin brûlaient, sur un trépied de forme antique, du bois d'aloès et de l'essence de jasmin, dont la vapeur la plus lourde s'échappait par la fenêtre ouverte, tandis que la chambre n'en gardait que l'arome le plus fin. Je m'approchai de la jalousie : elle donnait juste devant ma fenêtre, et c'était par celle-là même que j'avais vu passer cette petite main qui, depuis ce jour, m'avait rendu fou.

En ce moment, Constantin rentra, me demandant pardon de m'avoir fait attendre, et rejetant cela sur l'esprit capricieux des femmes. Fatinitza, qui avait, la veille, et après trois jours de souffrances, consenti à me voir, avait fait au moment même mille difficultés pour me laisser entrer; enfin elle y consentait. Je profitai de la permission, et, de peur qu'elle ne me fût retirée, je priai Constantin de me montrer le chemin; il me précéda, je le suivis.

Je ne ferai pas la description de cette seconde chambre, un seul objet fixa mes yeux : c'était la jeune malade que je venais visiter, et que je reconnus à l'instant même pour Fatinitza. Elle était couchée sur des coussins de soie, renversant sa tête contre le divan placé derrière elle, comme si elle n'eût pas eu la force de la porter; je restai debout à la porte, et son père s'approcha encore une fois d'elle, pour lui dire quelques mots en romaïque, de sorte que, pendant ce temps, j'eus tout le loisir de l'examiner.

Elle avait, comme les femmes turques, le visage entièrement couvert d'un petit voile de soie taillé en pointe, comme une barbe de masque, et tout brodé, par le bas, de rubis; sa tête était couverte d'une calotte à fond d'or, brodée de fleurs de couleur naturelle, d'où pendait, au lieu de la houppe de soie, un gland composé de mille perles. Deux touffes de cheveux, frisées à la manière de nos dames anglaises, descendaient le long de ses joues, tandis que les cheveux de derrière, tressés en nattes et recouverts de petites pièces d'or, superposées les unes aux autres comme des écailles de poisson, ruisselaient le long de ses épaules et tombaient jusque sur ses genoux. Son cou était orné d'un collier de sequins de Venise, réunis les uns aux autres par de petits anneaux, et au-dessous du collier, qui ne descendait pas sur la poitrine, mais serrait le cou, un corset de soie dessinait si fidèlement la forme des épaules et du sein, qu'il n'en dérobait aucun contour et n'en voilait aucune grâce. Les manches de ce corset étaient ouvertes, au-dessus du coude, avec des attaches en fil d'or d'un côté, et des boutons de perles de l'autre. Ces manches laissaient, par leur ouverture, voir un bras blanc et rond, tout chargé de bracelets et terminé par cette merveilleuse petite main, dont les ongles étaient peints d'une couleur cerise, et qui tenait nonchalamment le tuyau d'ambre d'un narghilé. Une riche ceinture de cachemire, plus haute derrière que devant, venait s'attacher au bas de la poitrine avec une agrafe de pierreries, laissant paraître, au creux de l'estomac, les plis transparents d'une chemise de gaze, à travers laquelle on voyait le rose tendre de la peau. Au-dessous de l'écharpe commençait un caleçon de mousseline des Indes, parsemé de bouquets de fleurs d'or, flottant à grands plis, descendant jusqu'à la cheville et laissant sortir, comme d'un nuage brodé, deux petits pieds nus, aux ongles peints en rouge, ainsi que ceux des mains, et qu'elle ramenait sous elle, comme de jeunes cygnes effrayés qui se cachent sous les ailes de leur mère.

Je venais de finir cet examen, qui m'avait prouvé qu'elle aussi avait calculé sa toilette pour laisser voir tout ce qu'il ne lui était pas défendu de cacher, lorsque Constantin me fit signe de venir. En me voyant approcher, Fatinitza fit, pour se reculer, un mouvement qui ressemblait au frémissement d'une gazelle, et ses yeux, la seule partie de son visage que je pusse voir à travers son voile, prirent une expression d'inquiète curiosité, à laquelle la peinture noire de ses paupières donnait quelque chose de sauvage. Je n'en approchai pas moins, mais pas à pas, et presque en suppliant.

— Qu'avez-vous donc? lui demandai-je en italien, et où souffrez-vous?

— Je n'ai plus rien, répondit-elle vivement, et je ne souffre pas.

— Folle, dit Constantin, voilà huit jours que tu te plains, voilà huit jours que tu n'es plus la même, que tout t'ennuie, tes colombes, ta guzla, et jusqu'à ta toilette. Voyons, sois raisonnable, enfant; tu avais le front lourd?

— Oh! oui, répondit Fatinitza, comme rappelée à sa souffrance et laissant retomber sa tête sur le divan.

— Voulez-vous me donner votre main? lui demandai-je.

— Ma main? Pourquoi faire?

— Pour que je juge de votre maladie.

— Jamais, dit Fatinitza retirant sa main à elle.

Je me retournai vers Constantin, comme pour l'appeler à mon aide.

— Ne vous étonnez pas de cela, me dit-il, comme s'il eût craint que les difficultés que faisait la malade ne me blessassent; jamais une de nos filles ne reçoit chez elle un autre homme que son père et ses frères; quand elle sort, à pied ou à cheval, c'est toujours escortée et voilée, et elle a l'habitude de voir tous ceux qu'elle rencontre tourner la tête jusqu'à ce qu'elle soit passée.

— Mais, moi, lui dis-je, je ne suis pas entré ici comme un homme, je suis entré ici comme médecin. Une fois guérie, je ne vous reverrai jamais, et il faut vous guérir vite.

— Et pourquoi cela? demanda-t-elle.

— Ne devez-vous pas vous marier?

— Ce n'est pas moi, c'est ma sœur, dit vivement Fatinitza.

Je respirai, et une grande joie me fit bondir le cœur.

— N'importe, alors, lui répondis-je; il faut vous guérir pour aller à la noce de votre sœur.

— Je ne demande pas mieux que de me guérir, dit-elle en soupirant; mais pourquoi faut-il que je vous donne la main?

— Pour que je tâte votre pouls.

— Ne pouvez-vous pas le tâter par-dessus ma manche?

— Non, la soie assourdirait trop les pulsations.

— Cela ne fait rien, dit Fatinitza, car il bat très-fort.

Je souris.

— Eh bien, dit Constantin, voyons, adoptons un terme moyen.

— Lequel? demandai-je; je suis prêt à faire tout ce qui vous conviendra.

— Pouvez-vous, à travers une gaze?

— Parfaitement.

— Eh bien, à travers une gaze, alors.

Et Constantin me présenta un voile de cette étoffe, qui était jeté sur le divan avec mille autres objets de toilette. Je le tendis à Fatinitza, qui s'en enveloppa la main, et qui, après quelques difficultés, me la laissa prendre.

Nos deux mains, en se touchant, se communiquèrent un frémissement étrange; de sorte qu'il eût été difficile de se dire laquelle était la plus fiévreuse. Le pouls de Fatinitza était intermittent et agité; mais ce pouvait aussi bien être l'effet de l'émotion que celui de la maladie. Je lui demandai ce qu'elle éprouvait.

— Mon père vous l'a dit, me répondit-elle; j'ai mal à la tête, et je ne dors plus.

C'était absolument la maladie que j'éprouvais moi-même depuis quelques jours, et dont maintenant, plus que jamais, j'étais décidé à ne pas guérir. Je me retournai vers Constantin.

— Eh bien, me dit-il, qu'a-t-elle?

— A Londres ou à Paris, répondis-je en souriant, je répondrais qu'elle a des vapeurs, et je traiterais la malade par l'Opéra et les eaux; à Céos, où la civilisation est moins avancée, je vous dirai tout simplement que je crois ce mal de tête causé par le besoin d'air et de distraction. Pourquoi mademoiselle ne monterait-elle pas à cheval? Il y a, autour du mont Saint-Élie, des vallées charmantes, une, entre autres, arrosée par un petit ruisseau et terminée par une grotte délicieuse pour la rêverie ou la lecture. La connaissez-vous? demandai-je à Fatinitza.

— Oui, c'était ma promenade favorite.

— Eh bien, pourquoi n'y allez-vous plus?

— Parce que, depuis mon retour, dit Constantin, elle n'a pas voulu sortir, et se tient constamment renfermée ici.

— Eh bien, dis-je, dès demain, il faut sortir.

Alors, comme c'eût été donner une trop médiocre idée de la médecine, que de réduire l'ordonnance à un traitement si simple, j'ordonnai, pour le soir, un bain de pieds aussi brûlant que possible; puis je me levai, quelque envie que j'eusse de rester encore, et, craignant qu'une plus longue visite ne parût suspecte, je laissai la malade seule, en lui recommandant l'air et la distraction. Comme je fermais la porte, je vis se soulever la tapisserie en face; c'était Stéphana, qui, n'ayant probablement point osé assister à la consultation, accourait savoir comment elle s'était passée. Mais peu m'importait Stéphana : toute ma curiosité, tout mon désir, tout mon amour, étaient pour sa sœur.

Constantin me reconduisit jusque dans ma chambre, pour excuser Fatinitza; Dieu sait cependant si elle avait besoin d'excuse. Cette crainte, si inconnue de nos femmes d'Occident, au lieu d'être un défaut à mes yeux, était, pour mon imagination, un nouveau charme. Cela avait donné à notre première entrevue quelque chose de si étrange, qu'il me semblait que, quelque temps qui s'écoulât, aucun détail n'en sortirait de ma mémoire. En effet, aujourd'hui même, que plus de vingt-cinq ans ont passé entre l'heure où j'entrai dans cette chambre et celle où j'écris, je n'ai qu'à fermer les yeux, et je revois encore Fatinitza telle qu'elle était, c'est-à-dire couchée sur ses coussins, avec son bonnet d'or, ses longs cheveux écaillés de besans, son collier de sequins, son corset de soie, sa ceinture de cachemire, ses pantalons brodés, puis ses mains si petites, ses pieds roses si mignons, et il me semble que je n'ai qu'à étendre les bras et que je vais la toucher!

Hélas! mon Dieu! le souvenir est quelquefois un don de votre miséricorde; mais, plus souvent encore, c'est le ministre de votre vengeance!

XXVII

Il me serait difficile de dire ce qui se passa en moi pendant toute cette journée. A peine étais-je rentré, que les deux petites colombes se glissèrent sous leur jalousie et vinrent voltiger sur ma fenêtre. Tout est mystérieusement significatif dans un amour naissant; je les regardai comme des messagères de Fatinitza, et j'eus le cœur plein de joie.

Après le dîner, je pris le poëme d'Ugo Foscolo. Je descendis à l'écurie et sellai Pretty moi-même; puis, lui laissant suivre le sentier accoutumé, je m'acheminai vers la grotte où Fatinitza devait venir le lendemain.

J'y restai une heure, dans une rêverie délicieuse, baisant, les unes après les autres, les pages du livre que ses doigts avaient touché, que ses yeux avaient lu; il me semblait que, lorsqu'elle le rouvrirait, elle y retrouverait la trace de mes baisers. Puis je le laissai au même endroit où je l'avais trouvé, marquant la place où je m'étais arrêté avec une fleur de genêt.

Je rentrai vers le soir; mais je ne pouvais rester enfermé : j'avais trop grand besoin d'air. Je fis le tour des murailles du jardin. Elles ne me parurent plus si hautes que la première fois, et il me sembla qu'avec une échelle de corde, il me serait bien facile de les franchir. Je passai la nuit sans dormir : depuis quelque temps, c'était mon habitude. Au reste, il y a des songes éveillés qui reposent mieux que le meilleur sommeil.

A huit heures, Constantin vint me chercher, comme la veille, pour faire à Fatinitza notre seconde visite. Comme la veille, il me trouva prêt; car je l'espérais, si je ne l'attendais pas. Je le suivis donc sans retard, et nous nous rendîmes dans le pavillon.

En ouvrant la porte de la chambre de Fatinitza, je restai un moment indécis. Sa sœur Stéphana était près d'elle, et toutes deux avaient un costume exactement pareil. Toutes deux étaient couchées, à côté l'une de l'autre, sur des coussins; et, comme, dans cette position, on ne pouvait voir la différence de la taille, et que leurs visages étaient voilés, Constantin lui-même demeura incertain. Quant à moi, j'avais, par l'ouverture même du masque, reconnu les yeux de Fatinitza, et j'allai droit à elle.

— Comment allez-vous aujourd'hui? lui demandai-je.

— Mieux, me dit-elle.

— Voulez-vous me donner votre main?

Elle me la tendit sans faire de difficulté, et sans exiger ni soie ni gaze. Je vis que Constantin s'était plaint, et que ses plaintes avaient produit un bon effet. Je ne trouvai aucun changement; la main était toujours aussi frémissante et le pouls aussi actif.

— Vous vous trouvez mieux, lui dis-je, et moi, je vous crois plus mal. J'ordonne donc positivement une promenade, une course à cheval; l'air de la montagne et la fraîcheur du bois vous feront du bien.

— Je ferai ce que vous voulez, me répondit-elle; car mon père m'a dit qu'il vous avait transmis toute sa puissance sur moi, tant que je serais malade.

— Et voilà pourquoi vous essayiez de me tromper tout à l'heure, en me disant que vous vous trouviez mieux?

— Je ne vous trompais pas; je vous rendais compte de ce que j'éprouvais. Je me sens mieux aujourd'hui, ma douleur de tête s'est dissipée; je respire librement et à pleine poitrine.

C'était justement ce que je ressentais moi-même, et je commençais à croire que nos deux maladies avaient une grande ressemblance.

— Eh bien, lui dis-je, si vous vous trouvez mieux, il faut continuer le même traitement jusqu'à entière guérison. En attendant, repris-je en me retournant vers Constantin avec un air de tristesse qui contrastait avec la bonne nouvelle que je lui donnais, je crois pouvoir vous répondre que la maladie n'est pas dangereuse et ne sera pas longue.

Fatinitza poussa un soupir. Je me levai pour me retirer.

— Restez donc un instant encore, me dit Constantin; j'ai dit à Fatinitza que vous étiez maître sur la guzla, et elle désire vous entendre.

Je ne me le fis pas dire deux fois. Que m'importait le prétexte? l'important pour moi était de rester le plus longtemps possible près de Fatinitza. Je pris la guzla, incrustée de nacre et d'or, qui était pendue à la muraille, et, après quelques accords pour me remettre en mémoire, je me rappelai une chanson sicilienne que j'avais entendu chanter par nos matelots de *la Belle-Levantine*, et dont j'avais copié les paroles et noté l'air doux et triste. La voici, mais traduite, et ayant perdu tout son parfum original :

Le moment arrive
De quitter la rive;
Le vaisseau dérive
Et fuit loin du bord;
Mais la voile grise,
Qui tombe indécise,
Cherche en vain la brise,
La brise s'endort.

La vague s'efface,
Aucun air ne passe,
Ridant la surface
De l'immense lac;
Et, tandis qu'à peine
La rame nous traîne,
Notre capitaine
Dort dans son hamac.

L'équipage chante
Une chanson lente,
Dont ma voix tremblante
Cherche en vain l'accord;
Car celle que j'aime
D'un amour suprême,
En ce moment même,
Est au lit de mort.

J'ai pris, sur la plage,
Une fleur sauvage;
Comme son visage,
Je la vois pâlir.
C'est que toute plante
De sa tige absente,
Fanée et souffrante,
Doit bientôt mourir.

Ainsi mourra celle
Dont l'amour fidèle
Vainement m'appelle
La nuit et le jour.
Pauvre fleur de grève,
Plus pâle qu'un rêve,
Qui n'avait pour séve
Que mon seul amour!

L'émotion que j'éprouvais avait donné une telle expression à ma voix, qu'au dernier couplet, Fatinitza souleva son voile pour essuyer une larme, et me laissa voir un bas de visage rond et velouté comme une pêche; je me levai alors pour me retirer; mais, au mouvement que je fis :

— Je le veux! dit Fatinitza.

— Quoi? lui demandai-je.

— Cet air.

— Je vous le noterai.

— Les paroles aussi.

— Je vous les copierai.

— Vous avez raison, je crois que je suis mieux, et je suis prête à monter à cheval.

Je m'inclinai, et nous sortîmes, Constantin et moi.

— C'est une enfant capricieuse, me dit-il, qui boude, ou qui dit : « Je veux! » Sa pauvre mère l'a gâtée, et moi, j'ai continué l'œuvre de sa pauvre mère; vous voyez, continua-t-il, que je suis un singulier pirate.

— J'avoue, lui répondis-je, que j'avais entendu parler de ces anomalies qui n'existent que chez les peuples esclaves, où ce sont les plus puissants et les plus généreux qui se mettent en dehors des lois; mais je vous avoue que je n'y croyais pas.

— Oh! il ne faudrait pas juger tous mes confrères d'après moi, reprit en riant Constantin; moi, je n'ai juré haine et extermination qu'aux Turcs. J'attaque bien, de temps, en temps quelque pauvre bâtiment qui me tombe sous la main, comme j'ai fait pour *la Belle-Levantine;* mais c'est quand la campagne a été mauvaise, et que je ne veux pas rentrer les mains vides, de peur que l'équipage ne murmure. Aussi, vous le voyez, je suis roi dans cette île, et, quand le jour marqué par la prophétie arrivera, il n'y a pas un homme qui ne me suive où je voudrai le mener; car, avec l'aide de la Vierge, les femmes suffiront pour garder la forteresse?

— Et, sans doute, en ce cas, répondis-je en riant, vous leur laisserez pour généraux Fatinitza et Stéphana.

— Ne riez pas, me dit Constantin; Stéphana est une Minerve qui, dans l'occasion, pourrait bien revêtir l'armure et le casque de Pallas. Quant à Fatinitza, j'en ferais plutôt le capricieux capitaine de quelque petit brigantin.

— Vous êtes un heureux père.

— Oui, me dit-il; dans mon malheur, Dieu m'a béni. Aussi, quand je suis près d'elles et de Fortunato, j'oublie tout, et le métier que j'exerce, et les Turcs qui nous oppriment, et l'avenir promis et qui ne vient pas.

— Mais vous allez vous séparer de l'une d'elles?

— Non, car Christo Panayoti habite Zéa.

— Et peut-on, sans indiscrétion, vous demander quand se fait la noce?

— Mais, dans huit ou dix jours, je crois. Ce sera une chose curieuse pour vous qu'une noce grecque.

— Y assisterai-je donc?

— N'êtes-vous pas de la famille?

— J'y suis entré par une blessure.

— Que vous avez refermée de la même main qui l'avait faite.

— Mais comment les femmes peuvent-elles assister au repas, voilées?

— Oh! dans les grandes circonstances, elles découvrent leur visage; d'ailleurs, c'est moins la jalousie que l'habitude qui leur fait conserver ce voile : la coquetterie y trouve son compte. Le voile cache la figure des laides, et les jolies savent bien, malgré lui, montrer la leur, quand elles le veulent. Viendrez-vous à la promenade avec nous?

— Merci, dis-je; n'ai-je pas une commande? Du caractère dont vous m'avez représenté Fatinitza, si je ne lui copiais pas sa chanson à l'instant même, elle m'en voudrait à la mort, et je tiens, en vous quittant, à ne pas laisser de sentiments aussi mauvais dans votre famille.

— Les sentiments que vous laisserez, comme ceux que vous emporterez, seront, je l'espère, d'excellents souvenirs qui vous ramèneront, un jour, peut-être dans notre pauvre pays, s'il jette enfin son cri de liberté. La Grèce est un peu l'aïeule de toutes les nations, et tous ceux qui ont un cœur filial doivent venir à son aide. En attendant, je vous laisse, et vais vous faire porter, de chez Fortunato, tout ce qu'il vous faut pour écrire. Vous savez qu'en mon absence la maison est à vous.

Je saluai Constantin, et il me laissa seul.

Je courus aussitôt à la fenêtre, car Stéphana et Fatinitza allaient sortir. J'y étais à peine depuis quelques minutes, que la porte du pavillon s'ouvrit, et que les deux sœurs traversèrent la cour; ni l'une ni l'autre ne leva la tête; Fatinitza, comme moi, craignait donc de donner des soupçons.

La merveilleuse chose qu'un amour qui naît, et comme il a des interprétations joyeuses pour le même geste qui désespérerait un ancien amour! Fatinitza n'était point malade, elle avait employé ce moyen pour me voir; si je ne lui eusse inspiré que de la curiosité, le lendemain elle eût été guérie. Au contraire, le lendemain, elle n'éprouvait qu'un mieux qui nécessitait une troisième visite; ainsi, je pouvais espérer la revoir encore une ou deux fois; ensuite viendrait la noce de Stéphana; puis, après la noce, tout serait fini. Mais il y avait neuf jours jusqu'au mariage de Stéphana, et, en amour, on ne calcule que pour vingt-quatre heures.

On m'apporta l'encre, le papier et les plumes, et je me mis à copier la romance; pendant que je copiais, je vis devant ma fenêtre l'ombre des ailes d'une des colombes; je soulevai la jalousie, je la maintins écartée avec la règle que l'on m'avait envoyée pour tirer les lignes de mon papier. J'attachai à la règle un petit cordonnet dont je mis l'autre bout à ma portée; puis je semai du blé sur la fenêtre: un instant après, la colombe y était; je tirai le cordonnet, la règle le suivit, la jalousie se referma, et la colombe se trouva prisonnière.

Ce fut pour moi une grande joie; je l'avais vue sur les genoux, je l'avais vue entre les mains de Fatinitza; elle m'apportait un parfum de ses lèvres qui l'avaient si souvent touchée; ce n'était plus comme un livre, muet et sans vie, qui parle d'autre chose que de ce qu'on lui a confié: c'était un être frémissant, emblème de l'amour, et plein d'amour lui-même, qui me rendait, en quelque sorte, les baisers que je lui donnais et qu'il avait reçus.

Je gardai longtemps la colombe, et ne la lâchai que lorsque j'entendis rentrer la cavalcade. Mais, au lieu de s'envoler, elle demeura sur ma fenêtre comme déjà accoutumée; puis, lorsque Fatinitza passa dans la cour, elle s'envola sur son épaule comme pour lui porter, sans retard, les milles paroles d'amour qu'elle m'avait entendu dire.

Une heure après, on vint s'informer si la chanson était copiée.

Le soir, comme je faisais le tour des murailles, j'entendis dans le jardin le son de la guzla: Fatinitza étudiait la chanson que je lui avais donnée, et, pour que je ne pusse pas savoir qu'elle s'occupait de moi, elle était venue l'étudier à un endroit où elle croyait que je ne pouvais pas l'entendre.

Le lendemain, l'heure à laquelle Constantin me venait chercher se passa sans que je le visse. Je m'informai de lui; il était sorti, dès le matin, pour régler avec le père de Christo Panayoti les apprêts du mariage. Je crus que je ne verrais pas Fatinitza de la journée, et j'étais déjà au désespoir, lorsque Fortunato entra dans ma chambre. Il venait me chercher à la place de son père.

Au reste, cette visite était une visite de remercîments. Fatinitza était guérie; la promenade de la veille lui avait fait grand bien; elle avait suivi mon ordonnance jusqu'au bout, et avait visité la grotte, car je trouvai près d'elle le volume d'Ugo Foscolo. Je cherchai des yeux la branche de genêt, mais je ne la vis pas. Elle me remercia de la chanson sicilienne. Je lui demandai si elle l'avait étudiée, et, sans lui donner le temps de répondre, Fortunato me dit que, la veille au soir, elle l'avait chantée à lui et à son père. Je la priai de vouloir bien me la faire entendre, convaincu que j'étais que, dans sa bouche, elle prendrait un nouveau charme. Elle s'en défendit un instant avec autant de coquetterie qu'aurait pu le faire une virtuose de Londres ou de Paris; mais je lui dis que je l'exigeais comme prix de ma consultation, et elle chanta.

Sa voix était un mezzo-soprano très-étendu, avec des trilles inattendus d'une hardiesse sauvage, qu'une méthode plus accomplie aurait peut-être supprimés, mais qui cependant donnaient à son chant, triste et doux dans le médium, quelque chose de déchirant dans les notes élevées. Au reste, pour chanter, elle avait été forcée de soulever le bas de son voile, de sorte que je pouvais voir ses lèvres, pareilles à des cerises, et ses dents fines et blanches comme des perles.

Pendant ce temps, une des colombes s'était posée sur les genoux de Fatinitza, et l'autre sur son épaule. Cette dernière était la privilégiée, celle-là même que j'avais apprivoisée la veille. En sa qualité de favorite, elle descendit de l'épaule sur la poitrine, de sorte qu'au moment où Fatinitza, ayant fini de chanter, écartait le bras pour reposer la guzla, elle plongea sa tête dans l'ouverture du corset, et en tira, non pas le rameau d'olivier que sa compagne de l'arche apportait en signe de paix, mais la branche de genêt fanée que j'avais en vain cherchée des yeux dans le livre.

Je fus prêt à jeter un cri. Fatinitza abaissa vivement la pointe de son voile; car une rougeur si vive se répandit sur son visage, que, quoiqu'il fût aux trois quarts voilé, je la vis se répandre sur le bas de ses joues comme le reflet d'une flamme. Stéphana et Fortunato, qui ne savaient rien de tout cela, ne s'aperçurent ni de l'émotion de Fatinitza, ni de la mienne. Quant à Fatinitza, comme si elle eût voulu me punir d'avoir surpris son secret, elle se leva vivement, et, s'appuyant sur le bras de Stéphana, elle me dit adieu. Puis, se repentant de ce mot, si dur quand il ne laisse pas l'espérance :

— C'est-à-dire au revoir, ajouta-t-elle; car je me

rappelle que mon père m'a dit que vous veniez, dans huit jours, à la noce de ma sœur.

A ces mots, elle entra dans la chambre de Stéphana, et nous sortîmes par la porte opposée, moi et Fortunato.

Ces huit jours furent étrangement longs, et cependant pleins de douceur, car ils étaient pleins d'espérance. Tous les matins, j'étais visité par la colombe dénonciatrice, que je chérissais encore davantage depuis le moment où elle avait encouru la disgrâce apparente de sa maîtresse. Au reste, j'étais parvenu à faire, autant que cela était possible, un portrait parfaitement ressemblant de Fatinitza au moment, où, jouant de la guzla, on voyait ses yeux par l'ouverture du voile, et le bas de sa figure par le soulèvement de la pointe. Souvent, grâce à ces yeux et à ce bas de visage, j'avais eu envie de compléter un portrait en devinant les traits qui m'étaient restés cachés; mais, chaque fois, je m'étais arrêté, comme si inventer autre chose que ce qui était eût été commettre une profanation. Enfin ces huit jours, qui me semblaient ne devoir jamais finir, s'écoulèrent, et le neuvième jour, qui était celui de la noce, arriva.

XXVIII

Le matin du neuvième jour, toute la maison fut réveillée par une bruyante symphonie qui venait de la première cour; je m'habillai à la hâte, et courus sur le balcon. Je vis une bande de musiciens qui précédaient une longue file de paysans, portant sur leurs épaules, les deux premiers, un chevreau et un bélier aux pieds et aux cornes dorés, les autres des agneaux et des brebis qui devaient composer le troupeau de l'épouse. Après eux venaient douze domestiques portant sur leurs têtes de grandes corbeilles couvertes, remplies d'étoffes, d'ornements, de bijoux et de paras monnayés. Enfin, le cortége était terminé par les hommes et les femmes qui, à compter de ce jour, étaient au service de la mariée.

Les portes leur furent aussitôt ouvertes par Constantin et Fortunato; ils passèrent de cette première cour dans la seconde, et de la seconde dans le pavillon, où ils déposèrent devant Stéphana les présents que lui envoyait son fiancé. Un instant après, lui-même arriva avec sa famille. On fit entrer les femmes chez Stéphana; les hommes restèrent ensemble. Une heure après, on vint nous dire que nous pouvions passer chez la fiancée; elle nous attendait, assise sur un sofa, dans les salles basses où je n'étais pas encore entré, et qui correspondaient, avec plus d'élégance, à celles des appartements de Constantin.

Ce temps avait été employé à parer la mariée, et, il faut le dire à l'honneur des futures femmes de chambre de Stéphana, elles avaient fait tout ce qu'elles avaient pu pour dérober, sous des ornements étrangers, la beauté de leur maîtresse. La première chose qui me frappa, dans cette singulière toilette, fut une coiffure à trois étages assez semblable aux chapeaux chinois de notre musique militaire, dont les cheveux étaient le fond, et dont du papier doré, des sequins et des fleurs formaient les ornements; en outre, les joues étaient couvertes de blanc et de vermillon, et les mains chargées de bagues, peintes longitudinalement de raies rouges et bleues.

Au reste, je ne me livrai à cet examen qu'après avoir regardé jusque dans les moindres recoins de la chambre, et plongé ma vue dans tous les groupes de femmes, pour y chercher Fatinitza; mais, ne la voyant point, je pensai qu'elle était elle-même à sa toilette, et je m'occupai de celle de sa sœur. Je n'étais pas encore revenu de l'impression qu'elle avait produite sur moi, lorsque je vis descendre Fatinitza.

Elle n'avait point de masque : contre l'usage, aucun ornement étranger ne cachait un seul trait de sa ravissante figure, et elle n'avait ni blanc ni rouge. Oh! comme je la remerciai, dans mon cœur, de s'être montrée à moi, pour la première fois, telle que la nature l'avait faite, et de ne m'avoir point donné la peine de la chercher elle-même sous la parure bizarre qui défigurait la plupart des femmes présentes! Elle jeta sur tout le monde un regard rapide qui s'arrêta un instant sur moi, et aucune parole n'aurait pu me dire tout ce que me dit ce regard.

Elle tenait de chaque main une poignée de fils d'or de différentes grandeurs, mais dont chacun avait son pareil. Elle présenta ceux de la main droite aux hommes, et ceux de la main gauche aux femmes. Chacun en tira un. Les deux fils pareils devaient, pendant tout le temps de la noce, réunir un jeune homme à une jeune fille; puis, la cérémonie terminée, le cavalier devait rendre le fil d'or à sa dame. Si celle-ci avait, pendant ce court intervalle, éprouvé quelque sympathie pour le partenaire que le hasard lui avait donné, elle faisait un nœud qui liait un de ces fils à l'autre, et elle les déposait tous deux devant l'image de la Vierge, dans l'espérance que cette source de tout amour lierait au ciel ce qui était déjà lié sur la terre, c'est-à-dire ces deux existences, dont les deux fils d'or étaient l'emblème.

Quand vint mon tour de tirer au hasard, Fatinitza ne me laissa pas le temps de choisir : elle me présenta un fil que je me hâtai de prendre; puis, chacun ayant son fil, le mesura, cherchant le fil pareil : il va sans dire que le hasard fut d'accord avec mon amour, et que le mien se trouva de la même longueur que celui de Fatinitza. Alors la plus jeune des compagnes de Stéphana prit un plat d'argent et commença une quête comme celle qui se fait dans les églises catholiques, et qui est destinée au frais du culte ou aux indigents de la ville. Cette quête est au bénéfice de la mariée, et chacun, depuis le plus riche jusqu'au plus pauvre, y concourt pour quelque chose.

Il va sans dire que je mis, pour mon compte, tout ce que j'avais sur moi. Quand chacun eut présenté son offrande, la jeune fille alla déposer le plat d'argent aux pieds de Fatinitza. Dans les familles indigentes, cette offrande est souvent la seule dot de la fiancée; dans les familles riches, elle sert à faire un don à la Panagie. Comme cette formalité s'achevait, le papas entra avec trois enfants de chœur, dont celui du milieu portait un livre, et les deux autres des cierges. C'était un beau vieillard grec, à la figure d'apôtre, au costume antique splendide, avec une longue barbe blanche où se cachaient ses lèvres. Il fit le tour de l'assemblée, recevant des hommages et rendant des bénédictions; puis il alla prendre la fiancée sur le sofa où elle était assise, et la conduisit par la main à son père. Arrivée devant lui, elle se mit à genoux, et celui-ci, étendant la main au-dessus de sa tête, lui dit :

— Je te bénis, ma fille; sois bonne épouse et bonne mère, comme le fut celle à qui tu dois la vie, afin que tu donnes la vie, à ton tour, à des filles qui soient, plus tard, ce que tu as été.

Puis, l'ayant relevée, il l'embrassa.

Alors, le papas conduisit Stéphana au milieu de la salle, le visage tourné vers l'orient; Christo vint l'y rejoindre, et se plaça près d'elle; puis, à la droite de Christo, se mit son frère, et, à gauche de la future, Fatinitza; les deux enfants aux cierges allumés formèrent aussitôt les extrémités de la ligne. Fortunato présenta enfin, sur un plat d'argent, deux anneaux d'or au papas, qui les bénit, fit avec eux le signe de la croix sur la figure de chacun des époux, et dit à haute voix ces paroles, qu'il répéta trois fois :

— Christo Panayoti, serviteur de Dieu, est fiancé à Stéphana, servante de Dieu.

Puis ces autres paroles, qu'il répéta trois fois aussi :

— Stéphana, servante de Dieu, est fiancée à Christo Panayoti, serviteur de Dieu. Au nom du Père, et du Fils, et du Saint-Esprit.

Alors il mit un anneau au petit doigt de chacun des époux.

La cérémonie des fiançailles était terminée, celle du mariage commença.

Les deux époux se prirent chacun par le petit doigt de la main droite, Christo regardant l'orient, et Stéphana l'occident; tous les assistants se mirent à genoux, et le papas récita les prières, qu'il lut dans le livre, que l'enfant de chœur ouvrit devant lui et soutint sur sa poitrine; puis il prit deux couronnes, une de chaque main, et, croisant les bras, il les posa alternativement sur le front des époux, à trois reprises différentes, et disant chaque fois :

— Christo Panayoti, serviteur de Dieu, est couronné avec Stéphana, servante de Dieu. Au nom du Père, et du Fils, et du Saint-Esprit.

Alors il remit les couronnes, l'une au frère de Christo, l'autre à Fatinitza, qui les soutinrent au-dessus de la tête des époux pendant tout le reste de la cérémonie; puis il lut à haute voix l'évangile qui commence par ces mots :

« Dans ce temps-là, des noces eurent lieu à Cana, en Galilée... »

Enfin, l'évangile terminé, il présenta, à trois reprises, du vin à l'époux et à l'épouse, et, tandis qu'ils buvaient, les assistants entonnèrent un cantique qui commençait par ces paroles :

« Je boirai le vin du salut, et j'invoquerai le nom du Seigneur. »

Les chants terminés, le papas prit la main de l'époux, celui-ci prit la main de sa femme, et tous trois, suivis du frère de Christo et de Fatinitza, qui tenaient toujours les couronnes, firent trois fois le tour de la salle tandis que les assistants chantaient en chœur :

« Isaïe, réjouissez-vous, la Vierge a conçu dans son sein et a enfanté le fils d'Emmanuel, qui est Dieu et homme à la fois, et qui a pour nom Orient. »

A la fin du troisième tour, le prêtre s'arrêta, et, faisant face à la mariée, il termina la cérémonie en prononçant ces paroles :

— Et vous, ô épouse! croissez ainsi que Sara, et réjouissez-vous autant que Rébecca.

Il prit alors de nouveau la mariée par la main, et la conduisit à la place qu'elle occupait sur le sofa au moment où il était entré. Au bout d'un instant, on vint avertir que tout était prêt pour mener la mariée chez son époux; et chaque femme, la mariée elle-même, remit son voile.

Un cheval attendait Stéphana à la porte; elle monta dessus et un enfant monta en croupe derrière elle; aussitôt les musiciens prirent la tête du cortége; quelques jeunes filles pauvres du village, parmi lesquelles je reconnus ma petite Grecque, à la robe de soie, marchèrent après eux en dansant; puis vinrent des espèces de jongleurs qui chantaient, avec force grimaces et contorsions, des chansons qui faisaient bruyamment rire les hommes, et qui, sans doute, eussent fait rougir les femmes, si elles n'eussent eu le visage voilé. Derrière les jongleurs suivait la mariée, à cheval et accompagnée de ses amies; à une petite distance, les hommes venaient tous ensemble, conduits par Constantin et Fortunato, tout à fait remis de sa blessure.

Nous arrivâmes ainsi à la maison du marié, l'une des plus belles de Zéa. La porte était ornée de guirlandes, et, sur le seuil, jonché de fleurs, brûlaient des parfums comme à l'entrée d'une maison antique. C'était à peu près la même disposition que chez Constantin, excepté qu'au lieu des valets armés de celui-ci, c'était la troupe plus pacifique des commis de Christo Panayoti qui logeait dans la chambre basse. Nous traversâmes cette espèce de portique ; puis nous entrâmes dans une seconde cour, où nous attendaient tous les pauvres de la ville, qui devaient manger jusqu'à la dernière miette des débris de notre festin. Alors, nous passâmes dans une seconde salle basse, au-dessus de laquelle était le gynæceum, et, enfin, nous entrâmes dans le jardin, où tout était préparé pour le dîner.

La salle du festin était un long berceau de branches d'arbres, formant une tente assez basse, attendu qu'il n'y avait pas de table, mais un grand tapis étendu. Sur ce tapis était servi un dîner splendide et tout à fait homérique, où figuraient deux moutons entiers; la ligne du milieu, qui était réservée aux viandes, était, en outre, flanquée de deux autres lignes chargées de pâtisseries. Les femmes s'assirent les premières, les jambes croisées sous elles, à la manière turque, et tenant leurs fils d'or à la main; les jeunes gens, qui avaient attaché le leur à un bouton de leur veste, le détachèrent à leur tour, pour prouver le droit qu'ils avaient de prendre leurs places en face de leurs partenaires, et s'assirent dans la même posture, qui n'était pas sans inconvénient pour moi; mais tout fut oublié, quand je me trouvai en face de Fatinitza.

Le dîner se passa bruyamment, au milieu d'une musique assourdissante et de chants profanes et sacrés, entremêlés de la manière la plus naïve et la plus grotesque. Il dura plusieurs heures, pendant lesquelles je ne pus guère échanger que quelques paroles avec Fatinitza, mais où je pus m'enivrer du plaisir de la voir.

Après le dessert, où les vins de Chypre et de Samos avaient porté la gaieté à leur comble, on se leva et les danses commencèrent.

Mon fil d'or me donnait le droit d'être le cavalier de Fatinitza; mais, hélas! quoique dansant fort convenablement la *gigue*, j'ignorais complétement les figures des danses grecques. Je fus donc forcé de refuser, disant à Fatinitza que je me mettais cependant à sa disposition, et qu'elle pouvait me sacrifier, si tel était son bon plaisir. Mais Fatinitza eut la magnanimité de refuser mon dévouement; c'était la plus grande preuve d'amour qu'elle pût me donner. Une femme qui aime ne veut jamais que celui qu'elle aime soit ridicule.

A mon défaut, elle invita Fortunato. Autre preuve encore de son amour : elle ne voulait pas me rendre jaloux et dansait avec son frère.

Cette danse, au reste, était curieuse par son caractère d'ancienneté, car c'était la même que les anciens appelaient la *grue*, et qui avait été faite en l'honneur de Thésée, vainqueur du Minotaure : les danseurs sont sept jeunes garçons et sept jeunes filles. Ceux qui conduisent la danse représentent Thésée et Ariane; un mouchoir brodé, que présente la danseuse à son cavalier, tient lieu du peloton de fil qu'Ariadne donna à Thésée à l'entrée du labyrinthe, et les figures, qui sont fort compliquées, indiquent les tours et les détours que formait l'inextricable invention de Dédale. Je ne regrettais, de tout cela, que le mouchoir donné par Fatinitza à Fortunato, et qui fût devenu ma propriété, si je n'avais pas été si ignorant en chorégraphie.

Cette danse fut suivie de plusieurs autres; mais Fatinitza, prétextant la fatigue que lui avait causée la première, ne dansa plus et alla s'asseoir près de sa sœur, jusqu'au moment où la musique donna le signal de se retirer. Les femmes, alors, s'emparèrent de la mariée, et la conduisirent au thalame ; c'était, comme chez les anciens, dans la plus belle chambre de la maison que le lit nuptial était exposé, entre deux énormes cierges bénits qui devaient brûler toute la nuit. Avant que la mariée y entrât, et tandis qu'elle demeurait sur le seuil avec ses jeunes amies, une espèce de sacristain aspergea d'eau bénite toutes les parties de la salle, afin d'en chasser les mauvais esprits; puis, cette cérémonie achevée, et certaine qu'il ne pouvait plus y rester que des génies bienfaisants, Stéphana entra avec sa sœur et sa meilleure amie. Un quart d'heure après, les deux jeunes filles sortirent seules, et, à son tour, le mari fut conduit par les jeunes gens à une porte dérobée, légèrement fermée en dedans, et qu'il fut obligé de forcer pour entrer. Chez ce peuple, à la fois primitif et prodigue d'images, tout est symbole.

La cérémonie était terminée, et nous nous retirâmes, mais cette fois sans suivre d'ordre, et les jeunes gens donnant le bras aux jeunes filles, qui avaient remis leurs voiles; mon fil d'or me donnait droit à celui de Fatinitza, et je la sentis enfin se reposer sur moi, quoique avec autant de légèreté qu'un oiseau qui effleure de l'aile le bout d'une branche. Qui pourrait savoir ce que nous dîmes? pas un mot de notre amour et toutes paroles d'amour. Il y a quelque chose de virginal et de mystérieux dans l'épanchement de deux jeunes cœurs qui aiment pour la première fois. Nous parlâmes du ciel, des étoiles, de la nuit, et, arrivant à la porte de Constantin, chacun de nous savait, moi, que j'étais l'homme le plus heureux ; elle, qu'elle était la femme la plus aimée.

Le lendemain, tout cela était évanoui comme un rêve ; car nous n'avions aucune occasion ni aucun moyen de nous revoir. Deux ou trois jours se passèrent, où je vécus de souvenirs; puis, ce temps écoulé, je me trouvai autant de douleur au fond de l'âme que j'avais eu de joie. Pendant tout un jour encore, je cherchai les moyens d'écrire à Fatinitza, ou plutôt de lui faire parvenir ma lettre. Je n'en trouvai aucun; je crus que je deviendrais fou.

Le lendemain matin, la colombe vint voltiger sur ma fenêtre. Je bondis de joie; ma messagère était trouvée. J'ouvris la jalousie; l'oiseau de Vénus entra aussitôt, comme s'il eût su ce que j'attendais de lui. J'écrivis sur un carré de papier :

« Je vous aime, et je meurs, si je ne vous revois. Ce soir, de huit à neuf heures, je ferai le tour du jardin, et resterai assis à l'angle oriental. Au nom du ciel, une réponse, un mot, un signe, qui me prouve que vous avez pitié de moi. »

Puis j'attachai le billet sous l'aile de l'oiseau, qui reprit son vol vers la fenêtre de sa maîtresse, et disparut sous la jalousie. Le cœur me bondissait comme à un enfant. Toute la journée, j'éprouvai des frémissements soudains, puis des terreurs inouïes de m'être trompé à tout ce que, de la part de Fatinitza, j'avais pris pour des preuves d'amour. Je n'osai pas aller dîner avec Constantin et Fortunato : quelque chose me criait en moi-même que je faisais un pas vers le mal, et que je trahissais la sainte hospitalité. Le soir vint. Je sortis une heure avant le moment que j'avais indiqué. Je pris le chemin opposé à celui qui conduisait au mur du jardin; puis, après un long détour, je revins m'asseoir à l'angle oriental.

Neuf heures sonnèrent. Au dernier coup de la cloche, un bouquet tomba à mes pieds. Fatinitza avait deviné que je devais déjà être au rendez-vous. Je me précipitai sur le bouquet. Ce n'était pas une réponse; mais qu'importe! c'était un message. Tout à coup, je me souvins qu'en Orient les fleurs parlaient, et qu'un bouquet équivalait parfois à une lettre, et s'appelait alors *salam*, ce qui veut dire salut. Le bouquet de Fatinitza était composé de primevères et d'œillets blancs. Il me sembla que les fleurs que j'avais toujours préférées étaient les œillets blancs et les primevères; mais, hélas! je ne savais pas ce qu'elles voulaient dire.

Je les baisai cent fois et les mis sur mon cœur. Certes, Fatinitza avait oublié que j'étais d'un pays où les fleurs n'ont que des noms, des parfums à peine, et pas de langage. Elle avait voulu me répondre; et voilà que je ne savais pas ce qu'elle avait voulu me dire, et qu'à personne, de peur d'être indiscret, je n'osais le demander. Je rentrai dans ma chambre; je m'y enfermai comme fait un avare qui va compter son trésor; puis, tirant le bouquet de ma poitrine, je le dénouai, espérant y trouver un billet. Le billet était dans les fleurs elles-mêmes; je n'y trouvai rien.

Tout à coup, je songeai à ma petite Grecque : toute pauvre et à demi folle qu'elle était, elle devait connaître cette langue mystérieuse et parfumée. Le lendemain, je saurais ce que Fatinitza avait voulu me dire. Je me jetai sur mon divan, le bouquet dans ma main, ma main sur mon cœur, et je fis des rêves d'or. Au point du jour, je me réveillai, et je descendis dans la ville. Les habitants étaient éveillés à peine, et les rues étaient désertes. J'allai dix fois d'un bout à l'autre de ces malheureuses rues; enfin j'aperçus celle que je cherchais. Elle vint à moi en courant et en sautant de joie; car, chaque fois que je la rencontrais, je lui donnais quelque chose.

Cette fois, je lui donnai un sequin et je lui fis signe de me suivre; puis, lorsque nous fûmes arrivés à un endroit désert, je tirai le bouquet de ma poitrine en lui demandant ce que ce bouquet voulait dire. La primevère signifiait espérance, et l'œillet blanc fidélité. Je lui donnai un second sequin, et remontai à la maison tout joyeux, après lui avoir recommandé de m'attendre au même endroit et à la même heure, le lendemain matin.

XXIX

Sans doute, Fatinitza n'avait ni encre ni papier, et n'avait point osé en demander, de peur d'inspirer des soupçons, puisque, au risque de n'être pas comprise, elle m'avait répondu avec des fleurs; mais peu m'importait maintenant; n'avais-je point mon interprète?

Je me mis aussitôt à écrire, même sans savoir si ma petite messagère d'amour viendrait chercher son billet. Mais j'avais besoin de répandre mon cœur sur le papier; ma lettre était pleine de joie et de plaintes à la fois; je voulais lui dire à elle-même que je l'aimais, eussé-je dû mourir après le lui avoir dit.

Je ne transcrirai pas ici la lettre : pour le lecteur, elle semblerait l'œuvre d'un fou; pour Fatinitza, pauvre enfant! c'était mon âme tout entière, c'était de la séduction plus habile que celle qu'aurait pu faire Lovelace; c'était de l'amour, enfin, allant éveiller l'amour. La colombe tardait à venir chercher son message; je rouvris ma lettre, je remplis tout le blanc que j'y avais laissé; j'aurais rempli dix pages. C'étaient des protestations d'amour, des serments d'éternité, des remerciments surtout : nous sommes si reconnaissants, nous autres hommes, tant que nous n'avons rien obtenu!

Je vis l'ombre de l'aile de la colombe : décidément, c'était un facteur en règle; j'entr'ouvris ma jalousie, elle se glissa sur ma fenêtre; on eût dit qu'elle savait notre secret et qu'elle craignait de nous trahir. Cette fois, ce n'était point un billet, c'était une longue lettre; je crus qu'il n'y aurait pas moyen de charger le pauvre oiseau d'un pareil message. Cependant je n'en voulais rien retrancher. Je n'avais pas dit la millième partie de ce que j'avais à dire, et, à chaque instant, je me rappelais mille choses importantes que j'avais oubliées. Enfin, je roulai si bien mon message, qu'il tint sous l'aile; mais la pauvre petite bête en était visiblement gênée. J'eus alors l'idée d'écrire une seconde lettre pour faire contre-poids; c'était une excellente idée, je la mis à l'instant même à exécution. Dès lors la chose alla toute seule, et la colombe prit son vol sans difficulté.

Je n'osais dîner avec Constantin et Fortunato : aussitôt que mon cœur cessait de battre un instant comme celui d'un fou, mon esprit me faisait de cruels reproches. Je descendis dans la cour, je fis seller Pretly; je la laissai aller comme d'habitude, et, comme d'habitude, elle me conduisit dans ma grotte favorite.

J'appelai un berger qui faisait paître son troupeau sur le versant de la colline opposée; il me vendit du pain et du lait. Je restai toute la journée à rêver dans ma grotte; j'avais besoin de solitude : si j'avais vu des hommes, je leur aurais sauté au cou, en les appelant frères et en leur disant que j'étais heureux. Je revins à la nuit tombante; dans la cour, je rencontrai Fortunato : je lui dis que j'avais fait le tour de l'île, et que j'avais vu des merveilles.

A neuf heures moins quelques minutes, je sortis; à neuf heures sonnantes, comme la veille, un bouquet franchissait la muraille, et tombait à mes pieds. Cette fois, les fleurs étaient changées, preuve que l'on répondait directement à mes lettres, et que, la veille, ce n'était point le hasard qui avait réuni la primevère à l'œillet blanc; le bouquet se composait d'acacia, de fumeterre et de lilas : c'était une réunion de trop douces fleurs et de trop doux parfums pour n'être pas une douce réponse.

Je l'emportai dans ma chambre, où, comme celui de la veille, il passa la nuit sur mon cœur; puis, dès que le jour parut, je descendis à Zéa : ma petite Grecque était fidèle au rendez-vous; je lui montrai le bouquet : Fatinitza me disait qu'elle éprouvait une émotion d'amour, mais pleine d'inquiétude et de crainte. Il était impossible de répondre plus clairement à ma lettre; quant à moi, j'étais émerveillé de cette langue charmante, et je trouvai le peuple qui l'avait inventée le plus civilisé des peuples de la terre. Je rentrai, et je lui écrivis :

« Merci à deux genoux, mille fois merci, mon ange adoré, de cette émotion qui est chez moi de la folie; mais tes craintes et tes inquiétudes, d'où peuvent-elles venir? Crains-tu que je ne t'aime pas comme tu mérites d'être aimée? Es-tu inquiète sur la durée de mon amour? Mon amour, c'est ma vie, il bat avec mon sang, il se mêle à toutes mes pensées; et, quand mon cœur ne battra plus, quand mon intelligence sera éteinte, il me semble que mon amour vivra encore; car mon amour, c'est mon âme, et je n'ai vraiment une âme que depuis que je t'ai vue.

» Cesse de craindre, ma Fatinitza; cesse donc d'être inquiète, mon ange; laisse-moi te voir une heure, un instant, une seconde; et, si, quand j'aurai pu te dire avec la bouche, avec les yeux, avec toutes les facultés de mon être : « Je t'aime, ma Fatinitza, je t'aime plus » que ma vie, plus que mon âme, plus que mon Dieu ; » si, quand je t'aurai dit cela, tu crains encore, eh bien, je renonce à toi, je quitte Céos, et je vais, dans un autre pays, non pas oublier que je t'ai vue, mais mourir de ne plus te voir. »

Deux heures après, Fatinitza avait ma lettre, et, le soir, j'avais sa réponse. C'était une de ces jolies fleurs jaunâtres dont j'ai oublié le nom, si communes dans nos prairies et si chères à nos enfants, qui en font des balles en les nouant avec un fil; puis une fleur de passion et une renoncule. Fatinitza me répondait que, comme moi, elle était impatiente, mais qu'elle avait le présage d'une grande douleur d'amour.

J'essayai de combattre ce pressentiment étrange, et cela m'était bien facile : les raisons que je lui donnais, elle les avait elle-même au fond de son cœur. Quel présage malheureux pouvait la menacer sans me menacer moi-même? Et, dans ce cas, ne valait-il pas mieux souffrir de s'être vus, que souffrir de ne pas se voir? Quant à cette difficulté de se voir, elle était bien facile à surmonter. Constantin et Fortunato, sans soupçons, ne nous épiaient ni l'un ni l'autre; nous pouvions donc, la nuit venue, nous réunir dans le jardin; il ne fallait, pour cela, qu'une échelle de corde que je lui jetterais, et dont elle assujettirait une des extrémités au pied d'un arbre, tandis que j'arrêterais l'autre à l'angle de quelque rocher. Si elle y consentait, je recevrais un bouquet d'héliotrope. La colombe emporta ce beau projet.

Depuis quelques jours, je m'étais pris, aux yeux de Constantin et de Fortunato, d'un amour d'antiquité extrême : ils ne furent donc pas étonnés de me voir quitter la maison aussitôt après le déjeuner; je fis seller Pretly, je passai par le village, où j'achetai des cordages, et j'allai me jeter dans ma grotte, où je commençai mon échelle. C'était un métier de matelot auquel j'était fort expert : aussi fut-elle faite au bout de deux heures. Je la roulai autour de moi, sous ma fustanelle, et je rentrai à la maison lorsque je pensai que le dîner était fini.

Constantin et Fortunato étaient sortis; il y avait déjà près de six semaines qu'ils étaient inactifs, et les ailes commençaient à repousser à ces hardis oiseaux de mer : ils visitaient la felouque; peu m'importait, à moi, pourvu que je fusse libre et seul. La nuit vint, j'allai attendre mon bouquet; mais, ce soir, il ne vint pas; je n'entendis rien, malgré le calme de la nuit, qui m'eût permis d'entendre jusqu'au bruit de ses pas de fée, jusqu'à sa respiration de sylphide. Je restai jusqu'à une heure du matin, attendant toujours, mais inutilement; j'étais au désespoir.

Je rentrai, accusant Fatinitza de ne pas m'aimer : coquette comme une femme d'Occident, elle avait joué avec ma passion; puis, maintenant qu'elle était au comble, elle s'en effrayait et voulait la repousser en arrière; mais il était trop tard, le feu était devenu un incendie, et il ne pouvait s'éteindre qu'en dévorant. Je passai la nuit à écrire des menaces, des excuses, des protestations d'amour, une lettre folle; la colombe vint, comme d'habitude, chercher son message; elle avait au cou un collier de pâquerettes, symbole de tristesse, qu'elle m'apportait de la part de Fatinitza. Je déchirai la première lettre et j'écrivis celle-ci :

« Oui, vous aussi, vous êtes triste et affligée, car votre cœur est encore trop jeune et trop pur pour se plaire à voir souffrir; mais, moi, Fatinitza, ce que j'éprouve, ce n'est point de la tristesse ni de l'affliction, c'est du désespoir.

» Fatinitza, je vous aime, je ne dirai pas autant qu'un homme puisse aimer, car je ne crois pas qu'un homme puisse aimer autant que je vous aime; mais je vous dirai que votre vue est à mon cœur ce que le soleil est aux pauvres fleurs qu'autrefois vous me jetiez, et qui, loin du soleil, se fanent et meurent. Dites-moi donc de mourir, Fatinitza; oh! mon Dieu! c'est chose facile, mais ne me dites pas de ne plus vous voir : c'est ce que Dieu même, dans sa toute-puissance, je crois, n'obtiendrait pas de moi, à moins qu'à l'instant même il ne me foudroyât.

» Je serai ce soir à l'angle du mur, où j'ai vainement attendu hier jusqu'à une heure du matin. Au nom du ciel, Fatinitza, ne me faites pas souffrir aujourd'hui ce que j'ai souffert hier; car mes forces n'y résisteraient pas, et mon cœur se briserait!

» Oh! je verrai bien si vous m'aimez! »

J'enlevai à la colombe son collier de pâquerettes, et je lui attachai sous l'aile son billet. La journée fut éternelle, je ne voulais pas sortir. Je me jetai sur mon divan, je dis que j'étais malade; je n'eus pas de peine, au reste, à le faire croire à Constantin et à Fortunato, qui vinrent me voir; j'avais une fièvre ardente, et ma tête était de flamme.

Ils venaient me chercher pour aller avec eux à Andros, où quelques affaires les appelaient : je ne leur demandai point quelles étaient ces affaires; mais je compris facilement qu'elles étaient toutes polititiques. Je ne me trompais pas; il s'agissait de la réunion d'une vingtaine de membres de la société des *hétéristes*, à laquelle j'ai dit qu'appartenaient Constantin et Fortunato. A peine furent-ils sortis, que je rouvris ma jalousie, et j'y semai du blé et du pain; au bout d'un quart d'heure, la colombe vint s'y reposer de nouveau. J'écrivis cette seconde lettre :

« Rien à craindre pour ce soir, ma Fatinitza; mais, au contraire, une longue nuit passée tout entière à tes pieds : ton père et ton frère partent pour Andros, et n'en reviendront que demain. O ma Fatinitza, compte sur mon honneur; moi, je compte sur ton amour. »

Une heure après, j'entendis les cris des matelots qui s'appelaient sur le rivage; je courus à une fenêtre donnant sur la mer, et, à travers la jalousie, j'aperçus Constantin et Fortunato qui s'embarquaient sur une petite yole; ils avaient avec eux une vingtaine d'hommes si richement armés, qu'ils avaient l'air de princes visitant leurs États, et non de pirates courant furtivement d'une île à l'autre de l'Archipel. Je les suivis des yeux tant que je vis leur voile; comme le vent était bon, elle diminua rapidement et finit par disparaître comme une mouette qui s'envole. Je bondis de joie; j'étais seul avec Fatinitza.

La nuit vint, j'eusse voulu pouvoir presser le temps; je sortis avec mon échelle de corde : j'étais pâle et tremblant; quelqu'un qui m'eût rencontré aurait cru que je venais de commettre un crime. Je ne rencontrai personne, et j'arrivai, sans être vu, à l'angle du mur. Neuf heures sonnèrent; chaque coup de la cloche semblait battre sur mon cœur. Au dernier, un bouquet tomba à mes pieds.

Hélas! ce n'était point un bouquet d'héliotrope seulement, mais d'iris bleu, d'héliotrope et d'aconit. Fatinitza avait confiance entière en moi, elle s'abandonnait à mon honneur, mais elle avait l'âme pleine de remords; c'est ce que voulait dire la réunion de ces trois fleurs. Je n'y compris rien d'abord; mais l'héliotrope s'y trouvait; donc, il y avait consentement. Je jetai un bout de mon échelle par-dessus la muraille, je sentis qu'on lui imprimait un léger mouvement; au bout d'un instant, je tirai à moi : elle était fixée. Je l'arrêtai de mon côté assez solidement pour qu'elle pût supporter mon poids, puis je m'élançai avec l'agilité d'un marin; arrivé au haut du mur, je ne pris pas le temps de descendre, et, sans calculer la hauteur, sans savoir où je tomberais, je m'élançai dans le jardin et j'allai rouler aux pieds de Fatinitza, au milieu d'une plate-bande de ces fleurs, notre odorant alphabet d'amour.

Fatinitza jeta un cri; mais déjà j'étais à ses pieds, embrassant ses genoux, serrant ses mains sur mon cœur, appuyant ma tête contre sa poitrine; enfin j'éclatai en sanglots. Ma joie était si grande, qu'elle s'exprimait comme une douleur. Fatinitza me regardait avec ce sourire divin de l'ange qui vous ouvre le ciel ou de la femme qui vous donne son cœur; il y avait en elle plus de calme, mais non pas moins de bonheur; seulement, elle planait comme un cygne au-dessus de cette tempête de mon amour.

Quelle nuit, mon Dieu! Des fleurs, des parfums, le chant du rossignol, le ciel de la Grèce, et, au milieu de tout cela, deux jeunes cœurs aussi purs l'un que l'autre, qui aiment pour la première fois. Oh! le temps n'existe pas : c'est l'éternité qu'il faudrait épuiser, pour trouver le fond d'un pareil bonheur. Les étoiles pâlirent, le jour vint, et, comme Roméo, je ne voulais pas reconnaître l'aurore. Il fallait nous séparer; je couvris de baisers les mains de Fatinitza. Nous nous redîmes en une minute tout ce que nous nous étions dit pendant la nuit; puis, nous nous séparâmes en nous promettant de nous revoir la nuit prochaine.

Je rentrai brisé de mon bonheur, et je me jetai sur mon divan, pour passer, s'il m'était possible, de la réalité au rêve. Jusqu'alors je ne connaissais pas Fatinitza : la chasteté et l'amour réunis dans la même femme, c'est le diamant le plus précieux qui soit sorti des mains de la nature, c'est un type tout moderne et dont la Madone est le symbole. Les anciens avaient Diane et Vénus, la sagesse et la volupté; mais ils n'avaient pas inventé une divinité qui réunît en elle la virginité de l'une et la passion de l'autre. Toute ma journée se passa à écrire : c'était ce que j'avais de mieux à faire, puisque je ne pouvais voir Fatinitza. De temps en temps, j'allais à la fenêtre et je regardais du côté d'Andros; beaucoup de voiles de pêcheurs glissaient de Tine à Ghiara, pareilles à des oiseaux de mer; mais aucune n'avait la forme de celle de la yole. Constantin et Fortunato étaient retenus par leurs affaires, rien n'annonçait leur retour; nous pouvions espérer encore une nuit tranquille.

Oh! comme je compris, en l'attendant, cette mythologie éloquente des anciens, qui avaient une divinité pour le jour, une divinité pour la nuit, une divinité pour chaque heure, et qui pensaient que ce n'était pas de trop de tant de dieux pour écouter les vœux divers et contradictoires des mortels! Enfin le crépuscule s'abaissa, la nuit s'épaissit, les étoiles s'allumèrent, et je me trouvai aux pieds de Fatinitza.

La veille, chacun de nous avait parlé de soi; ce soir-là, chacun de nous parla de l'autre. Je lui racontai mes curiosités, mes désirs, mes journées tout entières passées à ma fenêtre. Mon histoire était la sienne; du moment où elle avait entendu raconter notre combat, comment j'avais blessé Fortunato et lutté avec Constantin; comment le pauvre Apostoli, qui à cette heure nous regardait du haut du ciel, m'avait sauvé au moment où je luttais contre les flots, et comment enfin Fortunato, guéri par moi, m'avait ramené, non plus comme un médecin, mais comme un frère, elle avait été prise d'un ardent désir de me voir, et, au bout de quelques jours, avait feint, pour que je lui fusse amené, une maladie qu'elle n'éprouvait pas. Elle avoua qu'elle avait compris que j'avais un motif pour lui ordonner la promenade, ce motif, qui lui avait été expliqué lorsqu'elle avait retrouvé le livre marqué de cette même branche de genêt que la colombe délatrice avait tirée le lendemain du corset. Elle voulait que je lui parlasse de moi; mais j'exigeai qu'elle ne me parlât que d'elle : ce serait mon tour de lui obéir le lendemain.

Tout ce qu'elle me dit semblait la confession d'un ange; c'était bien une enfant de la Grèce, mêlant les idées religieuses et profanes; croyant à la puissance de la Vierge, mais bien plus encore à la science des devins. Avant de m'avoir vu, elle ne manquait jamais, en se mettant au lit chaque soir, de déposer, dans une petite bourse de soie, trois fleurs : l'une blanche, l'autre rouge, et la troisième jaune; puis, dès que venait le matin, et aussitôt qu'elle ouvrait les yeux, son premier soin était de passer ses doigts, aux ongles roses, dans la bourse qui avait reposé toute la nuit sous sa tête, et d'en tirer, au hasard, une des trois fleurs. Ce présage décidait ordinairement de son humeur pendant toute la journée; car, si elle tirait, la fleur blanche, c'était signe qu'elle épouserait un mari jeune et beau, et alors elle serait folle de joie; si elle tirait la fleur rouge, c'était signe qu'elle serait la femme d'un homme mûr et grave, et alors elle devenait pensive; si, enfin, elle tirait la fleur jaune, oh! alors, plus un sourire, plus un chant pour toute la journée, la pauvre enfant était fiancée à un vieillard.

Il y avait encore le chapitre des rêves, dont l'explication était une grande chose : c'est d'elle que je sais que rêver cimetière est bon signe; rêver qu'on se baigne dans une eau limpide, meilleur présage encore; mais rêver que l'on perd une dent, ou qu'un serpent vous pique, est une révélation certaine de mort.

Du reste, il y avait derrière toutes ces folles idées quelque chose de ferme et d'arrêté, que la pauvre enfant devait au malheur. Ce n'était qu'en frémissant qu'elle se rappelait la scène terrible de Constantinople, sa maison embrasée, son aïeul et sa mère égorgés, Fortunato et son père l'arrachant, elle et Stéphana, aux flammes et aux poignards. Ce souvenir passait quelquefois devant ses yeux comme un nuage, et alors elle pâlissait, et son rire commencé s'effaçait sur ses lèvres et se changeait en larmes. Quant à son éducation, on a pu le voir, elle était tout à fait au-dessus de celle des femmes ordinaires, qui rarement, en Grèce, savent lire et écrire; elle, au contraire, n'eût point été déplacée, comme musicienne, dans un salon de Londres ou de Paris, et elle parlait l'italien avec autant de facilité que sa langue maternelle.

Cette nuit s'écoula comme l'autre, rapide et délicieuse : nos âmes étaient si bien en harmonie, que notre passé divergent avait entièrement disparu. Nous nous connaissions de toute éternité, et nous nous aimions du moment où nos yeux s'étaient ouverts au jour.

Je rentrai chez moi plein de reconnaissance pour ces mystères infinis qui reposent dans le sein de Dieu, et qui se déroulent, jour par jour et les uns après les autres, comme les feuillets d'un livre inconnu. Qui m'eût dit, quand je fuyais de Constantinople, croyant mon avenir perdu et me tournant vers tous les horizons pour chercher le moins sombre, que, par un enchaînement de circonstances si étrange et cependant si naturel, j'arriverais, au bout de deux mois à peine, à me recréer une vie si riche de sensations nouvelles, près desquelles toutes celles que j'avais éprouvées jusqu'alors ne me paraîtraient plus que des rêves ternes et décolorés? Que serait-il donc arrivé, à la place de ces choses, si, leur cause première ayant manqué, j'étais resté à bord du *Trident?* et sur quel être privilégié seraient tombés tous ces événements qui dormaient derrière le voile dont ils étaient couverts? Qui Fatinitza eût-elle aimé, si elle ne m'eût pas aimé, moi? Quel est celui qui était appelé à recueillir, à ma place, ces trésors de chasteté et de tendresse dont elle m'enivrait?... Non, les choses étaient ce qu'elles devaient être; rien n'arrive qui se puisse changer; chaque homme a sa route qu'il doit suivre, et sur les deux revers de laquelle dorment les événements, heureux ou malheureux, qui s'éveillent au bruit de ses pas, et le précèdent en chantant comme le joueur de flûte du consul Duilius, ou le suivent en hurlant comme les fantômes de Lénore; mais j'avais pris la voie bénie, et je goûtais un bonheur qui surpassait tous mes rêves.

Hélas! j'aurais dû me souvenir de Polycrate de Samos, et, moi aussi, essayer de désarmer la jalousie du destin, en jetant à la mer quelque précieux anneau!

Vers le milieu de la journée, Constantin et Fortunato revinrent d'Andros; je voulus aller au-devant d'eux jusqu'au lieu du débarquement; mais je n'en eus pas le courage. Au reste, si je retardai le moment de me trouver en leur présence, je ne pus l'éviter; un instant après que je les eus entendus rentrer dans leur appartement, la porte de ma chambre s'ouvrit, et Constantin entra.

Il venait m'annoncer que, dans une quinzaine, il quittait Zéa et reprenait ses courses; puis, sans m'imposer de conditions, il me demanda si je ne voulais pas profiter d'une relâche qu'il comptait faire à Scio pour gagner Smyrne et m'acquitter de la funèbre mission dont Apostoli m'avait chargé pour sa mère et pour sa sœur.

Il était évident que Constantin ne se souciait pas que, pendant son absence et celle de Fortunato, je demeurasse à Céos : aussi le peu de paroles qu'il venait de me dire avaient ébranlé d'un seul coup tout l'échafaudage de mon bonheur. Je me rappelai ce petit nuage noir du golfe de Biscaye qui était devenu une si terrible tempête. Quitter Fatinitza! il ne m'était pas venu dans l'idée que je dusse désormais la quitter d'un jour; et, cependant, rester près d'elle était impossible, sans donner à Constantin et à Fortunato d'étranges soupçons. Il n'y avait cependant pas deux issues à la position dans laquelle je me trouvais : il fallait suivre Constantin, ou lui tout déclarer; quitter Céos, ou y rester avec le titre de fiancé de Fatinitza.

Ainsi je m'étais jeté, les yeux bandés, dans cet étrange chemin où l'amour m'avait conduit; et voilà qu'une main sévère m'arrachait le bandeau et que je me trouvais en face de la terrible réalité. J'écrivis à Fatinitza, toujours par ma messagère ailée, que, son frère et son père étant revenus, elle ne devait m'attendre que plus tard. En effet, je restai dans ma chambre jusqu'à ce que j'eusse entendu Constantin s'enfermer dans la sienne; alors, je sortis sans bruit, je descendis furtivement l'escalier, et je me glissai, comme une ombre, le long des murs. Arrivé à la place accoutumée, je jetai mon échelle. Fatinitza m'attendait, et, comme d'habitude, elle la fixa; un instant après, j'étais avec elle.

J'avais encore le pied sur le dernier échelon, que déjà ma tristesse l'avait frappée.

— Oh! mon Dieu! me dit-elle avec inquiétude, qu'as-tu donc, mon bien-aimé?

Je souris tristement, et je la pressai contre mon cœur.

— Parle donc! me dit-elle. Tu me fais mourir... Parle, parle; qu'y a-t-il?

— Il y a, ma Fatinitza chérie, que ton père quitte Céos dans quinze jours.

— Oui, je le sais, il me l'a dit aujourd'hui. Oh! mon Dieu! je t'aime tant, que je l'avais oublié!... Mais c'est moi que cela doit rendre triste, et non pas toi... Que t'importe que mon père reste ou parte?... Il n'est pas ton père, à toi...

— Non, Fatinitza... mais il m'emmène... Il m'a fait entendre que j'aie à me préparer à quitter Céos avec lui... Je ne puis rester sans qu'il cherche le motif qui me retient ici... Je ne puis partir et t'abandonner.

— Et qui t'empêche de lui tout dire, mon bien-aimé? Mon père te regarde déjà comme son fils... Nous serons unis... nous serons heureux.

— Écoute, Fatinitza! repris-je après un moment de silence pendant lequel elle m'avait regardé avec une expression d'inquiétude indéfinissable, écoute, et ne te hâte point de juger mal ce que j'ai à te dire.

— Parle.

— Si ta mère vivait encore, et si tu étais éloignée d'elle et de ton père, te marierais-tu sans leur consentement?

— Oh ! non; jamais.

— Eh bien, moi, Fatinitza, je suis loin d'un père et d'une mère chéris; ils ne me doivent déjà que trop de douleurs, puisque, à cette heure, ils savent que j'ai brisé toute l'espérance qu'ils avaient mise en moi; puisque, à cette heure, sans doute, un arrêt me condamne à mort et me ferme à tout jamais les portes de mon pays.

— Mais comment te condamne-t-on à mort? Pour avoir répondu à une insulte par un défi? N'étais-tu pas condamné à la honte, si tu avais agi autrement?

— Et pourtant telles sont nos lois, Fatinitza. Si je remets le pied en Angleterre, ma mort est certaine.

— Oh ! n'y rentre jamais ! s'écria Fatinitza en me jetant les bras au cou. Qu'as-tu besoin de ce méchant pays? N'as-tu pas le monde tout entier, et, dans le monde, cette pauvre île, qui ne vaut pas ton Angleterre, je le sais bien, mais où tu es tant aimé, qu'en aucun pays tu ne trouveras un pareil amour ?

— Dieu m'est témoin, ma Fatinitza, lui dis-je en prenant sa tête entre mes deux mains et en la regardant avec toute mon âme, que ce n'est point mon pays que je regrette. Mon pays, c'est le coin de terre où tu vis et où tu me dis que tu m'aimes. Un rocher au milieu de l'Océan et ton amour... je ne demanderais pas autre chose... si mon père et ma mère m'écrivaient : « Soyez bénis, toi et ta fiancée ! »

— Eh bien, ne peux-tu donc leur écrire? Dis à mon père ce que tu m'as dit, et il attendra patiemment la bénédiction que tu demandes.

— Et voilà justement ce que je ne veux pas lui dire, Fatinitza. Écoute-moi (je passai mon bras autour d'elle, et je l'appuyai contre mon cœur). Comme tu le disais tout à l'heure, non-seulement mon pays a des lois étranges, mais encore des préjugés terribles. Je suis le dernier d'une noble et vieille famille...

Fatinitza fit un mouvement, se dégagea de mon bras, et me regarda avec fierté.

— Pas plus noble et pas plus vieille que la nôtre, John. Ne sais-tu donc pas le second nom de mon père, et n'as-tu pas vu que ses serviteurs lui parlent comme ils parleraient à un prince? Comptes-tu pour rien de descendre des Spartiates et de s'appeler Sophianos? Va dans la cathédrale de Monobasia, et tu trouveras nos titres de noblesse au bas de la capitulation de cette ville, qui, commandée par un de nos ancêtres, résista trois années à tes compatriotes de l'Occident. Si ce n'est que cela qui t'arrête, écris à ta mère que tu lui as trouvé une fille d'une famille aussi noble que pas une de celles qui ont traversé le détroit de Guillaume le Conquérant.

— Oui, je sais cela, Fatinitza, lui répondis-je avec une anxiété profonde, car elle ne pouvait comprendre nos scrupules, et je comprenais sa fierté; mais les circonstances, les événements, le despotisme, ont fait de ton père...

— Un pirate, n'est-ce pas? comme ils ont fait de Mavrocordato et de Botzaris des klephtes. Un jour viendra, John, où ces pirates et ces klephtes feront rougir le monde de leur avoir donné de pareils noms. Mais, en attendant, tu as raison, la fille d'un pirate ou d'un klepthe doit être humble et savoir tout entendre... Parle.

— O ma Fatinitza chérie ! si ma mère pouvait te voir un jour, une heure, un instant ! oh ! oui, je serais tranquille, et je ne douterais pas !... Si je pouvais moi-même me jeter à ses pieds, lui dire que ma vie dépend de toi, que je ne puis vivre sans toi, que ton amour est tout pour moi... oui, oui, encore, je serais encore sûr d'elle. Mais rien de tout cela, Fatinitza; il faut que je lui écrive, qu'un froid papier lui porte froidement ma prière. Elle ne pourra pas deviner que chaque mot en est écrit avec le sang de mon cœur, et peut-être qu'elle me refusera.

— Et, si elle te refuse, que feras-tu ? demanda froidement Fatinitza.

— J'irai lui demander moi-même cette bénédiction, sans laquelle je ne pourrais pas vivre ; j'irai, au risque de ma vie, car ma vie n'est rien auprès de mon amour. J'irai moi-même, entends-tu, Fatinitza, et cela aussi vrai que tu es un ange de vertu.

— Et si elle te refuse ?

— Alors, Fatinitza, je reviendrai, et ce sera ton tour de faire pour moi un grand sacrifice; ce sera ton tour, à toi, de quitter ta famille, comme j'aurai quitté la mienne. Puis nous irons dans quelque coin du monde vivre inconnus, moi pour toi, toi pour moi... et nous aurons pour famille ces étoiles qui nous regardent, et qui s'éteindront, les unes après les autres, jusqu'à la dernière, avant que je cesse de t'aimer.

— Et tu feras cela?

— Sur mon honneur, sur mon amour, sur ta vie ! A compter de cette heure, Fatinitza, tu es ma fiancée.

— Et moi, je suis ton épouse ! s'écria-t-elle en se jetant dans mes bras et en appuyant ses lèvres sur les miennes.

XXX

Ce qu'avait dit Fatinitza n'était point un vain mot; Fatinitza était mon épouse. Depuis ce jour jusqu'à celui de mon départ, chaque nuit nous réunit et fut une nuit de bonheur ; son âme d'ange n'avait gardé aucun doute, et elle ne considérait plus notre absence que comme une crise qui devait nous réunir. Certes, j'étais digne de cette confiance, et elle avait raison de me juger ainsi.

Cependant, au milieu de cette confiance mutuelle, quoique rassurés par cette conviction instinctive, il nous passait quelquefois par le cœur des craintes étranges et indéfinissables. Notre volonté était réelle et aussi puissante que puisse l'être la volonté humaine; mais, entre deux personnes qui se quittent, se place aussitôt une divinité terrible, qui n'est plus la Providence, mais le hasard. Moi-même, j'étais en proie à cette inquiétude, et elle ôtait à mes paroles cet accent de certitude qui leur eût été si nécessaire pour rassurer Fatinitza.

Nous arrêtâmes ce que j'aurais à faire. Je devais d'abord aller à Smyrne, où m'appelait une double cause : la première était de m'acquitter, auprès de la mère et de la sœur d'Apostoli, de la mission sainte que ce malheureux jeune homme m'avait confiée en mourant; la seconde était de m'informer si quelque lettre d'Angleterre ne m'y attendait point. Arrivé dans cette ville, centre des communications de l'Orient et de l'Occident, je devais écrire et attendre la réponse, puis, comme je ne pouvais suivre Constantin et Fortunato dans leur course, qui devait durer deux ou trois mois, c'est-à-dire plus que le temps nécessaire au retour d'une lettre de ma mère, j'y demeurerais jusqu'à ce qu'ils m'y reprissent, et je viendrais avec eux à Céos. Au reste, je devais tout leur laisser ignorer, afin de ne les point indisposer en cas de refus. Si je revenais sans eux, je devais m'adresser à Stéphana, à qui sa sœur avait tout dit.

Toutes ces choses étaient bien simples et bien faciles à accomplir; nous étions sûrs chacun l'un de l'autre comme de nous-mêmes, et cependant de tristes pressentiments nous tourmentaient. La dernière nuit que je passai avec Fatinitza fut toute de larmes; ni mes promesses, ni mes serments, ni mes caresses, ne purent la rassurer. Je la quittai mourante et rentrai chez moi comme un fou. Je lui écrivis une dernière lettre, dans laquelle je réunissais en promesses et en serments tout ce qui pouvait la rassurer, et je confiai ce message à notre colombe chérie, qu'au point du jou j'avais retrouvée sur ma fenêtre, comme si elle eût su mon départ, et qu'à son tour elle eût voulu prendre congé de moi.

A huit heures, Constantin et Fortunato traversèrent la cour; ils allaient dire adieu à Fatinitza. Ils ne m'avaient point offert de les y suivre, et je n'avais point osé le leur demander; d'ailleurs, j'aimais mieux ne pas revoir Fatinitza, que la revoir en indifférent. Ils restèrent une heure, à peu près, avec elle; puis ils vinrent me prendre. Tandis qu'ils montaient l'escalier, je lâchai ma messagère, qui vola aussitôt vers la fenêtre de sa maîtresse. Ainsi, les derniers adieux que recevait Fatinitza étaient les miens. Personne ne passerait plus entre nos souvenirs.

Il me fallut toute la force de mon caractère pour ne pas me trahir; eux, au reste, étaient si préoccupés de leur propre douleur, qu'ils ne faisaient pas attention à la mienne. Jamais ils n'avaient vu Fatinitza si triste et si désespérée, et tous deux l'aimaient trop pour ne point partager cette douleur et ce désespoir, qu'ils croyaient causés par les dangers qu'ils allaient courir.

Il me fallut enfin quitter cette chambre, où, depuis deux mois, j'avais éprouvé tant et de si douces émotions. Mais, au moment où nous allions sortir, je feignis de me rappeler que j'avais oublié quelque chose, et je remontai pour la revoir une fois encore. Je baisai chaque objet comme un enfant, et je m'agenouillai au milieu de la chambre, en priant Dieu de m'y ramener. Il n'y avait pas moyen d'y demeurer plus longtemps sans exciter des soupçons; je me hâtai donc de redescendre. Constantin et Fortunato m'attendaient à la porte extérieure, parlant vivement en langue romaïque. Je les joignis en donnant, autant que je pus, à mes traits un caractère d'indifférence naturel. En effet, à leurs yeux, qu'avais-je à regretter à Céos?

Stéphana nous attendait, avec son mari, sur le port; en qualité de femme mariée, elle avait le visage découvert. Ses grands yeux noirs se fixèrent sur les miens, comme pour lire au fond de mon âme, et, au moment où je mettais le pied sur la planche qui conduisait à la barque, elle s'approcha de moi, et me dit :

— Rappelez-vous votre serment !

Je tournai alors la vue vers la maison où était Fatinitza, comme pour faire le passé garant de l'avenir, et, à travers la jalousie de Fatinitza, je vis passer la main et le mouchoir qui avaient salué notre arrivée, et qui, maintenant, saluaient notre départ.

Nous gagnâmes la felouque, qui nous attendait à l'entrée du port; et, pendant tout le temps du trajet, au risque d'attirer l'attention de Constantin et de Fortunato, je demeurai les yeux fixés sur cette main et sur ce mouchoir. De temps en temps, des larmes, plus puissantes que ma volonté, voilaient mon regard, et passaient, comme un nuage, entre moi et Fatinitza. Alors je me retournais pour les cacher; puis aussitôt je revenais à cette main chérie et à ce mouchoir éloquent qui me disaient adieu. Le vent nous était contraire pour sortir du port, et je bénis cet accident, qui m'éloignait plus lentement de Fatinitza. Cependant, grâce à nos rameurs, la felouque gagna le large; alors elle put se servir de ses voiles, et nous doublâmes le promontoire, qui nous eut bientôt caché la ville de Zéa et la maison de Constantin.

Alors je tombai dans une atonie profonde; il me semblait que je n'étais retenu à la vie que par ce dernier signe d'adieu, et qu'une fois ce signe disparu, rien n'existait plus dans ce monde. Je prétextai une indisposition que la chaleur rendait possible, et, me retirant dans ma cabine, je me jetai sur mon hamac, et je pus pleurer librement. Le lendemain, nous tombâmes dans un calme; on eût dit que Dieu nous séparait à regret. Toute la journée, je pus voir Céos, et, le jour suivant, j'apercevais encore, comme un nuage bleuâtre, la montagne de Saint-Élie. Enfin, nous entrâmes dans le canal qui s'étend entre la pointe de l'ancienne Eubée et l'île d'Andros, et, ayant incliné à droite, nous perdîmes de vue ce dernier vestige.

Nous mîmes huit jours à atteindre à la hauteur de Scyros, ce poétique berceau d'Achille. Là, le vent nous fut rendu, mais contraire ou variable; de sorte que nous mîmes sept autres jours à gagner Scio. Enfin, dans la soirée du dix-septième jour après notre départ, nous jetâmes l'ancre en vue de Smyrne; car, quelque sympathie que Constantin fût certain de trouver chez ses compatriotes, il n'osait point cependant se hasarder dans un port aussi fréquenté et aussi puissant que celui devant lequel nous étions.

Avant de me quitter, Constantin et Fortunato me firent toutes les offres de services qui étaient en leur pouvoir; mais je n'avais besoin de rien: il me restait encore sept ou huit mille francs, à peu près, tant en or qu'en lettres de change. Je leur fis promettre seulement de repasser par Smyrne, afin de m'y prendre, si je m'y trouvais encore. J'éprouvai un soulagement étrange en quittant ces deux hommes. Devant eux, j'étais contraint et humilié; loin d'eux, ils ne m'apparaissaient plus que sous leur point de vue poétique, et pareils à ces exilés de l'ancienne Troie qui s'en allaient cherchant une patrie les armes à la main.

Nous fîmes le signal convenu pour indiquer qu'il y avait à bord quelqu'un qui désirait descendre. Aussitôt une barque se détacha du rivage, et vint me chercher. En me rendant à terre, je m'informai de la demeure de la mère d'Apostoli. Elle habitait, depuis trois semaines, une petite campagne à une demi-lieue de Smyrne. Un des matelots de la barque se chargea de m'y conduire.

Je trouvai, en arrivant, les domestiques vêtus de deuil. La nouvelle de la mort de leur jeune maître s'était répandue par les passagers de *la Belle-Levantine*, qui devaient à cette mort leur liberté. Alors la mère et la sœur d'Apostoli avaient cédé leur maison de commerce, qu'elles ne tenaient que pour augmenter la fortune de leur fils et de leur frère, et, riches de cette vente, elles s'étaient retirées à la campagne pour mener leur deuil.

Aussitôt que mon nom eut été prononcé, les portes s'ouvrirent; la mère d'Apostoli avait su l'amitié qui m'unissait à son fils, et les soins que je lui avais donnés. Elle m'attendait au fond d'un appartement tout tendu de noir; elle était debout; des larmes silencieuses coulaient sur ses joues; ses bras étaient pendants et ouverts comme ceux de la Mère de douleurs. Je me mis à genoux devant cette grande tristesse; mais elle, me relevant, me serra dans ses bras, et me dit :

— Parlez-moi de mon fils.

En ce moment, la sœur d'Apostoli entra. Sa mère lui fit signe d'ôter son voile; car je n'étais pas un étranger pour elle. Elle obéit, et je vis une belle jeune fille de seize à dix-sept ans, que j'eusse trouvée charmante, si l'image que j'avais au fond du cœur n'avait point complétement effacé celle que j'avais devant les yeux. Je remis à chacune le legs funéraire qui lui était destiné : à la mère les cheveux, à la sœur l'anneau, à toutes deux la lettre; puis il me fallut entrer dans tous les détails de la maladie et de la mort du pauvre enfant. Je savais que le seul adoucissement des profondes douleurs est dans les larmes; je n'oubliai rien de ce qui pouvait leur montrer l'ange qu'elles avaient perdu dans son passage de la terre au ciel. Elles pleurèrent, mais sans convulsions et sans désespoir, comme des chrétiennes doivent pleurer.

Je restai toute la journée avec elles; pour elles, je m'étais oublié moi-même; puis, le soir, je revins à la ville, et j'allai chez le consul. Il avait su tout ce qui s'était passé par les officiers du *Trident*, qui avait relâché à Smyrne quelques jours après ma fuite de Constantinople; le capitaine Stanbow ayant reçu, le lendemain même de mon duel avec M. Burke, des dépêches qui le rappelaient immédiatement en Angleterre. Au reste, ainsi que je l'avais pensé, tous me plaignaient, et le capitaine lui-même se proposait, de retour à Londres, de présenter aux lords de l'amirauté, l'affaire sous son véritable jour. Le consul me remit une lettre de mon père et de ma mère, qui m'envoyaient, pour le cas où je manquerais d'argent, une lettre de change de cinq cents livres sterling. La lettre était en date de trois mois, et, par conséquent, écrite avant que la nouvelle de la mort de M. Burke eût pu parvenir à Londres.

Je demeurai huit jours à Smyrne, attendant toujours une occasion pour écrire à ma mère. Je passais presque tout mon temps chez la mère d'Apostoli, qui m'aimait comme son enfant, et à qui je parlais de ma mère. Le neuvième jour, en rentrant à l'hôtel, j'appris qu'un sloop anglais était entré dans le port, venant de Londres en vingt-trois jours; deux heures après, le consul m'envoya une lettre. J'avoue qu'en la recevant je frissonnai de tout mon corps : ma pauvre mère devait savoir maintenant ce qui m'était arrivé, et je tremblais que cette lettre ne fût l'expression de son désespoir. J'interrogeai l'adresse, pour tâcher de connaître dans l'écriture quelque signe qui pût me rassurer; l'écriture était l'écriture habituelle de ma mère, et n'indiquait aucune altération.

Enfin, je l'ouvris, et, aux premiers mots, ma joie fut grande; car elle contenait une nouvelle inespérée.

En arrivant à Gibraltar, M. Stanbow, indigné de la conduite de M. Burke envers le pauvre David, avait écrit aux lords de l'amirauté pour solliciter le changement de son premier lieutenant, s'appuyant sur l'inimitié qui s'était élevée entre lui et les officiers de l'équipage. Le caractère du capitaine était si bien connu, que, de sa part, une pareille demande acquérait un poids plus grand qu'aucun autre n'eût pu lui donner. Aussi, les lords de l'amirauté s'étaient-ils empressés de nommer M. Burke premier lieutenant du vaisseau *le Neptune*, en armement à Plymouth, et destiné à accompagner et à protéger un convoi dans l'Inde. Il en résultait que la nouvelle nomination de M. Burke avait été signée à Londres huit jours avant mon duel avec lui à Constantinople. Je n'avais donc pas tué mon supérieur, mais un simple officier de la marine anglaise; c'était fort différent. Le tribunal maritime ne m'en avait pas moins condamné à la déportation, mais visiblement à cause de mon absence; mon père ne faisait aucun doute que, si j'eusse été présent, j'eusse été acquitté; aussi me pressait-il de venir purger ma coutumace. Quant à ma mère, elle m'écrivait qu'elle mourrait d'inquiétude, si je ne venais moi-même, aussitôt sa lettre reçue, pour la rassurer.

Rien ne pouvait mieux entrer dans mes projets que ce retour. Toute lettre devenait inutile, et je plaiderais bien mieux près d'elle ma cause et celle de Fatinitza de vive voix qu'avec la plume. Je courus donc au port; un bâtiment de commerce était en partance pour Portsmouth; j'allai le visiter, je le reconnus bon marcheur, et j'y retins ma place. Un bâtiment de guerre, en me ramenant, se fût compromis en ne me traitant pas en prisonnier, et je voulus me mettre librement à la disposition des lords de l'amirauté, après avoir toutefois revu ma pauvre mère. Je courus faire part à la mère d'Apostoli de cette bonne nouvelle que je venais de recevoir, et, pour la première fois, je vis un rayon de joie passer devant ses yeux et un sourire effleurer ses lèvres. Peut-être n'en fut-il pas ainsi de sa fille. Pauvre enfant, je ne sais ce qu'Apostoli lui disait dans sa lettre, ni quels rêves il laissait apercevoir; mais je crois qu'elle avait compté que je ferais un plus long séjour à Smyrne.

Je partis de cette ville douze jours après mon arrivée, et près d'un mois déjà après avoir quitté Fatinitza. Nos adieux furent une nouvelle douleur pour la mère d'Apostoli; il lui semblait qu'en me perdant, après avoir perdu le corps, elle perdait l'âme de son fils. Je lui assurai que mon projet était de revenir bientôt en Orient, mais sans lui dire quelle cause me ramènerait. Comme je l'avais jugé, *la Betzy* était bonne voilière; le surlendemain de notre départ de Smyrne, nous étions en vue de Nicaria : je distinguai de loin le tumulus qui marquait la tombe d'Apostoli! Presque chaque île de l'Archipel gardait un de mes souvenirs!

Cinq jours après, nous avions connaissance de Malte. Nous passâmes devant l'île guerrière sans nous arrêter. Le capitaine de *la Betzy* semblait posséder la même impatience que moi, et le vent était à nos ordres. Après huit autres jours, nous avions franchi le détroit de Gibraltar, et, vingt-neuf jours tout après notre départ de Smyrne, nous jetions l'ancre dans la rade de Portsmouth. Mon impatience était telle, que je ne voulus pas m'en rapporter aux voitures publiques, si justement vantée que soit leur rapidité. Il y avait à peu près quatre-vingt-dix lieues de Portsmouth à Williams-house; je pouvais, à franc étrier, les faire en vingt ou vingt-deux heures : je m'arrêtai à ce parti.

Les postillons durent me prendre pour un fou qui avait fait un pari. J'étais parti de Portsmouth vers les trois heures de l'après-midi, je courus toute la nuit, et, au jour, je me trouvai à Northampton. Vers les dix heures, je franchissais les frontières du comté de Leicester; à midi, je traversais Derby, à la plus grande course de mon cheval; enfin j'aperçus Williams-house, l'allée de peupliers qui conduisait au château, la porte ouverte, le chien enchaîné dans sa niche au fond de la cour, Patrick étrillant ses chevaux, enfin Tom descendant les escaliers du perron. J'arrivai à la dernière marche en même temps que lui, et je me jetai à bas de mon cheval en criant :

— Ma mère ! où est ma mère?

Elle entendit ce cri, ma pauvre mère chérie, et elle accourut du fond du jardin; je la vis venir en chancelant; je ne fis qu'un bond vers elle, et je la retins dans mes bras au moment où elle allait tomber; et, pendant que mon père venait aussi vite qu'il le pouvait avec sa jambe de bois; je lui tendis la main, tout en soutenant et en embrassant ma mère, tandis que Tom, dans l'excès de sa joie, jetait sa casquette en l'air, se croisait les bras en me regardant, et repassait tout le vocabulaire de ses plus joyeux jurons. Enfin mon père nous joignit, et nous ne formâmes plus, pendant un instant, qu'un groupe insensé, délirant et pleurant à qui mieux mieux !

Bientôt ce groupe s'augmenta de tous les commensaux de la maison, tant le bruit de mon arrivée se répandit rapidement. C'étaient mistress Dénison, dont le patois irlandais m'avait si bien servi dans mon expédition à l'auberge de *la Verte-Erin;* c'était M. Saunders, le digne intendant, qui parut au bout de l'allée conduisant à sa petite maison; ce fut enfin, à l'heure du dîner, le bon docteur, dont j'avais, si heureusement pour moi, retenu les leçons, et qui ne se douta point, en m'embrassant, qu'il donnait l'accolade à un confrère; ce fut enfin, le soir, M. Robinson, le vénérable pasteur, qui avait conservé sa vieille faiblesse pour le whist, et qui, à son heure accoutumée, vint faire sa partie, pour laquelle il ne pensait pas trouver au château un nouveau partenaire.

Cependant je visitai, avec ma mère, toute la maison : ma volière, religieusement entretenue et peuplée de ses hôtes volontaires; la grotte du capitaine, qui était demeurée sa promenade favorite; enfin, le lac, mon beau lac, qu'autrefois je trouvais grand comme une mer, et qui, alors, me paraissait à peine un étang. Tout cela était au même lieu, tout cela était dans la même disposition. Je m'informai de la vie que menaient mon père et ma mère, elle était la même; alors je comparai tout ce qui m'était arrivé depuis un an à cette existence douce et uniforme, et il me sembla que je revenais d'un long délire, pendant lequel j'avais eu des visions terribles et des apparitions charmantes. Ainsi dut être le Dante, lorsque après avoir parcouru, avec Virgile, l'enfer et le purgatoire, Béatrix l'eut ramené du paradis sur la terre.

Ma pauvre mère, au reste, était aussi étonnée et aussi émue que moi : elle ne pouvait se figurer que c'était son enfant bien-aimé, qu'elle avait cru ne revoir jamais, qui était là devant elle; elle me pressait dans ses bras, elle me serrait contre son cœur, pour s'assurer que j'étais bien un corps et non une ombre; alors elle éclatait de rire sans raison, elle essuyait des larmes qui coulaient sans cause; puis elle s'arrêtait tout à coup, me regardait en face, me trouvait grandi, et disait que j'étais devenu un homme. En effet, j'allais avoir dix-huit ans, et j'avais bien vieilli pendant cette dernière année.

Nous entrâmes au salon, et il me fallut alors conter mon voyage et mes exploits. Seulement, je terminai mon récit à la mort de M. Burke, et, je me contentai de dire qu'après cette mort je m'étais sauvé dans l'Archipel, et que j'y étais resté jusqu'au jour où la lettre de ma mère m'avait appris que j'en pouvais revenir. Mon père décida que nous partirions, le lendemain, pour Londres; quoique le jugement, qui pesait sur moi ne fût point infamant, ce n'en était pas moins un jugement, et mon père, avec son strict honneur, voulait que j'en fusse lavé le plus tôt possible. Ma mère nous accompagna. Il y avait si longtemps qu'elle ne m'avait vu, qu'elle ne voulut point me quitter; d'ailleurs, sa santé, qui était excellente, n'avait point à craindre les fatigues de la route; une excellente chaise de poste devait les lui adoucir. Quant à l'issue du procès, aucun de nous ne la regardait comme douteuse.

Notre première visite, à Londres, fut pour l'amirauté. Je déclarai que je venais, de moi-même et de mon plein gré, me livrer à la justice; je demandai qu'on voulût bien m'indiquer la prison où je devais me rendre, ou la caution que je devais fournir. On consentit à la caution; mais, comme *le Trident* était, dans ce moment, en croisière dans la Manche, il fallait, pour revoir l'ancienne instruction et en établir une nouvelle, attendre son retour, qui devait avoir lieu dans un mois au plus tôt, et six semaines au plus tard. Ce retard me contrariait horriblement; mais il n'y avait pas moyen d'échapper. Nous passâmes tout ce temps à Londres. Je ne connaissais pas cette grande Babylone; mais, si curieuse qu'elle fût, elle ne pouvait chasser de mon cœur l'inquiétude incessante et profonde qui le dévorait. Il y avait déjà plus de quatre mois que j'avais quitté Céos : or toutes les douleurs du départ sont pour celui qui reste. Que devait faire, que devait penser Fatinitza, la seule de toutes mes visions d'Orient qui me fût restée vivante dans l'âme et présente devant les yeux?

Enfin, on apprit que *le Trident* était entré dans la rade de Portsmouth, et, comme le vaisseau amiral se trouvait dans le même port, il fut décidé que ce serait là que la révision du procès aurait lieu. Nous quittâmes aussitôt Londres; chaque jour qui s'écoulait m'était si précieux, que je n'en voulais pas perdre une seconde.

Quelle que fût mon impatience, les apprêts du procès durèrent près d'un mois encore; enfin, quoique bien lentement, le jour arriva. Mon père voulut m'accompagner et revêtit son grand costume de vice-amiral. Quant à moi, je repris mon uniforme de midshipman, que j'avais abandonné depuis le jour de la mort de M. Burcke. A sept heures du matin, le vaisseau amiral tira un coup de canon, et annonça, par un signal, l'ouverture de la cour martiale pour neuf heures. Nous nous y rendîmes à l'heure dite. En arrivant, je fus mis immédiatement sous la garde du prévôt martial; puis les capitaines qui devaient composer la cour arrivèrent les uns après les autres, et furent reçus par un détachement de soldats de marine, qui leur présentèrent les armes.

A neuf heures et demie, la cour était assemblée, et mon nom fut appelé. J'entrai alors dans la chambre du conseil. Au haut bout d'une longue table était assis l'amiral comme président, ayant à sa droite le capitaine accusateur. Six autres capitaines étaient assis et rangés par ordre d'ancienneté, trois de chaque côté de la table. Enfin, au bout opposé à l'amiral, était le juge-avocat, et moi à sa gauche, où je me tenais debout et découvert, comme accusé. L'ancienne procédure fut mise à néant, et une seconde établie sur nouveaux frais et nouvelles preuves. J'étais accusé d'avoir assassiné un officier de la marine anglaise, sans provocation de sa part, dans le cimetière de Galata. Le tout était donc de prouver que M. Burke avait succombé dans un duel, et non par un assassinat. La question d'insubordination était, comme on le voit, entièrement écartée.

J'écoutai toute l'accusation en silence et avec respect; lorsqu'elle fut achevée, ayant demandé la parole à mon tour, je racontai simplement et avec calme comment la chose s'était passée, demandant, pour ma seule défense, que les officiers et l'équipage du

Trident fussent entendus, ne désignant personne, mais m'en rapportant aux juges eux-mêmes du choix des témoins auxquels ils accorderaient l'honneur de déposer devant eux. On décida que l'on entendrait le capitaine Stanbow, le lieutenant en second Trotter, le midshipman James Perry et le contre-maître Thomson.

Quatre matelots devaient être entendus à leur tour et compléter la série de témoins à décharge. Quant aux témoins à charge, il n'y en avait pas. Il est inutile de dire que les dépositions furent unanimes. Non-seulement tous les torts furent rejetés sur M. Burke, mais encore chaque officier, en terminant sa déposition, déclara qu'à ma place, et insulté comme je l'avais été, il eût tiré de cette insulte la même vengeance. Les quatre matelots, parmi lesquels en première ligne figurait Bob, déposèrent dans le même sens. L'un d'eux même, qui était de service auprès de M. Burke, déclara ce que j'ignorais, c'est-à-dire avoir vu, à travers la porte entr'ouverte, le premier lieutenant faire le geste sur lequel j'avais motivé ma vengeance.

Les témoins entendus, la cour fit retirer tout le monde pour délibérer. Les témoins s'éloignèrent d'un côté et moi de l'autre. Après un quart d'heure, on me fit rentrer, ainsi que les témoins et l'auditoire. Tous les membres de la cour étaient debout, le chapeau sur la tête. Il y eut un moment de silence grave et solennel, pendant lequel, je l'avoue, malgré la bienveillance marquée des juges, je ne fus pas sans inquiétude. Puis, le président posa la main sur son cœur, et dit à haute voix :

— Sur mon âme et conscience, devant Dieu et devant les hommes, non, l'accusé n'est point coupable d'assassinat.

Un grand cri de joie retentit dans tout l'auditoire, et à l'instant même, malgré la solennité du lieu et la présence des juges, mon père, qui ne m'avait pas quitté un instant, me prit dans ses bras et me pressa sur son cœur. En même temps, M. Stanbow leur donnant l'exemple, tous les officiers du *Trident* s'élancèrent vers moi, et je me trouvai au milieu de mes anciens compagnons, qui, ne m'ayant pas vu depuis près d'un an, me témoignaient leur joie par des accolades, des serrements de main et des félicitations sans fin. A peine eus-je le temps de saluer et de remercier les juges, que je me trouvai emporté comme en triomphe sur le pont du bâtiment. Le canot du *Trident* était bord à bord avec le vaisseau amiral, nous y descendîmes tous, et je fus ramené en triomphe à Portsmouth.

Arrivé à terre, je pensai à ma pauvre mère, qui, n'ayant pu nous suivre à bord, attendait l'issue du jugement dans de mortelles inquiétudes. Je laissai mon père et M. Stanbow régler tous les apprêts d'un grand dîner qui devait célébrer ce mémorable jugement, et je pris ma course vers l'hôtel. En deux enjambées, je fus à l'appartement de ma mère, j'enfonçai la porte plutôt que je ne l'ouvris, et je la trouvai à genoux priant pour moi. Je n'eus pas besoin de lui rien dire; en m'apercevant, elle jeta un cri, et, me tendant les bras :

— Sauvé ! sauvé ! s'écria-t-elle. Oh ! je suis la plus heureuse des mères !

— Et il ne tient qu'à vous, lui dis-je en me mettant à genoux devant elle, que je sois, à mon tour, le plus heureux des fils et des époux.

XXXI

On comprend l'étonnement que causa à ma pauvre mère une pareille réponse; aussi m'interrogea-t-elle à l'instant même sur sa signification. Le moment était trop favorable pour que je retardasse plus longtemps une explication que j'avais à dessein retardée jusque-là. Je profitai donc de l'absence de mon père et de mes camarades pour lui raconter la suite de mes aventures, depuis le moment où je m'étais embarqué sur *la Belle-Levantine* jusqu'à celui où j'avais reçu, à Smyrne, la lettre qui me rappelait près d'elle.

Ce fut, pour ma pauvre mère, une nouvelle suite d'émotions. Pendant tout ce récit, je tenais sa main, et, lorsque je lui racontai le combat et le danger que j'avais couru de me noyer, je sentis sa main frémir et trembler; puis vint la mort du pauvre Apostoli, et des larmes coulèrent de ses yeux. Quoiqu'il lui fût inconnu, Apostoli ne lui était pas étranger : c'était lui qui m'avait sauvé la vie. Enfin, je passai de Nicaria à Céos; je racontai mon arrivée dans l'île, ma curiosité, mes désirs, mon amour naissant pour Fatinitza. Je la peignis à ma mère telle qu'elle était, c'est-à-dire comme un ange d'amour et de pureté. Je lui dis sa foi en ma parole, et comment elle s'était confiée tout entière à moi, lorsque j'avais exigé qu'elle me laissât venir chercher la bénédiction de mes parents. Je lui représentai ce que devait souffrir, à cette heure, la pauvre enfant délaissée depuis cinq mois passés sans nouvelles et sans consolation, n'ayant pour se soutenir que la conviction qu'elle était aimée comme elle aimait elle-même; alors, me mettant à ses genoux, je pris ses deux mains, que je baisai, la priant, la suppliant de ne point me forcer à lui désobéir.

Ma mère était si bonne et m'aimait tant, que, si étrange que dût lui paraître, dans nos mœurs d'Occident, une pareille aventure, elle me laissa apercevoir que j'avais gagné la moitié de ma cause. Il y a, pour les femmes, un tel charme dans le mot amour, qu'elles s'y laissent incessamment prendre, d'abord pour leur compte, ensuite pour celui des autres. Mais restait mon père, et, quoique certes je ne dusse pas douter de sa tendresse pour moi, il n'était pas probable qu'il se rendît facilement. Mon père tenait à sa noblesse; il espérait pour moi un grand et beau mariage, et, quoique la filiation de Constantin Sophianos remontât, comme celle de tous les Maniotes, à Léonidas, il était probable que le vice-amiral, avec ses préjugés de marin surtout, ne trouverait pas que l'état qu'il exerçait répondît au nom qu'il avait reçu de ses ancêtres. Quant à ma mère, elle comprit bientôt que, lorsque Fatinitza serait, à Londres, la plus belle d'un cercle de jeunes femmes, ou, mieux encore, dans notre douce solitude de Williams-house, nul n'irait s'informer à Céos de ce qu'y faisait le descendant des Spartiates. D'ailleurs, je lui disais que mon bonheur était dans cette union, et une mère regarde-t-elle jamais comme impossible une chose qui doit faire le bonheur de son fils? Ma mère promit tout ce que je voulus, et se chargea d'être, auprès de son mari, la négociatrice de cette grande affaire.

En ce moment, mon père rentra avec James : ils venaient me chercher; car M. Stanbow avait exigé que le dîner d'acquittement fût donné à bord du *Trident*. Il avait, à l'appui de cette prétention, fait valoir, comme mon ancien capitaine, des droits si incontestables, qu'il avait bien fallu que mon père cédât; d'ailleurs, je le soupçonnai de s'être laissé entraîner à refaire encore une fois à bord un repas d'officiers.

Mon père avait demandé, pour Tom, la permission de venir, de son côté, dîner à bord avec les matelots, et elle lui avait été accordée. Tom nous accompagna donc au vaisseau, où je m'empressai de le présenter à Bob. Les deux vieux loups de mer n'eurent qu'à se regarder pour se comprendre, et, au bout d'une heure, ils étaient amis comme s'ils eussent navigué vingt-cinq ans ensemble. Cette journée fut une des plus heureuses de ma vie : je me retrouvais libre et acquitté, au milieu de tous ces bons et francs amis que j'avais cru si longtemps ne plus revoir. Le capitaine Stanbow, de son côté, était si joyeux, qu'il avait grand'peine à maintenir sa dignité. Quant à James, qui n'avait pas le même décorum à garder, il était comme un fou. Après le dîner, il me raconta qu'en me voyant aller à terre, le jour du duel avec M. Burke, il s'était douté du motif qui m'y conduisait; ses soupçons avaient encore été fortifiés par Bob, qui, à son retour, lui avait raconté comment j'avais pris congé de lui et ce que je lui avais dit en le quittant. Aussi, à peine M. Stanbow était-il de retour sur le bâtiment, qu'il lui avait demandé, pour cas d'urgence, une permission d'aller à terre avec Tom et de ne rentrer qu'à l'heure de la nuit qu'il désirerait. M. Stanbow avait fait quelques difficultés; mais James lui avait affirmé, sur son honneur, que la permission qu'il demandait avait une cause sérieuse, et M. Stanbow l'avait alors accordée.

En conséquence, James s'était fait descendre, avec Bob, à l'endroit même où j'avais pris congé de lui, et s'était acheminé aussitôt vers le cimetière de Galata. En le traversant, la première chose qu'il avait vue en chemin était le cadavre de M. Burke; dès lors, il n'avait plus eu de doutes; et, en eût-il eu, ils se fussent bientôt dissipés; car, dans cette épée qui traversait le corps du lieutenant, il avait reconnu la mienne. Il avait alors ramassé l'épée de M. Burke, qui était tombée près de lui, et l'avait examinée avec soin, pour s'assurer si je n'étais pas blessé. Il n'avait pas vu de sang à la lame, ce qui lui avait donné bon espoir. Au reste, comme il ignorait, ainsi que moi, que M. Burke fût nommé à un autre vaisseau, il se douta bien que sachant, après une telle infraction au code maritime, le sort qui m'y attendait, je ne remettrais pas le pied à bord. James resta dans le cimetière, tandis que Bob allait chercher un moyen de transport quelconque. Il revint bientôt avec un Grec et un âne : on mit le cadavre de M. Burke sur l'animal, et ils s'acheminèrent vers la porte de Tophana, où James avait donné l'ordre à une barque de les attendre.

Personne, sur tout le bâtiment, ne fit doute un seul instant que M. Burke n'eût été tué de ma main; Jacob vint, d'ailleurs, en apportant mes lettres, confirmer la chose le lendemain, et il annonça, à la grande joie de l'équipage, que j'étais à cette heure hors de l'atteinte du châtiment que j'avais mérité.

M. Stanbow avait alors fait son rapport, qu'il avait essayé de rendre aussi favorable que possible; mais un fait était là, qu'il n'y avait pas moyen de pallier: J'avais tué mon supérieur, et, dans tous les pays du monde, j'avais encouru la peine de mort : aussi avait-il été fort triste, le digne capitaine, jusqu'au moment où il avait reçu des dépêches qui le rappelaient en Angleterre; car à ces dépêches était joint l'avis que M. Burke venait d'être nommé premier lieutenant à bord du vaisseau *le Neptune*. Dès lors mon affaire avait pris la face que connaît le lecteur, et nul n'avait plus douté de l'acquittement. On a vu que l'événement venait de justifier les prévisions de mes amis.

Nous rentrâmes assez tard à l'hôtel, où ma mère nous attendait. En l'embrassant, je me recommandai de nouveau à elle, et je la laissai seule avec mon père.

Je passai une nuit agitée : mon sort se décidait en ce moment, et un procès se jugeait, dans lequel ce n'était plus mon corps qui était en cause, mais mon cœur. Il est vrai que je comptais beaucoup sur la bonté de mes parents; mais la demande que je leur faisais était si inattendue et si étrange, qu'un refus ne devait pas m'étonner. Le matin, j'entrai, comme d'habitude, dans la chambre de mon père : il était assis dans un grand fauteuil, sifflait son vieil air, et battait la mesure avec sa canne sur sa jambe de bois; ce qui était chez lui, on se le rappelle, tous les indices d'une grande préoccupation.

— Ah! ah! c'est toi? dit-il en m'apercevant et en m'indiquant, par le ton dont il fit cette exclamation, qu'il savait tout.

— Oui, mon père, répondis-je timidement; car le cœur me battait plus fort qu'il n'avait jamais fait dans aucune des circonstances périlleuses où je m'étais trouvé.

— Viens ici, continua-t-il du même ton.

Je m'approchai; en même temps, ma mère entra, et je respirai, car je compris qu'il m'arrivait du secours.

— Tu veux donc te marier, à ton âge?...

— Mon père, répondis-je en souriant, les extrêmes se touchent; vous vous êtes marié tard, et le ciel a tellement béni votre union, que je veux me marier jeune, moi, pour jouir à vingt ans d'un bonheur que vous n'avez goûté qu'à quarante.

— Mais j'étais libre, moi, et je n'avais point de parents que mon mariage pût blesser. D'ailleurs, celle que j'épousais, la voilà, continua-t-il : c'était ta mère.

— Et moi, dis-je, grâce au ciel, j'ai de bon parents, que je respecte et qui m'aiment. Ils ne voudront pas faire le malheur de toute ma vie, en me refusant leur consentement. Moi aussi, je voudrais pouvoir prendre par la main celle que j'aime, et la conduire devant vous, comme vous eussiez conduit ma mère à vos parents, si vous en eussiez eu; car, en la voyant, vous me diriez ce qu'ils vous eussent dit : « Mon fils, sois heureux. »

— Et, si nous vous refusions ce consentement, que diriez-vous, monsieur?

— Je dirais qu'outre mon cœur, ma parole est engagée, et que j'ai appris de vous, mon père, qu'un honnête homme est l'esclave de sa parole.

— Et alors?

— Écoutez-moi, mon père; écoutez-moi, ma mère, dis-je en me mettant à genoux devant eux et en réunissant leurs mains dans les miennes. Dieu sait, et, après Dieu, vous savez vous-mêmes si je suis un fils soumis et respectueux. J'avais quitté Fatinitza en lui promettant qu'avant trois mois elle me reverrait, et j'étais venu à Smyrne pour y attendre le consentement qu'aujourd'hui je vous demande de vive voix. J'allais vous écrire, lorsque je reçus votre lettre. Ma mère m'ordonnait de partir à l'instant même, et me disait qu'elle mourrait d'inquiétude, si elle ne me revoyait. A la lettre de ma mère, je n'ai pas balancé un instant : j'ai quitté Smyrne sans revoir Fatinitza, sans lui dire adieu, sans lui faire passer une lettre, car je n'eusse su à qui la confier; j'étais certain que, maîtresse de ma parole, elle demeurerait sans inquiétude. Je suis parti, et me voilà à vos genoux. Jusqu'ici, le fils n'a-t-il pas tout fait, et l'amant ne s'est-il pas sacrifié? Eh bien, mon père, à votre tour, soyez bon pour moi comme j'ai été soumis envers vous, et ne placez pas mon cœur entre mon amour, qui est immense, et mon respect, qui est infini.

Mon père se leva, toussa, cracha, répéta son air, tout en tournant autour de la chambre et en ayant l'air de regarder les gravures; puis, s'arrêtant tout à coup et me regardant en face :

— Et tu dis que c'est une femme qui peut se comparer à ta mère?

— Nulle femme ne peut être comparée à ma mère, répondis-je en souriant; mais, après elle, je vous le jure, c'est le modèle qui approche le plus de la perfection.

— Et elle quitterait son pays, ses parents, sa famille?

— Elle quittera tout pour moi, mon père! et vous et ma mère, vous lui rendrez tout ce qu'elle aura quitté.

Mon père fit trois nouveaux tours en sifflant; puis, s'arrêtant encore :

— Eh bien, nous verrons, dit-il.

Je m'élançai vers lui.

— Oh! non, non, mon père : tout de suite! Si vous saviez! je compte les minutes comme un condamné qui attend sa grâce. Vous y consentez, n'est-ce pas, mon père? vous y consentez?

— Eh! malheureux, s'écria le capitaine avec un accent de tendre colère impossible à rendre, est-ce que je t'ai jamais rien refusé?

Je jetai un cri, et je me précipitai dans ses bras.

— Eh bien, eh bien, sacrebleu! dit mon père, voilà que tu vas m'étouffer... Eh! donne-moi le temps, au moins, de voir mes petits-enfants.

Je quittai mon père pour courir à ma mère.

— Merci, m'écriai-je, ma bonne mère, merci! car c'est à vous que je dois le consentement de mon père. Vous avez deviné le cœur de ma Fatinitza avec le vôtre; et c'est à vous, toujours à vous, que je devrai mon bonheur d'homme, comme je vous ai dû mon bonheur d'enfant.

— Eh bien, me dit ma mère, si tu crois me devoir cela, fais quelque chose pour moi.

— Ordonnez, mon Dieu!

— Je t'ai à peine vu; reste encore un mois avec nous, avant de nous quitter?

Ce qu'elle me demandait était bien simple, et cependant, à cette demande, mon cœur se serra et un frisson me courut par tout le corps.

— Me refuseras-tu? ajouta-t-elle en joignant les mains et presque suppliante.

— Non, ma mère, m'écriai-je; mais Dieu veuille que ce que je viens d'éprouver ne soit pas un pressentiment!

Je restai donc un mois encore, ainsi que je l'avais promis à ma mère.

XXXII

Pendant ce mois, par une fatalité étrange, aucun vaisseau ne partit pour l'Archipel ; et le seul navire de l'État qui dût faire voile pour le Levant était la frégate *l'Isis*, qui conduisait sir Hudson Lowe, colonel du régiment royal corse, à Butrento, d'où il devait se rendre à Janina. Je me hâtai d'y solliciter mon passage, que j'obtins facilement. Le bâtiment ne me conduisait pas directement où j'étais si pressé d'arriver ; mais enfin, une fois en Albanie, je pouvais, grâce à la lettre de lord Byron, que j'avais gardée, obtenir une escorte d'Ali-Pacha, traverser la Livadie, gagner Athènes, et, de là, me jetant dans une barque, arriver enfin à Zéa. Nous résolûmes de rester à Portsmouth jusqu'au moment du départ de *l'Isis*, qui eut lieu vingt-sept jours après la promesse que j'avais faite à ma mère, et près de huit mois après mon départ de Céos. N'importe, j'étais sûr de Fatinitza comme de moi-même. Elle n'avait, sans doute, pas plus douté de moi que je ne doutais d'elle, et je revenais pour ne plus la quitter.

Cette fois, le temps semblait, encore une fois, d'accord avec mon impatience. Dix jours après notre départ d'Angleterre, nous doublions le détroit de Gibraltar, où nous ne nous arrêtâmes que le temps de faire de l'eau et de remettre nos dépêches. Puis, reprenant aussitôt la mer, nous eûmes bientôt laissé les îles Baléares à notre gauche, et, passant entre la Sicile et Malte, nous découvrîmes enfin l'Albanie : « Terre de rochers, nourrice de braves et d'hommes sans pitié, d'où la croix a disparu, où les minarets s'élèvent, où le pâle croissant étincelle dans le vallon, au milieu du bois de cyprès qui enserre chaque ville. » Nous abordâmes à Butrento, et, tandis que mes compagnons de voyage faisaient leurs préparatifs pour se présenter dignement à Ali-Pacha, je me contentai de prendre un guide, et je me dirigeai immédiatement sur Janina.

J'avais devant moi, tels que les a peints le poëte, les sauvages collines de l'Albanie, les noirs rochers de Souli et la cime du Pinde à demi enveloppée de brouillards, baignée de ruisseaux neigeux et couronnée de bandes de pourpre alternant avec des raies sombres. Les traces des hommes étaient rares, et l'on n'aurait pas cru que l'on approchât de la capitale d'un si puissant pachalik ; seulement, de temps en temps, on apercevait quelques cabanes solitaires suspendues au bord d'un précipice ; puis, enveloppé dans sa blanche capote, un berger assis sur quelque roche, les pieds pendant sur l'abîme, et regardant insoucieusement son troupeau chétif, que sa seule maigreur défendait contre le vol. Enfin, nous franchîmes le rideau de collines derrière lequel est cachée Janina, nous aperçûmes le lac sur les rives duquel s'élevait autrefois Dodone, et qui réfléchissait la cime des chênes prophétiques, et, tout encaissé qu'il est entre ses rives, nous pûmes suivre le cours de l'Arta, l'ancien Achéron.

C'est sur les bords de ce fleuve, consacré aux morts, que l'homme étrange que j'allais visiter avait établi sa demeure. Fils de Véli-Bey, qui, après avoir brûlé ses frères Salik et Méhémet dans un pavillon où il les avait enfermés, était devenu le premier aga de la ville de Tébelin, et de Khamco, fille d'un bey de Conitza, Ali-Tébelin-Véli-Zadé était, à l'époque où nous sommes arrivés, âgé de soixante et douze ans. Ses premières années s'étaient passées dans la captivité et la misère ; car, à la mort de son père, les peuplades voisines de Tébelin, craignant l'esprit entreprenant de Khamco plus qu'elles n'avaient craint la cruauté de Véli, l'avaient attirée dans une embuscade ; et, là, après avoir violé, devant ses enfants liés à deux arbres, la veuve, dont le mari était enterré à peine, le chef de Cormovo l'avait jetée, avec Ali et Chaïnitza, dans les prisons de Cardiki, d'où ils n'étaient sortis que lorsqu'un Grec d'Argyro-Castron, nommé Malicoro, avait, sans se douter qu'il rachetât une tigresse et sa portée, payé leur rançon, fixée à vingt-deux mille huit cents piastres.

Or, quoique de longues années se fussent écoulées depuis cette heure jusqu'à celle où Khamco, rongée par un ulcère, sentit la mort prête à venir, elle n'en avait pas moins gardé au fond de son cœur une haine vivace, comme si elle y fût née de la veille. En conséquence, ayant des recommandations à faire à son fils, elle lui envoya courrier sur courrier pour qu'il vînt recevoir ses dernières volontés ; mais la mort, qui monte un cheval ailé, marcha plus vite encore qu'aucun d'eux, et, voyant qu'il lui fallait renoncer au bonheur de voir son fils bien-aimé, Khamco transmit ses derniers ordres à Chaïnitza, qui jura à genoux de les accomplir. Alors Khamco rassembla toutes ses forces, et, se soulevant sur son lit, elle prit le ciel à témoin qu'elle sortirait de la tombe pour maudire ses enfants, s'ils oubliaient son testament de mort ; puis, brisée par ce dernier effort, elle retomba morte sur son lit. Une heure après, Ali arriva, et trouva sa sœur encore agenouillée auprès du cadavre. Il se précipita alors sur le lit, croyant que Khamco respirait encore ; mais, voyant qu'il se trompait et qu'elle venait d'expirer, il demanda si elle ne lui avait rien laissé à faire.

— Si fait, répondit Chaïnitza, elle nous a laissé une tâche selon notre cœur, frère : elle nous a ordonné d'exterminer jusqu'au dernier habitant de

Cormovo et de Cardiki, dont nous avons été les esclaves, et elle nous a donné sa malédiction dans le cas où nous oublierions cette vengeance.

— Dors tranquille, ma mère, dit Ali en étendant la main sur le cadavre, cela sera fait ainsi que tu le désires.

L'une de ces recommandations fut promptement accomplie : Cormovo, surpris pendant la nuit, se réveilla aux cris de mort de ses habitants; à part ceux qui purent gagner la montagne, tous furent égorgés, hommes et femmes, enfants et vieillards. Le prélat, qui avait fait violence à Khamco, fut empalé avec une lance, tenaillé avec des tenailles rouges et rôti à petit feu entre deux brasiers. Puis trente années s'écoulèrent, pendant lesquelles Ali grandit sans cesse en pouvoir, en dignités, en fortune. Pendant trente années, il parut avoir oublié son serment, et Gomorrhe détruite attendit les ruines de Sodome. Pendant ces trente années, Chaïnitza rappela vingt fois à son frère le serment funèbre, et, à chaque fois, Ali, fronçant le sourcil, répondait :

Le moment n'est pas encore arrivé; chaque chose viendra à son heure.

Et, tournant les yeux d'un autre côté, il commandait d'autres massacres et d'autres incendies.

Au milieu de cet oubli apparent de la vengeance maternelle, Janina se réveilla tout à coup aux cris d'une femme. Aden-Bey, le dernier fils de Chaïnitza, venait de mourir, et sa mère, comme une insensée, les vêtements déchirés, les cheveux épars, l'écume à la bouche, parcourait les rues de la ville en demandant qu'on lui livrât les médecins qui n'avaient pu sauver son enfant. En un instant, les boutiques furent fermées et le deuil devint général. Au milieu de cet effroi et de cette désolation, Chaïnitza veut s'engloutir dans le cloaque du harem : on la retient elle échappe à ceux qui la gardent et court vers le lac ; mais on l'arrête encore. Alors, voyant qu'on ne veut pas la laisser mourir, elle rentre au palais, brise avec un marteau ses diamants, brûle ses cachemires et ses fourrures, jure de ne plus invoquer le nom du prophète pendant un an, défend à ses femmes d'observer le jeûne du rhamazan, fait battre et chasser les derviches de son palais, ordonne de couper les crins des coursiers de guerre de son fils, et, rejetant au loin ses divans et ses coussins de soie, elle se couche à terre sur une natte de paille. Puis, tout à coup, elle se lève; une idée terrible lui est venue : c'est la malédiction de sa mère, qui n'est pas vengée, qui est venue frapper son enfant ; Aden-Bey est mort, parce que Cardiki existe.

Alors elle quitte son palais, traverse les appartements d'Ali, pénètre jusqu'au fond du harem, où elle trouve son frère signant la capitulation qu'il accorde aux Cardikiotes, qui, investis de tous les côtés dans leurs nids d'aigles, ont fait, même en se rendant, leurs conditions. Cette capitulation stipulait que soixante et douze beys, chefs des plus illustres *pharès* des Skipetares, tous mahométans et grands vassaux de la couronne, se rendraient librement à Janina, où ils seraient reçus et traités avec tous les honneurs dus à leur rang, qu'ils jouiraient de leurs biens, que leurs familles seraient respectées, et que, sans exception, les habitants de Cardiki seraient considérés comme les plus fidèles amis du vizir; que tous les ressentiments demeureraient éteints, et qu'Ali-Pacha serait reconnu seigneur de la ville, qu'il prenait sous sa protection spéciale. Ali venait de jurer ces conditions sur le Koran et d'y apposer son sceau, lorsque Chaïnitza entra en criant :

— Malédiction sur toi, Ali, qui es cause de la mort de mon enfant, car tu n'as pas tenu ce serment fait à notre mère; je ne te donnerai plus le titre de vizir, je ne t'appellerai plus frère, que Cardiki ne soit détruite et que ses habitants ne soient exterminés. Fais remettre les femmes et les filles à ma disposition, et que j'en dispose à ma fantaisie; car je ne veux plus coucher que sur un matelas fait de leurs cheveux ! Mais non, tu as tout oublié, comme une femme, tandis que c'est moi qui me souviens.

Ali la laissa dire tranquillement; puis, lorsqu'elle eut fini, il lui montra la capitulation qu'il venait de signer. Alors Chaïnitza hurla de joie; car elle connaissait la fidélité de son frère dans les traités conclus avec ses ennemis; elle comprit qu'elle allait avoir la ville à déchirer toute vivante, et elle rentra, le sourire sur les lèvres, dans son palais. Huit jours après, Ali fit publier qu'il allait se rendre lui-même à Cardiki, afin d'établir l'ordre dans la ville, en y instituant un tribunal et en y organisant une police pour protéger les habitants. C'était la veille du jour de son départ que j'étais arrivé : je lui avais aussitôt envoyé la lettre de lord Byron, et, le soir même, j'avais reçu ma carte d'audience pour le lendemain.

Dès le point du jour, les troupes défilèrent, conduisant avec elles une formidable artillerie, cadeau de l'Angleterre; elle se composait de pièces de montagne, d'obusiers et de fusées à la Congrève : c'étaient les arrhes du marché de Parga qu'Ali-Tébelin venait de recevoir. A l'heure dite, je me rendis à la demeure d'Ali, palais au dedans, forteresse au dehors. Longtemps avant que d'y arriver, j'entendais le bourdonnement de la ruche de pierre, autour de laquelle voltigeaient sans cesse, sur leurs chevaux rapides, les messagers qui apportaient des ordres ou qui venaient en chercher; la grande cour, où j'entrai d'abord, semblait un vaste caravansérail où se seraient réunis des voyageurs de toutes les parties de l'Orient. C'étaient avant et par-dessus tout des Albanais aux riches costumes, qui semblaient des princes, avec leur fustanelle blanche comme la neige du Pinde, leur justaucorps et leur veste de velours cramoisi, couverts de galons d'or aux élégantes arabesques, leur ceinture brodée, de laquelle sortait un arsenal tout entier de pistolets et de poignards; c'étaient ensuite des Delhis avec de hauts bonnets pointus, des Turcs avec leurs larges pelisses et leurs turbans, des Macédoniens avec leurs écharpes de pourpre, des Nubiens au teint d'ébène : tout cela jouant et fumant avec insouciance, et relevant seulement la tête au bruit sourd du galop des chevaux sous les voûtes, pour voir passer quelque messager tartare allant porter un ordre de sang.

La seconde cour avait, si l'on peut s'exprimer ainsi, un aspect plus intime ; des pages, des eunuques et des esclaves y faisaient le service, sans s'inquiéter d'une douzaine de têtes fraîchement coupées, plantées au bout de piques, ni d'une cinquantaine d'autres plus vieilles, disposées à terre comme des boulets empilés dans un arsenal. Je passai au milieu de ces sanglants trophées, et j'entrai dans le palais. Deux pages m'attendaient à la porte, et prirent, des mains de ceux qui les portaient, les présents destinés par moi au pacha, et qui consistaient en une paire de pistolets et une carabine magnifique, tout incrustée d'or, du meilleur armurier de Londres; puis ils me conduisirent dans une grande chambre splendidement meublée, où ils me laissèrent seul, afin, sans doute, d'aller mettre sous les yeux d'Ali l'hommage que je lui apportais, et auquel probablement il allait mesurer sa réception. Au bout d'un instant, la porte s'ouvrit, et le secrétaire du pacha vint savoir des nouvelles de ma santé. Mes présents avaient fait leur effet, et j'étais le bienvenu. Il me dit que son maître était avec l'ambassadeur de France; mais que, comme il était pressé de partir, il nous recevrait tous deux en même temps, si je voulais le suivre. J'obéis sur-le-champ, car j'étais aussi pressé que le pacha.

Le secrétaire marcha devant moi, et me fit traverser une foule d'appartements meublés avec un luxe inouï. Les plus belles étoffes de la Perse et de l'Inde couvraient les divans; des armes magnifiques étaient pendues aux murailles, et, sur des rayons en bois disposés comme dans une boutique de Bond street, on voyait de superbes vases de la Chine et du Japon, mêlés à des porcelaines de Sèvres. Enfin, au bout d'un corridor tendu en cachemire, un rideau de brocart d'or se leva, et j'aperçus Ali-Tébelin, dans une attitude pensive, couvert d'un manteau écarlate, chaussé avec des bottes de velours cramoisi, appuyé sur une hache d'armes toute damasquinée, les jambes pendantes au bord d'un sofa, et les doigts chargés de diamants. Il était retombé dans cette rêverie, pendant que son interprète traduisait son discours à M. de Pouqueville, et, comme si ce qu'il venait de dire était déjà loin de sa pensée, il paraissait totalement étranger au bruit de paroles qui arrivaient jusqu'à moi. C'était en français que le drogman parlait; j'entendis donc tout le discours.

— Mon cher consul, lui disait-il, le moment est venu où tu vas oublier tes préventions contre moi. Si j'ai été autrefois cruel et vindicatif contre mes ennemis, c'est que je sais que l'eau dort, mais que l'envie ne dort jamais ; maintenant ma carrière est remplie, et je vais terminer mes longs travaux en montrant que, si j'ai été terrible et sévère, je sais aussi respecter l'infortune et l'humanité. Hélas! le passé n'est plus en mon pouvoir; car je voudrais, maintenant que mes haines se refroidissent avec mon cœur, que la vengeance y eût tenu moins de place. J'ai tant versé de sang, que son flot me suit, et que je n'ose regarder derrière moi.

Le consul s'inclina, et répondit qu'il était heureux de voir Son Altesse revenue à des sentiments de douceur dont il ne pouvait que la féliciter en son nom et au nom du gouvernement qu'il représentait. En ce moment, un violent coup de tonnerre se fit entendre; Ali laissa tomber sa hache, et prit un chapelet de perles pendu à sa ceinture; puis, sans que je pusse distinguer, car ses yeux étaient baissés et ne regardaient personne, s'il parlait ou s'il priait, il prononça à demi-voix une assez longue suite de mots, que l'interprète traduisit aussitôt; ainsi, c'était un discours, et non une prière.

— Oui, disait-il, oui, tu as raison, consul; j'ai désiré la fortune, et elle m'a comblé de ses dons; j'ai souhaité un sérail, une cour, le faste, la puissance, et j'ai tout obtenu. Quand je compare la tanière paternelle à mon palais de Janina et à ma maison du lac, je sens que je devrais être au comble du bonheur. Oui, oui, ma grandeur éblouit le peuple, les Albanais sont à mes pieds et m'envient, toute la Grèce me regarde et tremble; mais tout cela, consul, oui, tu l'as dit, c'est le fruit du crime, et j'en demande pardon à Dieu, qui parle aux hommes par la voix de son tonnerre. Aussi, je me repens, consul; mes ennemis sont en mon pouvoir, je veux les asservir par mes bienfaits : je ferai de Cardiki la fleur de l'Albanie; j'irai passer mes vieux jours à Argyro-Castron ; oui, par ma barbe, consul, voilà les derniers projets que je forme.

— Dieu vous entende, monseigneur! répondit le consul ; car je vous quitte dans cette espérance.

— Attends, dit en français Ali, en retenant M. de Pouqueville par le bras, attends.

Puis il continua, en turc et avec un ton caressant qui indiquait le sens des paroles, quoique l'on ne pût les comprendre.

— Son Altesse dit, reprit le drogman, lorsque Ali eut achevé, que les projets qu'elle t'a développés sont bien les siens, et que, si elle pouvait obtenir de toi Parga, qu'elle demande inutilement depuis tant d'années, Parga, qu'elle te payerait tout ce que tu voudrais, ses vœux seraient accomplis. Elle n'aurait plus alors qu'un désir et qu'un soin, celui de répandre le bonheur sur les peuples dont Allah l'a fait le roi, et dont il deviendrait le pasteur.

Le consul répondit que, sur ce point, il était forcé de faire à Son Altesse la réponse que déjà, bien des fois, il lui avait faite : c'est que, tant que Parga serait sous la protection de la France, les Parganiotes n'auraient d'autre maître que celui qu'ils se choisiraient eux-mêmes; qu'il n'avait, en conséquence, qu'à obtenir d'eux qu'ils le demandassent pour souverain. Puis, saluant Ali, M. de Pouqueville se retira. Ce ne fut qu'en le suivant des yeux et en murmurant entre ses dents quelques expressions terribles qu'Ali m'aperçut debout contre la porte. Il se retourna vivement vers son drogman, et lui demanda qui j'étais; le drogman traduisit cette question, et alors le secrétaire qui m'avait amené s'avança vers le pacha, croisa ses bras sur sa poitrine, et, inclinant sa tête jusqu'à terre, lui dit que j'étais l'Anglais qui lui avait apporté une lettre de son noble fils lord Byron, et qui lui avait fait don des armes qu'il avait daigné recevoir. La figure d'Ali prit aussitôt une expression de douceur incroyable, à laquelle sa belle barbe blanche donnait une dignité suprême; puis, faisant signe au drogman et au secrétaire de s'éloigner :

— Sois le bienvenu, mon fils, me dit-il en langue franque, ce qui était une grande faveur, car il était rare qu'Ali parlât une autre langue que la romaïque ou le turc; j'aime ton frère Byron qui t'envoie à moi, j'aime le pays d'où tu viens. L'Angleterre est ma fidèle alliée : elle m'envoie de bonnes armes et de bonne poudre, tandis que les Français ne m'envoient que des remontrances et des conseils.

Je m'inclinai.

— L'accueil que me fait Ta Hautesse, répondis-je dans la même langue, m'enhardit à lui demander une faveur.

— Laquelle? dit Ali.

Et un léger nuage d'inquiétude passa sur son visage.

— Je suis appelé, par une affaire importante, dans l'Archipel, et il faut que je traverse la Grèce tout entière : or, c'est toi qui es le roi de la Grèce, et non le sultan Mahmoud; je viens donc te demander un sauf-conduit et une escorte.

Le front d'Ali s'éclaircit visiblement.

— Mon fils aura tout ce qu'il peut désirer, me répondit-il; mais il ne sera pas venu de si loin, recommandé par un si haut seigneur que son frère Byron, et m'apportant un si magnifique présent, pour partir sans s'arrêter; mon fils m'accompagnera à Cardiki.

— Je t'ai dit, pacha, répondis-je, combien l'affaire qui m'appelle est pressée; si tu veux être plus généreux avec moi que ne le serait un roi en mettant à ma disposition tous ses trésors, ne me retiens donc pas, et donne-moi l'escorte et le sauf-conduit que je te demande.

— Non, dit Ali; mon fils m'accompagnera à Cardiki, et dans huit jours il sera libre de continuer sa route; il aura un sauf-conduit de trésorier et une escorte de capitaine; mais je veux que mon fils voie comment, après soixante et dix ans, Ali se souvient d'une promesse faite au lit de mort de sa mère... Ah! je les tiens enfin, les infâmes! s'écria le pacha en reprenant sa hache avec la force et la vivacité d'un jeune homme; je les tiens, et je vais les exterminer, comme je l'ai promis à ma mère, depuis les premiers jusqu'aux derniers.

— Mais, repris-je étonné, devant moi, tout à l'heure, tu parlais, au consul de France, de repentir et de clémence?

— Il tonnait, répondit Ali.

XXXIII

Un désir du pacha était un ordre; je m'inclinai donc en signe de consentement, et, comme l'heure était arrivée où il devait partir, nous descendîmes dans la première cour. Au moment où nous y entrâmes, un Bohémien se précipita du toit sur le pavé en criant :

— Que je prenne le malheur qui pourrait t'arriver, seigneur!

Je jetai un cri et me retournai, avec effroi, de ce côté, pensant que cet accident était le résultat d'une imprudence; mais Ali me détrompa : c'était un esclave qui se dévouait. Ali envoya ses pages savoir si le Bohémien s'était tué, et l'on revint lui dire que le malheureux avait les deux jambes cassées, mais qu'il vivait encore. Alors il lui assigna deux paras par jour pour tout le reste de sa vie; puis il continua sa route, sans s'informer davantage du blessé. Dans la seconde cour, nous trouvâmes sa calèche; Ali s'y coucha plutôt qu'il ne s'y assit, ayant à ses pieds un petit nègre qui lui soutenait le tuyau de son narghilé. Quant à moi, on me présenta un cheval magnifique, tout harnaché de velours et d'or. C'était un don du pacha, en retour de mon présent.

Les Tartares, à cheval, prirent l'avant-garde; les Albanais marchèrent à pied aux deux côtés de la voiture; les Delhis et les Turcs formaient l'arrière-garde, et nous traversâmes ainsi Janina. A la moitié à peu près du chemin qui séparait le palais des portes, et à un endroit où l'une des roues allait tomber dans une ornière transversale, un Grec, qui depuis quelque temps marchait à la portière, se jeta dans cet enfoncement, comblant l'ornière avec son corps, afin que le pacha ne sentit pas la secousse. Je voulus me précipiter, croyant que le pied avait manqué à ce malheureux; mais deux Albanais me retinrent, et la voiture lui passa sur la poitrine. Je le croyais écrasé; mais il se releva en criant :

— Gloire à notre seigneur, le sublime Ali!

Et le sublime Ali lui fit, comme à son compagnon le Bohémien, une rente d'une *ogue* de pain par jour.

Aux portes, nous trouvâmes une nouvelle exposition de têtes. L'une d'elles était fraîchement coupée, et le sang de son cou découlait goutte à goutte, et avec une lente régularité, sur l'épaule d'une femme assise au pied du poteau. Cette malheureuse, presque nue, et voilée seulement de ses longs cheveux, avait le front posé sur ses deux genoux et les mains appuyées sur sa tête. Deux beaux enfants, qui paraissaient être jumeaux, se roulaient à ses pieds. Malgré le bruit que nous fîmes en passant, elle ne leva pas même les yeux sur nous, tant sa douleur était profonde et l'isolait du reste de la terre. Ali, de son côté, la regarda avec la même indifférence qu'il eût regardé une chienne et ses petits.

Nous allâmes d'abord à Libaôvo : là s'était retirée Chaïnitza, en attendant le jour de la vengeance. Nous descendîmes au palais. Les traces de deuil avaient disparu; les appartements, un instant tapissés de tentures lugubres, étalaient de nouveau leur luxe habituel, et Chaïnitza tenait sa cour comme au jour de ses prospérités maternelles. Notre arrivée fut célébrée par un grand festin, auquel présida le vieux pacha, et où le partage des victimes fut fait entre lui et sa sœur. Ali se chargea des hommes, et Chaïnitza des femmes; puis nous partîmes pour Chendrya.

Chendrya est un nid d'aigle au faîte d'un rocher; bâti sur la rive droite du Célydnus, il domine au loin la vallée de Drynopolis, et, du haut de ses tours crénelées, on aperçoit la ville de Cardiki, dont les maisons blanches, au milieu d'un bois d'oliviers à la verdure sombre, semblent une volée de cygnes qui, fatiguée de son voyage aérien, s'est posée aux flancs d'une montagne. Au delà s'étendent les défilés Antigoniens, les échelles de Moursina et le territoire entier de l'Argyrène. Ce fut là qu'Ali s'abattit comme un oiseau de proie; ce fut là qu'il assigna à son tribunal de mort cette malheureuse nation, établie depuis plus de deux mille cinq cents ans au milieu des rochers de l'Acrocéraune. Dès le jour de notre arrivée, ses hérauts traversèrent la longue vallée de Drynopolis et montèrent à Cardiki; ils allaient y publier, au nom du pacha, une amnistie générale, ordonnant en même temps que tous les individus mâles, depuis l'âge de dix ans jusqu'à celui de quatre-vingts, eussent à se rendre à Chendrya, pour y entendre, de la bouche même de Son Altesse le valici des Albanies, la déclaration qui assurait leur vie et leur liberté.

Et cependant, malgré ce serment, dans lequel toutes les choses saintes avaient été prises à témoin, une vague terreur s'empara de ces malheureux, auxquels Ali promettait trop pour qu'il eût envie de tenir. Le pacha lui-même avait peine à croire à leur confiance. Il avait fait tendre un dais et porter des coussins sur la tour la plus élevée, et là, comme un aigle au haut de son rocher, les yeux fixés sur la ville, il attendait impatiemment, froissant entre ses doigts son chapelet de perles. Enfin, il jeta un cri de joie en apercevant la tête d'une colonne qui sortait par une des portes. Quoiqu'il n'eût mandé que les hommes, les femmes les accompagnaient, afin de ne les quitter que le plus tard possible, car chacun, au fond du cœur, avait un pressentiment sourd de quelque grande catastrophe. A mille pas de la ville, à peu près, nous vîmes ces hommes, invaincus depuis vingt-cinq siècles, déposer leurs armes, et, en même temps, comme s'ils eussent senti qu'ils ne pouvaient plus les défendre, renvoyer leurs femmes et leurs enfants. Tout éloigné qu'il était d'eux, Ali put comprendre leur désespoir; et, de ce moment, comme il n'avait plus à craindre qu'ils lui échappassent, sa figure prit cette expression de calme et de sérénité qui faisait de lui un des plus beaux types orientaux qu'il fût possible de voir. Enfin, maris, femmes et enfants se séparèrent; les femmes restèrent debout et immobiles; les hommes, continuant la route, traversèrent le Célydnus grossi par les pluies, se retournèrent pour voir encore Cardiki, saluèrent, de leurs yeux et de leurs gestes, les foyers où leurs pères étaient morts et où leurs fils étaient nés; puis ils s'enfoncèrent dans un défilé tortueux qui conduit à Chendrya. Alors les soldats poussèrent les femmes devant eux, comme un troupeau, et les forcèrent à rentrer dans la ville veuve, dont ils fermèrent les portes, comme celles d'une prison.

Quant à Ali, il suivait avidement des yeux cette longue colonne qui s'approchait de lui, se tordant selon les replis du ravin où elle était engagée, et dont les vêtements, tout brodés d'or, scintillaient au soleil comme les écailles d'un immense serpent. A mesure qu'elle approchait, ses yeux prenaient une expression de douceur étrange. S'étudiait-il à les tromper, ou la joie de sa vengeance, près de s'accomplir, donnait-elle cette expression décevante à son visage? C'est ce que ne pouvait dire celui qui le voyait pour la première fois; mais il en était ainsi, et, encore inhabitué à cette dissimulation profonde de l'Orient, je ne pouvais croire que le pacha nourrît les mêmes pensées de meurtre avec lesquelles il était parti. Enfin, voyant la tête de la colonne des Cardikiotes s'approcher de la forteresse, il descendit de la tour et alla au-devant d'eux jusqu'à la porte; derrière lui se rangèrent Omer, l'exécuteur passif de ses volontés, et quatre mille soldats aux armes étincelantes. Les plus vieux des Cardikiotes s'avancèrent, et, courbant leur front dans la poussière, ils demandèrent grâce : grâce pour eux, grâce pour leurs femmes, grâce pour leur ville, appelant Ali leur maître et implorant sa pitié au nom de ses fils, de sa femme et de sa mère. Alors, comme s'il eût voulu me donner une leçon complète de cette terrible dissimulation orientale, qui a fait dire à Machiavel que, pour apprendre à faire de la politique, il faut l'aller étudier à Constantinople, les yeux d'Ali se mouillent de larmes, et, relevant les suppliants avec douceur, il les appelle ses frères, ses fils et les bien-aimés de sa mémoire ; ses regards plongent dans leurs rangs, et il reconnaît d'anciens compagnons de guerre ou de plaisir ; il les appelle, les caresse, leur serre la main, s'informe auprès d'eux quels jeunes gens sont nés et quels vieillards ont disparu depuis cette époque. Il promet aux uns des places, aux autres des traitements, à ceux-ci des pensions, à ceux-là des grades ; il choisit plusieurs enfants des plus nobles et des plus beaux pour être admis dans le collége de Janina ; puis, enfin, il les congédie à regret, s'attendrit encore, les retient, semble ne pouvoir se séparer d'eux, et termine cette étrange et cruelle comédie en leur disant de se retirer dans l'enceinte d'un caravansérail voisin, où il les suivra bientôt, leur dit-il, pour commencer d'exécuter les promesses qu'il leur a faites *.

Les Cardikiotes obéissent, rassurés par tant de démonstrations amicales, et s'acheminent vers le caravansérail, situé dans la plaine, au bas de la forteresse. Ali les regarde s'éloigner, et, à mesure qu'ils s'éloignent, son visage reprend une expression de férocité mortelle ; puis, lorsqu'ils sont tous entrés, que les portes sont fermées derrière eux et qu'il les voit désarmés et timides comme des moutons dans un parc, il bat des mains, jette un cri de joie, demande son palanquin, et descend la pente rapide de la montagne, porté sur les épaules des ses fidèles Valaques, trouvant qu'ils marchent trop lentement au gré de sa vengeance, et les excitant, comme des bêtes de somme, avec le geste et avec la voix.

Au bas de la pente rocheuse était une espèce de trône couvert d'un matelas en brocart d'or et de cachemires précieux : ce fut sur cette chaise roulante que s'étendit le pacha, tandis que ses gardes, sans savoir où il les menait, suivaient à grande course le galop de ses chevaux. Arrivé au caravansérail, Ali s'arrête, se soulève sur ses coussins, du haut desquels il domine l'intérieur du parc où sont renfermés les Cardikiotes, pareils à un troupeau qui attend le boucher ; puis, lâchant la bride à ses chevaux, il fait deux fois, au galop, le tour de l'enceinte, plus terrible et plus implacable qu'Achille devant Troie ; et, certain que nul ne peut lui échapper, il se lève tout debout, arme sa carabine, et crie : *Tue!* en lâchant au hasard le coup au milieu de la troupe captive, et ne donnant lui-même le signal du carnage.

Le coup retentit, un homme tomba ; une légère fumée, pareille à un nuage flottant, monta vers le ciel. Mais les gardes restèrent immobiles, désobéissant, pour la première fois, à un ordre du pacha, tandis que les malheureux Cardikiotes, comprenant enfin à quel sort ils étaient réservés, s'agitaient confusément entre leurs murailles, où avait déjà pénétré un premier messager de mort. Ali crut que ses fidèles tchoadars n'avaient point entendu ou avaient mal compris, et il répéta, d'une voix tonnante :

— *Vras! vras!* (tue! tue!)

Mais ce cri resta sans autre écho que le gémissement de terreur qu'il éveilla parmi les prisonniers, et les gardes du pacha, posant leurs armes toutes chargées à terre, déclarèrent, par l'organe de leur chef, que des mahométans ne pouvaient tremper leurs mains dans le sang d'autres mahométans. Ali regarda Omer d'un visage si étonné, que celui-ci s'en épouvanta, et courut comme un insensé dans les rangs des gardes, répétant l'ordre du pacha ; mais aucun n'obéit, et, au contraire, le mot *grâce* se fit entendre, répété par plusieurs voix.

Alors Ali fit un geste terrible pour commander qu'on s'éloignât ; les tchoadars obéirent, laissant leurs armes sur la place qu'ils abandonnaient, et le pacha fit approcher les chrétiens noirs, qu'il avait à son service et qu'on appelait ainsi d'un camail sombre qui leur recouvrait la tête. Ceux-ci s'avancèrent d'un pas lent, et lorsqu'ils eurent pris la place des gardes :

— C'est à vous, braves Latins, s'écria Ali, que j'accorde l'honneur d'exterminer les ennemis de votre religion ; frappez au nom de la croix, frappez au nom du Christ ; tuez ! tuez !

Un long silence succéda à ces paroles ; puis un murmure confus se fit entendre, pareil au bruissement des vagues de la mer, et une seule voix lui succéda, mais forte, mais sonore, mais sans un seul accent de crainte, et l'on entendit ces mots, prononcés par André Gozzolouri, commandant le corps auxiliaire des Latins :

— Nous sommes des soldats et non des bourreaux. Avons-nous jamais fui devant l'ennemi, ou commis quelque lâcheté, pour être rabaissés au rang d'assassins ? Demande aux goks de Scodra, vizir Ali, demande au chef du drapeau rouge, et qu'il dise si jamais aucun de nous a reculé devant la mort ? Rends aux Cardikiotes les armes qu'on leur a enlevées, ordonne-leur de sortir en rase campagne ou de se défendre dans leur ville ; commande alors, et tu verras comment tu seras obéi. Mais, jusque-là, cesse

* Voir, pour reconnaître la vérité de tous ces détails, l'*Histoire de la Grèce*, par M. de Pouqueville, liv. II. chap. v.

d'invoquer la diversité de nos croyances : tout homme désarmé est notre frère.

Ali rugit comme un lion. Il ne pouvait les égorger tous de sa main, car sans cela il n'eût cédé la tâche à personne ; il regarda donc autour de lui, cherchant à qui remettre son mandat de meurtre. Alors un Grec s'approcha de lui, se coucha au pied de son trône, baisa la poussière, et, redressant sa tête comme eût fait un serpent :

— Seigneur, lui dit-il d'en bas, je t'offre mon bras; que tes ennemis périssent !

Ali poussa un cri de joie, l'appela son sauveur, son frère, lui jeta sa bourse, et, tendant vers lui sa carabine, signe du commandement, il lui dit de se hâter et de réparer le temps perdu.

Athanase Vaïa appela les valets de l'armée, et parvint à réunir cent cinquante hommes : avec cette troupe, il enveloppa l'enclos; à un moment donné, Ali éleva sa hache; cent hommes firent feu, du couronnement des murs qu'ils avaient escaladés, sur les sept cents Cardikiotes enfermés; aussitôt, rejetant leurs fusils déchargés, ils prirent les nouveaux fusils que leur passèrent ceux qui étaient en bas, et, avant que les prisonniers eussent vu d'où venait la foudre, ils firent une nouvelle décharge, à laquelle, avec la même rapidité, succéda une troisième. Alors, ceux qui restaient debout essayèrent, par tous les moyens possibles, d'échapper à cette boucherie. Les uns se ruèrent contre les portes, qu'ils tentèrent d'enfoncer, mais elles étaient solidement barrées au dehors; les autres bondirent le long des murs, comme des jaguars, essayant de les franchir, mais ces murs étaient défendus par des hommes armés; les Cardikiotes n'avaient point d'armes, et ce fut le tour des poignards, des yatagans et des haches. Repoussés de tous côtés, les prisonniers reculèrent vers le centre et se trouvèrent de nouveau réunis en masse; de nouveau Ali leva sa hache, et la fusillade recommença : alors ce ne fut plus qu'une chasse dans un cirque, où des malheureux essayaient d'échapper à la justesse du plomb par la rapidité de leur course; elle dura quatre heures. Enfin, de tous ceux qui étaient sortis le matin de la ville, sur la foi d'une promesse sainte, pas un ne resta debout, et la troisième génération tout entière paya le crime que, soixante ans auparavant, ses aïeux avaient commis.

Comme cette boucherie finissait, on vit passer au flanc de la montagne, pareilles à une longue file de fantômes, les mères, les femmes et les filles de ceux qu'on venait d'assassiner; elles étaient conduites à Libaôvo, selon le traité fait entre Ali et sa sœur, et on les voyait, en marchant, se tordre les bras et s'arracher les cheveux, car elles entendaient la fusillade, les cris, et elles ne pouvaient avoir aucun doute sur l'objet du massacre. Bientôt elles entrèrent dans une sombre et tortueuse vallée qui conduit de Chendrya à Libaôvo, et où elles disparurent, les unes après les autres, comme des ombres qui descendent dans l'enfer. J'avais été obligé d'assister à toute cette horrible exécution sans pouvoir rien pour ces malheureux ; je n'essayai pas même d'intercéder pour eux, tant ils étaient visiblement condamnés d'avance par une longue et immuable résolution. Mais lorsque tout fut fini, lorsque Ali respira, certain que tous ses ennemis étaient morts, je m'approchai de lui, aussi pâle que ceux qui étaient couchés devant nous, et lui demandai l'escorte qu'il m'avait promise et le sauf-conduit qu'il devait me donner; mais il me répondit que son sceau était resté à Janina, et que ce n'était que de cette ville qu'il comptait me rendre ma liberté. Il n'y avait rien à répondre; cet homme tenait la clef de la porte qui devait me conduire à Fatinitza, et j'étais décidé à arriver à elle, dussé-je, comme Dante pour arriver à Béatrix, passer par l'enfer.

Les assassins descendirent dans le caravansérail, tâtèrent les corps avec la pointe de leurs poignards, pour s'assurer qu'ils étaient bien morts, et tout ce qui respirait encore fut achevé. Alors Ali fit choisir les chefs, et, les faisant lier les uns aux autres, il en forma des trains de cadavres pareils aux trains de bois qui descendent nos rivières, et les fit jeter dans le Célydnus, afin qu'entraînés de ce fleuve dans le Laoûs, ils portassent, depuis Tébelin jusqu'à Apollonie, la nouvelle de sa vengeance; puis, laissant les autres exposés, il ordonna que les portes du caravansérail restassent ouvertes, afin qu'ils devinssent la proie des loups et des chacals, que nous entendions hurler dans la montagne, à l'odeur du sang.

Le soir, nous partîmes : notre marche était silencieuse comme celle d'un convoi funéraire; les tchoadars et les chrétiens noirs portaient leurs fusils renversés en signe de deuil; Ali lui-même, pareil à un lion repu, cuvait son sang, couché dans le palanquin porté sur les épaules de ses Valaques. Nous marchions dans une nuit sombre comme nos pensées, quand tout à coup, au détour d'une montagne, nous aperçûmes une grande lueur et nous entendîmes de grands cris : c'était le festin de la lionne après le repas du lion; Ali avait fini son œuvre, Chaïnitza commençait la sienne. Nous continuâmes notre route; un immense bûcher, élevé devant la porte de Libaôvo, nous servait de phare, et, à sa lueur, nous voyions, dans le cercle de lumière qu'il répandait, se débattre et se tordre des ombres ; nous avançâmes sans qu'Ali ordonnât de hâter ou de ralentir le pas : le spectacle de la journée l'avait blasé sur celui du soir; enfin, nous commençâmes à voir ce qui se passait. On amenait, quatre par quatre, les femmes à Chaïnitza : elle leur arrachait leur voile, leur faisait couper les cheveux, et ordonnait qu'on taillât leurs robes au-dessus du genou; puis elle les abandonnait aux soldats, qui les entraînaient comme un butin de ville.

Ali s'arrêta devant ce spectacle; sa sœur le vit et le salua par des cris plutôt que par des paroles; elle semblait une Euménide, avec ses cheveux épars et ses mains sanglantes. Je ne pus soutenir ce spectacle, et je fis faire à mon cheval quelques pas en arrière. En ce moment, un cri partit du milieu des femmes, et une jeune fille, écartant ses compagnes, bondit jusqu'à moi, et, serrant mes genoux :

— C'est moi, me dit-elle, c'est moi! ne me reconnais-tu pas? Tu m'as déjà sauvé la vie une fois, à Constantinople; souviens-toi, souviens-toi. Oh! je ne sais pas ton nom; mais moi, je m'appelle Vasiliki.

— Vasiliki! m'écriai-je; Vasiliki? la Grecque au bouquet de diamants? En effet, elle m'avait dit qu'elle devait se réfugier en Albanie.

— Oh! il se souvient, il se souvient!... Oui, c'est moi, c'est moi! Sauve-nous encore : moi, du déshonneur; ma mère, de la mort.

— Viens, lui dis-je; viens, je vais essayer.

Je la conduisis vers Ali.

— Pacha, lui dis-je, je te demande une grâce.

— Oui, grâce, grâce, vizir! s'écria Vasiliki. Seigneur, nous ne sommes pas de cette malheureuse ville; seigneur, nous sommes des exilées de Stamboul, qui n'avons jamais rien fait, ma mère ni moi, pour mériter ta colère. Seigneur, je suis une pauvre enfant; reçois-moi au nombre de tes esclaves. Je me donne à toi; mais sauve ma mère!

Le vizir se tourna vers elle; la jeune Grecque était vraiment sublime, dans sa pose suppliante, avec son long voile flottant et ses cheveux dénoués. Ali la regarda avec un œil d'une douceur étrange; puis, lui tendant la main :

— Comment t'appelles-tu? lui demanda-t-il.

— Vasiliki, répondit la jeune fille.

— C'est un beau nom, et qui veut dit reine. A compter de cette heure, Vasiliki, tu es la reine de mon harem. Ordonne : que veux-tu?

— Ne railles-tu pas, vizir? demanda Vasiliki toute tremblante, regardant tour à tour le pacha et moi.

— Non, non! m'écriai-je; Ali a un cœur de lion, et non de tigre : il se venge de ceux qui l'ont offensé, mais il épargne les innocents. Vizir, cette jeune fille n'est point de Cardiki; il y a deux ans que je l'ai aidée à fuir de Constantinople, elle et sa mère; ne révoque pas tes paroles.

— Ce qui est dit est dit; rassure-toi, ma fille, répondit le pacha. Montre-moi ta mère, et mon palais même sera votre demeure.

Vasiliki se releva en jetant un cri de joie; elle s'élança de nouveau au milieu du groupe de femmes, et reparut bientôt conduisant sa mère. Toutes deux tombèrent aux genoux d'Ali; il les releva.

— Mon fils, me dit-il, ces deux femmes sont sous ta garde; tu me réponds d'elles. Prends une escorte, et qu'on ne touche pas à un cheveu de leur tête.

J'oubliai tout; je ne pensai pas au spectacle terrible de la journée, celui que j'avais sous les yeux disparut; je saisis la main d'Ali et je la baisai. Puis, prenant dix hommes d'escorte, je rentrai dans Libaôvo, emmenant Vasiliki et sa mère. Le lendemain matin, nous partîmes pour Janina. Au moment où nous traversions la place, un héraut criait :

— Malheur à qui donnera un asile, des vêtements ou du pain aux femmes, aux filles et aux enfants de Cardiki. Chaïnitza les condamne à errer dans les forêts et les montagnes, et sa volonté les dévoue aux bêtes féroces, dont ils doivent être la proie. C'est ainsi que la fille de Khamco venge sa mère!

Le bruit de cette terrible exécution s'était déjà répandu tout le long de la route, et chacun, tremblant pour lui-même, venait féliciter le pacha sur ce que l'on appelait sa justice. Devant les portes de Janina, il trouva ses esclaves, ses flatteurs et ses courtisans qui l'attendaient; à peine l'eurent-ils aperçu, qu'ils firent retentir l'air d'acclamations, l'appelant le grand, le sublime, le magnifique. Ali s'arrêta pour leur répondre; mais, au moment où il ouvrait la bouche, un derviche fendit la foule et vint se poser en face de lui. Le pacha tressaillit à la vue de son visage pâle et maigre et de son bras étendu. Un silence profond se répandit aussitôt sur toute cette multitude.

— Que me veux-tu? lui demanda Ali.

— Me reconnais-tu? répondit le derviche.

— Oui, dit le pacha, tu es celui qu'on appelle le saint des saints, tu es le scheik Yousouf.

— Et toi, répondit le derviche, tu es le tigre de l'Épire, le loup de Tébelin, le chacal de Janina. Tu ne foules pas un pan de tapis qui ne soit arrosé du sang de tes frères, de tes enfants ou de ta femme; tu ne peux faire un pas, que tu ne marches sur le tombeau d'un être créé à l'image de Dieu, et qui ne t'accuse de sa mort; et cependant, vizir Ali, tu n'avais encore rien fait de pareil à ce que tu viens de faire, même le jour où tu fis jeter dans le lac dix-sept mères et vingt-six enfants. Malheur à toi, vizir Ali! car tu viens de porter la main sur des musulmans qui, à cette heure, t'accusent auprès de Dieu. Tes flatteurs te disent que tu es puissant, et tu les crois; tes esclaves te disent que tu es immortel, et tu les crois encore; malheur à toi, vizir Ali! car ta puissance s'évanouira comme un souffle; malheur à toi! car tes jours sont comptés, et l'ange de la mort n'attend, pour frapper, qu'un signe de tête du Seigneur. Voilà ce que je te voulais, voilà ce que j'avais à te dire. Malheur à toi, vizir Ali, malheur!

Il se fit un silence terrible, et chacun attendit avec anxiété, s'imaginant que la vengeance serait égale à l'insulte. Mais Ali, détachant sa propre pelisse, toute fourrée d'hermine, et la jetant sur les épaules du derviche :

— Prends ce manteau, lui dit-il, et prie Allah pour moi; car tu as raison, vieillard, je suis un grand et misérable pécheur.

Le derviche secoua le manteau de dessus ses épaules, comme s'il eût craint d'être souillé par le contact, et y essuyant la poussière de ses pieds, il s'éloigna au milieu de la foule, qui s'ouvrit, muette et tremblante, pour le laisser passer. Le soir même, Ali me donna l'escorte et le sauf-conduit qu'il m'avait promis, et, le lendemain matin, nous nous mîmes en route pour traverser toute la Livadie.

XXXIV

Deux des Albanais de mon escorte, qui se composait de cinquante hommes en tout, avaient accompagné lord Byron dans le même voyage que nous allions faire, et se le rappelaient parfaitement. Nous prîmes a même route qu'il avait suivie, c'était la plus courte: on la faisait ordinairement en douze jours; mais les Albanais, qui sont des héros de fatigue, me promirent de la faire en huit. En effet, le lendemain de notre départ, nous vînmes coucher à Vonetza, qui se dispute, avec Anio, l'honneur d'être l'ancien Actium; nous avions fait près de vingt-cinq lieues dans nos deux jours. Tout fatigué de la route et préoccupé d'une seule idée que je fusse, je pris une barque pour traverser le fleuve et me rendre à Nicopolis. Comme le vent était bon, mes mariniers me dirent qu'il ne me faudrait que deux heures, en allant, pour traverser le golfe; quant au retour, nous le ferions en ramant, et il serait plus long. Mais peu m'importait, le fond de ma barque et mon manteau valaient mieux, comme ressources confortables, que la chambre que je quittais pour cette excursion.

Par un hasard extraordinaire, ce fut dans la nuit du 2 au 3 septembre, anniversaire de la bataille d'Actium, que nous traversâmes ce golfe si calme et si silencieux aujourd'hui, et qui, mil huit cent trente-quatre ans auparavant et à la même heure, devait offrir un spectacle si terrible aux nombreux habitants qui, réunis comme pour une naumachie immense, se pressaient sur ses bords maintenant si déserts. A cette même heure, le monde était joué, et Antoine avait perdu; les débris de sa flotte se débattaient encore, mais lui déjà avait fui en voyant fuir Cléopâtre, et, de ce moment, Octave s'appelait réellement Auguste.

Nous abordâmes de l'autre côté du golfe, et j'errai quelque temps comme un ombre au milieu des débris de Nicopolis, la ville de la victoire, qu'Auguste fit bâtir, en mémoire d'Actium, à la place même où, le matin de la bataille, ayant rencontré un paysan et son âne, et lui ayant demandé le nom de sa bête, celui-ci lui répondit en langue latine :

— Je me nomme *Eutychus,* ce qui veut dire *heureux,* et mon âne s'appelle *Nicon,* ou *vainqueur.*

Auguste, l'homme aux présages, ne pouvait ni méconnaître ni oublier celui-là; aussi fit-il fondre deux statues destinées à la place de Nicopolis, l'une représentant le paysan, et l'autre son âne.

Il y a peu de mes lecteurs qui n'aient erré, pendant l'obscurité, dans des ruines; mais quand, aux ruines présentes, la mémoire rattache un gigantesque souvenir, le silence, la solitude et la nuit acquièrent une nouvelle solennité. Plein d'idées sombres et évocatrices, je m'étais assis sur un fût de colonne brisée, en face d'une masse de pierre, débris de quelque temple inconnu, et j'étais tombé dans une rêverie profonde, lorsqu'il me sembla voir, devant moi, grandir une ombre; je restai les yeux fixes et la respiration suspendue, car ce que j'avais d'abord cru un jeu des rayons de la lune paraissait prendre une certaine réalité. C'était quelque chose d'indistinct dans ses contours, mais qui semblait une femme couverte d'un voile ou d'un linceul. Je suis, comme on se le rappelle, d'un pays fertile en légendes poétiques, et souvent, dans ma jeunesse, j'avais entendu raconter des apparitions; elles étaient toujours causées, ou par l'âme d'une personne qui venait de mourir, ou par l'esprit de quelqu'un en danger. Alors, ce sont encore mes traditions maternelles que je cite, il y a un moyen bien certain de s'assurer si c'est réellement un être surnaturel qui s'offre à nos yeux : c'est de se tourner immédiatement vers les quatre points cardinaux, et, si on voit toujours le fantôme parcourant le cercle avec la même rapidité que vous tournez au centre, il n'y a plus de doute que la vision ne vienne de Dieu. Je me levai, et après m'être assuré que ce que je voyais n'était point une erreur de mes sens, je me tournai successivement vers l'occident, vers le nord et l'orient, et, aux trois points indiqués, je vis la même apparition, toujours voilée, toujours debout et immobile, silencieuse comme le marbre, rapide comme la pensée. Je me suis confessé assez complétement au lecteur pour qu'il ait, je crois, la conviction que je ne suis pas un lâche; et, cependant, je l'avoue, je sentis mes cheveux se hérisser et la sueur de l'effroi me couler sur le front; enfin, je restai un moment les yeux tendus vers cette étrange figure; puis, ne pouvant supporter une plus longue indécision, je marchai droit au fantôme. Il me laissa approcher à une distance de quatre ou cinq pas; puis, arrivé là, et comme j'étendais la main, il disparut, poussant un gémissement pareil à un dernier soupir d'agonie : il me sembla qu'une bouffée de vent qui passait emportait mon nom, prononcé avec un accent qui appelait au secours. Je m'élançai à la place où était l'ombre, je ne vis rien, pas même l'herbe froissée; l'herbe était intacte et tout humide de rosée, et il n'y avait aux environs aucun mur, aucune ruine, aucune voûte où pût se cacher quelqu'un, si l'être incompréhensible qui venait de m'apparaître eût été, non point un spectre, mais un corps mortel.

Je jetai un cri d'appel, et mes mariniers accoururent; car je pouvais, dans ces ruines, avoir rencontré quelque voleur ou quelque bête sauvage. Ils me trouvèrent seul, et je leur racontai ce qui venait de m'arriver, les invitant à m'aider dans ma recherche; ils secouèrent la tête, et firent quelques pas autour de l'endroit où l'événement venait d'avoir lieu, mais plus certainement dans l'intention d'obéir à mes ordres, que dans l'espérance de découvrir quelque chose. Toute investigation fut inutile, et nous ne trouvâmes rien qui pût fixer mon incertitude.

Il commençait à se faire tard, et cependant je ne pouvais m'arracher de ces ruines. Il fallut qu'à plusieurs reprises mes mariniers me rappelassent qu'il était temps de se retirer. Je leur ordonnai d'aller rejoindre leur barque, leur promettant de les suivre; puis, resté seul, je priai Dieu vivement, si l'apparition était de lui, de la faire renaître et de lui permettre, cette fois, de me parler; mais, malgré mes prières et mon évocation, tout resta désert et muet. Je me décidai alors à me retirer, jetant à chaque pas les yeux derrière moi; mais je traversai toutes les ruines, et je me retrouvai au bord de la mer sans rien voir de pareil à ce que j'avais vu. Mes mariniers m'attendaient. Je me couchai au fond de la barque, non pour dormir, jamais le sommeil n'avait été si loin de moi, mais pour rêver à cette étrange aventure. Quant à mes rameurs, ils se courbaient sur leurs avirons, faisant voler la barque à la surface de l'eau, comme un oiseau de mer attardé, mais sans prononcer une parole, et ce silence expressif, chez les Grecs surtout, dura depuis la côte de Nicopolis jusqu'à celle d'Actium.

Il était deux heures du matin, je n'avais pas l'espérance de dormir; l'agitation de mon esprit avait chassé toute la fatigue de mon corps. Je réveillai mes Albanais et je leur demandai s'ils étaient prêts à partir; ils me répondirent en prenant leurs armes, et nous nous remîmes en route avec l'espoir d'arriver le jour même à Vrachouri, l'ancienne Thermas. Cinq heures après notre départ, nous fîmes halte, pour déjeuner, au bord de l'Achéloüs; puis, après deux heures de repos, ayant traversé le fleuve à l'endroit même où la tradition dit qu'Hercule dompta le taureau, nous entrâmes dans l'Étolie.

A quatre heures, il nous fallut faire une nouvelle halte. Mes hommes étaient harassés de fatigue; cependant, après deux heures de repos, ils purent se remettre en marche, et, sur les dix heures du soir, nous arrivâmes en vue de Vrachouri; mais il était trop tard pour entrer dans le village. Les portes en avaient été fermées, et il nous fallut coucher dehors. Ce n'était pas un grand malheur. La nuit était belle et encore sereine, car, ainsi que je l'ai dit, nous étions dans les premiers jours de septembre; mais nous n'avions pas de vivres avec nous, et, après une pareille journée, un souper substantiel était chose nécessaire. En conséquence, deux de mes Albanais s'élancèrent comme des chevreaux vers quelques petites maisons de pâtres, pendant au bord d'un précipice, et au bout de quelques minutes ils reparurent, portant, l'un une branche de sapin enflammée à la main, l'autre une chèvre sur ses épaules. Ils étaient suivis de cinq ou six montagnards amenant un mouton et portant du pain et du vin. Ils se mirent aussitôt en fonction; chacun adopta la sienne : les uns égorgèrent le mouton et la chèvre, les autres allumèrent deux immenses brasiers, d'autres enfin coupèrent des lauriers destinés à faire des broches, et, au bout d'un instant, notre souper tourna, posé sur des fourches. Comme les montagnards nous avaient aidés dans ces préparatifs et que je les voyais regarder d'un œil d'envie le repas homérique qu'ils nous avaient fourni, je les invitai à le partager, ce qu'ils acceptèrent sans façon, et je fis distribuer à eux, et à mes hommes, quelques outres de vin pour les aider à prendre patience. Le cordial produisit son effet, et, autant pour me remercier, sans doute, que pour passer le temps, les montagnards commencèrent une danse à laquelle, au bout d'un instant, mes Albanais, tout harassés qu'ils étaient, ne purent s'empêcher de prendre part, si bien que le cercle qui avait commencé entre les huit montagnards s'agrandit bientôt de toute mon escorte; ils enveloppèrent alors les deux brasiers dans une ronde immense, tournant rapidement autour du feu, tombant de temps en temps sur leurs genoux, puis se relevant et recommençant à tourner en répétant en chœur le refrain.

Voici ce qu'ils chantaient : c'était le fameux chant de guerre de Riga.

LE CORYPHÉE.

Levez-vous, enfants de la Grèce; voici le jour de gloire qui nous luit enfin. Montrez-vous dignes de votre nom, souvenez-vous de vos ancêtres.

LE CHŒUR.

Enfants de la Grèce, courons aux armes! et que le sang de notre ennemi coule à flots jusqu'à ce qu'il nous monte au genoux!

LE CORYPHÉE.

Secouons le joug de nos tyrans! Que l'insurrection éclate dans notre pays, et nous verrons bientôt se briser toutes nos chaînes. Ombres des sages, présidez à nos conseils; ombres des guerriers, conduisez-nous aux combats; Grecs des Thermopyles et de Marathon, réveillez-vous au son de nos trompettes, brisez la pierre de votre tombe, joignez-vous à nos bataillons, venez attaquer Istamboul, cette autre ville aux sept collines, et ne rentrez dans vos sépulcres que lorsque nous aurons conquis notre liberté!

LE CHŒUR.

Enfants de la Grèce, courons aux armes! et que le sang de notre ennemi coule à flots jusqu'à ce qu'il nous monte aux genoux.

LE CORYPHÉE.

O Sparte! Sparte! pourquoi dors-tu ainsi d'un si froid sommeil? Réveille-toi, et que tes enfants se joignent aux Athéniens, tes anciens alliés. Invoquons le chef, célèbre dans les hymnes antiques, qui te sauva de ta perte; invoquons Léonidas et ses trois cents martyrs; et, si nous sommes trahis par la victoire, mourons, du moins, comme eux, dans les flots de sang que nous aurons versés.

LE CHŒUR.

Enfants de la Grèce, courons aux armes! et que le sang de notre ennemi coule à flots jusqu'à ce qu'il nous monte aux genoux!

Ainsi, partout, sur les mers de l'Archipel comme dans l'antique Étolie, chez le mourant prêt à paraître devant Dieu comme chez l'homme plein de force et de santé, partout le même esprit d'indépendance, partout le même espoir de liberté. Ces chants et ces danses durèrent jusqu'à ce que le mouton et la chèvre fussent rôtis; alors ils firent place à un repas que l'appétit nous fit trouver à tous excellent; après le repas, vint le sommeil. Nous continuâmes notre route le lendemain, longeant le pied du Parnasse. Mes Albanais me montrèrent l'endroit où lord Byron avait fait lever les douze aigles dont il m'avait parlé, et qui lui avaient paru un si bon présage pour sa renommée de poëte. Je ne pris pas même le temps de visiter la fameuse fontaine dont les eaux donnaient le don de prophétie, et, le soir, nous arrivâmes à Castri.

Là, je pris congé de mes Albanais; là expirait le pouvoir d'Ali-Pacha, et le reste du chemin n'offrait, d'ailleurs, aucun danger. En me séparant d'eux, je voulus leur faire accepter une riche récompense; mais ils refusèrent, et le chef de l'escorte, parlant au nom de tous ses camarades :

— Nous voulons que vous nous aimiez, dit-il, et non que vous nous payiez.

Je l'embrassai et je serrai la main à tous les autres. A Castri, je pris une escorte de six hommes à cheval et un drogman, et, suivant toujours la chaîne du Parnasse, nous fîmes à peu près vingt-trois lieues dans la même journée. Nous voyagions avec une rapidité extrême, et cependant, à mesure que nous avancions, au lieu de sentir mon cœur s'épanouir, un sentiment de crainte et de tristesse inouï me serrait la poitrine. Le surlendemain de notre départ de Castri, nous couchâmes à Lepsina, l'ancienne Éleusis; c'était notre dernière étape avant d'arriver au bord de la mer Égée.

Nous partîmes au jour. Vers midi, nous arrivâmes à Athènes, où nous fîmes une halte de deux heures, pendant laquelle, tout préoccupé d'une seule idée, celle de revoir Fatinitza, je ne sortis pas même de ma chambre. A mesure que je me rapprochais d'elle, mon cœur se reprenait tellement à son souvenir et à mon amour, que rien ne me paraissait digne d'intérêt ni de curiosité : aussi suis-je probablement le seul voyageur qui ait passé à Athènes sans la visiter.

Vers les cinq heures du soir, nous arrivâmes à une chaîne de montagnes qui, traversant l'Attique du nord au midi, prend naissance à Marathon, et va, par une pente insensible et montueuse, se perdre à l'extrémité du cap Sunium. Avant de s'engager dans la gorge qui s'ouvrait devant nous, mes hommes s'arrêtèrent, et, après s'être formés en conseil, déclarèrent que, le ciel promettant un orage prochain et terrible, il serait dangereux de nous enfoncer à cette heure dans les montagnes. En conséquence, ils me proposaient de nous arrêter dans un petit village que nous apercevions, et où nous laisserions passer la tempête. On comprend que, pressé d'arriver comme je l'étais, une pareille proposition ne pouvait me convenir. Je priai, je suppliai; puis enfin, voyant que mes instances étaient inutiles, je montrai de l'or, et payant le prix convenu, j'en offris à l'instant même le double, s'ils voulaient continuer la route sans s'arrêter. Je n'avais plus affaire à mes fiers Albanais; mes hommes acceptèrent, et nous nous enfonçâmes dans cette sombre gorge, rendue plus sombre encore par les nuées épaisses qui s'amassaient au-dessus d'elle. Mais, arrivé où j'en étais, un mur de flamme ne m'eût point arrêté; je savais que de l'autre côté de cette vallée était la mer, et à cinq lieues à peine l'île de Céos, d'où j'avais si souvent regardé les rivages de l'Attique aux rivages pourprés du soleil couchant.

Les prévisions de nos guides ne les trompaient pas; à peine fûmes-nous engagés dans cette gorge, que quelques éclairs commencèrent à sillonner cet océan de nuages qui s'avançait au-dessus de nous, et que le grondement lointain de la foudre les accompagna, bondissant de rochers en rochers. A chaque présage, nos gens se regardaient, comme pour se demander s'ils ne devaient pas retourner en arrière; mais, me voyant inébranlable dans ma résolution, ils pensèrent, sans doute, qu'il serait lâche à eux de m'abandonner, et ils continuèrent de pousser en avant. Bientôt des masses de vapeurs blanches parurent se détacher des nuages et s'abaisser vers la terre, s'arrêtant, par flocons gigantesques, aux pointes des rochers; puis, toutes ces vagues séparées finirent par se réunir et former une mer qui commença de rouler vers nous, et en peu d'instants nous eut enveloppés. Dès ce moment, il nous fut impossible de décider si la foudre roulait sous nos pieds ou sur nos têtes; car les lueurs et le bruit nous entouraient de tous côtés. Je commençai alors, en voyant nos chevaux hennir et souffler la fumée, à comprendre l'hésitation de nos gens : c'était la première fois que j'assistais à un orage dans les montagnes, et comme si, du premier coup, la nature avait voulu m'initier à tous les mystères de sa force et de sa grandeur, elle paraissait avoir, pour cette fois, déchaîné un de ses plus terribles messagers de destruction.

Malheureusement, la route que nous suivions, escarpée aux flancs de la montagne, ne nous offrait aucun abri contre la pluie qui commençait à tomber et contre le tonnerre qui, à tout moment, menaçait d'éclater sur nos têtes. Nos guides se souvinrent alors d'une caverne qui pouvait se trouver à peu près à une lieue en avant sur notre route, et mirent leurs chevaux au galop, pour l'atteindre avant que l'ouragan fût arrivé à son plus haut degré d'intensité; les chevaux, encore plus effrayés que leurs maîtres, s'élancèrent comme s'ils voulaient dépasser le vent. Je retenais le mien, plus vif et d'une race supérieure aux autres, avec une peine infinie, lorsque, tout à coup, un éclair brilla si près de nous, que sa flamme nous aveugla, nous et nos montures. Mon cheval se cabra; puis, comme je sentis que si je lui opposais quelque résistance, il allait se renverser avec moi dans le précipice, je lui lâchai la bride, et, lui enfonçant mes éperons dans le ventre, je le laissai le maître de m'emporter à son gré dans le chemin qui s'étendait devant nous. Il usa de cette faculté avec une rapidité et une énergie effrayantes. J'entendis, pendant un instant, les cris de mes compagnons qui m'appelaient; je voulus alors retenir mon cheval, mais il n'était plus temps; un éclat de tonnerre effroyable, qui retentit dans ce moment même, augmenta encore sa terreur. Je dus disparaître à leurs yeux comme enlevé par le tourbillon; j'allais avec une telle vitesse que l'air manquait à ma poitrine. On eût dit que le génie de la tempête m'avait fait don d'un de ses coursiers.

Cette course insensée dura près d'une demi-heure. Pendant cette demi-heure, plusieurs éclairs brillèrent, qui me montrèrent, à leur flamme bleuâtre, des précipices sans fond et bizarrement éclairés, comme on en voit en rêve; enfin, il me sembla que mon cheval ne suivait plus la route, et bondissant de rochers en rochers, je sortis mes pieds des étriers pour me jeter à terre à tout événement. A peine avais-je pris cette précaution, qu'il me sembla que ma monture s'enfonçait perpendiculairement, comme si la terre eût manqué sous elle. Au même instant, une branche d'arbre me fouetta le visage. Machinalement, j'étendis les bras, et je me cramponnai à ce bienheureux soutien. Je sentis mon cheval s'abîmer seul, et je restai suspendu au-dessus de l'abîme. Au bout d'une seconde, j'entendis le bruit de sa chute sur les rochers.

L'arbre auquel je m'étais si heureusement retenu était un figuier qui avait poussé dans les gerçures d'une roche. Aucun chemin ne conduisait à cet arbre; mais, à l'aide des anfractuosités de la pierre, je parvins, au risque de me précipiter vingt fois, à une petite plate-forme où je me trouvai à peu près en sûreté. Lorsqu'on vient d'échapper à un grand danger, tout danger moindre disparaît : je me sentis donc sauvé, dès que je n'eus plus à craindre que la tempête.

Je restai sur cette plate-forme, n'osant m'aventurer plus loin dans l'obscurité; car chaque éclair me montrait un gouffre de tous côtés. La pluie ruisselait par torrents, le tonnerre roulait sans interruption, et les échos de la montagne n'avaient pas fini de répéter un coup, qu'un autre éclatait sur ma tête avec un fracas digne du Jupiter de la Grèce. Il ne fallait pas penser au sommeil; tout ce que je pouvais faire, c'était de me cramponner sur l'étroit espace où j'étais retiré, afin de combattre le vertige. Je m'adossai donc au rocher, et j'attendis. La nuit s'écoula avec une lenteur mortelle; je crus entendre, mêlés au bruit de la foudre, quelques coups de fusil; mais je ne pus y répondre que par mes cris, mes pistolets étant restés dans les fontes de mon cheval, et mes cris se perdirent, sans écho, dans le fracas terrible de l'ouragan.

Vers le matin, l'orage se calma. J'étais écrasé de fatigue; je venais de faire cent trente lieues en huit jours, sans repos et presque sans sommeil : je cherchai alors un angle où m'asseoir; je trouvai une pierre qui me servit de siége, et, tout ruisselant que j'étais, à peine me trouvai-je assis et adossé, que je m'endormis profondément. Lorsque je rouvris les yeux, je crus continuer un rêve. J'avais sur la tête un ciel brillant et devant moi une mer d'azur, puis, à quatre ou cinq lieues dans cette mer, une île bien connue, Céos, que je venais chercher de si loin, et où m'attendaient Fatinitza et le bonheur.

Je me levai plein de force et de joie, cherchant un chemin pour arriver au rivage. Je m'approchai du bord de la plate-forme, et, à deux cents pieds au-dessous de moi, je vis mon cheval brisé, que les torrents avaient commencé d'entraîner vers la mer. Je me retournai de l'autre côté en frissonnant malgré moi, et je vis que la route dont avait dévié mon cheval passait à trente ou quarante pieds au-dessus de ma tête, mais qu'on pouvait y arriver à l'aide des lierres et des arbrisseaux qui tapissaient la paroi du rocher. Je me mis aussitôt à l'œuvre, et, après un quart d'heure d'une escalade pendant laquelle je faillis me tuer vingt fois, je parvins à prendre terre sur le sentier. Dès lors, j'étais sauvé; le sentier conduisait à la mer.

Je descendis, toujours en courant, jusqu'à quelques petites cabanes de pêcheurs qui s'élevaient sur le rivage. J'y retrouvai mes hommes, qui me croyaient perdu, mais qui, sachant que c'était là le but de mon voyage, étaient, à tout hasard, venus m'y attendre. Ils n'étaient plus que quatre : le drogman s'était égaré, et ils n'avaient point encore de ses nouvelles; un autre, ayant voulu traverser un torrent à gué, avait été entraîné par les eaux, et, selon toute probabilité, s'était noyé. Je leur donnai une nouvelle récompense, et demandai une barque avec les meilleurs rameurs que l'on pourrait trouver. Mon hôte voulait absolument me faire prendre part à son déjeuner et à celui de sa famille; mais j'insistai pour que la barque fût prête à l'instant même, et, au bout de cinq minutes, on vint me dire qu'elle m'attendait. Une pièce d'or que je donnai, outre le prix convenu, à mes quatre rameurs, nous fit voler sur l'eau. Du point où nous étions, Céos avait disparu; la petite île d'Hélène, qui de la plate-forme élevée où j'avais passé la nuit ne paraissait qu'un rocher, me la cachait alors entièrement; mais à peine eûmes-nous doublé sa pointe méridionale, que je la revis devant moi. Bientôt même je pus distinguer les détails qui m'échappaient d'abord à cause de l'éloignement : le village, comme une ligne autour du port; puis, pareille à un point, cette maison de Constantin que j'avais revue si souvent dans mes rêves, et qui, à mesure que nous approchions, se dessinait, au milieu de son bois d'oliviers, blanche, avec ses jalousies de roseau grisâtre. Bientôt je pus reconnaître la fenêtre d'où Fatinitza nous avait salués à notre arrivée et à notre départ. Je montai à l'avant de la petite barque, et, tirant mon mouchoir, je le fis flotter à mon tour comme elle avait fait flotter le sien; mais, sans doute, Fatinitza était loin de sa fenêtre, car sa jalousie resta fermée et aucun signe ne répondit au mien. Je n'en demeurai pas moins à l'avant, mais commençant à m'inquiéter de cette absence de vie que l'on remarquait dans toute la maison. Personne ne montait ni ne descendait le chemin qui y conduisait; personne ne passait au pied de ses murailles : on eût dit une vaste tombe.

Mon cœur se serrait étrangement, et pourtant je ne pouvais quitter ma place; j'étais toujours debout, agitant machinalement mon mouchoir, auquel personne ne répondait. J'abordai ainsi dans le port, et je m'élançai sur le rivage. Là, je restai un instant ébloui, et comme sans intention arrêtée, ne sachant ce que je devais faire, si je devais demander des nouvelles de Fatinitza ou courir à la maison en chercher moi-même. En ce moment, j'aperçus ma petite Grecque, toujours vêtue de ma robe de soie, alors en lambeaux; je m'élançai vers elle, et, la saisissant par le bras :

— Fatinitza, lui dis-je, elle m'attend, n'est-ce pas?

— Oui, oui, elle t'attend, répondit la jeune fille; seulement, tu es venu bien tard.

— Où est-elle? m'écriai-je.

— Je vais t'y conduire, dit l'enfant.

Et elle se mit à marcher devant moi.

Je la suivis d'abord; mais, voyant qu'elle prenait une direction opposée à la maison de Constantin, je l'arrêtai.

— Où vas-tu? lui demandai-je.

— Où elle est.

— Mais ce n'est point là le chemin de la maison!

— Il n'y a plus personne à la maison, dit l'enfant en secouant la tête; la maison est vide, la tombe est pleine.

Je frissonnai de tout mon corps; mais je me rappelai que la pauvre enfant passait pour être folle.

— Et Stéphana? lui demandai-je.

— Voici sa maison, répondit la jeune fille en étendant la main.

Je laissai l'enfant au milieu de la rue, et je courus à la maison de Stéphana, car je n'osais point aller à celle de Constantin. J'entrai dans la première pièce, où il n'y avait que des servantes, et je la traversai sans répondre à leurs cris; puis, trouvant l'escalier qui conduisait au premier étage, où se tiennent d'habitude les femmes, je m'y élançai, et, poussant la première porte qui se trouva devant moi, je vis Stéphana, vêtue de noir, assise à terre sur une natte, les bras pendants et la tête appuyée sur ses genoux. Au bruit que je fis, elle releva la tête, deux ruisseaux de larmes coulaient sur ses joues; en m'apercevant, elle poussa un cri, et saisit ses cheveux avec un geste de suprême désespoir.

— Fatinitza? m'écriai-je; au nom du ciel, où est Fatinitza?

Alors elle se leva sans dire une seule parole, prit, sous un coussin, un rouleau cacheté de noir, et me le donna.

— Qu'est-ce que cela? demandai-je.

— Le testament de mort de ma sœur.

Je devins affreusement pâle, mes jambes faiblirent; je m'appuyai contre la muraille et me laissai tomber sur le divan; il me semblait que je venais d'être frappé de la foudre. Quand je sortis de cet état de torpeur, Stéphana avait quitté la chambre, laissant près de moi le fatal rouleau. Je l'ouvris, dans l'attente de quelque terrible catastrophe. Je ne m'étais pas trompé : voici ce qu'il contenait :

JOURNAL DE FATINITZA

Tu es parti, mon bien-aimé ! je viens de suivre des yeux le navire qui t'emporte et qui te ramènera, je l'espère. Jusqu'à ce qu'il ait disparu, tout le temps que j'ai pu te voir, tes yeux ont été fixés sur moi. Merci !

Oui, tu m'aimes; oui, je peux me reposer sur toi ; oui, ta parole est une réalité, ou il n'y aurait plus de foi sur la terre et il faudrait adorer le mensonge comme le plus puissant des dieux, s'il pouvait ainsi, pareil à Jupiter, prendre la forme d'un cygne au blanc plumage et au doux chant. Me voilà donc seule, et, comme je ne crains plus d'éveiller les soupçons, j'ai demandé tout ce qu'il faut pour écrire, et je t'écris : sans le souvenir et l'espoir, l'absence serait pire qu'une prison. Je t'écrirai tout ce qui me passera par le cœur, mon bien-aimé; et, quand tu reviendras, tu seras sûr, au moins, que pas un jour, pas une heure, pas un instant, je n'aurai cessé de penser à toi.

Ma douleur est grande de te quitter, et cependant je crois qu'elle grandira encore ; il n'y a pas assez longtemps que tu m'as quittée pour que je croie à ton absence; tout est encore ici plein de toi, comme mon souvenir, et le soleil n'est point couché tant que la terre garde un reflet de ses rayons. Toi, tu es mon soleil ; rien ne fleurissait dans ma vie avant que tu ne te levasses sur elle ; ta lumière en a fait épanouir les trois plus belles fleurs : la foi, l'espérance et l'amour. Sais-tu qui me distrait de toi? Notre messagère chérie; elle se pose sur la table, elle tire ma plume avec son bec, elle lève son aile, comme si son aile portait encore un billet; elle vient de chez toi et ne t'a pas vu; elle ne sait ce que cela veut dire, pauvre chère petite !

Ah ! j'étouffe, mon bien-aimé; je n'ai point assez pleuré, et mes larmes me retombent sur le cœur.

Stéphana est venue passer la journée avec ta pauvre délaissée, et nous n'avons cessé de parler de toi : elle est heureuse, mais d'une félicité à laquelle je préfère ma douleur. Elle n'avait jamais vu, ainsi que c'est l'habitude chez nous, son mari avant de l'épouser, et, depuis qu'il l'a épousée, comme il est jeune et bon, elle l'a pris en amitié et l'aime comme un frère.

Comprends-tu cette manière d'aimer? L'homme auquel elle donne sa vie, elle l'aime comme un frère? Je ne puis pas m'imaginer ce qui se passerait en moi, si je t'aimais un seul jour comme j'aime Fortunato ; il me semble que, pendant tout ce jour, mon cœur cesserait de battre. Oh ! moi, je t'aime autrement que cela, sois tranquille ; je t'aime avec mon esprit, avec mon âme, avec mon corps; je t'aime comme l'abeille aime les fleurs, c'est-à-dire que par toi je vis, et que sans toi je ne pourrais pas vivre.

Tu ne sais pas ce qu'elle me dit Stéphana? Qu'il ne faut pas se fier aux Francs, qu'ils sont d'une race sans parole; elle dit que tu es parti pour ne pas revenir. Pauvre Stéphana ! il faut lui pardonner, mon ami, elle ne te connaît pas comme je te connais ; elle ne sait pas que je douterais du jour qui m'éclaire et de Dieu, qui fait ce jour, avant de douter de toi. Elle me quitte, car son mari l'envoie chercher. Quand tu seras mon mari, je ne te quitterai pas d'une heure, pas d'une seconde, et tu n'auras jamais à m'envoyer chercher, car je serai toujours là.

Je suis descendue, à l'heure accoutumée, pour aller au jardin ; il y a trois jours encore, j'étais certaine de t'y voir; que s'est-il donc passé, que je ne t'ai pas vu? Tu es parti.., hélas ! J'ai trouvé toutes mes belles fleurs qui souriaient à la nuit, et jetaient leurs parfums aux brises ; j'en ai fait un bouquet qui voulait dire : « Je t'aime et je t'attends, » et je l'ai jeté, comme d'habitude, à l'angle de la muraille; mais tu n'étais plus là pour le recevoir et me répondre avec tes baisers : « Je t'aime et me voici... »

J'ai passé toute la soirée, jusqu'à minuit, sous notre berceau de jasmin; hier, c'était un temple à l'amour et au bonheur; aujourd'hui, c'est une solitude sans autre divinité que le souvenir. Adieu, mon bien-aimé ! je vais dormir, pour rêver que je te vois.

J'ai fait d'affreux rêves, mon bien-aimé, dans lesquels tu n'étais mêlé en rien : oh ! c'est vraiment trop, si tu es absent tout à la fois pour ma veille et pour mon sommeil ! J'ai rêvé de Constantinople, de notre maison en flammes, de ma pauvre mère mourante, de toutes choses enfin pleines de douleurs éloignées. N'ai-je donc point assez, ô mon Dieu ! de ma douleur présente, et voulez-vous m'accabler tout à fait?

Dès le matin, j'ai fait seller Pretly, je me suis enveloppée de voiles plus épais que les nuages qui cachent aujourd'hui le soleil, et je me suis acheminée vers la grotte. C'est encore une partie de notre île où tout me parle de toi : le ruisseau qui frémit au fond de la vallée, les belles fleurs rouges qui fleurissent sur la route, et dont tu m'as dit le nom, les feuilles des arbres qui se plaignent au vent de ce qu'aujourd'hui le jour est triste et nébuleux. Une fois arrivée dans la grotte, j'ai abandonné Pretly à son caprice et je me suis mise à relire le poëme des *tombeaux*, que j'ai déjà relu tant de fois. Ne te semble-t-il pas étrange, mon bien-aimé, que ce soit dans un pareil livre que j'aie trouvé le premier gage de ton amour, cette branche de genêt, ce doux symbole d'espérance naissante et indécise qui, après s'y être fané, se sèche maintenant sur mon cœur?

Si je mourais avant ton retour, mon bien-aimé, c'est devant cette grotte que je voudrais être ensevelie. Tu avais bien raison de préférer cet endroit à tout le reste de l'île; il y a surtout une échappée qui donne sur la mer et qui semble une ouverture du ciel.

Quelle folle idée vient donc de me passer par la tête? Mourir! Pourquoi mourrais-je? A ton retour, nous rirons ensemble de toutes ces folles idées et de bien d'autres encore. Sais-tu ce que j'ai fait? J'ai ouvert mon livre à l'endroit où tu l'avais trouvé ouvert, j'ai mis une branche de genêt pareille à celle que tu y avais mise; puis, en faisant un grand détour, je suis revenue à la grotte par le même chemin que j'avais pris le jour où je l'ai trouvée. Je suis cependant fâchée que ce livre ait pour titre *i Sepolcri*.

Décidément, je me brouillerai avec Stéphana; elle vient de venir me voir, et, comme elle m'a trouvée pleurant, elle m'a dit que j'étais une folle de t'aimer ainsi, et qu'à cette heure tu chantais, à bord de la felouque, quelque chanson joyeuse avec les matelots. N'est-ce pas que ce n'est point vrai, mon bien-aimé? Et, si tu ne pleures pas, parce que tu es un homme, et cependant je t'ai vu pleurer des larmes plus précieuses pour moi que les perles de la mer, n'est-ce pas qu'au moins tu es triste et que tu ne chantes aucune chanson, à moins que ce ne soit ta chanson sicilienne, si douce et si mélancolique, la seule que je te permette de chanter?

Comme j'écris cette ligne, une corde vient de se casser à ma guzla. On assure que c'est un mauvais présage; mais tu m'as dit qu'il ne fallait croire ni aux songes ni aux présages, si bien que je ne crois plus en rien. Si fait, mon bien-aimé, je crois en toi, mon maître tout-puissant, créateur de mon existence nouvelle... Oh! que fais-je donc là! Je parodie notre sainte prière. Pardonnez-moi, mon Dieu, mon Dieu; mais ma religion, maintenant, c'est mon amour!

Oh! je n'ose pas te dire ce que je crains et ce que j'espère, mon bien-aimé; car ce serait à la fois une bien grande joie et un bien grand malheur. Je n'aime plus que deux choses au monde, toi, à part toujours: ces deux choses sont mes colombes et mes fleurs; quant à Stéphana, je la déteste.

Mes colombes s'aiment; mais ce que je ne savais pas, c'est que mes fleurs s'aiment aussi: il y en a qui poussent mieux et qui fleurissent mieux lorsqu'elles sont près les unes des autres, et d'autres, au contraire, qui languissent et se fanent lorsqu'on approche d'elles des plantes qui leur sont antipathiques. Chez les fleurs, comme chez les hommes, l'amour est donc la vie, et l'indifférence la mort! Oh! si tu étais près de moi, tu verrais comme ma tête pâlissante se relèverait, et comme mes joues reprendraient bientôt leurs plus belles couleurs. Mais cette pâleur et cette faiblesse ont peut-être une autre cause encore que ton absence; dès que j'en serai sûre, je te le dirai.

Nous avons, nous autres Maniotes, une coutume terrible. Un voyageur français demandait, un jour, à mon aïeul, Nicétas Sophanos, de quelle peine on frappait, chez les descendants des Spartiates, celui qui séduisait une jeune fille.

— On l'oblige, répondit-il, à rendre à la famille un taureau si grand, qu'ayant les pieds de derrière dans la Messénie, il puisse boire dans l'Eurotas.

— Mais, répondit le voyageur, il n'y a pas de taureau de cette taille.

— Aussi, répondit mon aïeul, n'y a-t-il chez nous ni séducteur ni fille séduite.

Voilà ce que disait mon aïeul; mais, depuis lors, les temps sont changés, et, pour ce crime, inconnu chez nos aïeux, nos pères ont inventé une vengeance inouïe. Si le séducteur n'a pas quitté le pays, les frères de la jeune fille vont le trouver, et il doit alors réparer sa faute ou se battre avec eux. L'aîné commence; puis, s'il succombe, après l'aîné vient le cadet, après celui-ci le plus jeune, et après les enfants le père. Puis la vengeance se lègue au frère, à l'oncle ou au cousin, jusqu'à ce qu'enfin le coupable succombe.

Si, au contraire, le coupable est absent, la famille s'en prend à sa complice: son père ou son frère aîné, ou le chef de la famille enfin, lui demande combien de temps elle désire qu'on lui accorde pour que son amant revienne : alors elle fixe elle-même le temps qu'elle croit nécessaire à son retour, trois, six ou neuf mois, mais jamais plus d'un an.

Cette époque convenue, tout rentre dans la forme habituelle; nul ne parle à la pauvre enfant de sa faute, et l'on attend patiemment l'époque où elle doit être réparée. Au jour dit, le chef de la famille vient demander à la jeune fille où est son époux, et, si son époux n'est pas de retour, il lui fait sauter la cervelle. Ne manque pas de revenir, mon bien-aimé; car, si tu ne revenais pas, non-seulement tu me tuerais, mais encore tu tuerais notre enfant!

Stéphana trouve que je change à vue d'œil; ce matin, elle me disait de prendre garde, et qu'elle avait peur que je ne fusse atteinte de la maladie du pauvre Apostoli. Bonne Stéphana! elle ne sait pas que je ne puis mourir, maintenant que je vis pour deux.

Où es-tu, maintenant? A Smyrne, sans doute, mon bien-aimé. Une des plus terribles douleurs de l'absence est l'incertitude : comme si je l'avais prévu, plus le temps s'avance, plus je m'attriste; j'ai peur que peu à peu le souvenir, si vif au moment de la séparation, ne s'émousse et ne se referme comme une blessure : la place où elle était se voit bien toujours par la cicatrice; mais n'y a-t-il pas aussi des cicatrices qui arrivent à s'effacer tout à fait? Ce que je dis ne peut pas s'appliquer à moi, mon bien-aimé: pour moi, chaque objet qui m'entoure a une langue qui me parle au cœur. Partout où je puis aller ici, tu as été; tout est empreint de ta mémoire; je voudrais t'oublier, que je ne le pourrais pas, enfermée que je suis dans le cercle tracé par ton souvenir, et, si ma blessure se cicatrise, ce sera en y enfermant ton amour. Mais toi, il n'en est point ainsi; hors de mon île, nul ne m'a vue, aucun objet ne m'a touchée, rien ne me connaît; et je suis si ignorante, pardonne-moi, que, lorsque je devinerais le lieu que tu habites, je ne saurais pas de quel côté de l'horizon je dois confier au vent mes soupirs et mes baisers.

Et c'est cette ignorance même qui redouble mon amour : si j'étais savante comme toi, j'aurais des espaces immenses où perdre mon imagination; je me demanderais quel pouvoir suspend les étoiles au-dessus de ma tête, quel mouvement combiné ramène le cercle infini des saisons, quel génie providentiel veille à la chute et à l'élévation des empires; et alors, perdue dans ces recherches profondes, je cesserais peut-être un instant de penser à toi en essayant de mesurer le pouvoir de Dieu et la science des hommes. Mais il n'en est point ainsi. A peine ai-je fait quelques pas devant moi, que je touche à la barrière, et que je suis ramenée par mon ignorance, des limites de mon esprit, vide d'instruction, à mon cœur tout plein d'amour.

Mon Dieu! mon Dieu! aucune nouvelle de toi, aucun espoir qu'il m'en arrive. Un passé lumineux, un présent sombre, un avenir noir. Ne pouvoir aider en rien aux événements qui doivent faire ma mort ou ma vie... Attendre! Je ne doute pas de ton amour; j'ai foi entière en ta parole : tout ce qu'il est humainement possible de faire pour revenir à moi, tu le feras; mais le destin ne peut-il pas être plus fort que ta volonté? Ne suis-je pas retenue ici, moi, sans pouvoir, quelque désir que j'en aie, aller à toi? Il y a des moments où je voudrais mourir, pour que mon esprit fût libre des chaînes de mon corps.

Oh! cette fois, je suis réellement souffrante, mon bien-aimé; je ne sais quelle fièvre me dévore, et je passe incessamment d'une agitation terrible à une langueur mortelle. J'avais cru que je pourrais t'écrire chaque jour, et que je trouverais quelque consolation à te confier chacune des pensées de mon cœur; mais le cercle en a été vite épuisé. Que te redire que je ne t'aie pas dit? Je t'aime, je t'aime, je t'aime! Que j'écrive ce mot chaque soir, et j'aurai écrit, chaque soir, la pensée de tout le jour.

Il n'y a plus de doute, mon bien-aimé, il y a un être qui vit en moi; je l'ai senti tressaillir à l'instant même pour la première fois, et je reviens à toi pour te dire : «Nous t'aimons.» Oh! songes-y bien, maintenant je ne suis plus seule; ce n'est plus pour moi seule que tu reviens : il y a entre nous quelque chose de plus sacré que l'amour, il y a notre enfant. Je pleure, bien-aimé : est-ce de joie? est-ce de crainte? N'importe! j'ai retrouvé mes larmes, et cela me fait du bien de pleurer.

Il y a aujourd'hui trois mois que tu m'as quittée; trois mois, jour pour jour, dont pas une heure ne s'est écoulée sans que je pensasse à toi, trois mois pendant lesquels tout ce que j'ai interrogé sur toi est resté muet et sourd. Ne tarde pas à revenir, mon bien-aimé; car tu ne reconnaîtras plus ta Fatinitza, tant elle est faible et pâle maintenant.

Dieu sait si j'étais bonne fille et tendre sœur, et si, dans ces longues et dangereuses absences de mon père et de mon frère, je passais un seul jour sans prier la Panagie pour eux. Eh bien, écoute-moi, et je m'en accuse comme d'un crime : à peine si, depuis le temps où vous êtes partis ensemble, j'ai pensé trois ou quatre fois à eux; et, cependant, ce sont eux qui courent tous les périls, c'est pour eux que la mer a des tempêtes, c'est pour eux que le combat a des blessures, c'est pour eux que la justice a des châtiments. Mon Dieu, pardonnez-moi de ne plus penser à mon père et à Fortunato! mon Dieu, pardonnez-moi de ne plus penser qu'à mon amant!

Oh! que je voudrais tomber dans quelque léthargie profonde, et ne me réveiller que pour être heureuse ou mourir! Le temps s'écoule, les heures se passent, sans que je les mesure autrement que par la succession des jours et des nuits. Qui empêche que cela ne dure toujours ainsi, puisque cela dure ainsi depuis cinq mois? Le temps ne se calcule que selon la joie ou la douleur : cinq mois d'absence sont une éternité. Seigneur, mon Dieu! qu'est-ce que je vois là-bas?... Est-ce la felouque? Mon Dieu! soyez béni, c'est elle!

Je vais donc te revoir! Mon Dieu! donnez-moi la force! Oh! je mourrai de joie... ou de douleur. Sans toi! sans toi! Miséricorde!

Ils savent tout! Dès que j'ai aperçu la felouque, j'ai couru à la fenêtre, et, à mesure qu'elle approchait, j'ai cherché à te reconnaître sur le pont. Pardonnez-moi, mon Dieu! mais je crois que j'aurais mieux aimé que mon père ou mon frère y manquât que toi.

Enfin, tu n'y étais pas; bien avant que la felouque fût entrée dans le port, j'avais acquis cette affreuse certitude. Tout le monde courut au-devant d'eux; moi seule, je restai clouée à ma fenêtre, et je n'eus pas même la force de faire un signe pour leur indiquer que je les voyais. Ils montèrent le sentier, et je les aperçus de loin, soucieux et inquiets; puis les acclamations que les domestiques poussèrent en les revoyant parvinrent jusqu'à moi; puis je les entendis monter l'escalier, ouvrir la porte. J'essayai d'aller au-devant d'eux; au milieu de la chambre, je tombai à genoux en prononçant ton nom.

Je ne sais pas ce qu'ils me répondirent; je compris seulement qu'ils t'avaient déposé à Smyrne, où tu devais les attendre; que tu ne les avais pas attendus et que tu étais parti sans qu'ils eussent appris où tu étais allé, ni quand tu reviendrais. Je tombai évanouie. Quand je revins à moi, j'étais seule avec Stéphana. Elle pleurait; car, jusqu'à ce moment, je lui avais caché que je fusse enceinte, et c'était elle qui, dans son ignorance, m'avait trahie en me portant du secours.

Oh! quelle nuit longue et désespérée! quelle nuit de tempête au ciel et dans mon cœur?... Oh! si toute la création pouvait s'abîmer, et que, sur ses débris, je te revisse une fois encore!

Je suis condamnée, mon bien-aimé. Si, d'ici à quatre mois, tu n'es pas revenu, je mourrai pour toi et par toi. Sois béni! Ce matin, ils sont montés dans ma chambre, seuls et le front calme, mais sévère. Je me doutais de la cause qui les amenait, et, en les voyant entrer, je me suis mise à genoux. Alors ils m'ont interrogée comme des juges interrogent une criminelle. J'ai tout dit.

Ils m'ont demandé si je croyais que tu revinsses. Je leur ai répondu : « Oui, s'il n'est pas mort. » Ils m'ont demandé quel temps je voulais qu'ils m'accordassent. Je leur répondis : « Jusqu'à ce que j'aie embrassé mon enfant. » Ils m'ont accordé trois jours après sa naissance. Alors, mon bien-aimé, tu seras revenu, ou tu ne reviendras jamais; et, si tu ne dois jamais revenir, tout est bien, et mieux vaut que je meure.

Je ne vis plus; j'attends. Tout est, pour moi, dans ce mot. Je me lève, je vais à ma fenêtre, j'y reste les yeux fixés sur la mer. A chaque barque, je tressaille et j'espère... Elle s'approche, et tout est fini. Oh! notre pauvre enfant, comment survivra-t-il à tout ce que je souffre? Stéphana me gronde de ce que je ne lui ai pas avoué mon secret. Par son aide, j'aurais pu tromper mon père et Fortunato. Les tromper! pourquoi faire? Si tu ne reviens pas, est-ce que je veux vivre, moi!

Oh! reviens, reviens, mon bien-aimé! si ce n'est pas pour moi, que ce soit pour notre pauvre enfant; et, si tu ne m'aimes plus, tu ne me reverras pas, tu attendras seulement qu'il soit né. Je te le jetterai dans ton manteau, tu l'emporteras, et tu me laisseras mourir.

Les jours! les jours! comme ils sont longs, lorsque je rêve; comme ils sont courts, quand je réfléchis!... Sept mois écoulés déjà!... Déjà!... Mais que fais-tu donc, mon Dieu? Où es-tu? Tu me demandais trois mois, tu m'en demandais quatre au plus, et voilà sept mois! Tu es prisonnier ou mort, mon bien-aimé... Ils t'auront arrêté, en Angleterre, ils t'auront fait ton procès... Ils t'auront condamné comme moi... Comme moi, tu attends l'heure de mourir.

J'ai oublié de te demander si tu étais certain que l'on se revît au ciel!

Tout est ici comme auparavant, et il y a des jours où je me demande si je n'ai point fait un rêve. Mon père et mon frère semblent avoir tout oublié!... Ils viennent me voir comme d'habitude; comme d'habitude, ils sont bons et affectueux pour moi... Mais, de temps en temps, un tressaillement subit et douloureux me dit qu'ils se souviennent, et que, comme moi, ils attendent. Oh! ta chanson sicilienne :

J'ai pris sur la plage
Une fleur sauvage;
Comme son visage,
Je la vois pâlir,
C'est que toute plante
De sa tige absente,
Fanée et souffrante,
Doit bientôt mourir.

Ainsi mourra celle
Dont l'amour fidèle
Vainement m'appelle
La nuit et le jour.
Pauvre fleur de grève,
Plus pâle qu'un rêve,
Qui n'avait pour sève
Que mon seul amour!

Et cependant tu me disais qu'il ne fallait pas croire aux prophéties.

Se coucher tous les soirs avec une seule pensée, s'éveiller tous les matins avec une seule espérance, passer sa journée à voir s'envoler, les uns après les autres, tous les rêves de sa nuit, mon bien-aimé, c'est à en devenir folle. Le temps marche comme si la mort elle-même le poussait devant elle... Voilà huit mois que tu es parti; un mois encore, pas même un mois... et alors, ou tu seras revenu, ou tout sera fini pour moi. J'ai composé une longue prière à Dieu; toute la journée, je me tiens debout à ma fenêtre, les yeux fixés sur la mer, et la répétant machinalement. Au reste, je vais là, maintenant, parce que c'est la place à laquelle j'ai l'habitude d'aller. Je ne crois plus à ton retour, je crois à ta mort. O mon bien-aimé! prie pour moi au ciel, et que mon passage de ce monde à l'autre ne soit pas trop douloureux.

Seigneur! Seigneur! le terme est-il arrivé? Et ces

douleurs que j'éprouve m'annoncent-elles que je vais être mère? Je souffre tant, que je ne puis plus écrire; ma main tremble. Mon Dieu! mon Dieu! ayez pitié de moi. Mourrai-je donc sans te revoir?... Mon bien-aimé!... Oh! un fils! un fils! Il est beau... il te ressemble... que je suis heureuse! Misérable! qu'est-ce que je dis là?... Oh! reviens, reviens, mon amour chéri, mon ange adoré; reviens, tu n'as plus que trois jours!...

Tu n'es pas mort, j'en suis sûre; je t'ai revu. Oh! quel singulier rêve! Non, la fièvre, si ardente qu'elle soit, n'a point de pareilles apparitions; c'était une réalité, une permission de Dieu, un miracle. Je m'étais endormie brisée, mon enfant était couché près de moi, Stéphana veillait au pied de mon lit. Il me semblait alors que mon âme quittait mon corps, fluide et transparente comme une vapeur. Puis je me sentis emporter par le vent, comme un oiseau de l'air, comme un nuage du ciel. Je passai par-dessus des villes, des fleuves, des montagnes, tournant le dos à la mer. Au bout d'un instant, j'aperçus une autre mer que je ne connais point, un golfe que je ne me rappelle pas avoir jamais vu, même en songe. Je m'abattis sans bruit au milieu des ruines d'une ville morte.

A vingt pas de moi, sur un fût de colonne, un homme était assis la tête dans ses mains. Au bout d'un instant, cet homme leva la tête. C'était toi, mon bien-aimé. Je voulus parler, étendre les bras. Hélas! hélas! je n'avais ni voix ni mouvement. Tu me reconnus, car tu prononças mon nom. Oh! j'ai entendu ta voix, ta voix chérie; elle est là encore, elle murmure à mon oreille. Trois fois tu te tournas vers différents points de l'horizon, et trois fois je me sentis emportée par une puissance supérieure, et je me retrouvai devant toi. Alors tu marchas à moi, je te vis t'approcher, tu étais près de m'atteindre, tu étendais le bras, tu allais me toucher, Je jetai un cri et je me réveillai. Tu vis, tu m'aimes, tu reviens; mais arriveras-tu à temps, mon Dieu? Pendant que je t'écris sur mon lit, Stéphana est à la fenêtre; elle regarde. Notre enfant dort.

Oh! si le vent ne le pousse pas assez rapidement, quitte ton vaisseau et prends une barque, et, si la barque ne va pas assez vite, jette-toi à la mer. Arrive, arrive! C'est demain le troisième jour, nous n'avons plus qu'une nuit; nous la passerons en prières, Stéphana et moi; elle a obtenu, du prêtre qui l'a mariée, de transporter dans ma chambre une image miraculeuse de la Vierge. Nous sommes à genoux devant elle, et je lui fais baiser les pieds par notre pauvre enfant. Vierge sainte, ayez pitié de moi! Étoile d'amour, ayez pitié de moi! Mère de douleurs, ayez pitié ce moi!

Bonne Stéphana! elle qui me disait toujours que je ne te reverrais plus, la voilà maintenant qui me dit que tu reviendras. Elle a donc perdu tout espoir?

Le jour, mon bien-aimé, voilà le jour, beau, souriant, comme si tu étais là près de moi, comme si ce n'était pas mon dernier jour. Ils me laisseront toute la journée encore, ont-ils dit à Stéphana; ils attendront que le soleil, qui se lève derrière l'île de Ténos, se couche derrière les montagnes de l'Attique. J'ai peur de la mort, car tu vis, je t'ai vu, j'en suis sûre! Oh! m'as-tu vu, toi, et te doutes-tu du danger que je cours? sais-tu que je t'appelle? sais-tu que toi seul tu peux me sauver, que je n'invoque plus la Vierge, que je n'invoque que toi? Si je m'enfuyais avec mon enfant? Mon Dieu, avant qu'ils arrivassent, pourquoi ne me suis-je pas enfuie? C'est que je t'attendais.

Stéphana a voulu descendre; un domestique a levé son voile pour s'assurer que ce n'était pas moi. Tout le village sait que c'est aujourd'hui mon dernier jour; tout le monde prie. La cloche qui retentissait tout à l'heure, et dont je ne comprenais pas la voix, appelait les âmes pieuses à l'église; elle leur disait de prier pour celle qui va mourir. Et celle qui va mourir, c'est moi, entends-tu? c'est moi, mon bien-aimé... c'est ta Fatinitza... c'est la mère de ton enfant... Oh! ma pauvre tête! Je ne sentirai pas le coup, je serai folle.

Rien sur la mer!... Aussi loin que le regard peut s'étendre, déserte! déserte! J'ai été écouter à la porte : il y a, de l'autre côté de ma porte, deux valets qui prient. Tout le monde prie : il n'y a que moi qui ne puis pas prier. Mon Dieu! comme le soleil marche vite!

Stéphana est étendue sur mon lit; elle s'arrache les cheveux. Moi, je tiens mon pauvre enfant dans mes bras; je tourne autour de ma chambre comme une insensée; puis, de temps en temps, je m'assieds pour t'écrire une ligne. Pauvre innocent, pourvu qu'ils l'épargnent! Oh! ne pleure pas ainsi, ma bonne Stéphana; tu me brises le cœur!... Tu ne m'oublieras jamais, n'est-ce pas, mon bien-aimé? Mon Dieu! sauras-tu ce que j'ai souffert? Ou tu es bien malheureux, ou tu es bien coupable! Le soleil ne descend pas, il se précipite; le voilà qui touche aux montagnes; dans un instant, il sera caché derrière elles... Il me semble qu'il est couleur de sang.

J'ai soif. Je ne compte plus par jour, je ne compte plus par heure; je compte par minute, je compte par seconde. Tout est fini : tu serais dans le port, que tu n'aurais pas le loisir d'arriver jusqu'à terre; tu serais en bas, qu'ils ne te laisseraient pas le temps de monter jusqu'ici... Écoute, Stéphana! j'entends du bruit;

écoute si ce n'est pas eux !... Mon Dieu ! mon Dieu ! on ne voit plus que la moitié du disque du soleil ! Mon Dieu ! je voudrais cependant bien penser à vous ; mais, pardonnez-moi, je ne pense qu'à lui. Ce sont eux ! ce sont eux !... ils ont tenu parole... Le soleil est couché... il fait nuit...

Ils montent... ils s'arrêtent à la porte... ils l'ouvrent... Je te pardonne... Adieu !... Reçois mon âme.

Ici finissait le manuscrit de Fatinitza. Je m'élançai dans la chambre de sa sœur.

— Eh bien, m'écriai-je, et bien, après?

— Après, me dit Stéphana, mon père lui a laissé le temps de faire sa prière; puis, quand sa prière a été finie, il a tiré un pistolet de sa ceinture et il l'a tuée comme il lui avait dit qu'il le ferait.

— Et mon enfant? m'écriai-je en me tordant les bras ; mon enfant, mon pauvre enfant?

— Fortunato l'a pris par les pieds, et lui a brisé la tête contre la muraille.

Je jetai un cri terrible, et je tombai sans connaissance sur le pavé.

FIN DES AVENTURES DE JOHN DAVYS

LAGNY. — Typographie de A. VARIGAULT

www.ingramcontent.com/pod-product-compliance
Lightning Source LLC
Chambersburg PA
CBHW052052090426
42739CB00010B/2144
9782011856791